# 民事訴訟法改正要綱

早川彌三郎著

昭和貳年発行

# 民事訴訟法改正要綱

日本立法資料全集　別巻
1443

信山社

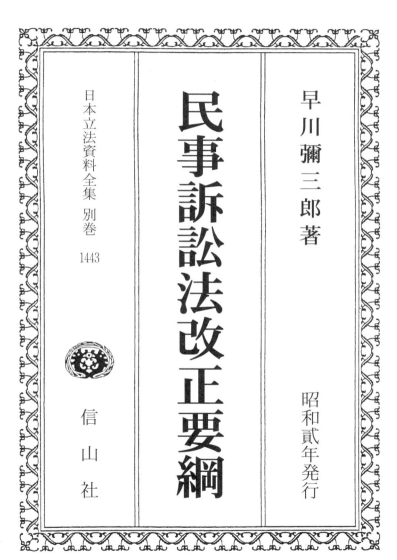

明治大學教授
ドクトル、ユリース　早川彌三郎著

# 民事訴訟法改正要綱

東京　明治堂藏版

# 序

余ハ曩ニ拙著民事訴訟法論ニ序シテ左ノ如ク言ヘリ
獨逸カ民事訴訟法ニ於テ新主義ヲ採用シタルヨリ今ニ於テ既ニ半世紀ヲ經多クノ經驗ハ此ノ主義ニ對シ疑ヲ生スルニ至レリ墺太利ハ西暦一千八百九十五年民事訴訟法制定ニ當リ早ク既ニ此ノ主義ニ一大變革ヲ加ヘ其ノ外形ヲ獨逸訴訟法ニ執リタルモ其ノ精神ニ於テ著シキ改正ヲ行ヒタリ抑權利保護ニ最モ尊フ所ハ其ノ敏活ニシテ迅速ナル解決ニ在リ三年ヲ經テ決セス五年ヲ過キテ解ケサル爭訟ハ遂ニ理ニ勝ツテ却ツテ利ニ敗フルノ結果ニ陷ラサルモノ稀ナリ當事者主義ノ訴訟法ハ訴訟ノ遲延ヲ助長スルコト既ニ業ニ世界ノ輿論タリ今日ノ改正ハ此ノ主義

ニ對シテ幾何ノ制限ヲ加フヘキカヲ定ムルニ在ルノミ訴訟法ヲ研究セント欲セハ先ツ此ノ趨勢ノ向フ所ヲ念中ニ置クコトヲ要ス云々

改正法律ハ右ノ所論ト同一ノ趣旨ニ出テ現行法中訴訟遲延ノ原因ト認ムヘキ規定ニ改正ヲ加ヘ專ラ訴訟ノ圓滑ナル進捗ト事件審理ノ適正ヲ圖リタリト稱セリ之レ余輩ノ期待ニ添フ所ノモノニシテ之ニ大ナル賛同ヲ表スルヲ惜マス卽所謂不干涉主義ノ規定ヲ改メタルモノ多キハ今日ノ時弊ヲ救フニ多大ノ效果アルヘキヲ疑ハス而モ此ノ改正ノ內容カ果シテ能ク其ノ政府ノ聲明スル所ニ合致スルヤ否ヤハ多クノ研究ニ待タサルヘカラス之レ余輩カ敢テ本著ヲ公ニスル所以ナリ

本著ハ右ノ目的ニ出ツルカ故ニ其ノ論究スル所ハ改正法律ノ根本問題ニ關スルモノヲ主トシタリ改正法律ハ其ノ全編ニ涉リテ舊法ヲ改メタリト

雖辭句ノ訂正條章ノ轉置等大部分ヲ占メ其ノ根本問題ニ關スルモノハ甚多カラス辭句ニ多クノ變更アルハ現行民事訴訟法カ民法ト同シク舊法典調査會ノ用例ニ依リタルヲ今日ノ一般用例ニ改メタルニ過キスシテ單ナル國文問題ニ過キス之レ敢テ法學者ノ關スル所ニ非ス法學者ノ論スヘキ所ハ新法律カ採リタル主義原則ノ根本問題ニ在リ本書ハ此ノ意味ニ於テ單ニ改正民事訴訟法ノ根本問題ニ關係アル規定ヲ論究シタルモノニシテ敢テ全編ニ渉リテ論スルコトナシ其ノ全編ニ渉ルモノニ付テハ別ノ著述ニ讓リ之ヲ徐ロニ公ニセント欲ス而モ本著ハ之ニ因リテ改正法律ノ大綱ヲ領得シ得ヘキコトニ意ヲ用ヒ特ニ新舊法條ヲ對比照應シテ之ヲ卷末ニ附加シタルカ故ニ敢テ大部ノ著述ヲ待ツヲ要セスシテ改正法律ノ全班ヲ窺フヲ得ヘシ特ニ現行法ニ於テ既ニ多クノ知識ヲ有スル士ニ於テ最モ然

リトス若シ夫レ本著ヲ以テ余カ舊著民事訴訟法論ト相照合參考スル所アラハ著者ノ從來把持スル意見ヲ明確ニスルヲ得ヘクシテ著者ノ欣幸之ニ過クルモノ非サルナリ



昭和貳年初夏

著者識

# 民事訴訟法改正要綱目次

民事訴訟法改正要綱目次終

# 民事訴訟法改正要綱

早川彌三郎著

## 總説

現行民事訴訟法ハ明治二十三年四月二十一日頒布セラレ翌二十四年ヨリ實施セラレシカ範ヲ獨逸民事訴訟法ニ取リ之ニ僅少ナル修正ヲ加ヘタルニ止マリシモ當時佛國民法ヲ模倣シタル民法（明治二十三年三月二十七日頒布）ト同時ニ施行スヘキ筈ナリシヲ以テ此ノ規定ニ適應セシメンカ爲訂正シタル所アリ民法ハ或ル事情ノ爲其ノ實施延期セラレ遂ニ新ニ之カ修正ヲ爲ス爲委員會ヲ設ケ調査ヲ爲シ爾後數年ヲ經明治二十九年四月二十七日第一篇乃至第三篇ヲ發布シ尋テ明治三十一年六月二十一日第四篇及第五篇ヲ發布シタリ而モ新民法ハ獨逸民法ニ摸倣シ全然舊民法ノ編纂方法ヲ改メ其ノ內容ニ於テモ大修正ヲ加ヘタリ玆ニ於テカ舊民法ニ照應シタル民事訴訟法ハ車ノ隻輪ヲ失ヒタルガ如キ狀態トナリ少クトモ部分的修正ヲ加フヘキ必要ニ迫マラレナカラ改メテ大改正ヲ爲スヘキ目的ナリト稱シテ遂ニ必要ナル修正ヲモ加フルコトナクシテ

其ノ儘ニ經過シタリ之カ爲現行民事訴訟法ノ規定ハ現行民法ト對照シテ抵觸スル所少ナカラス政府ハ明治二十八年中司法省ニ民事訴訟法調査委員會ヲ設ケタリシカ後ニ法典調査會ナルモノ設ケラルルニ及ヒテ之ニ其ノ事業ヲ引繼キ明治三十六年中一旦法典調査會ハ廢止セラレ法典調査委員會ナルモノ設ケラレ引續キ調査ヲ繼續シ遂ニ大正十四年ニ至リテ帝國議會ニ其ノ草案ヲ提出シ些少ノ修正ヲ經テ兩議院ヲ通過シ翌十五年四月二十四日ヲ以テ發布シタリ

民事訴訟法改正事業ノ最初ノ趣旨ハ之ヲ新民法ニ適應セシメ其ノ圓滿ナル運用ヲ期スルニ在リタルヤ勿論ナリト雖年月ノ推移ニ依ル實驗ハ獨逸主義ノ訴訟法カ訴訟遲延ノ弊害ヲ伴フコトヲ發見シ之ヲ匡正スル爲必要ナル修正ヲ加フヘキ論喧シキヲ加ヘ新民事訴訟法ノ骨子トスル所ハ主トシテ訴訟遲延ノ弊ヲ除カントスルノ外何物ヲモ無キカ如キ傾向ヲ負フニ至レリ訴訟延滯ノ弊ハ歐洲大陸ニ於テモ既ニ久シキ以前ヨリ論議セラレ墺太利ハ西曆一千八百九十五年民事訴訟法ヲ制定スルニ當リテ獨逸主義ニ多クノ變更ヲ加ヘ獨逸ニ在ツテモ數次ノ修正ヲ加ヘ今日ノ訴訟法ハ西曆一千八百七十七年一月發布當時ノ訴訟法ニ比シテ著シキ變更ヲ見ルニ至レリ權利保護ヲ目的トスル民事訴訟手續ハ迅速ニシテ確實ナルモノナラサルヘカラサルハ勿論ニシテ數年又ハ十數年ニ亘リテ解決セサルカ如キ今日ノ現況ハ眞ニ當事者ノ權利ヲ保護スル所以ニ非サ

ルコト言フヲ竢タス只私權ハ各人ノ處分シ得ヘキ所ノモノニシテ之カ保護ヲ目的トスル民事訴訟ハ亦各人ノ處分權ヲ尊重スルノ要アリ獨逸カ舊訴訟法ノ職權主義ニ大革正ヲ加ヘ之ヲ辯論主義（Verhandlungsmaxime）ニ改メタルハ固ヨリ當然ナリ辯論主義ハ訴訟ヲ以テ當事者ノ辯論ニ基キテ進行スルノ制ニシテ訴訟ノ主體ハ當事者タリ手續ノ進行ハ當事者ノ行爲ヲ基本トス裁判所ハ原則トシテ自ラ訴訟上ノ調査ヲ爲スコトナシ裁判ノ根據ハ當事者ノ申立ニ基キ事實ノ審査ハ當事者ノ提供ニ竢ツヘク其ノ開廷（期日）ハ當事者ノ意思ニ拘束セラル訴訟手續ノ進行ト否トハ當事者ノ權能ニ左右セラレ事件ノ審判ハ當事者ノ要求スル所ニ從フ之レ即辯論主義ノ綱領ニシテ一ニ當事者ノ訴訟行爲ヲ基本トスルカ故ニ之ヲ當事者追行主義（Prnzip des Parteibetriebs）ト稱シ又之ヲ處分權主義（Dispositionsprinzip）ト稱セリ然レトモ之レ固ヨリ主義タリ原則タルニ止マリ之ニ例外アルヘキハ當然ナリ獨逸ノ或學者ハ辯論主義（Verhandlungsmaxim）ナル文字ニ主義（maxim）ナル文字ヲ用ヒ法則（Prinzip）ノ文字ヲ使用セサルハ單ニ之ヲ以テ原則ト爲スニ止マリ之ニ例外アルコトヲ暗示セルモノナリト説明セリ訴訟法中當事者ノ意思又ハ行爲ノ如何ニ拘ラス裁判所ニ於テ職權ヲ以テ調査シ又ハ職權ヲ以テ手續ノ進行ヲ爲ス場合ヲ認メタル例外アルハ法文ニ依リテ知ルヲ得ヘシ辯論主義カ訴訟ヲ延滯スルノ弊ヲ釀成スヘシト

スルモ之ヲ改メテ全然職權主義（Officialprinzip）ト爲スコトハ許スヘカラス之レ權利保護ヲ目的トスル民事訴訟ヲ以テ反對ニ權利侵害ノ法律ト爲スモノナリ要ハ唯如何ナル程度ニ於テ職權主義ヲ加味スヘキヤノ問題ニ屬ス徒ラニ裁判所ノ職權ヲ擴大シテ當事者ノ利益又ハ權利ヲ顧ミル所ナクンハ之レ民事訴訟ノ原則ヲ破壞スルニ至ランノミ新民事訴訟法ハ現行法ニ比シテ職權主義ノ加味セラレタルモノ多キハ勿論ナリト雖其ノ原則カ辯論主義、當事者主義又ハ處分權主義ニ立ツコトヲ忘ルヘカラス制限ハ一ノ例外ノミ職權主義ヲ以テ原則トシ辯論主義ヲ加味シタルモノニ非ス例外ハ一般法學ノ解釋論ヨリシテ之ヲ狹義ニ解釋セラルヘキモノトス新民事訴訟法中疑アルモノアラハ之ヲ辯論主義ノ原則ニ從ツテ解釋スヘキモノニシテ職權主義ヲ基本トシテ解スヘカラス之レ新民事訴訟法ニ取リテ重要ナル事項タリ

新民事訴訟法ハ全篇ニ亘リテ改正セラレタリト雖之レ單ニ用字ヲ一定セントスルニ出テタルモノニシテ其ノ全部カ悉ク修正セラレタルニ非サルコトハ新舊法文ヲ比照スルトキハ明白ナリ「此」及「其」ノ字ニ「ノ」字ヲ加ヘ「但」ニ「シ」ヲ加ヘ「爲メ」「付キ」「及ヒ」ノ字ヨリ「メ」「キ」「ヒ」ノ字ヲ省キタルカ如キハ法學者トシテハ左ノミ意義ナキモノナリ唯成法ヲ解釋シ法律ヲ論セントスル者ハ勉メテ此ノ用字例ニ倣フヘキハ相當ノ注意タルヘキノミ之レ余輩カ

曩ニ拙著物權法要論ノ末尾ニ附記シテ一般ノ注意ヲ喚起シタル所ナリ
新民事訴訟法ノ改正ノ要點トスル所ハ政府ノ公ニシタル理由書ニ之ヲ列示シタリ大要左ノ如キモノナリ

（一）準備手續ノ制度ヲ擴張シタルコト
（二）闕席判決ノ制度ヲ廢シタルコト
（三）證書訴訟及爲替訴訟ノ制度ヲ廢シタルコト
（四）期日變更ノ弊ヲ匡正シタルコト
（五）管轄違ノ訴ヲ却下セサルコト
（六）不適法ナル訴又ハ上訴ヲ却下スル判決ニ付口頭辯論ヲ用ヒサルコト
（七）職權ニ依ル證據調ノ制度ヲ擴張シタルコト
（八）訴訟手續中斷後ノ受繼ヲ簡易ニシタルコト
（九）法人ニ非サル社團又ハ財團ニ當事者能力ヲ認メタルコト
（一〇）訴訟代表者ノ制度ヲ新設シタルコト
（一一）豫メ控訴ヲ爲サヽル合意ヲ認メタルコト

（一二）　訴訟參加ノ制度ヲ擴張シタルコト

以上ハ改正ノ點ノ最タルモノニシテ尚注意スヘキ事項トシテ左ノモノヲ掲ケタリ

（一）　判決ノ送達ヲ職權送達ト爲シタルコト

（二）　請求ノ抛棄又ハ認諾ニ付判決ヲ爲スノ制ヲ廢シ之ヲ確定判決ト同視シタルコト

（三）　證人忌避ノ制ヲ廢シタルコト

（四）　官公署等ニ鑑定ノ囑託ヲ爲スコトヲ認メタルコト

（五）　當事者宣誓ノ制ヲ設ケタルコト

（六）　疏明方法ニ代ヘテ當事者ノ宣誓又ハ保證ノ制ヲ認メタルコト

（七）　宣誓ノ式ヲ嚴肅ナラシムル規定ヲ設ケタルコト

（八）　訴訟代理人ハ辯護士又ハ法令ノ規定ニ依ル者ニ限ルコトヽシ區裁判所ニ在ツテハ親族雇人以外一般ニ代理ヲ許シタルコト

（九）　不變期間ノ懈怠ニ依ル原狀回復ノ手續ヲ簡易ニシタルコト

（一〇）　訴ノ原因ヲ變更シ其ノ他訴ノ變更ヲ爲シ得ル程度ヲ擴張シタルコト

（一一）　訴ノ取下ヲ上訴審迄許シタルコト

（一二）　反訴提起ノ條件ヲ改メタルコト
（一三）　控訴上告ノ期間ハ二週間トシ即時抗告ノ期間ヲ一週間トシタルコト
（一四）　取消ノ訴及原狀回復ノ訴ヲ併セテ之ヲ再審ノ訴ト爲シタルコト
（一五）　督促手續ノ規定ヲ改メタルコト

以上ハ今回ノ改正ノ要綱ニシテ余輩カ茲ニ研究セントスル所モ亦大要右ノ範圍ニ出テス唯此ノ以外二三注意スヘキモノニ付之ヲ論究シタルモノアリ而シテ新民事訴訟法ハ以上ノ諸點ヲ領得スルニ因リテ其全體ヲ知リ得ヘキモノニシテ敢テ全編ニ渉リテ論究スル必要ナシ之レ余輩カ先ツ此ノ著ヲ公ニスル所以ナリ

# 第一篇　總則

## 第一章　裁判所

### 第一節　管轄

管轄ノ規定ニ於テ現行法中改メラレタルモノハ（一）不動産上ノ裁判籍ニ關スルモノ（二）訴訟ノ目的物ノ價額算定ノ方法ニ關スルモノ（三）管轄指定ニ關スルモノ（四）管轄違ノ場合及裁判所ノ必要ト認ムル場合ニ於テ訴訟ヲ他ノ裁判所ニ移送スル決定ヲ爲スコトヲ得ルニ關スルモノ等トス今順次之ヲ研究スヘシ

參照　第十七條　不動産ニ關スル訴ハ不動産所在地ノ裁判所ニ之ヲ提起スルコトヲ得

現行法第二十二條ニ曰ク「不動産ニ付テハ其所在地ノ裁判所ハ總テ不動産上ノ訴殊ニ本權並ニ占有ノ訴及ヒ分割並ニ經界ノ訴ヲ專ラニ管轄ス地役ニ付テノ訴ハ承役地所在地ノ裁判所專ラニ之ヲ管轄ス」ト即チ不動産ニ關スル訴ハ專屬管轄ニ屬シ合意ヲ以テ變更ヲ許サルルモノト爲

セリ之レ獨逸民事訴訟法ニ模倣シタルモノナリ物上管轄(Forum rei sitae)ハ既ニ羅馬法ニ胚胎シ而シテ之ヲ以テ專屬管轄ト爲シタルハ獨逸中世紀ノ立法ニ始マル墺太利法律亦之ニ模倣シタリ佛蘭西民事訴訟法亦同一ノ規定ヲ有セリ改正法律ハ其ノ第十七條ニ於テ「不動産ニ關スル訴ハ不動産ノ所在地ノ裁判所ニ之ヲ提起スルコトヲ得」ト改メ其ノ專屬管轄ノ規定ヲ廢シ單一ナル選擇管轄ト爲シタリ此ノ當然ノ結果トシテ不動産ニ關スル訴ハ被告ノ普通裁判籍アル地ノ裁判所ニ之ヲ提起スルヲ本則トシ原告ノ便宜ニ從ヒ物ノ所在地ヲ管轄スル裁判所ニ之ヲ提起スルコトヲ得ルコトトセリ不動産所在地カ被告ノ住所ト同一管轄内ニ在ルコトヲ期ス可カラサル狀態ニ在ツテ被告ノ普通裁判籍ニ依ルコトカ原告ノ爲便利ナルトキハ其ノ裁判所ニ訴ヲ爲スニ至ルヘシ之レ裁判所ハ啻ニ物ノ實地檢證ノ爲ノ不便アルノミナラス物ノ所在地ノ官公署ハ總テ物ニ關スル官公文書ニシテ證明ノ要ニ供スヘキモノヲ保管スルカ故ニ此等ノ書類ノ取調ニ幾分ノ手數ヲ加フ可キハ當然ナリ殊ニ物ノ價額ノ如キカ問題ト爲ル場合ノ如キ物ノ遠隔ナル地ニ在ル裁判所ニ於テ審理ヲ爲スノ不便ハ言フヲ俟タサルナリ新法立案者ハ管轄問題ニ付原告ヲ苦メンコトヲ恐レ殊ニ被告ヨリ徒ラニ管轄違ノ抗辯ヲ提出シテ訴訟ヲ遲延セシムルコトアランコトヲ恐レタルカ如キ傾向アルコトハ全篇ヲ通シテ明白ニ之ヲ見ルコトヲ得ル所ニシテ不動産上ノ專屬管

轄ノ規定ヲ廢止シタルハ當然ノ結果ナルヘシト雖從來此ノ規定ノ行ハルルコト既ニ四十年ニ近クシテ何等支障アリト聞カサリシ今日之ヲ廢止セサル可カラサルノ必要ハ之レナキカ如シ一般ニ管轄違ノ妨訴抗辯ノ爲事件カ延滯スルコトアルヘキハ想像スルニ難カラスト雖物ノ所在地ヲ確定スルコトハ左ノミ困難ナル事柄ニ非ス原告ニ於テ之ヲ調査シテ訴ヲ提起スル丈ケノ注意ハ當然執ルヘキ所タリ原告ノ爲スヘキ注意ニ付テハ甚寛大ニシテ被告ノ利益又ハ抗辯ヲ徒ラニ制限セントスルノ立法ハ果シテ可ナルヤ尤モ此ノ場合ニ於テ裁判所ハ著シキ遲滯ヲ避クル爲必要アリト認ムルトキハ新法第三十條ニ從ヒ事件ヲ他ノ管轄裁判所ニ移送スルコトヲ得ヘシト雖之レ恐ラク被告ヲシテ奔命ニ疲レシムルニ至ルヘシ余輩ハ此ノ改正ニ贊同ヲ表スルニ躊躇スルモノナリ

本條ニ關シテ起ル可キ問題ハ現行法第二十六條ニ規定スル不動産カ數個ノ裁判所ノ管轄區內ニ散在スル場合之レナリ管轄裁判所ノ指定申請ニ關スル現行法ノ規定ハ新法第二十四條ニ於テ修正ヲ受ケ不動產ニ關スル管轄指定ノ規定ヲ削除シタルカ故ニ本問ノ場合ハ指定申請ノ場合ニ相當セス而シテ不動產カ數個ノ裁判所ノ管轄ニ跨ル場合ハ固ヨリ新法第二十四條第二號ニ所謂裁判所ノ管轄區域明確ナラサル場合ニ相當セサルヘク即チ此ノ場合ハ被告ノ住所カ二以上ノ裁

判所ニ跨ル場合ニ於テ其何レノ裁判所モ被告ノ爲ニ普通裁判籍アルモノト解スヘキカ如ク不動産ノ散在スル何レノ裁判所モ第十七條ニ依ル管轄權ヲ有スルモノト解スルヲ相當トスヘシ住所カ二個以上ノ裁判所ノ管轄ニ跨ル場合ニ於テ裁判所構成法第十條第三號ニ依リ法律ニ從ヒ二以上ノ裁判所裁判權ヲ互有スルモノトシテ管轄指定ノ申請ヲ許スヘキモノト解スルノ說ハ多クノ學者實際家ノ取ラサル所ナリ

參照　第二十二條　裁判所構成法ニ依リ管轄カ訴訟ノ目的ノ價額ニ依リテ定マルトキハ其價額ハ訴ヲ以テ主張スル利益ニ依リテ之ヲ算定ス

前項ノ價額ヲ算定スルコト能ハサルトキハ其價額ハ千圓ヲ超過スルモノト看做ス

事物ノ管轄ニ關スル裁判所構成法ノ規定ニ依ルトキハ訴訟物ノ價格ニ依リ事件ノ管轄ハ區裁判所及地方裁判所ニ岐ル（同法第十四條第一號參照）此ノ價格算定ニ付テハ實際上ニ於テ頗ル困難ナル問題ヲ生スルコト吾人ノ實驗スル處ナリ而シテ此ノ價格算定ハ單ニ事物ノ管轄ノ分岐點ト爲ルノミナラス訴狀ニ貼用スヘキ印紙額ノ標準ト爲ルカ故ニ實際家ハ常ニ此ノ難問題ニ苦シメラルルノ現況タリ物ノ所有權ト關係ナク單ニ物ノ引渡殊ニ家屋ノ明渡ヲ求ムル場合ノ如キ之ヲ評價スルコトノ困難ナルハ吾人ノ常ニ實驗スル所ナリ占有權ナルモノハ直接經濟上ノ利益

ヲ目的トセサル權利ニシテ他ノ權利ヲ行使スル一方便タルニ過キサル法律的事實ニ屬スルカ故ニ其ノ價額ノ評定ハ困難ナリ獨逸法ニ在ツテハ占有ノ訴ハ物ノ價額ニ依ル旨ヲ規定スルモ其ノ不合理ナルハ勿論ナリ何トナレハ占有權ハ基本權ト異レハナリ其ノ他現行法ハ獨逸民事訴訟法ニ倣ヒ例示法ヲ用ヒ其ノ困難ナル事例ニ付其ノ算定ノ方法ヲ指示シタリト雖(現行法第五條)未タ以テ全シト稱シ難キノミナラス理論上甚不當ナルモノナキニ非ス賃貸借契約ノ有無カ訴訟物ナル場合ニ於テ其ノ借賃ノ二十倍ノ額ニ依ルモノトスルトキハ(現行法第五條第三號)現今ノ經濟狀態ニ在ツテ物ノ所有權ノ價額ニ超過スル場合多シ家屋ノ賃貸ノ場合ニ於テ貸主ハ僅ニ其ノ家屋ノ價額ノ二十分ノ一ヲ以テ賃料年額ト爲スモノ稀ナリ都會地ノ家屋ノ一ケ年賃料ハ家屋ノ價額ノ十分ノ一ヨリ多キ割合ヲ以テ定メラルルノ現況ナリ之ニ反シ地代ニ付テハ土地ノ價額ノ二十分ノ一以下ニ在ルヲ通例トス之レ同シク不動產ナリト雖一ハ滅失ニ對スル元本ノ償却ノ加ハルカ爲ナリ現行法カ斯ノ如キ區別ヲ爲サスシテ漫然二十分ノ一即チ元本ニ對スル百分ノ五(法定利率)ヲ標準ト爲シタルノ不當ナルハ既ニ業ニ非難ノ存スル所ナリ法定利率ヲ基礎トスル算定法ハ定期金ノ如キ金錢債權ニハ適當スヘキモ其ノ他ノ定期債權ニハ決シテ適當ナラス現行法第五條ハ此ノ理由ヨリシテ改正ヲ要スル規定ナリ新法カ此ノ規定ヲ削除シタルハ蓋シ當

然ナリ而モ新法ノ規定ニ付テハ亦幾多ノ難問題ヲ生ス其ノ第二十二條ニ曰ク「裁判所構成法ニ依リ管轄カ訴訟ノ目的ノ價格ニ依リテ定マルトキハ其ノ價額ハ訴ヲ以テ主張スル利益ニ依リテ之ヲ算定ス」ト「訴ヲ以テ主張スル利益」ヲ以テ價額算定ノ標準トスルコトハ理論上ニテハ當然ナリ然モ斯ノ如キ抽象的規定ヲ以テ幾多ノ場合ヲ律スルコト難キハ論ナシ之レ即チ從來例示主義又ハ列擧主義ヲ取ルノ已ムヲ得サル所以ナリ

「訴ヲ以テ主張スル利益」ナル文字ニ付テハ適用上幾多ノ疑義ヲ生スルヲ免レサルヘシ物ノ所有權ニ依ル取戻ノ訴ト占有權ニ基ク回收若ハ賃貸借終了等ニ基ク賃借物ノ返還請求ノ訴トハ同シク物ヲ目的トスト雖其ノ利益ハ同一ナラサルヘシ前ニ述ヘタル如ク獨逸其ノ他ノ立法例ニハ占有ニ基ク訴ハ物ノ價額ヲ以テ訴訟物ノ價額ト爲ス旨ノ明文アルモ之レ明文アルニ因テ然ルモノナリ反對給付アル場合ニ於ケル請求例セハ金五千圓ト引替ニ家屋一棟ヲ引渡スヘシトノ請求ニ付テ其ノ利益ナルモノヲ嚴格ニ論スルトキハ結局零ナルヘシトノ論ハ既ニ獨逸民事訴訟法以來ノ議論ナリ現行法ニ所謂賃貸借契約ノ有無又ハ其ノ時期カ訴訟物ナル場合ニ於テ爭アル時期ニ當ル借賃ノ額ヲ以テ訴訟額ト爲スモ不合理ナリ何トナレハ賃貸主ハ物ノ使用收益ヲ許スニ對シテ賃料ヲ受クルモノナルカ故ニ其ノ利益ハ賃料ノ總額ヲ標準ト爲スヲ得サレハナリ即チ其

ノ「利益」ナルモノハ賃借權ヲ評價シテ賣買スル場合ニ於ケル代金ナリト云ハサル可カラサルカ如シ地役カ訴訟物ナルトキハ要役地ノ地役ニ依リ得ル所ノ價額ニ依ルヘキハ相當ナルヘシ地役ノ爲承役地ノ價額ノ減シタル額カ要役地ノ地役ニ依リ得ル所ノ價額ヨリ多キトキト雖其ノ減額ニ依ルヘキ限ニ在ラス債權ノ擔保カ訴訟物ナルトキハ其ノ債權ノ額ヲ標準トスヘク若シ物ノ價額カ債權ノ額ヨリ少キトキハ物ノ價額ニ依ルヘシ相續權殊ニ遺產相續ニ關スル訴訟ニ付テハ義務ヲ控除シタル殘額ヲ以テ其ノ訴訟價額ト爲スヘシ共有物分割ノ訴訟ハ其ノ持分ニ付爭アル部分ヲ標準トスヘシ土地ノ經界ニ關スル訴訟ニ付テハ其ノ爭アル經界部分ヲ標準トシテ原告ノ得ヘキ土地ノ部分ノ價額ニ依ルヘシ扶養料定期金其ノ他原告又ハ被告ノ終身ヲ限度トスル權利ニ關スル訴訟ニ付テハ其ノ評價ニ依ルヘク其ノ假定元本ヲ給付年額ノ二十倍ト見ルコト能ハサルヘシ評價ニ付テハ所謂「ホフマン」計算法ナトヲ用ヒルノ外ナシ擇一的請求ノ場合ニ在ツテハ其ノ價額ノ少キモノヲ訴訟ノ目的物ト爲スヘキコト從前ニ同シ

第二十二條第二項ニハ「前項ノ價額ヲ算定スルコト能ハサルトキハ其ノ價額ハ千圓ヲ超過スルモノト看做ス」ト規定シ訴訟ノ目的物ノ價額算定ニ付一定ノ法定價額ヲ示シタリ然レトモ之レ價額ヲ算定スルコト能ハサル場合ニ限ルヘキモノニシテ價額算定ニ困難ナル場合ニ適用スヘ

キ意ニ非ス而モ財産權上ノ訴訟ニ非サル訴訟ナ想像シタルモノニ非スシテ（財産權上ノ訴訟ニ非サル訴訟ニ付テト言フコトナシ）財産權上ノ訴訟ニ付所謂價額算定不能ナル場合ノ存スルコトナ想像シタルモノナリ身分權上ニ基ク訴訟ト雖之カ價額ヲ算定シ得ル場合アルハ勿論ナリ此ノ點ニ於テ民事訴訟用印紙法ニハ明ニ財産權上ノ請求ト財産權上ノ請求ニ非サルモノトヲ區別シタルニ（民事訴訟用印紙法第二條、第三條參照）新法カ斯ノ如キ區別ヲ爲サヽルハ其ノ意ノ同シカラサルコトヲ示スモノト見ルヘシ民法第九百五十四條以下ニ於ケル扶養ノ義務ニ關スル訴訟ハ之ヲ財産權ニ基クモノト謂フヲ得サルモ其ノ請求ハ價額ニ於テ明白ナリ商法第八十三條ニ基キ合名會社ノ解散ナ請求スル訴ハ財産權上ノモノナルヘキモ原告ノ利益ヲ算定スルコト能ハサルヘシ定期ノ給付ニ付テハ其ノ繼續ノ時期カ終身又ハ不定ナル爲之ヲ價額算定ノ不能ナルモノト見ルハ誤ナリ要スルニ法文ニ「價額算定ノ不能ナル場合」ト稱スルハ財産權上ノ請求ト否トノ區別トハ全ク相異ルモノト見サルヘカラサルナリ

現行法及獨逸民事訴訟法ニハ訴訟物ノ價額ハ裁判所ノ自由ナル意見ヲ以テ之ヲ定ムル旨ノ規定アルモ新法ハ之ヲ削除シタリ之レ固ヨリ當然ナリト雖現行法及獨逸法ニハ法律ニ從ヒテ一定ノ標準ナ示シタル規定ノ存スルカ故ニ（現行法第三條乃至第五條）之ニ依ラサル算定ハ法律ニ

違背シタルモノナリトノ論ヲ生スル虞アリ新法ハ之ヲ「訴ヲ以テ主張スル利益ニ依リテ之ヲ算定ス」ト改メ全然裁判所ノ意見ニ一任シタルカ故ニ其ノ算定ニ不服アルモ上告ノ理由ト爲スコトヲ得ス勿論管轄ニ關スル判決ハ第二審ニ在テハ不服ヲ申立ツルコトヲ得サル新法ノ規定（第三百八十一條參照尙ホ現行法第七條ニハ地方裁判所ノ判決ニ對シテハ其ノ事件カ區裁判所ノ事物ノ管轄ニ屬スヘキ理由ヲ以テ不服ヲ申立ツルコトヲ得スト規定セリ）ナルカ故ニ此ノ問題ヲ生セサルカ如キモ第三十條ニハ「第一審裁判所ハ訴訟ノ全部又ハ一部カ其ノ管轄ニ屬セスト認ムルトキハ決定ヲ以テ之ヲ管轄裁判所ニ移送ス」ト定メラレ此ノ決定ニ對シテハ即時抗告ヲ爲スヘキモノト爲シタルカ故ニ（第三十三條）第二審ニ於テ價額算定ニ關シ爭ヲ生スル場合ヲ生スヘク更ニ之ニ對シ再抗告ヲ爲ス場合ニ在ツテハ此ノ爭ノ上告審ニ提起セラルヽ場合ヲ想像スルヲ得ヘシ殊ニ訴訟印紙ノ貼用ニ付テハ民事訴訟法ニ從ヒ價額ヲ算定スヘキカ故ニ（民事訴訟用印紙法第二條第二項）其ノ算定ノ如何ニ依リテ其貼用額ニ差等ヲ生スヘシ而シテ貼用印紙額ニ不足アルトキハ印紙法第十一條ニ從ヒ其ノ書類ハ效ナキモノトシテ訴訟手續ノ欠缺ヲ生スヘク此ノ點ニ關スル爭ハ第一審第二審ヲ問ハサルノミナラス或ハ第三審ニ於テモ之ヲ爭フヲ得ヘキカ如キ疑ヲ生スヘシ之レ卽チ價額ノ算定ハ事實問題タルコトヲ明白ニスル要アル所以ナリ

尚ホ印紙法ニ在ツテハ財産權上ノ請求ニ非サル訴訟ニ付テハ之ヲ價額百圓ト看做シテ印紙ヲ貼用スヘキモノト爲シタルニ新民事訴訟法ニ在ツテハ價額算定ノ不能ナルモノヲ以テ千圓以上ト看做シ此間規定ヲ異ニシタルハ較不可解ナルカ如シ而モ之レ當然ナリ一ハ財産權上ノ請求ニ付價額算定ノ不能ナル場合ヲ定メ一ハ財産權上ノ請求ニ非サル訴訟ニ關スルモノナレハナリ故ニ價額算定ノ不能ナル場合ニ在ツテハ印紙法ニ從ヒ千圓以上トシテ印紙ヲ貼用セサルヘカラス之ヲ百圓ノ價額ト看做スヘカラサルナリ唯印紙法ニ於テ非財産權上ノ訴訟ヲ以テ價額百圓ト看做シタルハ訴訟價額百圓以下ヲ以テ區裁判所ノ管轄トシタル舊規定ト照應シタルモノ、如ク漫然斯クノ如キ評定ヲ爲シタルニ非サルカ故ニ新法實施ト共ニ此ノ印紙法ノ規定ハ之ヲ千圓ト改ムヘキコト相當ナルカ如シ尚ホ裁判所構成法第十四條第一號ノ規定(價額千圓)カ後日改正セラルル時期アラハ新民事訴訟法第二十二條第二項ノ規定モ亦同時ニ改正セサル可カラサルモノナリ

參照　第二十四條　左ノ場合ニ於テハ關係アル裁判所ニ共通スル直近上級裁判所ハ申立ニ因リ決定ヲ以テ管轄裁判所ヲ定ム

一　管轄裁判所及裁判所構成法第十三條第二項ノ規定ニ依リテ之ニ代ルヘキ裁判所カ法律上又ハ事實上裁判ヲ行フコト能ハサルトキ

二　裁判所ノ管轄區域明確ナラサル爲管轄裁判所カ定マラサルトキ

裁判所管轄ノ指定ニ關スル規定ハ既ニ裁判所構成法第十條ニ左ノ規定ヲ存セリ

第十條　法律ヲ以テ特定シタル場合ヲ除ク外左ノ場合ニ於テ適當ノ申請アルトキハ關係アル各裁判ヲ併セテ之ヲ管轄スル直近上級ノ裁判所ハ何レノ裁判所ニ於テ本件ヲ裁判スル權アルヤヲ裁判ス

第一　權限アル裁判所ニ於テ法律上ノ理由若ハ特別ノ事情ニ因リ裁判權ヲ行フコトヲ得ス且此ノ法律第十三條ニ依リ之ニ代ルヘキコトヲ定メラレタル裁判所モ亦之ヲ行フコトヲ得サルトキ

第二　裁判所管轄區域ノ境界明確ナラサルカ爲其ノ權限ニ付疑ヲ生シタルトキ

第三　法律ニ從ヒ又ハ二以上ノ確定判決ニ因リ二以上ノ裁判所裁判權ヲ互有スルトキ

第四　二以上ノ裁判所權限ヲ有セストノ確定判決ヲ爲シ又ハ權限ヲ有セストノ確定判決ヲ受ケタルモ其ノ裁判所ノ一ニ於テ裁判權ヲ行フヘキトキ

右ノ規定ハ民事及刑事ノ訴訟ニ共通シテ適用セラルヘキモノニシテ民事訴訟ニ關シテ之ヲ適用セントスルニハ頗難解ノモノアルコトハ拙著民事訴訟法要論ニ於テ曩ニ論シタル所ナリ（拙

著民事訴訟法論四三頁及四四頁參照）之カ刑事訴訟ニ關スル適用ニ付テモ疑義ナキ能ハサルカ爲既ニ刑事訴訟法改正ノ際ニ於テ特ニ管轄指定ノ規定ヲ設クルニ至レリ（刑事訴訟法第十四條）而シテ此ノ刑事訴訟法ノ規定ハ之ヲ裁判所構成法第十四條ノ規定ト比較スルニ明カニ重複スルモノアリ恐ラクハ刑事訴訟法ニ於テハ裁判所構成法第十條ノ規定ハ之ヲ刑事訴訟ニ適用セサルノ趣旨ヲ以テ特ニ右ノ規定ヲ設ケタルモノト解セラル今新民事訴訟法第二十四條ノ規定ヲ見ルニ同シク裁判所構成法ノ規定ト重複スルモノアリ即チ新法立案者ハ亦民事訴訟法ニ付テモ裁判所構成法第十條ノ規定ハ之ヲ適用セサルノ趣旨ナリト解セラル若シ果シテ然リトハ發布ト同時ニ何カ故ニ裁判所構成法第十條ノ規定ヲ削除セサリシヤ新法第二十四條第一號及第二號ノ規定ハ裁判所構成法第十條第一號及第二號ト異文同意ナリ而シテ第三號及第四號ハ新民事訴訟法ニ之レ無キ所ニシテ之レ恐ラクハ民事訴訟ニ適用無キノ意ヨリ出テタルモノナルヘシ之ヲ第三號ノ場合ニ付テ見ルニ所謂「法律ニ從ヒ二以上ノ裁判所裁判權ヲ互有スル場合」ハ民事訴訟ニ在ツテハ原告ハ其ノ選擇權ヲ有シ（現行法第二十五條）固ヨリ管轄指定ノ申請ヲ爲スヘキモノニ非ス住所カ二箇ノ裁判所ノ管轄地ニ跨ル場合又ハ住所カ二箇所以上ニ存スルトキハ即チ普通裁判籍カ二以上存スルモノナルカ故ニ本號ノ規定ニ從ヒ管轄指定ノ申請ヲ爲スヘキモノナリト論

スル學者アリト雖採ラス其ノ「二以上ノ確定判決ニ因リ二以上ノ裁判所裁判權ヲ互有スルトキ」ニ付テ見ルニ此ノ場合ニ在ツテハ先ツ同一ノ事件カ二箇以上ノ裁判所ニ繋屬スルコトヲ想像セサル可カラス然ルニ新法ニ在ツテハ同一ノ事件カ二個以上ノ裁判所ニ繋屬スルコトヲ認メス後ノ事件ハ職權ヲ以テ之ヲ却下スヘキコトヲ定ムルカ故ニ(第二百三十一條)實際上ニ於テ斯ル問題ヲ生セサルヘシ(之レ現行法ニ在ツテ所謂權利拘束ノ妨訴抗辯ノ場合ニ相當スルモノナルモ新法ハ之ヲ被告ノ抗辯トセス裁判所職權ヲ以テ判決ニ依リ訴ヲ却下スヘキモノトセリ但シ同時ニ二箇ノ訴ノ提起セラレタル場合ハ其ノ何レヲ却下スヘキヤニ付論ナキニ非ス此等ノ點ニ付テハ更ニ權利拘束ノ抗辯ニ付テ後ニ說クヘシ)次ニ第四號ノ場合ニ在ツテ二以上ノ裁判所權限ヲ有セストノ確定判決ヲ爲スコトモ新法ノ下ニ在ツテハ絕無ナリ裁判所カ事件ヲ管轄違ナリト認ムルトキハ職權ヲ以テ之ヲ管轄裁判所ニ移送スヘキモノト定メ(新法第三十條)而シテ此ノ裁判ハ移送ヲ受ケタル裁判所ヲ羈束スルモノトセルカ故ナリ(新法第三十二條第一項)從ツテ亦上級裁判所ノ判決ニ依リテ二箇以上ノ裁判所カ共ニ權限ヲ有セストノ確定ヲ受クル場合ヲモ生セサルナリ要スルニ裁判所構成法第十條第一號及第二號ノ規定ハ新民事訴訟法第二十四條第一號及第二號トシテ採用セラレ第三號及第四號ハ民事訴訟ニ在ツテハ之カ適用ナシトセハ寧ロ裁判所

成法ノ此ノ規定ヲ削除シテ疑ヲ解クノ優レルニ如カサルヘキニ立法者カ尚ホ此法文ヲ存置シタルハ甚不可解ナリ

現行法ニハ尚ホ不動産上ノ裁判籍ニ訴ヲ起スヘキ場合ニ於テ其ノ不動産カ數個ノ裁判所ノ管轄區内ニ散在スルトキハ亦管轄指定ノ申請ヲ爲スヘキモノトシタルモ（第二十六條）不動産上ノ裁判籍ニ付專屬管轄ノ規定ヲ廢シタル新法ニハ此ノ規定ノ必要ナキハ當然ナリ而シテ此ノ場合ニ在ツテ原告カ第十七條ニ基キ不動産所在地ノ裁判所ニ訴ヲ提起セントスルトキハ其ノ不動産ノ散在スル何レノ裁判所ニ訴ヲ爲スモ自由ナルモノト解スヘシ之レ所謂選擇裁判籍ト云フヲ得サルモ其ノ兩者ノ裁判所ハ何レモ不動産所在地ノ裁判所ト稱スヘキモノナレハナリ

獨逸民事訴訟法ハ普通裁判籍ヲ異ニスル數人カ共同訴訟人トシテ訴ヘラルノ場合ニ於テハ原告ハ亦管轄指定ノ申請ヲ爲スヘキモノト定メタルモ我現行法ニハ此ノ法文ヲ蹈襲セサリシカ爲此ノ場合ニ在ツテハ共同訴訟トシテ訴フルコトヲ得サルモノナリトスルノ說ト其ノ中ノ一人ノ普通裁判籍アル裁判所ニ訴フルコトヲ得トスルノ說トアリ（拙著民事訴訟法論九〇頁參照）新法ハ亦ノ此ノ點ヲ不問ニ付シタル爲問題ヲ生スルノ餘地アリト雖管轄指定ノ申請ヲ爲ス場合ニ相當セサルハ勿論ナリ（共同訴訟ニ付テハ新法ハ其ノ一人ニ對シ管轄權ヲ有スル裁判所ニ

他ノ被告ヲモ併セ訴フルコトヲ許スノ趣旨ナリトノ說アリ之レ第二十一條ニ「一ノ訴ヲ以テ數個ノ請求ヲ爲ス場合ニ在ツテハ第一條乃至前條ノ規定ニ依リ一ノ請求ニ付管轄ヲ有スル裁判所ニ其ノ訴ヲ提起スルコトヲ得」トアルニ該當スト云フニ在リ暫ク茲ニ之ヲ決セス）

參　照　第三十條　裁判所ハ訴訟ノ全部又ハ一部カ其ノ管轄ニ屬セスト認ムルトキハ決定ヲ以テ之ヲ管轄裁判所ニ移送ス

第三十一條　裁判所ハ其ノ管轄ニ屬スル訴訟ニ付著シキ損害又ハ遲滯ヲ避クル爲必要アリト認ムルトキハ其ノ專屬管轄ニ屬スルモノヲ除クノ外申立ニ因リ又ハ職權ヲ以テ訴訟ノ全部又ハ一部ヲ他ノ管轄裁判所ニ移送スルコトヲ得

第三十二條　移送ノ裁判ハ移送ヲ受ケタル裁判所ヲ羈束ス移送ヲ受ケタル裁判所ハ更ニ事件ヲ他ノ裁判所ニ移送スルコトヲ得ス

第三十三條　移送ノ裁判ニ對シテハ即時抗告ヲ爲スコトヲ得

移送ノ申立ヲ却下シタル裁判ニ對シテハ不服ヲ申立ツルコトヲ得ス

第三十四條　移送ノ裁判確定シタルトキハ訴訟ハ初ヨリ移送ヲ受ケタル裁判所ニ繫屬シタルモノト看做ス

前項ノ場合ニ於テハ移送ノ裁判ヲ爲シタル裁判所ノ書記ハ其ノ裁判ノ正本ヲ訴訟記錄ニ添付シ移送ヲ受ケタル裁判所ノ書記ニ之ヲ送付スルコトヲ要ス

管轄違ノ抗辯ノ爲訴ヲ却下セラレタルハ原告トシテハ悲慘ノ極ナルコト勿論ナリ斯クノ如キ爭點ニ依リ本案ノ爭ニ立入ルコトナクシテ第一審ヨリ第三審ニ及ヒ遂ニ却下セラレタル曉ニハ請求權ハ時效ニ罹レリト スルカ如キ事實ヲ想像スルトキハ管轄違ノ抗辯ノ制度ハ原告ノ爲ニ苛酷ナリ改正案ハ此ノ弊ヲ矯正スル意味ニ於テ管轄違ニ依ル訴ノ却下ヲ認メス事件ヲ管轄裁判所ニ移送スルモノトセリ(第三十條)此ノ規定ニ依リ前掲ノ事例ノ如キ弊害ヲ除去スルコトヲ得ハ實ニ機宜ヲ得タル改正タリ而モ亦之ニ伴フ弊害ヲモ考慮セサルヘカラス管轄違ニ依ル訴ノ却下ヲ認メストセハ原告ハ訴ノ提起ニ當リ管轄ノ點ナトニ更ラニ注意ヲ用ヒス自己ノ最モ便利ナル裁判所ニ訴ヲ提起スヘシ若シ被告カ之ニ對シ異議ヲ唱ヘサルトキハ默示ノ合意ノ效力ニ依リ(第二十六條)當然管轄權ヲ生スヘク被告カ異議ヲ述ヘタリトスルモ裁判所ハ適當ナル裁判所ニ移送スルカ故ニ事件ノ些少ノ遲延ノ外大ナル不利ナシ此ノ心理ハ遂ニ管轄ノ規定ニ付原告ハ些ノ注意ヲ拂ハサルニ至ルノ弊ヲ伴生シ二十有餘條ノ管轄ノ規定ハ殆蹂躪シ去ラル丶ニ至ラン之カ爲ニ非常ナル迷惑ヲ蒙ル者ハ被告ナリ被告ハ法律上普通裁判籍ナルモノヲ認メラレ此ノ裁判所ニ訴ヲ受クルコトハ其ノ權利トモ見ルヲ得ヘシ而モ原告ノ法律ノ規定ヲ精査セス又ハ無視シタル結果トシテ此ノ權利ト利益トヲ害セラル丶ニ至ルコト多シトセハ之レ果シテ公平ナ

ル保護ト見ルヲ得ヘキカ殊ニ事件カ他ノ裁判所ニ移送サレンカ其ノ委任シタル辯護士ハ之ヲ解任シテ新ニ其ノ移送先ノ裁判所所屬ノ辯護士ヲ選任セサルヘカラサルニ至ルノ餘儀ナキニ至ルアラン假リニ引續キ前辯護士ニ委任ストセハ口頭辯論期日毎ニ其ノ裁判所ニ出張スル旅費日當等ヲ負擔セサルヘカラス而モ此ノ旅費日當ハ訴訟費用トシテ相手方ニ要求スルコトヲ得ヘキ金額ト非常ナル差違アルヤ勿論ナレハナリ新法カ管轄ニ關スル規定ヲ寛大ニシタルハ被告ヲ以テ常ニ不履行ノ責ニ在ル債務者ト見タル一種ノ憎惡ニ出テタルモノトノ批難ヲ免レサルヘシ況ンヤ管轄ナルモノハ法律上定マリタル國家機關ノ權限ニシテ權利保護ヲ要求スル原告ハ先ツ其ノ權限ノ存スル裁判所ヲ調査シテ之ニ向ツテ其ノ保護ヲ求ムルハ當然ノ義務ニ屬スヘク其ノ義務ニ違反シタル者ヲ保護スルカ如キハ理論上相當ナリト見ルヲ得サルニ於テヲヤ其ノ之レアルカ爲ニ法律ハ普通裁判籍以外ニ多クノ特別裁判籍ヲ認メ原告ノ爲ニハ廣汎ナル範圍ノ選擇管轄ヲ認メタルニ非スヤ此ノ以上ノ保護ハ原告ヲシテ恩ニ馴レ規定ヲ無視シ手續ノ濫用ニ陷ルノ弊ヲ生センソミ新法カ斯ノ如キ規定ヲ容易ク採用シタルハ余輩ノ取ラサル所ナリ殊ニ之ニ對シ抗告ノ道アル以上必シモ事件ノ終局ヲ速カナラシムル利多シトモ見難カルヘシ新法カ著シキ損害又ハ遲延ヲ避クル爲必要アル場合ニ於テ事件ヲ他ノ管轄裁判所ニ移送スルコトヲ認メタルハ

（第三十一條）可ナリ而モ裁判所ハ雙方ノ保護ニ公平ナルヘキコトニ注意ヲ拂フコトヲ要スヘシ一方ニ利益ナル場合他方ニ不利ナル場合少カラサレハナリ管轄違ノ場合ニ於テ事件ヲ管轄裁判所ニ移送スルニ付數個ノ裁判所カ管轄權ヲ有スル場合ニ於テハ其ノ何レニ移送スヘキヤ裁判所ハ其ノ便宜ニ從ヒ選擇裁判籍（例之履行地、寄留地、行爲地等）ノ何レニモ之ヲ移送シ得ルヤ本來ヨリセハ原告カ普通裁判籍ト信シテ訴ヲ起シタルニ其ノ地ハ普通裁判籍ナラスシテ他ノ裁判所ニ普通裁判籍アル場合ニ於テハ裁判所ハ其ノ裁判所ニ事件ヲ移送シ又原告カ履行地ナリト信シテ訴ヲ起シタルニ履行地ナラスシテ他ノ地カ履行地ナリシトキハ其ノ地ノ裁判所ニ移送スヘキモノニシテ之ヲ他ノ裁判所ニ移送スヘキ趣旨ニ非スト見ルヘキカ如シ而モ法文ニハ此ノ趣旨明瞭ヲ缺ケリ殊ニ普通裁判籍アリト信シテ訴ヲ起シタルニ日本又ハ內地（朝鮮、臺灣等ニ對シテ言フ）ニハ普通裁判籍ナク其ノ履行地トシテハ日本ニ管轄裁判所アル場合ハ之ヲ其ノ履行地ニ移送スルコトヲ得ルモノトセサルニ於テハ此ノ規定ノ目的ハ達セラレサルヘシ單ニ履行地ノミナラス其ノ他ノ特別裁判籍ニ於テモ同一ナリ然モ斯ノ如キハ裁判所ノ權限廣キニ失スルノミナラス管轄問題ハ一ニ裁判所ノ指敎ヲ仰クヲ以テ可ナリトスルノ結論ニ逹セン移送ノ規定ハ必シモ不可トセサルモ必ス當事者ノ申立ニ因リ而シテ其ノ指定スル裁判所ニ移送スルヲ可トス移送ヲ欲セスシテ（必シモ之レナシトセス例セハ東京ニ訴ヲ提起シタルニ長崎ニ移送セラルルカ如キハ場合ニ因リ之ヲ欲セサルコトナキニ非ス）原告ハ之ニ要スル費用ヲ訴訟代理人ニ支拂ハサルヘカラサル場合ナキニ非サレハナリ）却ツテ訴ノ却下ヲ望ム原告ニ對シ強ヒテ職權ヲ以テ移送ヲ言渡スノ理由ナケレハナリ移送ハ內國ノ裁判所ニ管轄權アル場合ニノミ行ハルル規定ニシテ外國ハ勿論朝鮮臺灣等ニ裁判籍アル場合ハ訴ヲ却下スルノ外ナキコトニ注意スヘシ立法者ハ常ニ移送ノ決定ヲ爲スヘキモノノ如キ文字ヲ用フルモ解釋上斯ク決セサルヘカラサルハ當然ナリ而モ之レ共通法ニ於テ研究スヘキ一問題タラストセス

## 第二節　裁判所職員ノ除斥忌避及回避

参照　第四十三條　第三十五條乃至第三十七條第一項ノ場合ニ於テハ判事ハ監督權アル判事ノ許可ヲ得テ回避スルコトヲ得

判事カ當事者ト共同權利者共同義務者親族後見人後見監督人保佐人又ハ戶主タル關係アル場合判事カ事件ニ付證人鑑定人ト爲リ又ハ法定代理人又ハ訴訟代理人若ハ補佐人ナル如キ又ハ判

事カ事件ニ付仲裁判斷若ハ前審裁判ニ關與シタルトキ（第三十五條）又ハ裁判ノ公正ヲ妨クヘキ事情アルトキハ判事自ラ回避スルコトヲ得ル規定ハ新法ノ新設ナリ從來ト雖斯ノ如キ場合ニ於テ判事ハ自ラ其ノ事件ニ關與スルコトヲ避ケタルハ勿論ナリト雖固ヨリ一定ノ法規アルニ非ス單ニ行政監督上ノ關係ヨリシテ之ヲ認メタルニ過キス新法ハ之ヲ法律ノ規定トシテ認メタルモノナリ之レ既ニ刑事訴訟ニ於テ認メタル所ニシテ（刑事訴訟法第三十二條）固ヨリ適當ナル改正タリ特ニ之カ爲ニ裁判ヲ用ヒルコト無ク單ニ行政監督ノ權利アル判事ノ許可ヲ得ヘキモノトシタルハ手續ノ簡易ヲ欲シタルモノナリ判事ニ對スル行政監督權ノ規定ハ裁判所構成法第二十條第三十五條第四十四條及第百三十五條トス區裁判所監督判事ハ其ノ裁判所ニ於ケル判事ヲ監督スルコトナシ（第十一條）

# 第二章　當事者

## 第一節　當事者能力及訴訟能力

當事者能力ニ關スル規定ハ現行訴訟法中ニ缺如シタリ新法ハ之ニ關スル新規定ヲ有セリ

参照　第四十五條　當事者能力訴訟能力及訴訟無能力者ノ法定代理ハ本法ニ別段ノ定アル場合ヲ除ク外民法其他ノ法令ニ從フ訴訟行爲ヲ爲スニ必要ナル授權亦同シ

第四十六條　法人ニ非サル社團又ハ財團ニシテ代表者又ハ管理人ノ定アルモノハ其ノ名ニ於テ訴ヘ又ハ訴ヘラルヽコトヲ得

當事者能力ニ關スル規定ハ現行法中ニ缺如セリ訴訟當事者タルノ能力ハ原則上民法上ノ權利能力ノ規定ト同一ナルヘキコト當然ニシテ此ノ點ニ於テ獨逸民事訴訟法第五十條第一項カ「權利能力ヲ有スルモノハ當事者能力ヲ有ス」ト規定シタルハ寧ロ蛇足ニ過キサルカ如シ我現行法カ當事者能力ニ關シ何等ノ規定ヲ置カサリシモ亦此ノ理由ニ基クモノヽ如シ勿論獨逸民事訴訟法ニ在ツテモ其ノ發布ノ當時ニ在ツテハ此ノ法文ナカリシカ後ニ民法施行ト共ニ此ノ法文ノ加ハリタルモノナリ

現行訴訟法第十四條第百三十八條等ニ於テ公私ノ法人以外其ノ名ヲ以テ訴ヘ又ハ訴ヘラルルコトヲ得ル社團又ハ財團ニ關スル規定ヲ存スルハ實體法上斯ノ如キモノヽ存スルコトヲ豫想シタルモノト見サルヘカラス然レトモ訴訟ニ於テ訴ヘ又ハ訴ヘラルル資格（Faehigkeit zu klagen und verklagt zu werden）ニ關スル規定ハ之ヲ訴訟法中ニ置クヲ相當トス之レ民法ハ法律行爲ニ關スルモノヲ規定シ訴訟法ハ訴訟行爲ニ關スル規定ヲ網羅スヘキモノニシテ法律行爲ト訴訟

行爲トノ間ニ區別ヲ置クヘキ必要アル以上其ノ規定ヲモ區別スルノ要アレハナリ獨逸カ民法實施ノ時ニ於テ其ノ訴訟法第五十條ヲ修正シタルハ此ノ理由ニ基クモノトス此ノ點ヨリ見レハ獨逸民事訴訟法第五十條第一項カ「權利能力ヲ有スルモノハ當事者能力ヲ有ス」ト明定シタルハ當然ナリトハ言ヘ却ツテ立法上ノ體裁ヲ得タルモノト見ルヲ得ヘシ新法ハ之ヲ包括的ニ「當事者能力(中略)ハ本法ニ別段ノ定アル場合ヲ除ク外民法其ノ他ノ法令ニ從フ」(第四十五條)ト規定シタルハ現行法ノ如ク全ク其ノ規定ヲ缺如セルニ比較シテ優レリト謂フヘシ

今民法ノ其ノ他ノ法令中當事者能力ニ關スル規定ヲ見ルニ民法第二條ニ於ケル外國人ノ私權享有ニ關スル規定竝第七百二十一條ニ於ケル胎兒ノ損害賠償請求權ニ關スルモノ第九百六十八條第九百九十三條ニ於ケル胎兒ノ相續權ニ關スルモノノ如キ其ノ例ナリ特別法ニ在ツテハ大正四年法律第二十四號無盡法第十五條第二項ニ無盡ノ管理者ハ掛金ノ拂込又ハ給付金ノ支拂ニ關スル訴訟ニ於テ原告又ハ被告タルコトヲ得ル旨ヲ規定シタリ自然人及法律ノ規定ニ依リ設定セラレタル法人カ當事者能力アルコトハ其ノ私權享有ノ結果トシテ當然ナリ之レ特ニ明文ヲ要スヘキニ非サルナリ獨逸民事訴訟法第五十條第二項ニハ「權利能力ナキ團體(民法第五十四條)ハ被告トシテ訴ヘラルルコトヲ得」ト規定セリ之レ管轄ニ關スル規定及送達ニ關スル規定中「公又

ハ私ノ法人及其資格ニ於テ訴ヘラルルコトヲ得ル會社其ノ他ノ社團又ハ財團」ニ關スル規定ヲ置キタル所以ナリ我現行訴訟法中ニハ當事者能力ニ關スル特別ノ規定ヲ置カスシテ管轄及送達ノ規定中ニ同シク公私ノ法人以外ニ訴訟當事者タルモノアルコトヲ認メタリ（第十四條第二項第百三十八條第二項）現行訴訟法實施當時ニ在ツテハ社寺ハ法人ニ非スシテ其ノ資格ニ於テ訴訟ヲ爲スコトヲ認メラレ又無盡講ナル一ノ社團ハ亦其ノ管理人ニ於テ其名ヲ以テ訴訟ヲ爲スコトヲ得ヘキ例ナリシカ民法實施後ハ社寺ハ法人ト爲リ無盡講ニ付テモ無盡法行ハレ特別規定ヲ有スルニ至レリ（民法施行法第十九條無盡法第十五條第二項）此ノ外現行法中法人トシテノ人格ナキモノニ訴訟當事者タル能力アル者ナシ法人ニ非スシテ某協會某倶樂部ナル團體アリテ事實上財産ヲ有スルモノアルモ其ノ法律上ノ性質不明ナルモノ少カラス辯護士會ノ如キモ法令ニ依リ設立セラレタルモノナリト雖法人ニ非サルナリ法理ヨリ見レハ法人ニ非サル者即チ法律行爲ニ付人格ナキモノハ訴訟行爲ニ付テモ人格ナキモノト云ハサルヘカラス獨逸訴訟法カ權利能力ヲ有スル者カ訴訟當事者タル能力ヲ有スト規定シタルハ當然ニシテ反面ニ權利能力ナキ者ハ當事者能力ナキコトヲ原則トスルコトヲ見ルヲ得ヘシ即チ財團又ハ社團ニシテ人格ナキ者ハ訴ヘ又ハ訴ヘラルルニ當リテハ總テノ社員又ハ關係者ニ於テ當事者タラサルヘカラサルニ至リ其ノ

不便ナルコト言ヲ俟タス茲ニ於テカ新法ハ斯ノ如キ團體ニ訴訟當事者タル能力ヲ與ヘ其ノ第四十六條ニ「法人ニ非サル社團又ハ財團ニシテ代表者又ハ管理人ノ定アルモノハ其ノ名ニ於テ訴ヘ又ハ訴ヘラルルコトヲ得」ト規定シタリ「其ノ名ニ於テ」ト言フハ寧ロ「其ノ名ヲ以テ」トスヘシ「名ニ於テ」(In Namen)ト稱スルハ通例代理ヲ意味シ「何某ノ名ニ於テ」ト稱スルハ「何某ノ代理トシテ」ノ意味ト爲ルカ故ニ現行法ニハ「其ノ資格ニ於テ」ナル文字ヲ用ヒタリ之レ寧ロ適當ナリ而モ「名ニ於テ」ト稱スル以上社團又ハ財團ハ「名稱」ヲ有セサルヘカラス例ヘハ數十人ノ氏子又ハ關係者ヨリ成立スル稻荷神社阿彌陀堂ノ如キ社寺ト認メ難キ團體ハ其ノ名ヲ以テ當事者ト爲ルモノナルカ故ニ一定ノ名稱ヲ附セサルヘカラス而シテ原告又ハ被告トシテ某稻荷神社又ハ某阿彌陀堂トシテ表示セラルヘキモノナリ其ノ名ヲ以テ訴ヘ又ハ訴ヘラルルモノナレハナリ唯之ヲ代表スヘキ代表者又ハ管理人ハ實際ニ於テ其ノ資格ヲ定ムルコト甚困難ナル場合ヲ生スヘシ辯護士會ニハ會長副會長アリト雖訴訟上會ヲ代表スル權利アリヤ否ハ問題タルヘシ又辯護士會又ハ辯護士協會ハ其ノ名ヲ以テ當事者タルコトヲ得ヘキコトハ新法第四十六條ニ於テ明白ナルモ之カ內部關係ニ於テ代表資格ナキモノナルトキハ之ヲ如何ニセントスルカ訴訟法ハ財團又ハ社團ノ名ヲ以テ原告又ハ被告タルコトヲ認ムルモ代表者又ハ管理人カ訴訟上財團又

ハ社團ヲ代表スル資格ニ付テハ何等言フ所ナシ而モ代表者又ハ管理人カ財團又ハ社團ヲ代理シテ訴訟行爲ヲ爲スコトヲ得サルニ於テハ第四十六條ノ規定ハ其ノ效ナキニ至ル可シ然ラハ當然ノ結果トシテ新法ハ代表資格ヲ此ノ代表者又ハ管理人ニ與ヘタリト見ルヘキカ辯護士會長ハ此ノ規定ニ依リ當然訴訟ノ原告タリ又ハ被告タルヲ得ルニ至リ他ノ機關（例之常議委員ノ類）ノ意思ニ依ルノ要ナキニ至ル（シ而モ訴訟ニ付テハ會長ハ辯護士會ヲ代表スル資格ナキコトカ內部的規定ニ存スルモノトセハ第四十六條ニ所謂代表者ニ非サルニ歸スヘク辯護士會ハ第四十六條ノ適用ヲ受ケサルコトト爲ルヘシ之ヲ要スルニ新法ハ民法上ノ私權能力ニ付テ言フ所ナク單ニ訴訟行爲ニ關スル當事者能力ノミヲ規定セントスルカ故ニ斯ノ如キ不可思議ナル結論ヲ得ルニ至ルモノノ如シ社團又ハ財團ニシテ法人タラストモ其ノ名ヲ以テ民法上權利能力アルモノニ限リテ訴訟上ノ當事者能力ヲ認ムルモノトセハ何等不都合ナカルヘキモ單ニ便宜ニノミ拘泥シテ理論ヲ顧ミサルカ爲遂ニ不都合ナル結果ニ陷レルモノノ如シ辯護士協會ノ如キ民法上其ノ名ヲ以テ法律行爲ヲ爲スコトヲ得サルモノトセハ訴訟行爲ニ付テモ當事者能力ヲ認ムルノ必要ナシ況ンヤ稻荷神社若クハ阿彌陀堂ヲヤ獨逸ニ在ツテハ法人ニ非スシテ其ノ名ヲ以テ法律行爲ヲ爲ス者ヲ認メタルニ拘ラス日本ノ立法者ハ法人ニ非サル者ハ絕對ニ權利能力又ハ其ノ名

ヲ以テスル法律行爲能力ナシト前提スルカ爲第四十六條ノ如キ規定ヲ生シタルモノニシテ而モ此ノ規定ニハ前記ノ如キ疑義ヲ生スヘク實際ノ運用上却ツテ紛爭ヲ生スルヲ免レサルカ如シ

其他訴訟能力ニ關シ新法ニ於ケル特殊ノ規定ニハ次ノ如シ

參照

第四十七條　共同ノ利益ヲ有スル多數者ニシテ前條ノ規定ニ該當セサルモノハ其ノ中ヨリ總員ノ爲ニ原告若ハ被告ト爲ルヘキ一人若ハ數人ヲ選定シ又ハ之ヲ變更スルコトヲ得訴訟ノ繫屬ノ後前項ノ規定ニ依リテ原告又ハ被告ト爲ルヘキ者ヲ定メタルトキハ他ノ當事者ハ當然訴訟ヨリ脱退ス

第四十八條　前條ノ規定ニ依リテ選定セラレタル當事者中死亡其他ノ事由ニ因リ其資格ヲ喪失シタル者アルトキハ他ノ當事者ニ於テ總員ノ爲ニ訴訟行爲ヲ爲スコトヲ得

第四十九條　未成年者及禁治產者ハ法定代理人ニ依リテノミ訴訟行爲ヲ爲スコトヲ得但シ未成年者カ獨立シテ行爲ヲ爲スコトヲ得ル場合ハ此ノ限ニ在ラス

第五十條　準禁治產者妻又ハ法定代理人カ相手方ノ提起シタル訴又ハ上訴ニ付訴訟行爲ヲ爲スニハ保佐人ノ同意夫ノ許可又ハ親族會ノ同意其ノ他ノ授權ヲ要セス準禁治產者妻又ハ法定代理人カ訴控訴若ハ上告ノ取下和解請求ノ抛棄若ハ認諾又ハ第七十二條ノ規定に依ル脱退ヲ爲スニハ常ニ特別ノ授權アルコトヲ要ス

社團又ハ財團ニモ非ス又特ニ代表者又ハ管理人ヲモ置カサル多數ノ共同利害關係者ハ其中ヨ

リ原告又ハ被告ト爲ルヘキ一人又ハ數人ヲ選定スルコトヲ得ルコトハ新法第四十七條ノ規定ナリ之レ從來ノ所謂兼代人又ハ總代ト稱スルモノニ相當ス甲以下癸ニ至ル十人ノ者カ當事者ト爲ル場合ニ於テ甲ハ自ラ本人トシテ出頭シ同時ニ乙丙丁以下癸ニ至ル九人ノ者ヲ代理スル場合ニ在ツテハ甲ハ本人兼代人タリ而シテ之レ現行法ニ在ツテモ認メサルニ非サルモ地方裁判所ニ在ツテハ必ス辯護士ヲ以テ訴訟代理人ト爲サヽルヘカラサルカ故ニ(現行法第六十三條)自ラ制限ヲ受ケタリ今之ヲ許スニ於テハ便利ナルコト勿論ナリ而シテ立法者ノ意思ハ當事者數十人ノ名ヲ悉ク訴狀其ノ他ノ書類ニ表示スルコトヲ爲サス其ノ選定セラレタル一人又ハ數人ノ名ヲ用ヒテ訴訟行爲ヲ爲スコトヲ認メタルモノニシテ幾分便益ヲ增スモノト云フヘシ加之之ヲ純然タル代理關係ト見ルトキハ訴訟委任ノ原則ヲ之ニ適用セサルヘカラスシテ其ノ爲シタル訴訟行爲ノ效力ヲ他ノ者ニ及ホス結果ニ於テ大ナル差異ヲ生スヘシ例ヘハ訴訟委任ハ特別ノ委任ナキ限リ訴ノ取下請求ノ拋棄若ハ認諾其ノ他ノ行爲ヲ爲スコトヲ得サルカ如ニ(新法並現行法同一ナリ)此ノ選任セラレタル一人又ハ數人ノ當事者トハ自ラ其ノ權限ヲ異ニスヘシ此ノ效果ニ於テ異ナルカ故ニ全部ノ關係者カ訴訟ヲ一人ノ辯護士ニ委任スル場合トモ自ラ異ルヘクシテ實際上ノ便益ハ多大ナルモノアルヘシ唯其ノ關係者全員ハ斯ル重大ナル權限ヲ以テ其ノ中ノ一人又ハ數

人ニ訴訟行爲ヲ一任スルヤ否ハ實際問題トシテ屢々起ルヘキ問題ナルヘシト雖法律ハ何時ニテモ之ナ「變更」スルコトヲ認メタルカ故ニ其ノ害多カラサルヘク此ノ規定ノ便益ヲ阻害スルコトナカルヘシ之カ選任ノ方法ニ付テハ法律ハ何等ノ規定ヲ置カスト雖總員一致ノ意見ニ依ルヘキモノト解スヘシ多數決ノ如キハ法ノ認メサル所ナリ之レ各自ノ利害ニ關スル問題ナルカ故ニ自己ノ意思ニ反シテ代表者ヲ選フコトヲ强ヒラルヘキモノニ非サレハナリ

法律ハ共同ノ利益ヲ有スル多數者ト稱スルカ故ニ單ニ入會權者ノ如キモノニ限ラス土地ノ共有者ノ如キ債務ノ連帶者ノ如キモ此ノ中ニ包含スヘキモノト解セラルヘシ而モ法文カ「前條ノ規定ニ該當セサルモノ」ト云フヨリ見レハ一ノ團體的ノモノト見ルヘキカ如シ少クトモ組合關係ノ如キモノタルヲ要スルカ如シ而シテ立法論ヨリスルモ普通ノ共有關係又ハ共同債務關係ノ如キハ此ノ中ニ包含セシムルノ要ナキカ如キモ法文中之ヲ除外スルノ意味明白ナラス廣義ニ解スルモノト見サルヘカラス而モ之レ亦一考ヲ要スヘキ問題タリ

現行法ニ在ツテハ其ノ第四十三條ニ於テ「原告若クハ被告カ自ラ訴訟ヲ爲シ又ハ訴訟代理人ヲシテ之ヲ爲サシムル能力ト法律上代理人ニ依レル訴訟無能力者ノ代表ト法律上代理人カ訴訟ヲ爲シ又ハ一ノ訴訟行爲ヲ爲スニ付テノ特別授權ノ必要トハ民法ノ規定ニ從フ」トノミアリテ

訴訟能力ニ關スル規定ナ總テ民法ニ讓リタルカ爲其ノ當然ノ解釋トシテ未成年者ハ親權者又ハ後見人ニ依リ訴訟ヲ爲ス外其ノ同意ヲ得テ自ラ訴訟ヲ爲スコトヲ得ヘキモノト解セラレタリ(民法第四條)此ノ理論ヨリスルトキハ民法第四條第二項ニ依リ未成年者カ單ニ權利ヲ得又ハ義務ヲ免レタル行爲ニ關スル訴訟ニ付テハ未成年者ハ自ラ之ヲ爲スコトヲ得ルモノト解セラルヘキカ如シ而モ之レ法律行爲ニ關スル規定ニシテ之ヲ直チニ訴訟行爲ニ適用スルコト既ニ論アルノミナラス未成年者ノ如キ假令法定代理人ノ同意アルモ之ヲシテ獨立シテ訴訟又ハ各個ノ訴訟行爲ヲ爲サシムルハ無能力者ヲ保護スル所以ニ非サルヘシ送達ニ關スル民事訴訟法ノ規定ヲ見ルニ其ノ第百三十八條ニ於テ「訴訟能力ヲ有セサル原告若クハ被告ニ對スル送達ハ其ノ法律上代理人ニ之ヲ爲ス」トアリテ法律上代理人ノミ獨リ送達受領ノ權アルコトヲ定メタリ無能力者カ法定代理人ノ同意ヲ以テ自ラ訴訟行爲ヲ爲スカ如キハ獨逸民事訴訟法ノ想像セサル處ニシテ亦恐ラクハ我訴訟法ノ精神ニ非サルヘシ殊ニ無能力者カ被告トシテ訴ヘラレタル場合ニ於テ自ラ訴訟行爲ナ爲サントスルニ當リ法定代理人カ同意セサルトキハ如何ナル結果ヲ生スヘキヤハ從來屢々論議セラレタル所ナリ新法ハ此ノ點ヲ明確ニシ其ノ第四十九條ニ於テ「未成年者ハ法定代理人ニ依リテノミ訴訟行爲ヲ爲スコトヲ得」ト規定シタルハ最モ當ヲ得タリ

無能力者カ被告タル場合又ハ訴訟ヲ爲スニ付特別ノ授權ヲ必要トスル法定代理人（例ヘハ親族會ノ同意ヲ必要トスル繼父繼母嫡母又ハ後見人ノ如シ）カ被告ト爲リタル場合ニ關シテモ亦其ノ權限ニ付テハ從來議論ノ存シタル所ナリ卽チ此等ノ者カ被告ト爲リタル場合ニ於テハ親權者其ノ他ノ法定代理人ノ同意若ハ許可又ハ親族會ノ同意等無クシテ獨立シテ訴訟行爲ヲ爲スコトヲ得ルモノト爲スノ說ト其ノ原告又ハ被告タルトニ拘ラス必ス民法ノ規定ニ依ル同意又ハ許可ヲ要ストスルモノトアリ之レ余輩カ拙著民事訴訟法論ニ論シタル所ナリ（同書六七頁參照）未成年者準禁治產者妻又ハ後見人其ノ他ノ法定代理人カ法定代理人保佐人夫又ハ親族會等ノ同意又ハ許可ヲ要ストスルハ訴ヲ提起スル場合ニ限ラレ（例ヘハ破產管財人ノ訴ノ提起ニ關スル監査委員ノ同意ノ如シ破產法第百九十七條第十號ヲ參照セヨ）其ノ被告トシテ訴ヲ受ケタル場合ニ在ツテハ同意又ハ許可ヲ受クル要ナシトスル論ハ明ニ民法ノ文字ニ違背スル解釋ナリ之レ民法ニハ明ニ訴訟行爲トアルカ故ナリ此ノ說ヲ唱フル根據ハ無能力者カ被告トシテ既ニ訴ヲ受ケタル以上法定代理人ノ同意等ノ有無ニ拘ラス應訴セサルヘカラサルカ故ニ此ノ場合同意又ハ許可ノ要ナシト云フニ在リ而モ其ノ被告タル場合タルカ故ニ全ク同意又ハ許可ヲ必要トセストセハ無能力者ノ保護其ノ他法律ノ希望スル所ハ到底遂スヘカラス之レ法定代理人カ同意セサル

場合ナ想像スルヨリシテ强ヒテ法律ノ精神ヲ曲ケントスルモノニシテ誤レルノ甚タシキモノナリ而モ若シ法定代理人保佐人夫又ハ親族會等カ同意又ハ許可セサル場合ニ處シテ何等カノ規定ナキトキハ事實上ノ結果ニ不都合ヲ生スルコトナ免レサルヘシ新法ハ此ノ點ナ顧慮シタルコト明ニシテ其ノ第五十條第一項ニ左ノ如キ規定ヲ置キタリ

準禁治産者妻又ハ法定代理人カ相手方ノ提起シタル訴又ハ上訴ニ付訴訟行爲ヲ爲スニハ保佐人ノ同意夫ノ許可又ハ親族會ノ同意其ノ他ノ授權ヲ要セス

之レ卽チ從來ノ疑問ヲ決シタルモノニシテ之ニ因リ無能力者又ハ法定代理人ノ訴訟行爲ニ必要ナル同意又ハ許可等ハ積極的行爲ノ場合ニ限ラレ所働的ノ地位ニ在ル場合ニハ其ノ授權ナ必要トセサルモノト爲レリ唯斯ノ如クナルトキハ民法カ無能力者ノ保護其ノ他特別ノ理由ヨリシテ特ニ此等ノ者ノ訴訟行爲ニ付他ノ同意許可其ノ他ノ授權ヲ必要トシタル趣旨ニ矛盾ナ生セストモ言フヘカラス特ニ訴訟行爲中事件ノ成敗ニ重要ナル關係アルモノニ付總テ無能力者等ノ専斷ヲ以テ爲スコトヲ得ヘキモノトスルハ危險ノ伴フナキナ期スヘカラス依テ法律ハ訴訟代理人ニ對スル特別委任ノ規定（第八十一條第一項）ニ類シタル制限ナ置キ訴訟行爲中ノ重要ナルモノニ付特ニ同意許可其ノ他ノ授權ナ要スヘキモノトシテ同條第二項ニ左ノ規定ヲ置キタ

リ

準禁治產者妻又ハ法定代理人カ訴控訴若クハ上告ノ取下和解請求ノ拋棄若ハ認諾又ハ第七十二條ノ規定ニ依ル脫退ヲ爲スニハ常ニ特別ノ授權アルコトヲ要ス

從來ノ疑問トセラレタル所ハ之ニ因リ一掃セラレタリト言フヘシ但シ此ノ規定ノ內容ヨリ見テ較疑ヲ生スヘキハ第二項中ニ實父母ノ如キ親族會ノ同意ナクシテ獨立シテ訴訟ヲ爲スコトヲ得ルモノヲ包含スルヤ否ヤノ點之ナリ單ニ法文ヨリ見ルトキハ此等ノ法定代理人ト雖訴ノ取下控訴若クハ上告ノ取下和解請求ノ拋棄若ハ認諾等ノ行爲ヲ爲スニハ特別ノ授權ヲ必要トスルカ如キ觀アリト雖本條ニ言フ所ハ民法上訴訟ヲ爲スニ付特別ノ授權ヲ必要トスル者ニ關シテ例外ヲ示サントスルニアルカ故ニ初ヨリ他ノ同意等ヲ必要トセス獨立シテ訴訟ヲ爲スコトヲ得ヘキ法定代理人ハ固ヨリ之ニ包含セサルノ意ナリト解スルヲ相當トスヘシ保佐人、夫又ハ親族會カ同意又ハ許可ヲ爲スニ付テモ之ヲ包括的ニ爲スト各個訴訟行爲ニ關シテ之ヲ爲ストヲ區別セサルカ故ニ第五十條第二項以外ニ於テ重要ナリト認ムヘキ事項例ヘハ事實ノ自白證據ノ拋棄等ノ如キ訴訟行爲ニ付保佐人、夫又ハ親族會カ之カ同意又ハ許可ヲ留保スルコトハ差支ナカルヘシ之レ民法第十二條ニハ訴訟行爲ヲ爲スコトトアレハナリ本條第一項ニハ「上訴」ナル文字ヲ用ヒ第二項ニハ「控訴若クハ上告ノ取下」ナル文字ヲ用ヒタルヨリシテ第一項中ニハ抗告ヲ包含セサルカ如キ觀アリ即チ準禁治產者、妻又ハ法定代理人カ「抗告ノ取下」ヲ爲スニハ特別ノ授權アルコトヲ要セサルカ如シ之レ抗告ハ破產事件其ノ他非訟事件等ニ於テモ當ニ行ハル、所ニシテ單ニ訴訟手續中ノ決定命令等ニ對スルモノニ非サルカ故ニ之カ「取下」ニ付特別授權ヲ要スト否トノ解釋ハ其ノ影響スル所決シテ鮮ナカラサルナリ而モ抗告ニ關スル第四百十四條ノ規定ヲ見ルトキハ「抗告及抗告裁判所ノ訴訟手續ニハ其ノ性質ニ反セサル限リ第一章（控訴）ノ規定ヲ準用ス但シ前條ノ抗告及之ニ關スル訴訟手續ニハ前章（上告）ノ規定ヲ準用ス」トアリテ全ク控訴及上告ト同視シ其ノ取下ニ付テハ特別ノ授權ヲ必要トスルモノト解スヘキカ如シ蓋シ立法者ノ不用意ナルヘキカ

## 第二節　共同訴訟

共同訴訟ニ關スル規定ハ新舊法共ニ大差ナシ唯現行法ニ於ケル所謂主參加ヲ以テ新法ハ其ノ原告及被告ヲ共同被告トスルノ點ニ於テ之ヲ共同訴訟トシテ規定スヘキモノト認メ（第六十條）而シテ主參加ノ意義ヲ變更シタリ（第七十一條）

# 第三節　訴訟參加

訴訟參加ニ付テハ新規定ト稱スヘキモノ少カラス今之ヲ論スヘシ

參照　第七十一條　訴訟ノ結果ニ因リテ權利ヲ害セラルヘキコトヲ主張スル第三者又ハ訴訟ノ目的ノ全部若ハ一部カ自己ノ權利ナルコトヲ主張スル第三者ハ當事者トシテ訴訟ニ參加スルコトヲ得此ノ場合ニ於テハ第六十二條及第六十五條ノ規定ヲ準用ス

第七十五條　訴訟ノ目的カ當事者ノ一方及第三者ニ付合一ニノミ確定スヘキ場合ニ於テハ其ノ第三者ハ共同訴訟人トシテ訴訟ニ參加スルコトヲ得此ノ場合ニ於テハ第六十五條ノ規定ヲ準用ス

他人間ノ訴訟ノ目的ノ全部又ハ一部ヲ自己ノ權利ナリト主張スルモノニ付テハ現行法ハ所謂主參加ノ訴訟ヲ以テ當事者雙方ヲ被告トシテ訴訟ノ第一審ニ繫屬シタル裁判所ニ其ノ請求ノ訴ヲ爲スヘキモノトセリ(第五十條第一項)新法ハ此ノ點ニ關シ改正ヲ加ヘ其ノ他人間ノ訴訟ニ當事者トシテ參加スルコトヲ得トセリ卽チ當事者トシテ訴訟ノ半途ヨリ參加スルコトヲ認メタルモノニシテ從參加ニモ非サルナリ而モ之ニ名稱ヲ附ストセハ寧ロ主參加（Hauptintervenient）ト稱スヘシ之レ現行法ノ主參加トハ同一ナラサルヘキモ其ノ參加ハ其ノ意義ヨリシテ却ツテ現行法ノ主參加ヨリモ一層適切ナル用語タルカ如ク思ハル或ハ法文上ノ用語ニ從ヘハ當事者參加

トスルコト適當ナルヘキカ

用語ハ學者ノ命スル所ニ從ツテ可ナリ當事者トシテ訴訟ニ參加スルニハ原告及被告ヲ共同訴訟人トスヘキモノトス原告甲カ被告乙ニ對シ或土地ノ所有權ヲ主張シ其ノ引渡ヲ求ムル場合ニ於テ第三者カ其ノ土地ノ自己ノ所有權ニ屬スルコトヲ主張スル場合ニ於テハ原告甲ノ主張ヲ援助スルモ丙ノ爲ニ利ナラス乙ヲ援助シテ原告ノ請求ヲ排斥スルモ必シモ其ノ目的ヲ達スルコトヲ得サルヘシ卽チ原告及被告ノ所有ニ屬セサルコトヲ主張スルト共ニ自己ノ所有ニ屬スルコトヲ主張セサルヘカラス乙ト丙トノ關係ハ甲ノ所有ニ非サルコトヲ主張スル點ニ於テ一致スト雖丙ニ對スル乙ノ認諾ハ直チニ丙ノ目的ヲ達スルコトヲ得ス甲カ否認スル以上如何トモ爲スヲ得サレハナリ其ノ他其ノ訴訟行爲ハ甲乙兩者ノ利益ニノミ一致セサルヘカラサルコト普通ノ共同訴訟ノ場合ト同一ナリ之レ此ノ場合ニ新法第六十二條ヲ準用スル所以ナリ此ノ場合ニ於テ丙ハ甲ニ附隨シ乙ニ對シ其ノ不動産ノ引渡ヲ要求スルノ方法ハ法律ノ認メサル所ナリ之レ甲ハ自ラ其ノ權利ヲ有セサレハナリ既ニ然ラハ丙ハ訴訟ニ參加スルト同時ニ訴ノ要件ニ從ヒ（第二百二十四條）一定ノ請求ヲ爲シ且之ニ相當スル訴訟印紙ヲ貼用シ其ノ他總テ請求訴訟ニ必要ナル要件ヲ具備シタル行爲ヲ爲ササルヘカラス而シテ現行法カ甲乙ヲ共同被告トシテ本案ノ繋屬

スル第一審裁判所ニ訴ヲ起サシメ判決ニ於テ其ノ土地ノ占有者タル乙ニ於テ丙ニ對シ右土地ヲ引渡スヘシトノ判決ヲ爲スノ制度ヲ取リタルト(丙ノ請求理由ナシトセハ之ヲ棄却スヘキヤ勿論ナリ)全然同一ナリ然レトモ新法ハ本案ノ訴訟ニ付別ニ判決ヲ爲スノ煩ヲ避ケタル點ニ於テ較簡便ナリ而シテ現行法ニ在ツテ主參加原告丙ノ勝訴ノ場合ニ於テ本訴訟タル甲乙間ノ訴訟ハ如何ナル運命ニ歸スヘキヤニ付學者間議論ノ存スル所ヲ一掃シタリ唯新法ハ此ノ參加ニ付訴訟ノ程度ヲ制限セサル故ニ第二審ニ於テモ始メテ參加スルコトヲ得ヘク審級ヲ追ハサル判決ヲ認メサルヘカラス之レ現行法ト異ル所ナリ要スルニ此ノ參加ハ手續上簡易ナルヘキモ較不合理ノモノアルカ如シ而モ此ノ制度ヲ否定スルノ要ナキモ從來ノ主參加ノ規定ヲ廢シテ之ニ代フル程ノ必要ハ之レナキカ難シ何カ故ニ從來ノ主參加規定ヲ廢シタルヤ獨逸ハ最近訴訟法ノ大部分ヲ改正シタルモ尚ホ此ノ規定ヲ存置セリ

他人間ノ訴訟ノ結果ニ因リテ權利ヲ害セラルヘキコトヲ主張スル第三者ハ現行法ニ在リテハ同シク主參加トシテ當事者雙方ニ對スル訴ニ依リテ其ノ權利ヲ保護スルコトヲ得トセリ(第五十一條第二項)之レ獨逸民事訴訟法ニ之レナキ所ニシテ我訴訟法特有ノモノタリ蓋シ民法第四百二十四條ニ於ケル詐害的法律行爲ノ取消ニ對當シテ訴訟行爲ニ依ル詐害行爲ヲ防止セン

カ爲ノ方法ニ外ナラス理論上正ニ當然タリ唯其ノ手續ニ於テ本訴訟ノ原告及被告ヲ共同被告トシテ獨立ノ訴ヲ起スヘキモノトスヘキヤ將佛國民事訴訟法ノ如ク從參加ノ方法ニ依ラシムヘキヤハ立法上問題ノ存スル所ナリ從參加ノ手續ニ依ルヘキモノトセハ例ヘハ被告ニ對シテ總ヘテノ防禦方法其ノ他證據方法ヲ提出シ原告ノ請求ヲ排斥スルニ務ムヘキヤ勿論ニシテ之ニ因リテ原告ノ請求ヲ排除シ被告ノ詐害的行爲ヲ防止スルヲ得ヘク其ノ目的ハ達セラレサルニ非ス唯從參加人ハ主タル當事者ノ行爲及陳述ト矛盾シタル行爲及陳述ヲ爲スコトヲ得サルカ故ニ被告ノ行爲及陳述カ如何ニ不利ナリトスルモ之ヲ忍ハサルヘカラスシテ(現行法五十四條第二項參照)遂ニ敗訴ニ至ルヘキヲ保セス此ノ點ニ關シテハ獨逸民事訴訟法第六十九條ノ如ク從參加人ヲ以テ共同訴訟人ト看做シ其ノ一人ノ行爲ハ他ニ不利益ナル效力ヲ及ホササル旨ノ規定(墺太利民事訴訟法第二十條モ亦同シ)ヲ置クトキハ之ヲ避ケ得ヘシ共同訴訟人ノ一人ノ認諾其ノ他不利益ナル行爲ハ他ノ共同訴訟人ニ其ノ效力ヲ及ホサレハナリ(現行法第五十條第二項參照)即チ詐害的訴訟行爲ニ關シテハ第三者ニ從參加ノ道ヲ設クルコトハ比較的簡易ニシテ且合理的ナリ今之ヲ我現行法ノ如ク當事者雙方ヲ相手方トシテ獨立ノ訴ヲ爲スヘキモノトスルトキハ其ノ手續上甚タ支障ナキニ非ス此ノ點ニ關シ余ハ拙著民事訴訟法論ニ於テ之ヲ論シタルコトアリ(同

書一〇八頁以下）曰ク

詐害的訴訟行爲ノ取消ノ趣旨ニ出テタル主參加訴訟ハ其ノ趣旨ニ於テ可ナルモ其手續ニ於テハ不完備タルヲ免レス之レ物ヲ自己ニ請求スル訴ト全然其趣旨ヲ異ニスレハナリ此主參加ノ訴訟ハ本訴訟ニ於ケル原告及ヒ被告間ニ訴訟ノ目的ト爲リタル權利關係ノ成立又ハ不成立ノ確定ノ訴ヲ起スノ外ナカルヘシ何トナレハ各個ノ訴訟行爲ハ法律行爲ノ如ク之ヲ取消スコトヲ得サレハナリ而モ訴訟手續ニ於テ原告及ヒ被告カ共謀ニ因リ債權者ヲ詐害スト稱スルカ爲ニハ故意ニ攻撃防禦ノ方法若クハ證據方法ヲ抛棄シ又ハ故意ニ敗訴シタル事實ナカルヘカラス之レ寧ロ本訴訟ニ於テ主張スルコトヲ許スヲ便トスヘク即チ寧ロ後ニ說ク所ノ從參加ノ方法ヲ以テスルヲ相當トスルカ如シ若シ共謀ニ因リ故意ニ敗訴シタリトセンカ原告及ヒ被告間ニ於テハ判決ニ對シ債權者ヲシテ上訴ヲ爲サシムルヲ可トス未タ判決ナキ以前ニ故意ニ利益ナル攻撃防禦ノ方法又ハ證據方法ヲ抛棄シタリト認ムヘキトキハ從參加ノ手續ヲ以テ債權者ニ之カ提出ヲ爲サシムルヲ以テ便トスヘシ之レ獨逸民事訴訟法カ此主參加ヲ認メサル所以ナルヘシ要スルニ民法第四百二十四條ニ於ケル法律行爲ノ取消ニ關スル規定ノ存スル以上斯ノ如キ規定ハ多ク其效ヲ有セサルヘシ況ンヤ原告被告間ニ共謀ノ事實ヲ必要トシ單ニ原告

又ハ被告一方ノ意思ノミヲ以テ債權者ヲ害スヘキ行爲ヲ爲シタルトキハ從參加ノ方法ニ依ルノ外ナク此訴ヲ爲スコトヲ得サルニ於テヲヤ畢竟詐害的訴訟行爲ノ取消ヲ目的トスル主參加ノ訴訟ハ甚シキ實益ナキカ如シ云々

新法ハ現行法ノ此ノ規定ヲ不完全ト認メタル點ニ於テ余輩ノ意見ニ一致シタルモノアリ而シテ詐害的訴訟行爲ノ行ハル、場合ニ於テハ權利者ハ當事者トシテ其ノ訴訟ニ參加スルモノトシタルハ一段ノ進歩タリト云フヘシ新法ニ依レハ「訴訟ノ結果ニ因リテ權利ヲ害セラルヘキコトヲ主張スル第三者ハ（中略）當事者トシテ訴訟ニ參加スルコトヲ得此ノ場合ニ於テハ第六十二條及第六十五條ノ規定ヲ準用ス」ト（第七十一條）卽チ現行法ニ於ケルカ如ク別ニ一個ノ訴訟ヲ提起スルコトヲ要セス直ニ他人間ノ訴訟ニ參加スルコトヲ得ルナリ之レ頗ル便利ナリ而シテ原告及被告ハ共同被告トシテ第六十二條（訴訟ノ目的カ合一ニ確定スヘキ場合ニ關スル規定）ノ適用ヲ受ケ其ノ訴訟ニ於テ一時ニ三面的紛爭ハ解決セラルヘシ而モ又實際ノ手續ニハ較不完全ナルモノ存ス詐害セラルヘキ權利者ハ當事者トシテ如何ナル趣旨ニ因リ參加スルヤ當事者トシテ參加スル以上一般ノ規定ニ從ヒ訴ニ必要ナル要件（第二百二十四條ニ請求ノ趣旨及原因ヲ要件トセリ）ヲ具備セサルヘカラス少クトモ第六十五條ノ準用ノ結果トシテ參加ノ趣旨及理由ヲ具備セサルヘカラス自己ニ何等ノ請求ナクシテハ當事者タリ得サルコト勿論ナレハナリ例ヘハ甲ハ乙ニ對シ或債權アリトシテ訴訟ヲ提起シ乙ハ右債權ハ虚僞ノ債權若ハ既ニ消滅シタル債權ナルヲ知リテ之ヲ爭フコトヲ爲サス之ヲ承認セントス丙ナル者乙ノ債權者トシテ若シ乙カ敗訴センカ總債權者ノ共同擔保タル乙ノ財産ニ損害ヲ受クヘク自己ノ債權ニ害ヲ及ホスヘキカ故ニ第七十一條ニ從ヒ參加セントス之ヲ從參加ト爲ストキハ丙ハ乙ニ代リテ其ノ虚僞ノ債權タルコト又ハ既ニ消滅シタルコトヲ主張シ（此ノ場合ニ於テ丙ハ獨逸民事訴訟法ニ在ツテハ必要的共同訴訟人タルノ地位ヲ取得スルカ故ニ必シモ乙ノ行爲又ハ陳述ニ束縛セラル丶コトナシ）甲ノ目的ヲ阻止スルコトヲ得ルモ當事者トシテノ參加ニ於テハ甲乙兩人ニ對シ其ノ債權ノ存在セサルコトヲ確定セシムルノ外ナシ而シテ之レ權利確認ノ訴ナルカ故ニ之ニ相當スル訴訟印紙ヲ貼用シ普通ノ訴ノ形式ヲ要スルニ至ルヘシ（民事訴訟用印紙法改正第五條ノ二參照）之レ現行法ノ制度ト大ナル差異アルコトナシ即チ現行法ニ比シ手續ノ簡便ニ一歩ヲ進メタリト雖未タ以テ十分ナリト云フコト能ハス立法者ハ何カ故ニ之ヲ從參加ノ方法ニ依ルノ道ヲ取ラサリシカ余輩ノ解シ能ハサル所ナリ

當事者トシテノ參加ハ何時ニテモ之ヲ爲シ得ヘキ趣旨ナリト解スヘキコト前同樣ナリ即チ訴

訟カ第一審ニ繋屬中タルト第二審又ハ第三審ニ繋屬中ナルトヲ問ハサルカ如シ而モ之レ審級ヲ追ハサル訴訟ト爲リ終ハルヘク參加人ハ自ラ其ノ手續ヲ取リタル以上之ヲ忍フヘシトスルモ理論上甚當ヲ得サルカ如シ之ヲ第一審ニ繋屬中ニ限ルモノト解スルハ法ノ明文ニ反スルモノナリ

當事者トシテノ參加ハ審級ノ如何ヲ問ハサルモノトスルモ既ニ第一審又ハ第二審ノ判決アリテ本訴訟ノ當事者カ之ニ對シ上訴ヲ爲サヽル限リハ第三者ハ參加スルニ道ナシ第六十四條ノ場合ニ於ケル參加ノ規定ニ從ヘハ控訴又ハ上告ノ申立ト同時ニ參加ノ申立ヲ爲スコトヲ得ヘシト雖（第六十九條）當事者參加ニハ此ノ規定ナシ第七十一條ニハ第六十五條ヲ準用シ其ノ第六十五條第三項ニハ參加ノ申出ハ參加人トシテ爲シ得ル訴訟行爲ト共ニ之ヲ爲スコトヲ得ト規定シタルモ第六十九條ニ於ケル參加人カ訴訟ニ付上訴ノ提起ヲ爲スコトヲ得ルノ規定ハ當事者トシテノ參加ニハ性質上適用ナキモノト解スヘシ何トナレハ控訴上告ハ判決ヲ受ケタル者ノミ獨リ之ヲ爲スコトヲ得ヘキヤ勿論ナレハナリ即當事者參加ノ規定ハ左ノミ便利ナルモノニ非サルナリ或ハ少クトモ第七十五條ニ從ヒ共同訴訟人トシテ參加スルノ道ヲ開クヘカリシナリ而シテ之レ獨逸民事訴訟法ノ從參加人カ被參加人ト必要的共同訴訟ノ地位アル場合ト同一ニシテ其ノ便

利ニシテ合理的ナル固ヨリ改正法律ノ比ニ非サルナリ

新法第七十五條ニ共同參加ヲ認メタルハ便利ナリ曰ク「訴訟ノ目的カ當事者ノ一方及第三者ニ付同一ニノミ確定スヘキ場合ニ於テハ其ノ第三者ハ共同訴訟人トシテ訴訟ニ參加スルコトヲ得」ト之レ既ニ獨逸民事訴訟法カ從參加ニ付テ認メタル所ナリト雖始メヨリ共同訴訟人トシテノ參加ヲ認ムルノ優レルニ如カス例ヘハ連帶債務者ノ一人カ債權者ヨリ訴ヘラレタル場合ニ於テ他ノ債務者カ其ノ訴訟ニ參加シ其ノ債務ノ無效ナルコト又ハ消滅シタルコトヲ主張セントスル場合ノ如シ此ノ場合ハ勿論現行法ニ於テ從參加ノ方法ニ依ラレサルニ非サルモ其ノ債務ハ共同ニ負擔シタリト看做サレタルモノナルカ故ニ初ヨリ共同訴訟人トシテ參加スルノ優レルニ如カス況ンヤ現行法ニハ從參加人ニ付共同訴訟人トシテノ地位ヲ取得スヘキ獨逸法ノ如キ規定ナキニ於テヲヤ共同參加ノ規定ハ既ニ强制執行ニ於ケル第六百三十三條ノ認メタル所ナリ

新法ハ尙ホ訴訟引受ニ關スル規定ヲ新設シタリ

參照　第七十四條　訴訟ノ繫屬中第三者カ其ノ訴訟ノ目的タル債務ヲ承繼シタルトキハ裁判所ハ當事者ノ申立ニ因リ第三者ヲシテ訴訟ヲ引受ケシムルコトヲ得

裁判所ハ前項ノ規定ニ依リテ決定ヲ爲ス前當事者及第三者ヲ審訊スルコトヲ要ス

訴訟繋屬ノ後當事者ヲ交代スルコトハ廣義ニ於ケル訴ノ變更（Klageaenderung）ナリ現行法ニ在ツテハ訴ノ原因ノ變更ニ付テノミ規定シタルモ（第百九十五條第二項第三號）廣ク訴ノ變更ニ付規定スル所ナシ（第四百十三條ニハ訴ノ變更ノ文字アルモ訴ノ原因ノ變更ト同義ナリト解セラル）我第百九十五條ニ對當スヘキ獨逸民事訴訟法第二百六十三條ニハ明ニ訴ノ變更トアリテ單ニ原因ノ變更ト言フコトナシ訴ノ變更トハ訴ノ要素ヲ變更スルノ義ニシテ第百九十條第二項第一號乃至第三號ノ事項卽當事者、一定ノ原因及一定ノ申立ノ何レカヲ變更スルヲ謂フ原因及申立ノ變更ニ付テハ別ニ論スヘキモ當事者ヲ變更スルコトハ特ニ注意ヲ拂ハサルヘカラス訴訟ハ當事者間ニ成立スル一ノ法律關係ナルカ故ニ當事者ヲ交代スルコトハ其ノ法律關係ノ變更ト爲ルヘケレハナリ故ニ獨逸民事訴訟法第二百六十三條ニ在ツテハ訴ノ權利拘束ノ後ハ廣ク訴ノ變更ヲ許サスト規定シ暗ニ當事者ノ交代ヲモ許ササルコトヲ示シ更ニ訴訟ノ目的物ノ讓渡又ハ請求權ノ移轉ニ關シ第二百六十五條ニ於テ「權利拘束ノ發生ハ訴訟ノ目的物ノ讓渡又ハ係爭ノ請求權ノ移轉ヲ妨クルコトナシ但シ讓渡又ハ移轉ノ爲訴訟關係ニ何等影響ヲ及ホスコトナシ權利承繼人ハ相手方ノ承諾ナクシテ前主ノ地位ヲ繼キテ當事者ト爲リ又ハ主參加人トシテ訴ヲ提起スルコトヲ得ス從參加人トシテハ參加スルコトヲ得ルモ第六十九條ノ規定ヲ之ニ適用セス」ト規定シタリ我現行法ハ單ニ訴ノ原因ノ變更ヲ許サヽルコトヲ規定シタルノミ當事者ノ變更ニ付テハ何等謂フ所ナシ一定ノ申立ノ變更ニ付テモ第百六十九條第二號及第三號ノ場合ニ限リ之ヲ許スコトヲ言フモ其ノ他ノ場合ニ付テハ立法者ノ意思明白ナラス反對解釋ヨリスレハ訴訟ノ目的ノ讓渡又ハ義務ノ引受ニ依ル訴訟承繼ハ之ヲ許スヘキモノナルカ如ク解シ得ラルヽ餘地アリ余ハ此ノ點ニ關シ拙著民事訴訟法論(同書二七三頁)ニ左ノ如ク論シタリ

訴ノ權利拘束ヲ生シタル後ニ於テ原告若ハ被告ハ訴訟ノ目的物又ハ請求權ヲ他ニ讓渡スルコトヲ得ルヤ換言セハ權利拘束ハ訴訟ノ目的物又ハ請求權ノ讓渡ヲ制限スルノ效力ヲ生スルヤ否ヤハ我訴訟法中ニ何等規定スル所ナシ獨逸民事訴訟法第二百六十五條ニ依レハ右ノ讓渡ハ當事者間ニ於テ有效ナリト雖而モ訴訟ニ關シテハ何等ノ效力ヲ及ホスヘキモノニ非サルコトヲ規定シアリ我訴訟法ハ其ノ制定ノ際右獨逸民事訴訟法第二百六十五條ノ規定ヲ削除シタルカ故ニ之ヲ理論ニ從ツテ決スルノ外ナシ即訴訟ノ目的物又ハ請求權ノ讓渡ハ權利拘束ノ爲何等制限セラルヽコトナク又訴訟ノ參加又ハ引受ニ付テモ一般ノ規定ニ從ツテ之ヲ許サルヘキモノト解スヘキモノナリ而テ原告ニシテ若シ被告カ訴訟ノ目的物ヲ讓渡スコトヲ欲セサルニ於テハ假處分ノ方法(第七百五十五條以下)ヲ以テ之ヲ禁止スルノ外ナカルヘシ原告ハ

自ラ其ノ權利ヲ讓渡シタルトキハ最早其ノ權利ナキモノトシテ請求ヲ棄却セラルヽコトアルヘキナリ云々

之ヲ要スルニ當事者交代ニ依ル訴ノ變更ニ關スル規定ハ現行法ハ甚明瞭ヲ缺クモノト云フヘク改正法律カ此ノ點ヲ明白ニシタルハ頗其ノ當ヲ得タルモノト云フヘシ唯新法第七十四條ハ債務ヲ承繼シタル第三者ヲシテ訴訟ヲ引受ケシムルニ當リ相手方ノ同意ヲ要件トスルコトナク單ニ當事者及第三者ヲ審訊スルニ止メタルコトハ債權者タル相手方ノ利益ヲ不法ニ制限シタルカ如キ嫌ナキニ非ス卽甲ハ乙ヲ相手方トシテ債務履行ノ請求ヲ爲シタルニ丙ナルモノ乙ニ代リ債務ヲ引受ケタリトシテ自ラ訴訟ノ當事者ト爲ルコトハ甲ニ取リテ甚不利ナル場合ナキニ非スシテ不都合ナルカ如シ然レトモ債務ノ特別承繼（死亡ニ因ル一般承繼ノ場合ハ訴訟手續ノ中斷ニ依ル承繼ト爲ルヘク隱居其ノ他ノ承繼モ害ナシ）ハ債權者ノ承諾ナクシテ成立スヘキモノニ非サルカ故ニ（之レ債務者ノ交代ニ依ル債務ノ更改ナリ）實際上何等害ナカルヘシ法文ノ當事者トアルヲ雙方ノ意味ニ解スルハ誤レリ原告カ其ノ訴訟ニ係ル權利ヲ讓渡シタル場合ニ於テハ新法ハ讓受人ニ於テ當事者トシテ訴訟ニ參加スルコトヲ得トシ從前ノ原告ハ其ノ訴訟ヨリ脫退スルコトヲ許シ（第七十三條）間接ニ當事者ノ交代ヲ認メタリ

## 第四節　訴訟代理人及補佐人

參　照　第八十五條　訟訴代理權ハ當事者ノ死亡若ハ訴訟能力ノ喪失、當事者タル法人ノ合併ニ因ル消滅、當事者タル受託者ノ信託ノ任務終了又ハ法定代理人ノ死亡、訴訟能力ノ喪失若ハ代理權ノ消滅、變更ニ因リテ消滅セス

現行法ニ在リテハ委任者ノ死亡等委任消滅ノ場合ニ在ツテハ訴訟代理權ハ亦消滅スヘキモノト定メ唯其ノ消滅ハ之ヲ相手方ニ通知スル迄ハ相手方ニ對シ其ノ效ナキモノト定メタリ新法ハ此等ノ原因ニ因リテハ訴訟代理權ハ消滅セストシタルモノニシテ辯護士訴訟制度ヲ採レル獨逸訴訟法ノ制度ニ倣ヒタルモノナリ（同法第八十六條第八十七條）之レ訴訟手續ノ進捗ニ支障アルコトヲ顧慮シタルニ因ルモノナリ現行法第六十九條ノ規定ハ之ヲ今日ノ民法ノ規定ニ對照シテ一致セサルコトハ既ニ定論アル所ニシテ之ヲ改正セサルヘカラサルモノタリシカ新法ハ全然其ノ主義ヲ變更シテ獨逸法ニ倣ヒタリ從ツテ訴訟手續中斷ノ場合ニ於テモ現行法ノ規定ハ自ラ變更ヲ加ヘラレタリ（現行法第百八十三條新法第二百十三條）

# 第三章　訴訟費用

訴訟費用ニ付テハ新舊法ニ於テ甚タシキ相違ヲ見ス唯舊法ハ訴訟費用ノ保證及訴訟上ノ救助ヲ各節トシ保證ハ廣ク訴訟手續上ニ於ケル保證ニ付規定シタルカ新法ハ之ヲ改メ訴訟費用ノ章下ニ於テ訴訟費用ノ負擔、訴訟費用ノ擔保及訴訟上ノ救助ナル三節ヲ置キタリ之レ寧ロ相當ナル編次ナリ

本章ニ於テ研究スヘキハ訴訟費用ノ擔保之レナリ

參　照　第百七條　原告カ日本ニ住所事務所及營業所ヲ有セサルトキハ裁判所ハ被告ノ申立ニ因リ訴訟費用ノ擔保ヲ供スヘキコトヲ原告ニ命スルコトヲ要ス擔保ニ不足ヲ生シルトキ亦同シ

前項ノ規定ハ請求ノ一部ニ付爭ナキ場合ニ於テ其ノ額カ擔保ニ十分ナルトキハ之ヲ適用セス

現行法ニ在ツテ訴訟費用ニ付保證ヲ立ツヘキ義務アル者ハ外國人タル原告又ハ原告ノ從參加人ニ限ラレタリ(第八十八條)而シテ其ノ外國人カ日本ニ住所又ハ事務所ヲ有スルト否トニ拘ラサルモノトス新法ハ之ヲ擴張シテ左ノ如ク規定シタリ

原告カ日本ニ住所、事務所及營業所ヲ有セサルトキハ裁判所ハ被告ノ申立ニ因リ訴訟費用ノ擔保ヲ供スヘキコトヲ原告ニ命スルコトヲ要ス

即費用ニ付擔保ヲ立ツヘキ義務アル者ハ内國人ト外國人トヲ問ハサルコトト爲レリ(現行

法ニ在ツテ臺灣、朝鮮、關東州又ハ南洋郡島ニ在ル者ハ其ノ外國人ニ非サル限リハ保護ヲ立ツル義務ナキモノトス）之レ獨逸、墺太利其ノ他歐州各國ノ制度ニモ其ノ例ナキ所ナリ外國人ト雖日本ニ住所又ハ事務所ヲ有シテ營業其ノ他生活ノ法ヲ立ツルトキハ之ニ對シ訴訟費用ノ保證ヲ立テシムルノ不合理ナルコトハ勿論ナリ而モ獨逸法等ニ在ツテ此ノ規定ヲ廢セサルハ沿革ニ依ルモノ、如シ歐州ニ在ツテハ實際ニ於テ西歷千八百九十六年十一月ノ「ハーグ」條約ニ於テ保證免除ノ契約ヲ爲シ條件トシテ其ノ訴ヲ爲ス地ニ原告カ住所又ハ事務所ヲ有スルコトヲ要スルモノトシタルニ西曆千八百九十七年五月追加條約ニテハ右住所ノ條件ヲモ削除シタリ卽我現行法第八十八條第二項第一號「國際條約ニ依リ本邦人カ同一ノ場合ニ於テ保證ヲ立ツル義務ナキトキ」ノ規定ト同一ナル法條ノ適用ニ依リテ實際上外國人ニ保證ノ義務ナキモノト爲レリ尤モ我邦ニハ未タ外國トノ間ニ右ノ如キ條約ナシト雖歐州實際ノ狀況ニ鑑ミ現行法文中ヨリ外國人ナル文字ヲ削除シタルモノナルヘシ此ノ點ヨリ見ルトキハ我訴訟法ハ先進諸外國ヨリ一歩ヲ進メタルモノト謂フヲ得ヘシ之ト同時ニ內國人ト雖日本ニ事務所、住所及營業所ヲ有セサルトキハ擔保ノ義務ヲ生スルモノトス唯住所又ハ事務所ノ如キハ一面ヨリ見ルトキハ一ノ擔保タルヘシト雖斯ノ如キ點ニ重キヲ置クハ必シモ賢明ナル策ニ非サルカ如シ獨逸ニ在ツテモ「ハーグ」條約ニ於テ一且住所ヲ要件トシタルモ後ニ之ヲ削除シタルコト前段ノ如シ單ニ住所又ハ事務所等ノ存スルノ理由ニ因リテ擔保ノ義務ナキモノトスルトキハ原告ハ單ニ「ビルヂング」ノ一室ニ事務所ヲ設ケタル上訴ヲ提起スルトキハ擔保ノ要求ヲ免ル丶コトヲ得ヘシ而シテ斯ノ如キ事務所ハ之ヲ撤廢スルコトモ容易ナルカ故ニ甚危險ナリ又原告ノ側面ヨリ見ルトキハ敗訴ノ場合ニ於ケル訴訟費用ノ辨濟ニ付何等顧慮ナキニ拘ラス被告ヲシテ徒ラニ擔保要求ノ抗辯ヲ爲スニ至ラシメ爲ニ訴訟ノ遲延ヲ招クコトナシトセス之カ爲一時的ノ事務所ヲ置キテ其ノ責ヲ塞ク場合ナシト謂フヘカラス何レニシテモ此ノ規定ハ眞面目ニ行ハレサル場合アルコトハ想像ニ難カラスシテ新法ノ此ノ規定ハ先進國ニ對シ敢テ誇ルニ足ラサルカ如シ日本ト稱スルハ訴訟法施行ノ地域ヨリ言フトキハ朝鮮、臺灣、關東州等ヲ包含セサルモノト見ルヘシ然ルトキハ朝鮮、臺灣、關東州等ニ住所又ハ事務所若ハ營業所ヲ有スル者ト雖要求ニ因リ保證ヲ立テサルヘカラス之レ法文ニ日本ト稱シ特ニ外國人ト云ハサルヨリシテ生スル結論ナリ而モ朝鮮、臺灣、關東州等ニ在ツテハ既ニ大正七年(四月)法律第三十九號共通法ノ規定ニ依リ相互ニ裁判ノ執行ヲ爲シ得ヘキモノト爲セルカ故ニ(同法第十一條)之ニ保證ヲ立テシムルノ要ナキカ如シ元來訴訟費用擔保ノ規定ハ判決ニ依リ原告其ノ訴訟費用ヲ負擔スヘキコトヲ言渡サレタルトキニ於テ之カ執行ノ容易ナラサルモノアルヲ慮リ豫メ之カ擔保ヲ立テシムルノ趣旨ニ出テタルモノナルカ故ニ內國同樣裁判ノ執行ノ共助アル新領土ニ在ル原告ニ對シ訴訟費用ノ擔保ヲ立テシメントスルハ甚其ノ當ヲ得サルカ如シ

被告ノ爲スヘキ擔保ノ要求ハ本案ノ辯論又ハ準備手續ニ於ケル申述前タルコトヲ要スヘク被告カ擔保ヲ供スヘキ事由アルコトヲ知リテ之カ要求ヲ爲ササルトキハ此ノ權利ヲ失フヘシ（第百八條）而シテ擔保ノ申立ヲ爲シタル被告ハ原告カ擔保ヲ供スル迄應訴ヲ拒ムコトヲ得（第百九條）之レ現行法ノ妨訴抗辯（第二百六條）ト全ク同一ナリ而シテ此ノ要求ニ因リ裁判所カ擔保ヲ立ツヘキ期間ヲ定メタルニ拘ラス原告カ此ノ期間內ニ擔保ヲ立テサルトキハ被告ノ申立ヲ俟タス且口頭辯論ヲ經ルコトナクシテ原告ノ訴ハ却下セラルヘシ（第百十四條）之レ現行法ニ被告ノ申立ヲ必要トシ（第九十條第二項）且當事者雙方ヲ呼出シ口頭辯論ヲ經タル後訴ヲ取下ケタリト宣言スルモノト其ノ手續ノ煩簡蓋シ同日ノ論ニ非サルナリ

現行法第九十條第二項ニ於テ訴ヲ取下ケタリト宣言シ又ハ上訴ヲ取下ケタリト宣言スル判決ノ形式ハ妨訴抗辯ニ關スル判決ニ付テ第二百七條ノ規定スル所ト甚調和セサルモノアルコトハ拙著民事訴訟法論ニ於テ既ニ論シタル所ナリ（同書一六〇頁參照）新法ハ判決ヲ以テ訴ヲ却下ス

ヘキコトヲ明ニシタルカ爲此ノ疑問ナ解決シタリ

# 第四章　訴訟手續

## 第一節　口頭辯論

本節ニ付テ注意スヘキハ訴訟手續ノ中止ニ關スル規定ナリ舊法第百二十一條ニ依レハ裁判所ハ訴訟ノ全部又ハ一分ノ裁判カ他ノ繫屬スル訴訟ニ於テ定マルヘキ權利關係ノ成立又ハ不成立ニ繫ルトキハ他ノ訴訟ノ完結ニ至ルマテ辯論ヲ中止スヘシト規定シ又第百二十二條ニ依ルトキハ裁判所ハ民事訴訟中罰スヘキ行爲ノ嫌疑生スルトキハ刑事訴訟手續ノ完結ニ至ルマテ辯論ヲ中止スヘシ但其ノ罰スヘキ行爲カ訴訟ノ裁判ニ影響ヲ及ホストキニ限ルトアリ新法ハ此ノ二條ヲ削除シタリ故ニ新法ノ下ニ在ツテハ訴訟手續上ノ中止ナルモノハ第二百二十八條及第二百二十一條ノ場合ノ外之レナキニ至レリ現行法カ妨訴抗辯ヲ棄却スル中間判決及請求ノ原因アリトスル中間判決ヲ以テ終局判決ト看做シ之ニ對シテ獨立シテ上訴ヲ爲スコトヲ許シタル場合ニ於テモ訴訟手續中止ノ制度ヲ認メタルニ反シ（現行法第二百七條第二項及第二百二十八條第二項）

新法ハ此ノ點ニ付テモ改正ヲ加ヘタル爲中止ノ場合ヲ生セサルニ至レリ要スルニ訴訟手續ノ中止ハ手續ノ遲延ヲ生スルコト多ク殊ニ此ノ中止ニ因リ法定期間ノ進行ヲ止メ更ニ中止原因ノ止ミタル後期間ノ進行ヲ始ムルカ如キ（現行法第百八十六條新法第二百二十二條第二項）效力ヲ生セシムルコトヲ避ケンカ爲ニ特ニ此ノ改正ヲ加ヘタルモノト思ハル恐ラクハ斯ノ如キ場合（即現行法第二百二十條、第二百二十一條、第二百七條及第二百二十八條ノ場合等）ニ在ツテ手續ノ中止ヲ爲スコトヲ得ストスルモ辯論延期ノ方法等ニ依リ之ヲ救濟シ得ヘキモノト認メタルモノニシテ斯ノ如キ先決問題ヲ無視シテ直ニ判決ヲ爲スヘシトノ趣旨ニ非サルハ勿論ナリ而モ辯論延期ト訴訟手續ノ中止トハ其ノ效果ニ於テ大ナル相違アルハ言フヲ竢タサル所ナリ

參照　第百三十八條　原告又ハ被告カ最初ニ爲スヘキ口頭辯論ノ期日ニ出頭セス又ハ出頭スルモ本案ノ辯論ヲ爲ササルトキハ其ノ者ノ提出シタル訴狀答辯書其ノ他ノ準備書面ニ記載シタル事項ハ之ヲ陳述シタルモノト看做シ出頭シタル相手方ニ辯論ヲ命スルコトヲ得

闕席判決ノ制度ノ根本ハ口頭辯論ニ出席セサル當事者ヲ以テ其ノ權利（訴訟上之ヲ主張シ又ハ抗爭スル權利）ヲ拋棄シタリトノ推測ニ出ツ從ツテ其ノ當然ノ結果トシテ通常不利益ナル敗訴ノ判決ヲ爲ス而シテ之レ亦實際ニ適合シタル推測タルコト多シ原告ノ闕席ハ其ノ訴ノ不利ナルカ爲訴訟遂行ノ意思ナキ場合多ク被告ノ闕席ノ場合ハ之ヲ爭フモ到底勝訴ノ見込ナキニ基ク

而モ原告トシテハ債務名義ヲ得ル爲必ス訴訟ヲ提出セサルヘカラサル狀態ニ在リ東京地方裁判所ノ統計ニ依レハ闕席判決ノ數ハ地方裁判所ニ於テ對席判決ノ約七割區裁判所ニ於テ約倍數ニシテ之ニ對シテ故障申立ヲ爲スモノハ地方裁判所約半數區裁判所約二割二分ニシテ其ノ他ハ闕席ノ儘確定スルモノノ如シ無益ノ爭ヲ爲シ無益ノ費用ヲ增スノ不利益ハ履行ヲ延引スルノ利益ニ比シテ得失アルトキハ故障ノ申立ヲ爲シテ理由ナキ爭ヲ爲スヘシト推測スルハ實際ノ事情ニ適セサルナリ又闕席者ノ多數ハ決シテ斯ノ如ク打算的ノモノニ非サルコト明白ナリ新法ニ依ルトキハ第百三十八條ニ「原告又ハ被告カ最初ニ爲スヘキ口頭辯論ノ期日ニ出頭セス又ハ出頭スルモ本案ノ辯論ヲ爲ササルトキハ其ノ者ノ提出シタル訴狀答辯書其ノ他ノ準備書面ニ記載シタル事項ハ之ヲ陳述シタルモノト看做シ出頭シタル相手方ニ辯論ヲ命スルコトヲ得」ト規定シタリ之レ任意規定ニシテ必シモ之ヲ必要トスルニ非サルカ故ニ裁判所ハ更ニ闕席者ヲ呼出シ口頭辯論ヲ命スルコトヲ得ヘシ何レニスルモ現行法ノ如ク直ニ判決ヲ爲スコトハ多クハ不可能ナリ何トナレハ訴狀ノ內容カ自殺的請求ノモノナルカ答辯書カ義務ヲ認メタルモノニ非サル限リハ闕席シタリトテ其ノ立證ヲ缺クノ理由ニ依リ却下又ハ敗訴ノ判決ヲ爲スコトヲ得サレハナリ此ノ場合原告ニ立證ナキノ理由ニ因リテ直ニ請求ノ却下ヲ爲スハ新法ノ趣旨ニ非サルコト其第二

百五十八條第二項ニ期日前ノ證據ノ申立ヲ許シ又第二百六十一條ニ職權ニ依ル證據調ヲ許スニ見テモ明白ナリ假リニ此ノ場合ニ於テ立證ナキノ理由ニ因リ原告ノ請求ヲ却下スヘキ趣旨ナリト見ルモ斯ノ如クナルトキハ即チ今日ノ闕席判決ノ制度ト同一ニシテ單ニ故障ニ依ル不服ノ方法ヲ控訴ニ依ル上訴ト爲シタルニ過キスシテ何等ノ改善ノ跡ナキニ歸スヘシ而モ控訴審ニ於テ原告カ更ニ之ヲ立證スルトキハ結局第一審判決ハ廢棄セラルヘク原告ハ單ニ上訴期間ニ相當スル訴訟ノ遲延ヲ見タルニ過キサルヘシ訴訟遲延ノ弊ヲ論スルハ主トシテ原告ヲ保護スルノ要ニ出ツ原告自ラ遲延スル場合特ニ之ヲ保護スルノ要ナキカ如シ

被告闕席ノ場合ニ付テ見ルニ新法第百三十八條ニ依ルトキハ原告ハ其ノ立證ノ方法トシテ提出シタル證書ノミニテハ其ノ請求ヲ證スルニ足ラサルカ故ニ必スヤ檢眞又ハ證人訊問ニ依ル證據方法ヲ申出テサルヘカラス之レ私文書ハ擧證者ニ於テ其ノ眞正ナルコトヲ證セサルヘカラサルコト新舊法共ニ異ルコトナケレハナリ（新法第三百二十五條）之ヲ現行法ニ見ルニ被告闕席ノ場合ニ於テハ闕席シタル被告ニ於テ原告ノ事實上ノ供述ヲ自白シタルモノト看做サル（第二百四十八條）而シテ之レ亦實際ニ適合シタル推測ナリ爭フノ意アル場合ニハ自ラ口頭辯論ニ出頭シテ之ヲ主張シ且立證ヲ爲スヘキヤ當然ナリ爭フノ意ナキカ故ニ口頭辯論ニ闕席シタリト見

ルヘシ而シテ此ノ推測ニ基キ裁判所ハ判決ヲ爲スモノニシテ條理洵ニ整然タリ其ノ出頭セサルニ拘ラス原告ニ其ノ主張事實ノ立證ヲ命スルハ敵ナキニ矢ヲ發スルコトヲ命スルト同一ニシテ無益ノ事タリ而モ或ハ謂ハシ現行法カ斯ノ如クシテ爲シタル判決ハ故障ノ方法ニ依リ無條件ニ打破セラレ却ツテ無益ノ手續ニ歸スヘシト茲ニ於テカ闕席判決ニ對スル故障申立ノ統計ノ要アリ假リニ統計上故障申立ノ數多クシテ實際ノ利益少シト見ルモ尚ホ且闕席判決ノ制度ニ採ルヘキ所他ニ存セリ其ノ確定ノ速ナルコト之レナリ新法ハ故障制度ヲ認メサルカ故ニ故障期間ノ制ナシト雖上訴期間ヲ三十日トシ故障期間ハ之ヲ十四日トシタル現行法ノ權衡上上訴期間十四日タル新法ハ若シ故障ヲ認ムルトセハ其ノ期間ハ七日ヲ相當トスヘシ之レ原告ニ頗ル有利ナリ而モ闕席被告ノ多數ハ之ヲ法廷ニ爭フニ不利ナル立場ニ在リ殊ニ新法ノ如クンハ出頭シテ宣誓ヲ命セラレンカ重大ナル責罰ヲ覺悟セサルヘカラス實ニ闕席スルノ已ムヲ得サル場合ニ立ツモノナリ斯ノ如キ狀態ニ在ル被告ニ對スルニ訴訟ニ付更ニ原告ニ立證ヲ命シ日時ト費用トヲ費消スルハ果シテ訴訟政策上適當ナリヤ墺國民事訴訟法ニハ其ノ第三百九十六條ニ「原告又ハ被告カ第一期日ニ出頭セサルトキハ訴訟ノ目的ニ關シ出頭シタル當事者ノ爲シタル事實上ノ陳述ハ提出セラレタル證據ニ接觸セサル限リ之ヲ眞實ト看做シ且出頭シタル當事者ノ申立ニ因リ此ノ理

由ニ基キ訴ニ基キ闕席判決ヲ以テ裁判ヲ爲ス可シ」ト定メ闕席判決ニ付テハ獨逸法ニ據リタルモ單ニ第一期日ノミニ限ラレ後ノ口頭辯論期日ニ適用ナシ要スルニ闕席判決ノ制度ハ第一回口頭辯論期日又ハ延期シタル期日ニ限ラル可ク既ニ一度口頭辯論ヲ爲シタル上ハ事實ノ推定ハ破ラルヘク又既ニ決定シタル證據調ノ手續ハ闕席ニ拘ラス遂行スヘク尙ホ心證ヲ得難キトキハ補充方法トシテ職權ニ依ル證據調（新法第二百六十一條）ヲ爲スヘキノミ新法ハ何カ故ニ此ノ立法例ヲ襲用スルコトニ吝ナリシカ新法ハ再度又ハ其ノ後ノ闕席ヲ認メタル獨逸法ノ制度ニ懲リテ全然闕席制度ヲ否定シ去リタリ但シ墺國訴訟法ニ依レハ闕席判決ト雖之ニ對シ故障制度ヲ認メス直ニ控訴ノ道ヲ執ルヘキモノトセリ而シテ控訴審ニ於テ第一審ノ闕席判決カ當事者ノ懈怠ナカリシニ拘ラス言渡サレタルトキハ口頭辯論ヲ經ルコトナク決定ヲ以テ第一審裁判所ニ事件ヲ差戻スヘキモノト定メタリ（同法第四百七十一條、第四百七十四條第三項）本人訴訟ヲ認ムル我國ノ狀態ニ在ツテハ闕席判決ニ對スル故障ハ之ヲ認ムルモ差支ナカルヘシ而シテ故障ノ申立ヲ爲シタル者カ更ニ闕席シタルトキハ常ニ故障棄却ノ言渡ヲ爲スヘキハ當然ナリ現行法第二百六十三條中「又ハ辯論延期ノ期日」ノ下ニ「辯論續行ノ期日」ノ數字ヲ加フルノミニテ所謂訴訟ノ延滯ハ著ク除却セラルヘク闕席判決ノ制度ハ之ヲ廢スルノ要ナキカ如シ

參照　百三十九條　當事者カ故意又ハ重大ナル過失ニ因リ時機ニ遲レテ提出シタル攻擊又ハ防禦ノ方法ハ之カ爲訴訟ノ完結ヲ遲延セシムヘキモノト認メタルトキハ裁判所ハ申立ニ因リ又ハ職權ヲ以テ却下ノ決定ヲ爲スコトヲ得

攻擊又ハ防禦ノ方法ハ別段ノ規定アル場合ヲ除ク外口頭辯論ノ終局ニ至ル迄之ヲ提出スルコトヲ得トハ新法ノ規定ニシテ(第百三十七條)現行法第二百九條ノ規定ト同一ナリ而シテ現行法ニ在ツテハ被告ヨリ時機ニ後レテ提出シタル防禦方法ニ付裁判所カ之ヲ許スニ於テハ訴訟ヲ遲延スヘク且被告ハ訴訟ヲ遲延セシメントスル故意ヲ以テ又ハ甚シキ怠慢ニ因リ早ク之ヲ提出セサリシコトノ心證ヲ得タルトキハ申立ニ因リ之ヲ却下スルコトヲ得(現行法第二百十條)トシ尙ホ控訴審ニ於テ防禦ノ方法ヲ却下シタルトキハ判決ニ於テ其ノ防禦方法ヲ主張スルコトヲ得ルコトヲ被告ニ留保スヘキモノトセリ(同第四百二十六條)新法ハ之ニ對シ第百三十九條第一項ヲ設ケ「當事者カ故意又ハ重大ナル過失ニ因リ時機ニ後レテ提出シタル攻擊防禦ノ方法ハ之カ爲訴訟ノ完結ヲ遲延シムヘキモノト認メタルトキハ裁判所ハ申立ニ因リ又ハ職權ヲ以テ之ヲ却下スルコトヲ得」ト規定セリ之レハ控訴審ニモ適用セラルヘキヤ勿論ナリ草案ニハ此ノ場合相手方ノ申立ヲ認メサリシカ衆議院ニ於テ之ヲ修正シタリ之レ固ヨリ適當ナル修正ト言フヲ得ヘ

シ其ノ職權ヲ以テ却下スルコトヲ得ヘキモノトシタルハ職權主義ヲ加味セラレタル新法トシテハ當然ノ結果ナリ

然レトモ此ノ規定ハ第一審ニ在ツテハ其ノ效少シ之ヲ再ヒ控訴審ニ於テ主張スルヲ得ル機會アルヘケレハナリ而シテ訴訟費用ノ負擔ヲ爲スヘキ責(新法第九十一條現行法第七十八條參照)ヲ負フノ外勝訴ノ判決ヲ得ルニ難カラサルモ若シ控訴審ニ於テ其ノ却下ヲ受クルトキハ確定ニ敗訴ノ判決ヲ受ケサルヘカラサルニ至ルヘシ但シ故意又ハ重大ナル過失ニ因リテ攻撃又ハ防禦ノ方法ヲ遲延シタルヤ否ヤノ問題ハ之ヲ上告審ニ於テ上告ノ理由ト爲スコトヲ得ヘキヤ否ヤ卽チ故意又ハ重大ナル過失ニ非サル場合ニ之ヲ故意又ハ重大ナル過失ナリトシテ攻撃又ハ防禦方法ヲ却下シタルハ訴訟手續ニ關スル法則ニ違反シタルモノナリト主張スルコトヲ得ルヤ否ヤハ疑問ナリ若シ此ノ決定ニ對シ不服ノ道ナシトセハ此ノ攻撃又ハ防禦ノ方法ニ因リテ勝訴タリ得ヘキモノカ之ヲ許サヽル爲敗訴ト爲リタル場合ノ如キハ甚苛酷ナリト云ハサルヘカラス然ラハ此ノ決定ニ對シテハ一般ノ規定ニ從ヒ(新法第四百十條)抗告ヲ爲シ得ヘキカト云フニ之レ亦頗ル疑問タリ假リニ不服ヲ許ストスルモ既ニ本案判決言渡後ニ至リテハ何等ノ效ナシ現行法カ控訴審ニ於ケル防禦方法ノ却下ニ付留保ノ規定ヲ置キタルハ親切ナル規定ナリ訴訟ノ進捗ニ熱中

シテ敢テ相手方ノ爭ハサル攻擊防擊ノ方法ヲ却下シ事實ノ眞相ニ添ハサル判斷ヲ爲シ不當ノ判決ヲ爲スカ如キハ果シテ適當ナリヤ職權主義ト雖當事者ノ意思ヲ排シテ迄之ヲ裁判所ノ專權ニ歸セシムルヲ要スル理由ナキカ如シ

攻擊防禦ノ方法ヲ却下スルノ規定ハ右ノ如シト雖之ヲ準備手續ニ關スル規定ニ照對スルトキハ頗奇怪ナル規定ナリト云ハサルヲ得ス新法第二百五十條ノ規定ニ依レハ攻擊防禦ノ方法ハ總テ此ノ準備手續ニ於テ提出セサルヘカラス證據方法亦同シ而シテ此ノ手續ニ於テ提出セサル攻擊防禦ノ方法並ニ證據方法ハ口頭辯論ニ於テ之ヲ主張スルヲ禁シタリ(第二百五十五條)勿論職權調査ニ屬スヘキモノ又ハ之カ爲著ク訴訟ヲ遲延セシメサルトキ又ハ重大ナル過失ナクシテ準備手續ニ於テ之ヲ提出スルコト能ハサリシコトヲ疏明シタル場合ヲ除外セリト雖攻擊防禦ノ方法ハ準備手續ニテ總テ之ヲ提出スヘキモノト爲シタル以上前揭第百三十九條ノ規定ハ結局準備手續ヲ爲ササル場合ニノミ適用スヘキモノト爲リ終ルヘク而モ斯ノ如キ煩雜ナル事案ニ付判事カ準備手續ヲ命セサルカ如キハ立法者ノ意思ニ添ハサルヘクシテ結局右ノ規定ハ準備手續ヲ要セサル區裁判所事件ニノミ適用スル爲ニ設ケタルモノトナルヘシ

訴訟ノ完結ヲ遲延セシムル虞アル場合ニ於テ時機ニ後レテ提出シタル攻擊防禦ノ方法ヲ却下

スルコトヲ裁判所ノ職權ヲ以テノミ爲スコトヲ得ヘキモノトシタル原案ハ議會ニ於テ修正セラレタルコト前ニ述ヘタルカ如シ而シテ之ヲ「申立ニ因リ又ハ職權ヲ以テ」ト改メタリ職權ヲ以テ却下スルハ可ナルモ若シ相手方カ申立ヲ爲スニ拘ラス裁判所カ之ヲ却下セサル場合ニ在ツテハ相手方ノ利益ヲ害スルヤ大ナリ之レ卽職權主義ノ下ニ裁判所ノ專權ヲ認ムルモノナリ議會ハ幸ニ之ヲ修正シテ當事者ノ申立ニ因ルコトヲ認メタルカ故ニ若シ當事者カ故意又ハ重大ナル過失ニ因リ時機ニ後レテ提出シタル攻擊防禦ノ方法ニシテ之カ爲訴訟ノ完結ヲ遲延セシムヘキモノヲ提出シタル場合ニ於テ相手方ノ申立アルトキハ必ス之ヲ却下セサルヘカラサルナリ

## 第二節　期日及期間

期日ニ付テハ改正セル點少ナキカ如シト雖其ノ主義ニ於テ甚タシキ差異ヲ生セリ次ノ如シ

參　照　第百五十二條　期日ハ裁判長之ヲ定ム

受命判事又ハ受託判事ノ審問ノ期日ハ其ノ判事之ヲ定ム

期日ノ指定ハ申立ニ因リ又ハ職權ヲ以テ之ヲ爲ス

口頭辯論ニ於ケル最初ノ期日ノ變更ハ顯著ナル事由ノ存セサルトキト雖當事者ノ合意アル場合ニ於テハ之ヲ許ス

現行法ニ於ケル期日變更ノ規定ハ當事者ノ合意ノ申立ニ因リ又ハ顯著ナル理由ニ基キ當事者ノ一方ノ申立ニ因リ之ヲ爲シ又ハ裁判所ノ職權ヲ以テ之ヲ爲スコトヲ得ルモノトセリ（第百六十九條）何レノ場合ニ於テモ裁判所ノ決定ヲ以テスヘキモノトス合意ニ依リ當然期日變更ノ效力ヲ生スル獨逸民事訴訟法（第二百五條）トハ異ニシテ墺國民事訴訟法（第百三十四條）ニ類セリ故ニ裁判所ハ假令當事者雙方ノ合意アル場合ト雖之カ變更ヲ許サヽルコトヲ得ヘシ而モ之レ單ニ理論ニシテ事實ノ實際ハ常ニ之ヲ許スノ例タリ之レ所謂辯論主義ヲ基本トスルノ趣旨ニ依リタルモノナリ新法ハ之ニ關スル規定ヲ全然削除シタリ卽新法ハ當事者ノ合意ニ依ル場合ト否トニ拘ラス期日ノ變更ハ全然裁判所ノ自由ニ一任スルノ主義ヲ採リタリ否立案ノ當初ハ當事者ノ申立ニ因リテハ全然之ヲ許サヽル方針ノ如クナリシカ議會ニ於テ論議ノ末遂ニ第百五十二條第三項ヲ加フルニ至レリ

此ノ規定ハ合意ニ依ル期日ノ變更ハ最初ノ一回ニ限リ之ヲ許スヘキモノトシタルモノニシテ其ノ以後ニ在ツテハ假令合意アルモ之ヲ許サヽルコトヲ暗示スルモノナリ而モ之レ何等差支等ノ理由ヲ擧ケス單ニ當事者ノ合意アルコトヲ理由トスル場合ヲ謂フモノナルカ故ニ差支ノ理由

アル場合ニ之ヲ許スヘキヤ否ハ此ノ法文ニ依リ決シタルモノニ非ス否寧ロ此ノ法文ヲ玩味スルトキハ顯著ナル差支ノ理由アルトキハ之ヲ許スヘキモノタルコトヲ暗示シタルモノヽ如シ法文ニ「口頭辯論ニ於ケル最初ノ期日ノ變更ハ顯著ナル事由ノ存セサルトキト雖云々」ト言フハ若シ顯著ナル差支ノ理由アルトキハ之ヲ許スヘキモノタルノ反對解釋ヲ容ルヘケレハナリ啻ニ第一回ノ期日ノミナラス第二回第三回ノ期日ト雖顯著ナル事由ノ存スル限リ其ノ變更ヲ許スヘキモノタルコトヲ推測シ得ヘキカ如シ議會ニ於ケル修正ノ趣旨ハ恐ラクハ右ノ趣旨ニ出ツルモノナルヘシ而シテ之レ政府案ニ對シ其ノ主義ノ一大變更ト見ルヘキモノニシテ此ノ點ニ於テ政府ハ多大ノ讓歩ヲ爲シタルモノト言ハサルヘカラス所詮期日ノ變更ヲ爲スト否トハ全然裁判所ノ裁量ニ一任シタルモノニシテ而モ何等ノ標準ヲ置カス無條件ヲ以テ裁判所ニ此ノ權限ヲ與フルコトハ亦之レ弊害ノ伴フコトヲ想像セサルヘカラス何トナレハ裁判所ハ其ノ都合ニ因リ何回タリトモ延期シ而モ何等法律ノ規定ニ接觸スル所ナキカ故ナリ期日ノ變更ハ單ニ訴訟當事者ノ側ノミニ其ノ原因アリト見ラレサルカ故ニ此ノ改正ハ果シテ可ナリヤ否ヤ疑ナキ能ハス但シ新法ハ當事者ノ合意ノ場合ト雖期日ノ變更ヲ許ササルコトヲ定ムルモ當事者ハ所謂休止ノ方法ニ依リテ此ノ規定ノ制限ヲ脫スル得ヘキカ如シ新法ニハ特ニ休止ノ規定ナキモ當事者雙方口頭辯論

期日ニ出頭セサルトキハ事實上ノ休止トシテ更ニ三ケ月內ニ期日指定ノ申請ヲ爲スコトヲ許セリ第二百三十八條ニ曰ク「當事者雙方カ口頭辯論期日ニ出頭セス又ハ辯論ヲ爲サスシテ退廷シタル場合ニ於テ三ケ月內ニ期日指定ノ申立ヲ爲ササルトキハ訴ノ取下アリタルモノト看做ス」ト裁判所ハ之ニ對シ如何ナル方法ヲモ取ルコト能ハサルヘシ而シテ何回之ヲ反覆スルモ自由ニシテ法律ノ慮ル所甚シキ效果ナキヲ見ルナリ新法ハ一面休止ノ規定ヲ認メナカラ單ニ期日ノ變更ヲ許ササル制度ヲ取ルモ其ノ效果ナキヤ明ナリ要スルニ期日ノ申立ヲ許ササル制度ヲ取ルモノトセハ休止ノ制度ハ全然之ヲ廢止スヘク當事者雙方不出頭ノ場合ニ在ツテハ直ニ訴ヲ取下ケタリト看做スノ規定ヲ置クコト相當ナルヘク止ムヲ得スンハ頗ル短期日ニ之ヲ回復スル程度ノ規定ヲ置クニ止メスンハ其ノ效ナカルヘシ而モ斯ノ如キハ如何ニ職權主義ノ立法ト雖之ヲ爲シ能ハサルヘク所詮合意ノ意思ハ之ヲ尊重スルノ外ナカルヘシ

法律上ノ期間特ニ不變期間ニ付スヘキ猶豫期間ノ制度モ亦新法ニ依リ變更セラレタリ

參照　第百五十八條　裁判所ハ法定期間又ハ其ノ定メタル期間ヲ伸長シ又ハ之ヲ短縮スルコトヲ得但シ不變期間ハ此ノ限ニ在ラス

不變期間ニ付テハ裁判所ハ遠隔ノ地ニ住所又ハ居所ヲ有スル者ノ爲附加期間ヲ定ムルコトヲ得

裁判長受命判事又ハ受託判事ハ其ノ定メタル期間ヲ伸長シ又ハ之ヲ短縮スルコトヲ得

現行法ニ依ルトキハ外國又ハ島嶼ニ於テ住所ヲ有スル原告又ハ被告ノ爲法律上ノ期間ニ特ニ附加期間ヲ定ムルコトヲ裁判所ニ許シタル外法律上ノ期間ニ付テハ裁判所ノ所在地ニ住居セサル原告若ハ被告ノ爲其ノ住居地ト裁判所所在地トノ距離ノ割合ニ應シ海陸路八里毎ニ一日ヲ伸長シ八里以内ノ端數ヲ超ユルトキ又一日伸長スヘキモノト爲シタリ(第百六十七條)新法ハ此ノ規定ヲ廢シタリ即法定期間ニ加ヘラレタル當然ノ猶豫期間ハ之ヲ廢シタルカ故ニ上訴期間ノ如キハ距離ノ遠近ニ拘ラス法律ニ定メタル期間ニ依ラサルヘカラス而モ上訴期間ハ新法ニ於テ著ク短縮セラレタルカ故ニ(第三百六十六條、第三百九十六條及第四百十五條)新舊兩法ノ間ニ實際上ノ期間ニ著キ差ヲ生シタルモノト云フヘシ立法者ハ上訴ニ付テハ現行法ト異リ之ヲ原裁判所ニ提出スルコトヲ得ルコトト爲リタルカ故ニ(第三百六十七條、第三百九十六條)猶豫期間ヲ存スル必要ヲモ減シタルノミナラス之カ爲訴訟ノ遲延ヲ免ルヽヲ得ルカ故ニ之ヲ廢止シテ訴訟ノ敏活ヲ期スルニ在ルカ如シト雖刑事訴訟法ニ在ツテハ今尙所謂猶豫期間ノ定(第八十二條)アルニ拘ラス民事訴訟ニ付テノミ之ヲ廢シタルハ立法上ノ主義一貫セサルノ嫌アルカ如シ但シ新法ニ依レハ裁判所ハ不變期間ニ付テハ遠隔ノ地ニ住所又ハ居所ヲ有スル者ノ爲附加期間ヲ定ムルコトヲ得ルカ故ニ裁判所ハ扣訴上告又ハ抗告期間ニ付之ニ相當ノ附加期間ヲ定ムヘシト雖之レ固ヨリ裁判所ノ權限ニ屬シ當事者ノ權利ニ非ス殊ニ此ノ附加期間ハ何等標準ノ定ナキカ故ニ各裁判所ニ於テ區々ノ決定アルヲ想像スルコトヲ得ヘク弊害ナキ能ハサルナリ

原狀回復ニ關シテモ新法ハ其ノ規定ヲ改メタリ

參照　第百五十九條　當事者カ其ノ責ニ歸スヘカラサル理由ニ因リ不變期間ヲ遵守スルコト能ハサリシ場合ニ於テハ其ノ理由ノ止ミタル後一週間内ニ限リ懈怠シタル訴訟行爲ノ追完ヲ爲スコトヲ得

此ノ期間ニ付テハ前條ノ規定ヲ適用セス

天災其ノ他避ク可カラサル事變ノ爲ニ不變期間ヲ遵守スルコトヲ得サル場合ニ於ケル原狀回復ニ關スル規定ハ現行法ニ於テ可ナリ詳密ナリ（第七十四條乃至第七十七條）改正法律ハ之ヲ第五十九條ノ一ケ條ニ要約シタリ

而シテ先ツ原狀回復（Wiedereinsotzung in don vorigen Stand）ナル文字ヲ廢シクリ此ノ文字ハ現行法ニ於テ再審ノ訴ニ於テモ用ヒラレタル所ニシテ（第四百六十九條）同一文字ニシテ異ル意義ヲ有スルカ如キ文字ノ使用ハ立法上避クヘキ所ナリ（獨逸民事訴訟法ハ斯ノ如ク同一ノ文字ヲ使用スルコトナシ）追完ノ手續ハ新法ニ於テ頗ル簡單ト爲レルコト明ナリ然レトモ仔細ニ査察スルトキハ單ニ文字上簡單ト爲レルニ過キスシテ手續上左ノミ相違ナキカ如シ懈怠行爲ノ追完ノ期間ハ二週間ヲ減シ一週間ト爲シタルハ他ノ法定期間ニ比シテ當然ナリ當事者ノ追完ノ

申立ハ特ニ之ナ必要トセス直ニ其ノ訴訟行爲ヲ追完スルヲ以テ足ル又特ニ此ノ點ニ付テ裁判ヲ受クルコトナシ之レ現行法カ特ニ此ノ點ニ裁判ヲ爲スノ制度ニ比シテ簡易ナルコト勿論ナリ例ヘハ控訴期間二週間ヲ過キテ控訴ヲ爲シタル場合單ニ其ノ不變期間ヲ遵守スルコト能ハサリシ事由ヲ開示シ直ニ控訴ノ申立ヲ爲スヲ以テ足ルヘシ而モ此ノ點ハ裁判所ノ職權調査ニ屬スルカ故ニ（新法第三百八十三條、第三百九十六條參照）之カ證明ヲ要スルヤ勿論ニシテ裁判所ハ單ニ相手方カ異議ナキノミヲ以テ調査ヲ止ムヘカラス之レ現行法第百七十六條カ原狀回復ノ疏明方法ヲ具備スヘキコトヲ命シタルト些ノ異ルコトナシ又其ノ不變期間ヲ遵守スルコトヲ得サリシ事情ニ付テハ之ヲ開示スルコトヲ要スヘク現行法第七十六條第二項第一號ニ於テ「原狀回復ノ原因タル事實」ヲ記載スヘキコトヲ命シタルト同一趣旨タルヘシ尙現行法第百七十六條第三項ニ「即時抗告ノ提出ヲ懈怠シタルトキハ原狀回復ノ申立ハ不服ヲ申立テラレタル裁判ヲ爲シタル裁判所又ハ抗告裁判所ニ之ヲ爲スコトヲ得」ト規定シタルハ新法第四百十六條ニ原裁判所又ハ抗告裁判所ニ對シ抗告ノ申立ヲ爲スコトナ認メタルト同一ノ手續ニ歸スヘシ之ヲ要スルニ新法ハ法文ヲ簡ニシタルノ利益ハ之ヲ認メ得ヘキモ手續上左ノミ簡易ナリトモ認メ難シ其ノ法文ノ如キモ之ニ何等ノ言フ所ナクシテ其ノ不變期間不遵守ノ事由ヲ控訴狀上告狀又ハ抗告狀中ニ開示スヘキモノナリトスルカ如キハ（若シ之ヲ開示シ又ハ之ヲ證明セサルトキハ第三百八十三條ノ規定ニ依リ口頭辯論ヲ經スシテ上訴ヲ却下セラルヘシ）法文トシテハ較不備ノ譏ヲ免レサルヘシ法文ノ體裁ヲ得タリト言ヒ難シ

現行法ニハ原狀回復ノ期間ニ一ケ年ナル絶對期間ヲ付シ懈怠シタル不變期間ノ終ヨリ起算シテ一ケ年ノ滿了後ハ原狀回復ヲ申立ツルコトヲ得ス（第百七十五條第二項）ト定メタルカ新法ハ此ノ期間ヲ削除シタリ立法論トシテ其ノ當否ハ別ニ論アルヘキモ强テ論スルノ要ナシ唯理論上ヨリスルトキハ判決ハ上訴期間ヲ經過シテ確定シタリト看做サレ殊ニ裁判所ノ訴訟記錄ハ一定ノ期間ヲ以テ廢毀處分ニ付スヘキカ故ニ數年後ニ至リ控訴又ハ上告ヲ申立テ同時ニ不變期間ヲ遵守スルコト能ハサリシ事情ヲ開示スルトキハ之ヲ受理シテ審理セサルヘカラサルニ至ルヘク而モ訴訟書類ノ存在セルカ如キ場合ヲ想像スルコトヲ得ヘクシテ不都合ナルカ如シ

## 第三節　送達

參照　第百七十二條　前條ノ規定ニ依リテ送達ヲ爲スコト能ハサル場合ニ於テハ裁判所書記書類ヲ書留郵便ニ付シテ發送スルコトヲ得

現行法ニ於テ所謂郵便ニ付シテ爲ス送達ハ受訴裁判所ノ所在地ニ住居ヲモ事務所ヲモ有セサヽル當事者カ假住居ヲ定メテ裁判所ニ其ノ屆出ヲ爲サヽリシ場合ニ於テ之ヲ爲スヘキモノトシタル（第百四十三條）新法ハ更ニ他ノ場合ヲ認メタリ即送達ヲ受クヘキ場所ニ於テ送達ヲ受クヘキ者ニ出會ハサルトキハ事務員、雇人又ハ同居者ニシテ事理ヲ辨識スルニ足ルヘキ智能ヲ具フル者ニ書類ヲ交付スヘキモ若シ此等ノ者ニ出會ハサルトキハ書記ハ書類ヲ書留郵便ニ付シテ之ヲ發送スルコトヲ得ヘキモノトシタリ（第百七十二條）之レ現行法ニ在ツテハ書類ヲ市町村長ニ預置キ送達ノ告知書ヲ作リ之ヲ住居ノ戸ニ貼付シ且近隣ニ住居スル者二人ニ其ノ旨ヲ口頭ヲ以テ通知スヘキモノトシタルモノニシテ送達手續上一ノ改善タルヲ失ハス然レトモ書留郵便ハ受取人ナキトキハ返付セラルヘキヤ當然ニシテ當事者ニ在リテハ寧ロ危險ナリ之ヲ市町村長ニ預ケ置クモノトスルトキハ一時ノ不在者ハ隨時其ノ歸宅シタル時ニ於テ受領スルヲ得ヘキカ故ニ郵便配達ノ場合ニ比シテ其ノ確實ナルヘキヤ勿論ナリ

## 第四節　裁　判

本節ハ現行法ニ於テ地方裁判所ノ訴訟手續中ニ判決トシテ規定シタルモノヲ玆ヲ轉置シタル

モノナリ而シテ廣ク裁判ト題シ一般的ニ規定シタルカ故ニ之ヲ總則中ニ置キタル點ニ於テ一ノ改善タルヲ失ハス本節中改正セラレタルモノハ大要次ノ如シ

參　照　第百九十三條　判決ハ交付ヲ受ケタル日ヨリ二週間内ニ之ヲ當事者ニ送達スルコトヲ要ス
判決ノ送達ハ正本ヲ以テ之ヲ爲ス

現行法ニ於ケル判決ノ送達ハ當事者ノ申請ニ因リテ之ヲ爲スヘキ制度ヲ廢シ新法ハ裁判所ノ職權ヲ以テ送達スヘキモノト爲シタリ（新法第百九十三條）之レ著キ改良タルヘキコト論ナシ而シテ政府草案ニハ之ニ何等期間ノ制限等ナカリシニ議會ニ於テ「二週間内」ナル文字ヲ挿入シタリ訴訟ノ遲延ハ單ニ訴訟代理人等ノ方面ニ在ルモノニ非サルヘキカ故ニ適當ノ修正タリ

判決ノ送達ヲ申請ニ因リテ爲スノ制度ハ當事者主義ニ依レル獨逸民事訴訟法ニ模倣シタルモノナリ（同法第三百十七條參照）墺太利民事訴訟法ハ既ニ千八百九十五年ニ於テ之ヲ職權送達ニ改メタリ我訴訟法カ之ヲ今日迄改メサリシハ寧ロ遲キニ失シタルカ如シ臺灣ニ在ツテハ明治三十八年律令第九號民事訴訟特別手續第十三條ニ於テ早ク既ニ職權送達ヲ認メ朝鮮ニ在ツテモ亦既ニ明治四十五年三月制令第七號朝鮮民事令第三十六條ニ於テ職權送達ノ原則ヲ採用シタ

リ
新法ハ之ニ二週間ナル法定期間ヲ付シタリト雖之レ單ナル職務監督上ノ準則ニ過キサルカ故ニ之ニ違背シタリト雖上訴ノ理由ト爲ルコトナカルヘク所詮現行法第二百三十三條ニ於ケル判決言渡期間ト同一ノ性質ノモノナルヘシ

參照　第百九十五條　裁判所カ請求ノ一部ニ付裁判ヲ脱漏シタルトキハ訴訟ハ其ノ請求ノ部分ニ付仍裁判所ニ繫屬ス
訴訟費用ノ裁判ノ脱漏シタル場合ニ於テハ裁判所ハ申立ニ因リ又ハ職權ヲ以テ其ノ訴訟費用ニ付裁判ヲ爲ス此ノ場合ニ於テハ第百四條ノ規定ヲ準用ス前項ノ規定ニ依ル訴訟費用ノ裁判ハ本案判決ニ對シ適法ノ控訴アリタルトキハ其ノ效力ヲ失フ此ノ場合ニ於テハ控訴裁判所ハ訴訟ノ總費用ニ付裁判ヲ爲ス

主タル請求若ハ附帶ノ請求又ハ費用ノ全部若ハ一分ノ裁判ヲ爲スニ際シ脱漏シタルトキハ申立ニ因リ追加裁判ヲ以テ判決ヲ補充スヘク此ノ申立ハ判決ノ言渡後直チニ爲サヽルトキハ遲クトモ判決ノ正本ヲ送達シタル日ヨリ起算シテ七日ノ期間内ニ之ヲ爲スヲ要スヘシトスルハ現行法ノ制度ナリ（第二百四十二條）此ノ規定ハ理論上非難ナキニ非ス又追加裁判ノ申立ニ一定ノ期間ヲ付シタル結果此ノ期間ヲ經過シタルトキハ遂ニ脱漏シタル部分ニ關スル請求ハ裁判ヲ受クル

コトナクシテ事件ヲ終局スルニ至ルヘク而シテ之レ常ニ裁判所ノ粗漏ニ出ツルモノナルカ故ニ其ノ責ヲ當事者ニ轉嫁スルハ不可ナリ新法ハ此ノ不都合ノ點ヲ匡正スルノ意ニ出テ第百九十五條ヲ設ケタリ

而シテ此ノ脱漏ノ部分ニ付テハ改メテ當事者ヨリ期日指定ノ申請ヲ爲スヘク裁判所之ヲ發見シタルトキハ職權ヲ以テ自ラ期日ノ指定ヲ爲スヘキモノト解スヘシ之レ期日ハ申立ニ因リ又ハ職權ヲ以テ之ヲ指定スヘキコト第百五十二條第二項ノ規定スル所ナレハナリ而シテ其ノ申立ニ付テハ期間ノ制限ナク何時ニテモ之ヲ爲スコトヲ得ヘシ之レ當事者ニ取リテ頗ル便利ナル改正ニシテ從來ノ非難ヲ避クルヲ得ルモノナリ然レトモ又退イテ考フルトキハ多少ノ不便ヲ想像スルコトヲ得サルニ非ス所謂裁判ノ脱漏ナルモノハ裁判所ニ於テモ過失ニ出テタルモノナルカ故ニ之ヲ發見スル迄ハ事件ハ既ニ終局シタルモノトシテ諸般ノ取扱ヲ爲スヘシ即チ事件簿ノ整理訴訟記錄ノ整頓等總テ既濟事件トシテ之ヲ取扱フトセハ判決原本ノ如キ永久保存ノモノヲ除ク外一定ノ期間ヲ經過スルトキハ廢毀處分ニ付セラルヘシ訴訟記錄廢毀後ニ至リ追加裁判ノ申立アリタリトセハ其ノ不便ナルヤ勿論ナリ

尚ホ此ノ條文ニ付テハ立法上疑問ナキニ非ス裁判所カ請求ノ一部ニ付裁判ヲ脱漏シタルトキ

ハ訴訟ハ其ノ請求ノ部分ニ付仍裁判所ニ繋屬スト言フハ當然ノコトヲ言ヒタルモノニシテ斯ノ如キ規定ノ必要ハ全ク之レナキカ如シ裁判所ハ請求ノ總テノ部分ニ付裁判ヲ爲スヘキヤ當然ニシテ過失ニ因リ其ノ中ノ一部ヲ脱漏シタリトセハ後日之カ補充ヲ爲スヘキヤ亦當然ナリ而シテ事件ハ其ノ脱漏シタル部分ニ付裁判所ニ繋屬スヘキヤ勿論ナリ果シテ然ラハ本條ノ法文ハ當然ノコトヲ規定シタルモノニシテ無用ノ法文タリ此ノ法文ナクトモ裁判官ハ其ノ脱漏ヲ發見シタルトキハ直ニ補充裁判ヲ爲スヘク當事者亦之ヲ發見シタルトキハ辯論又ハ裁判ノ爲期日指定ノ申立ヲ爲スヘシ何ソ此ノ規定ヲ待タンヤ

訴訟繋屬スルヤ否ヤハ問題ニ非スシテ形式上一旦終局シタル事件ニ付更ニ辯論及裁判（辯論ヲ終ヘタル後單ニ裁判ノミヲ脱漏シタルトキハ裁判言渡ノ期日）ノ爲期日ヲ指定スヘキヤ否ヤ問題タリ立法者ハ此ノ點ニ關スル疑點ヲ法文ヲ以テ明定スルノ要アルモ訴訟繋屬ノ點ヲ決スルノ要ナシ補充判決ニ關スル制度ニ付テハ余輩カ曩ニ論シタルコトアリ曰ク

脱漏ハ判決中請求ノ一分ニ付其ノ裁判ヲ全然脱漏シタル場合ト又判決ニハ原告ノ此ノ請求アリタルコト其ノ事實及爭點ノ摘示ニ依リ明白ナルニ拘ラス主文ニ於テ之カ當否ノ判決ナキ場合トニ別ツコトヲ得ヘシ獨逸及墺太利訴訟法ノ言フ所ハ判決中ノ事實及爭點ノ摘示ニ基キ

主文ニ於テ判決セサルヘカラサル請求ノ點ヲ脱漏シタル場合ヲ指スモノナルコト明白ナリ（獨逸訴訟法第三百二十一條墺太利訴訟法第四百二十三條）之レ判決中事實及爭點ノ摘示ノ中ニ於テ原告ノ申立及請求ノ原因ヲ記載セサルトキハ即一分判決ヲ爲シタルモノト看做スヘク之ヲ脱漏ト見ルヲ得サルカ故ナリ此ノ理論ヨリスルトキハ判決中訴ノ一分ニ付全然事實及爭點ノ摘示ナキトキ例ヘハ原告ハ金千圓ノ外別ニ米百俵ヲ請求シタルニ判決ニハ金千圓ニ付請求ノ原因及申立ヲ摘示シ之ヲ採用シ又ハ排斥シタル判決ヲ爲シ米ニ付テハ何等判決中ニ記載ナキ場合ニ在ツテハ判決補充ノ手續ニ依ルコトナク通常期日指定ノ申請ノ手續ニ基キ口頭辯論ヲ爲シ之カ判決ヲ求ムヘキモノト爲ルヘシ若シ又既ニ其ノ部分ニ關スル口頭辯論ノ終局シタルトキハ亦追加裁判ノ申立ノ要ナク單ニ其ノ部分ニ關スル判決ヲ求ムルコトヲ得ヘク裁判所ハ又職權ヲ以テ期日ヲ定メ其ノ部分ニ關シ判決ノ言渡ヲ爲スコトヲ得ヘキナリ我民事訴訟法ハ判決カ如何ナル原因ニ出ツルヲ問ハス既ニ訴狀ニ其ノ請求ノ記載アリテ之ヲ口頭辯論ニ於テ陳述シタル以上ハ悉ク追加判決ノ申立ヲ以テ之カ補充ヲ求ムヘキモノト見サルヘカラサルカ如シ（拙著民事訴訟法論參照）

新法ハ亦單ニ「訴訟ハ其ノ請求ノ部分ニ付仍裁判所ニ繫屬ス」ト言フニ止マルカ故ニ若シ其

ノ部分カ既ニ辯論ヲ經タルモノナルトキハ直ニ判決言渡ノ爲期日ヲ定メ其ノ言渡ヲ爲スヘク又未タ口頭辯論ヲ經サルモノナルトキハ口頭辯論ノ爲期日ヲ定メ辯論ヲ經タル上判決ヲ言渡スヘキモノト解スヘキモノナリ

參照　第二百二條　不適法ナル訴ニシテ其ノ欠缺カ補正スルコト能ハサルモノナル場合ニ於テハ口頭辯論ヲ經スシテ判決ヲ以テ之ヲ却下スルコトヲ得

新法第二百二條ニハ「不適法ナル訴ニシテ其ノ欠缺カ補正スルコト能ハサルモノナル場合ニ於テハ口頭辯論ヲ經ズシテ判決ヲ以テ之ヲ却下スルコトヲ得」ト規定シ斯ノ如キ場合ニ之ヲ一々口頭辯論ヲ經ルコトハ裁判所當事者トモニ無益ナル手數ヲ要スルカ故ニ簡便ニ從ヒタリ之レ現行法ニ無キ所ナリ簡便ハ簡便ナルモ一方ニ當事者保護ノ點ヨリ見ルトキハ果シテ完全ナリヤ如何ニ不適法トシテ却下セラルヘキモノナリトハ云ヘ當事者ヲ審訊セス又ハ其ノ辯論ヲ聞カスシテ判決ヲ以テ却下スルカ如キハ裁判所ノ權限頗大ニ過ク勿論控訴ノ道ハアリ而モ控訴ニ於テ原判決ノ廢棄セラレタルトキハ如何第三百八十八條ニ依リ事件ヲ第一審ニ差戻サルヘカラス第一審ニ於ケル一回ノ口頭辯論ヲ省キ得ル利益ハ左ノミ大ナルモノ無カルヘシ況ンヤ判決言渡ノ爲ニハ必ス當事者ヲ呼出ササルニ於テヲヤ（第百八十八條）上訴ノ不適法ナルモノニ付口

頭辯論ヲ經スシテ之ヲ棄却スルコトハ（第三百八十三條）訴ノ場合ヨリハ較合理的ナリ何トナレハ法律上ノ方式ニ依ラス又ハ不變期間經過後ノ控訴ノ如キハ現行法ニ於テモ裁判長ノ命令ニ依リ却下スルコトヲ認メ（第四百二條）獨逸民事訴訟法又ハ墺國民事訴訟法ノ如キモ之ヲ決定ヲ以テ却下スルコトヲ認メタル如ク比較的其ノ問題ハ明瞭ナレハナリ

上告審ノ場合ハ較之ト異レリ現行法ノ規定ニ依ルトキハ上告人ハ上告狀提出後上告ニ付陳述ノ爲ニ呼出ヲ受ク（第四百三十九條）而シテ上告カ許スヘカラサルトキ又ハ法律上ノ方式及期間ニ於テ起ササルトキ又ハ第四百三十四條ニ依ラサルトキハ判決ヲ以テ上告ヲ棄却ス此ノ規定ハ獨逸民事訴訟法ニナキ所ニシテ我民事訴訟法特有ノ規定ナリ而シテ之レ亦特ニ此ノ點ノミニ付上告人ヲ呼出シ其ノ陳述ヲ聞クノ必要ナシ何トナレハ上告ヲ許スヘキヤ否又法律上ノ方式及期間ニ於テ起サレタルヤ否ノ如キハ書面審査ノ上ニ於テ明瞭ナル場合多ケレハナリ而モ控訴審ノ如ク之ヲ裁判長ノ命令ニ依リ棄却スルカ如キハ終審タル上告審ニ認ムヘカラス之ヲ決定ニ依ラシムルモ猶且不可ナリ必ス判決ニ依ラサルヘカラス而シテ之カ爲ニ別ニ口頭辯論ヲ開クノ要モナカルヘシ即チ新法カ口頭辯論主義ヲ此ノ點ニ除外シタルハ相當ナリ唯夫レ上告理由書ニ基キ其ノ理由ノ相當ナルヤ不當ナルヤ換言セハ上告理由ノ當不當ノ問題ハ必ス之ヲ口頭辯論ニ竣ツ

テ判定スルヲ必要トス書面ニ記載スル所ハ必ス盡クサレタリト云フヲ得スシテ之ヲ口頭ノ陳述ヲ以テ補ハサルヘカラサル場合少ナカラサレハナリ勿論當事者ニシテ其ノ陳述セントスルトコロ上告狀又ハ答辯書ニ於テ盡サレタリト信スル場合ニ於テハ口頭辯論ニ出頭セサルモ妨ナシ之レ事實審タル控訴審以下ト異ニシテ法律上ノ理論ニ涉ルモノ多キカ故ニ懈怠ヲ理由トシテ不利益ナル判決ヲ爲スヘキ理由ナケレハナリ要スルニ上告審ニ於テ口頭辯論ヲ開クヘキヤ否ハ之ヲ區別シテ規定スルヲ相當トス即現行法第四百三十九條ノ場合ハ口頭辯論ヲ用ヒスシテ判決ヲ以テ棄却スルモ可ナリ其ノ他上告理由ノ當否ニ關スル問題ニ付テハ必ス口頭辯論ヲ經ヘキモノトスルヲ可トス今日大審院ノ行フ處ニ依ルニ(第四百三十九條)一方ノ陳述ヲ聞キ上告棄却ノ判決ヲ爲シ得ヘキ規定アルニ藉口シ所謂許スヘカラサル上告法律上ノ方式又ハ期間ニ於テ爲サレサル上告以外上告理由カ不當ナル場合ニ於テモ口頭辯論ヲ開カスシテ上告ヲ棄却スルカ如シ之レ甚シク法律ノ規定ニ反スルモノナリ第四百三十九條ニ謂フ處ハ故障ニ付第二百五十九條又訴ニ付第四百十九條ヲ置キタルト同一趣旨ニシテ上告理由ノ當不當ヲ謂フニ非サルナリ上告理由ナキトキハ第四百五十二條ニ從ヒ判決スヘキコト控訴ノ理由ナキ場合(第四百二十四條)ト同一ナリ大審院ハ最高法衙ニシテ之ニ對シ不服ノ道ナシトハ云ヘ如斯違法ノ手續ハ必スヤ是正セサ

ルヘカラサルナリ而モ之レ新法ニ於テハ之ヲ法文ニ於テ認ムルニ至レリ（第四百一條）

參　照　第二百三條　和解又ハ請求ノ拋棄若ハ認諾ヲ調書ニ記載シタルトキハ其ノ記載ハ確定判決ト同一ノ效力ヲ有ス

口頭辯論ノ際原告其ノ訴ヘタル請求ヲ拋棄シ又ハ被告之ヲ認諾スルトキハ裁判所ハ申立ニ因リ其ノ拋棄又ハ認諾ニ基キ判決ヲ以テ却下又ハ敗訴ノ言渡ヲ爲スヘキモノトスルハ現行法ノ規定ナリ（第二百二十九條）而シテ請求ノ拋棄又ハ認諾アルモ相手方ニ於テ之ニ基キ判決ヲ求メサルトキハ裁判所ハ進ンテ判決ヲ爲スコトナシ之レ亦當事者主義ニ基キタルモノナリ而シテ請求ノ拋棄及認諾アリタルトキハ之ヲ口頭辯論調書ニ記載スルコトニ因リ事件ハ終了シ即權利拘束ハ消滅ス（第百三十條第一號）而モ其ノ拋棄認諾ヲ調書ニ記載セシメタル實體法上ノ效力如何ハ未タ深ク論セラルル所ナシ拋棄ヲ調書ニ記載スルモ更ニ再訴ヲ妨ケサルヘク認諾シタル被告ニ於テ之ヲ任意履行セサルトキハ原告ニ於テ更ニ之ヲ訴フルニ妨ナキノミナラス被告ハ更ニ亦之ヲ抗爭スルヲ妨ケサルヘシ唯被告カ一旦請求ヲ認諾シタルコトハ之レ一ノ證據ト爲ルヘク此ノ認諾カ詐欺又ハ脅迫ニ依ルカ其ノ他法律上無效タルヘキ理由ナキ限リハ再ヒ敗訴ト爲ルヘキヤ當然ナリ茲ニ於テカ拋棄又ハ認諾ノ場合ニ在ツテハ當事者ハ必ス之ニ對シ判決ヲ求ム

ルヲ例トシ抛棄又ハ認諾ノミヲ以テ事件ヲ終了スルコトハ實際ノ事例ニアルコト稀ナリ唯法律カ既ニ抛棄又ハ認諾ヲ調書ニ記載スヘキコトヲ認メタル以上之ニ何等カ法律上ノ效力ヲ付スルヲ相當トスヘク（訴訟費用ニ付テハ請求ノ抛棄又ハ認諾ノ場合ハ之ヲ敗訴ト看做スヘキコト第七十二條第二項ニ規定アリ）新法カ之ヲ以テ確定判決ト同一ノ效力アルモノトシタルハ相當ナリ認諾ニ關スル調書ノ記載ニ付テハ臺灣ニ在ツテハ之ヲ以テ執行シ得ヘキ債務名義トシ之ニ執行文ヲ付シテ强制執行ヲ爲シ得ヘキモノト爲シタリ（明治三十八年律令第九號民事訴訟法特別手續第二十六條）新法ハ之ヲ以テ既ニ確定判決ト同一ノ效力アルモノト爲シタル以上相手方ハ其ノ抛棄又ハ認諾ヲ理由トシテ敗訴ノ判決ヲ求ムル申立ヲ爲スコトヲ得サルコトハ注意スヘシ而モ或ハ之ニ因リ却ツテ不便ノ場合ナシトセス之レ特ニ判決ヲ求ムル場合ニ在ツテハ同時ニ訴訟費用ノ裁判ヲモ受クルコトヲ得ヘク且調書ノ記載ニ比スルトキハ判決ヲ受クルコトハ其ノ職權送達ノ上ニ於テモ執行文付與申請ノ手續ニ付テモ利益ナルコトアレハナリ現行法ノ如ク當事者カ其ノ判決ヲ求ムルトキハ之ニ基キ判決ヲ爲スヘク若シ判決ヲ求メサルトキハ之ヲ調書ニ記載スルニ止メ而シテ其ノ記載ハ和解ト同シク之ニ執行力ヲ有セシムルコト（和解ニ付テハ現行法第五百五十九條參照）トスルコト寧ロ合理的ナルカ如シ

右ノ外本節中假執行ノ宣言ニ關スル規定（即第百九十六條乃至第百九十八條）ヲ加ヘ又外國裁判所ノ言渡シタル判決ノ效力ニ關スル規定（第二百條）ヲ加ヘタルハ改正ノ重ナルモノナリ

現行法ニ於テ中間判決ニシテ之ヲ終局判決ト看做シ獨立シテ上訴ヲ爲シ又ハ强制執行ヲ爲スコトヲ得ル規定（現行民事訴訟法第二百七條第二項、第二百二十八條第二項）ハ之ヲ廢シタリ獨立シタル攻擊又ハ防禦ノ方法其ノ他中間ノ爭ニ付裁判ヲ爲スニ熟スルトキハ裁判所ハ中間判決ヲ爲スコトヲ得ルコト新舊兩者同一ナリ（舊第二百二十七條、新第百八十四條）之レ實際ニ於テ先ツ此ノ點ニ關スル爭ヲ決スルコトハ爭ヲ簡易ナラシムル爲便利多ケレハナリ同一ノ理由ヨリシテ請求ノ原因ト數額トノ爭アル場合ニ於テ其原因ニ關シテモ亦同シク中間判決ヲ爲スコトヲ得ルコト新舊共ニ之ヲ認メタリ（舊第二百二十八條、新第百八十四條）現行法ハ此ノ外特ニ妨訴ノ抛辯ニ付中間判決ヲ爲スヘキコトヲ規定シタルモ（第二百七條）新法ハ妨訴ノ抗辯ナル文字ヲ廢シタルカ故ニ之カ判決ニ付テモ特別ナル規定ヲ置クコトナシ即總テ之ヲ第百八十四條中ニ包含セシムルノ趣旨タリ

中間判決ハ終局判決ニ至ルヘキ道程ノ一ニ外ナラスシテ之ヲ以テ事件ノ審理ヲ終局スヘキモノニ非サルカ故ニ固ヨリ獨立シテ確定スルコトナシ從ツテ此ノ判決ノ送達アリタル時（第百九

十二條ニ依リ職權ヲ以テ送達スヘキモノト解スヘシ）ヨリ上訴期間ヲ經過スルコトアルモ確定スルコトナシ此ノ判決ニ對シテハ終局判決ニ對シ上訴シタル上上訴審ニ於テ之ヲ爭フコトヲ得之レ新舊共ニ同一ニシテ（舊第三百九十七條、新第三百六十二條）中間判決ノ特質タリ現行法カ一定ノ中間判決（例之第二百七條第二項、第二百二十八條第二項ノ如シ）ニ對シ終局判決ノ言渡ヲ待タス獨立シテ上訴ヲ爲スコトヲ認メ而シテ上訴期間ニ上訴ナキトキハ其ノ判決ハ確定シ再ヒ上訴審ニ於テ之ヲ爭フコトヲ得サルモノトシタルハ實際ノ便宜ニ出テタルモノナリ即此ノ點ニ付テハ裁判カ確定スルトキハ爾後ノ手續ヲ省クコトヲ得ル場合アルカ故ナリ例ヘハ請求ノ原因アリト認メタル第一審判決ニ對シテ上訴審ニ於テ此ノ判決ノ不當ヲ認メ廢棄ノ上請求ノ原因ナシト言渡ストキハ更ニ數額ノ點ニ入リテ審理判決スルコトヲ要セサレハナリ實際ニ於テ請求ノ原因ナキ訴ニ對シ數額上ノ爭ヲ審理シ人證鑑定等多クノ證據調ヲ爲シ無益ナル日時ト費用トヲ徒費スルコトハ愚策ナリ之レ現行法ニ於テ此ノ中間判決ヲ以テ上訴ニ關シテ終局判決ト看做シタル所以ナリ（第二百二十八條第二項）而モ之カ爲訴訟ノ遲延アルコトヲモ想像スルヲ得ヘシ請求ノ原因アリトノ第一審判決ニ對シ被告ヨリ上訴ヲ爲シ控訴審ニ於テ控訴ヲ棄却セラレ更ニ上告ヲ爲シ上告ヲ却下セラレタリトセハ原告ハ其ノ遲延ノ爲迷惑ヲ蒙ルコト少カラサルヘシ之レ第一審ニ於テ同時ニ又ハ分離シテ原因及數額ノ判決ヲ受ケ之ニ對シテ假執行ノ宣言ヲ得ルトキハ直ニ强制執行ヲ爲スコトヲ得ヘク時期ノ遷延ノ爲ニ原告ノ蒙ルコトアルヘキ損害ヲ防クコトヲ得ヘケレハナリ新法ハ即此ノ點ヲ顧慮シ此ノ如キ中間判決ニ對シ獨立シテ上訴ヲ爲スコトヲ廢シ事件ノ迅速ナル解決ヲ期シタルモノナリ然レトモ又一面ヨリ見ルトキハ現行法カ斯ノ如キ中間判決ニ對シテ獨立シテ上訴ヲ爲スコトヲ得ヘキコトヲ規定シタルハ寧ロ事件ノ迅速ナル解決ヲ期シタルヨリ出テタルモノニシテ之ニ因リ生スル原告ノ不利益ヲ防ク爲ニハ原因ニ關スル中間判決ニ對シ上訴アルト否トニ拘ラス數額ニ付口頭辯論ヲ開キ判決ヲ爲スヘキコトヲ得ルコトヲ認メタリ（第二百二十八條第二項後段）而モ實際上ニ於テ此ノ規定ノ適用セラレタルコト稀ニシテ殊ニ上訴アルトキハ訴訟記錄ハ上訴審ニ送附セラルヽカ故ニ（現行法第四百三十一條第一項）原審ニ在ツテハ爾後ノ審理ヲ妨ケラレ遂ニ上訴ノ完結ヲ待ツノ現況タリ此ノ點ニ關シテ墺國民事訴訟法ハ深キ注意ヲ用ヒ此ノ場合ニ在ツテハ必要ナル記錄ノ謄本ヲ作リ上訴審ニ送附スヘキモノトセリ（同法第四百六十九條第二項）斯ノ如クスルトキハ何等差支ナク審理ヲ進行スルコトヲ得ヘク第一審ハ其ノ權限ニ基キ數額ニ關スル爭ニ付口頭辯論ヲ續行シテ事件ノ延滯ヲ防クコトヲ得ヘク現行法ノ規定ハ必シモ不可ナキカ如シ唯此ノ原因アリトスル

中間判決ニ對シテ上訴ヲ爲シタル場合ニ於テ上訴審ニ在ッテ事件ヲ第一審裁判所ニ差戻スヘキモノトシタル第四百二十二條ノ規定ニハ從來議論多ク否其ノ手續上疑問多クシテ立法者ノ豫想シタル利益ヲ得難キ嫌アリ新法ハ斯ノ如キ疑義ヲ一掃スルノ趣旨ヨリシテ中間判決ニ對スル獨立上訴ノ道ヲ廢シタルモノナリ獨逸ニ在ッテハ我現行法ト同一ノ規定ヲ今尚ホ存置スルノミナラス近時ノ大改正ニ付テモ之ヲ修正セサリキ即此ノ規定ハ圓滑ニ行ハレツツアルヲ證スルモノヽ如シ

## 第五節　訴訟手續ノ中斷及中止

本節ニ於テ訴訟手續ノ受繼ニ付現行法ノ規定ヲ改メタル所多シ

參　照　第二百八條　當事者カ死亡シタルトキハ訴訟手續ノ中斷ス此ノ場合ニ於テハ相續人相續財産管理人其ノ他法令ニ依リ訴訟ヲ續行スヘキ者ハ訴訟手續ヲ受繼クコトヲ要ス

相續人ハ相續ノ抛棄ヲ爲スコトヲ得ル間ハ訴訟ヲ受繼クコトヲ得ス

第二百十六條　訴訟手續ノ受繼ハ相手方ニ於テモ亦之ヲ爲スコトヲ得

第二百十八條　訴訟手續受繼ノ申立ハ裁判所職權ヲ以テ之ヲ調査シ理由ナシト認メタルトキハ決定ヲ以テ之ヲ却下スルコトヲ要ス

裁判ノ送達後中斷シタル訴訟手續ノ受繼ニ付テハ其ノ裁判ヲ爲シタル裁判所裁判ヲ爲スコトヲ要ス

第二百十九條　裁判所ハ當事者カ訴訟手續ノ受繼ヲ爲サヽル場合ニ於テモ職權ヲ以テ其ノ續行ヲ命スルコトヲ得

訴訟手續中斷ノ後承繼人カ其ノ訴訟ヲ受繼キタル場合ニ於ケル現行法ノ規定ハ頗ル煩鎖ナリ殊ニ承繼人カ受繼ヲ遲延シタル場合ニ於テ相手方カ受繼及本案辯論ノ爲承繼人呼出ノ申出ヲ爲シタル場合ノ手續ニ關スル規定ハ甚詳密ニ失セリ現行法ハ元來獨逸民事訴訟法ニ模倣シテ規定シタルモノナルモ同法ハ此ノ點既ニ修正セラレテ比較的簡易ナル手續ト爲レリ何レニスルモ此ノ手續ハ單ニ理論ニノミ拘泥シテ實際ノ便益ヲ缺ケリ相手方ヨリ受繼及本案ノ辯論開始ノ申立アリタルニ因リ承繼人ヲ呼出シタルモ承繼人カ其ノ期日ニ出頭セサルトキハ之ニ對シ承繼人カ承繼ヲ自白シタルモノト看做シ闕席判決ヲ爲スヘキ旨ヲ定メタル現行法ノ規定ハ同時ニ故障ノ道ヲ設ケ其ノ判決ノ確定ヲ待タサルヘカラサルコトトナセリ（現行法第百七十八條第二項）而シテ故障ノ申立アリタルトキハ裁判所ハ其ノ不適法ナラサル限リ故障ヲ受理スヘキモ其ノ後ノ手續ハ較不明ナリ受繼人カ承繼ヲ爭フ場合ニ於テ其ノ主張カ正當ナルトキ即相當ナル承繼人ニ非サルトキハ如何ナル手續ヲ取ルヘキヤ闕席判決ハ之ヲ廢棄セサルヘカラス而シテ之カ廢棄ハ同シク判決ナラサルヘカラス判決ハ如何ナル判決ヲ爲スヘキヤ相手方ノ申立ヲ却下スル判

決ヲ爲スヘキヤ否ヤ或ハ眞ノ承繼人ニ非サル者ヲ指定シテ承繼人トシタルモノナルカ故ニ同時ニ之レ本案ニ關スル請求權ノ當否ニ關スル問題ト爲ルヘク直ニ本案ノ判決ヲ爲スヘシト說ク學者アリ然レトモ其ノ誤ナルコト明白ナリ原告甲死亡シ被告乙ノ申立ニ因リ丙ヲ相續人トシテ受繼並本案ノ辯論ノ爲呼出シタル場合ニ眞ノ相續人ハ丙ニ非スシテ丁ナリシトキハ原告ノ請求ヲ却下スヘシトスルカ如キハ理論ニ合セサルヤ勿論ナリ被告乙カ死亡シタル場合眞ノ相續人ハ丁ナリシ場合モ同一ナルヘシ余輩ハ此ノ場合ハ決定ニ依リ相手方ノ申立ヲ却下スヘシトスルヲ相當トスト論シタルモ（拙著民事訴訟法論參照）之レ法文上明確ナラサル所ニシテ理論上斯ク解釋スルノ外ナシト云フニ過キス而シテ闕席判決ハ遂ニ決定ニ依リ廢棄セラル、不合理ヲ生スヘシ

承繼人カ受纏ノ辯論ノ爲口頭辯論ニ出頭セサル場合ニ於テ相手方ノ主張シタル承繼ヲ自白シタルモノト看做ス規定モ我邦ノ制度ニ於テ不都合ナリ我邦ノ相續制度ハ獨逸ノ如キ純然タル財產相續ノ制度ト異ニシテ身分關係ヲ確定スルモノナルカ故ニ單ニ相手方ノ自白ニ依リ其ノ相續關係ヲ確定スルハ非ナリ相續問題ハ事公益ニ關スル規定多ク之ヲ人事訴訟手續ニ依ルヘキモノト定メタルカ故ニ職權調査ノ方法ニ依リ之ヲ確定スルヲ可トス墺太利訴訟法ハ受繼ニ付テハ其

ノ理由ハ異ルヘシト雖之ヲ職權調查事項ト爲シ第百五十六條第一項ニ於テ「權利承繼人カ出頭セサルトキハ主張セラレタル承繼ニ付十分ノ證明アル限リ相手方ノ申立ニ因リ裁判所ハ決定ヲ以テ死亡シタル當事者ノ權利承繼人カ訴訟ヲ受繼キタリト宣言スヘシ」ト規定シタリ

新法ハ此ノ點ニ付テ改正ヲ加ヘ多クノ不便ヲ省キタリ即訴訟手續ノ中斷ヲ生シタルトキハ承繼人ハ訴訟手續ヲ受繼クヘキ義務アルモノト定メ（第二百八條乃至第二百十五條）而シテ承繼人承繼ヲ爲サヽルトキハ相手方ニ於テ其ノ手續ヲ爲スコトヲ得ヘキモノトセリ（第二百十六條）法文ニ「訴訟手續ノ受繼ハ」トアルモ相手方ハ中斷シタル訴訟手續ヲ自ラ受繼クヘキモノニ非ス承繼セシムルコトヲ申立ツヘキモノナルカ故ニ訴訟手續ノ受繼ニ關スル申立ハ相手方モ亦之ヲ爲スコトヲ得ヘキノ趣旨ト解スヘシ即チ相手方ハ死亡者其ノ他訴訟手續ノ中斷ノ原因ヲ生シタル當事者ノ承繼人ヲ指定シ裁判所ニ訴訟手纏ノ續行ヲ申立ツヘキモノナリ此ノ申立ハ同シク第二百十八條ニ從ヒテ裁判所ノ職權調查ニ付セラレ承繼人ト指定セラレタル者カ眞ノ承辯人ニ非サルトキハ其ノ相手方ノ申立ハ決定ヲ以テ却下セラルヘキモノナリ承繼ニ付疑アルトキハ口頭辯論ヲ開キ（第百二十五條但書）且證據調ヲ爲スコトヲ得ヘシ承繼人カ口頭辯論ニ出頭スルト否トニ拘ラス之カ取調ヲ爲スコトヲ得ヘシ（第百三十八條）現行法カ闕席判決ノ原則ニ基キ出頭セ

サル承繼人カ相手方ノ主張シタル自白シタルモノト看做スヘキモノトシタルノ不當ナルコト前段所論ノ如シ當事者ノ何レヨリモ受繼ノ申立ヲ爲サヽルトキハ裁判所ハ職權ヲ以テ其ノ續行ヲ命スルコトヲ得(第二百十九條)之レ歐州各國ニモ其ノ先例ナキ所ニシテ我邦獨特ノ規定ナリ而モ裁判所ハ正當ノ承繼人ヲ自ラ指定セサルヘカラス其ノ之カ爲ニ職權上ノ證據調ヲ爲スコトヲ得ヘク(第二百六十二條)當事者又ハ其ノ指定セラレタル承繼人カ之ニ對シ異議アル場合ト雖裁判所ハ受繼ヲ命スルコトヲ得ヘシ此ノ裁判ニ對シテハ獨立シテ不服ノ方法ナシ唯控訴又ハ上告ノ方法ヲ以テ之ヲ爭フ外ナシ

訴訟手續承繼ノ申立ナルモノハ單ニ訴訟手續ヲ受繼クヘキ旨ノ申立ヲ爲スヘキモノナリヤ或ハ受繼ノ申立ト同時ニ本案ノ口頭辯論其ノ他新訴訟行爲ノ續行ノ爲期日ヲ指定セラレンコトヲ申立ツヘキヤ(墺國民事訴訟法第百六十四條ニハ此ノ規定ヲ有ス)第二百十八條ノ規定ニ依ルトキハ「訴訟手續受繼ノ申立ハ裁判所職權ヲ以テ之ヲ調査シ理由ナシト認メタルトキハ決定ヲ以テ之ヲ却下スルコトヲ要ス」トアルカ故ニ單ニ訴訟手續受繼ノミノ申立ヲ爲スヘキモノト解スルコト相當ナルヘシ而シテ裁判所ハ右ノ規定ニ依リ其ノ申立ヲ却下セサル限リハ之ヲ相手方ニ通知シ(第二百十七條)爾後ノ訴訟手續ノ爲期日ヲ定メ當事者ヲ呼出スヘキモノトス申立人

ノ相手方ハ此ノ期日ニ於テ其ノ承繼ヲ爭フコトヲ得ヘシ相手方カ其ノ承繼人ナ以テ正當ノ承繼人ニ非ストシテ其ノ受繼ヲ爭フトキハ之ニ對シ裁判ヲ爲サヽルヘカラス此ノ裁判ハ決定ナ以テスヘキヤ又ハ中間判決ヲ以テスヘキヤハ現行法ニ於テ議論アルコト前述ノ如シ而モ承繼人カ適當ノ承繼人ニ非サルヲ理由トシテ本案ノ裁判ヲ爲スコトハ許スヘカラス假令其ノ承繼ヲ申立テタル者カ相手方タルトキト雖同一ナルヘシ

現行法ハ此ノ點ニ關シ何等明文ノ存スルモノナシト雖訴訟手續ノ受繼ハ訴訟手續上ノ一ノ申立ニ外ナラサルカ故ニ之ニ付テ口頭辯論ヲ經タルト否トニ拘ラス其ノ申立正當ナラサルトキハ決定ヲ以テ却下スヘキモノトスルハ余輩ノ持論タリ新法第二百十八條第一項ハ必シモ前掲ノ場合ヲ想像シタルニ非サルモ此ノ法文ニ依リテ訴訟手續ノ受繼ハ職權調査ノ事項タルコト並理由ナキ受繼ハ決定ナ以テ之ヲ却下スヘキモノナルコトヲ確定シタル趣旨明瞭ナリ即前掲ノ場合ニ在ツテハ新法ニ在ツテモ決定ヲ以テ申立ヲ却下スヘキモノト解セサルヘカラス但シ決定ニ對シテハ抗告ノ道ナシ之レ口頭辯論ヲ經タル上ノ決定ニシテ第四百十條ニ該當セサレハナリ之レ較其ノ當ヲ得サルカ如キモ解釋上已ムヲ得サル所ナリ墺太利ニ在ツテハ之ニ對シテ抗告ヲ爲スコトヲ許スノ明文ヲ置キタリ（墺國民事訴訟法第五百十四條）

受繼ノ申立カ却下セラレタルトキハ中斷ハ尚繼續スヘシ而シテ更ニ他ノ相當ナル承繼人カ其ノ受繼ヲ爲ス迄中斷ヲ繼續スヘシ

# 第二篇　第一審ノ訴訟手續

## 第一章　地方裁判所ノ訴訟手續

參照　第二百二十五條　確認ノ訴ハ法律關係ヲ證スル書面ノ眞否ヲ確定スル爲ニモ之ヲ提起スルコトヲ得

權利確認ノ訴或ハ確定ノ訴ニ付テハ現行法中何等規定ナシ獨逸民事訴訟法ニ在ツテハ法律關係ノ成立又ハ不成立ノ確定ノ訴ハ（中略）原告カ裁判官ノ判斷ニ因リ其ノ法律關係ヲ速ニ確定スルコトニ付法律上ノ利益ヲ有スルトキニ限リ之ヲ許ス（同法第二百五十六條）旨ヲ明定シタリ新法ニモ亦此ノ如キ規定ヲ缺如セリ法律關係ノ成立又ハ不成立ヲ確定スル訴ハ明文アリテ始メテ許サルヘキモノニ非スシテ當然ノモノナリトノ解釋ヨリシテ此ノ明文ヲ置クノ要ナシトノ說ハ一理ナキニ非ス然レトモ法律關係ノ成立又ハ不成立ノ爭ハ通例給付ノ訴ノ前提トシテ起ルヘキモノニシテ特ニ此ノ點ノミニ付獨立シタル訴ヲ起スノ必要ナキ場合ト雖尚且訴訟ヲ許スモノトセハ被告ハ無益ニ二重ノ訴ヲ受ケサルヘカラサルニ至ルコトアルヘシ之レ即獨逸民事訴訟法カ之ニ一定ノ制限ヲ付シ其ノ法律關係ヲ速ニ確定スルコトニ付法律上ノ利益ヲ有スルトキニ

限リタル所以ナリ此ノ理由ヨリセハ現行法並新法カ此ノ法文ヲ置カサルハ反對解釋ノ餘地ヲ置クモノニシテ法ノ不備ナリトノ譏ヲ免レサルカ如シ而モ大審院ハ既ニ現行法ノ下ニ於テモ獨逸民事訴訟法第二百五十六條ノ規定ト同趣旨ヲ以テ判例ヲ示シタルカ故ニ今更此ノ如キ條文ノ要ナシトノ見解ヨリ此ノ條文ヲ設ケサリシモノナルヘシ何レニスルモ確定ノ訴ハ法律關係又ハ權利ノ成否ヲ確定スル場合ニ關スルモノニシテ其ノ對象タルモノハ法律關係又ハ權利タラサルヘカラス單ナル事實ニ關スル爭ヲ確定スルコトハ從來ノ所謂確定ノ訴ニ包含セス事實ヲ確定スルコトハ證據方法トシテノ證據保全等ニ於テ行ハルルコトアリト雖之レ訴訟手續ノ一部トシテ行ハルルモノニシテ判決ニ依ルヘキモノニ非ス證書ハ一ノ證據方法ニシテ權利自體ニ非ス之カ眞否ヲ確定スルコトハ證據保全ノ方法ニ依ルヲ原則トス訴訟中證書ノ僞造變造ノ申立アルトキハ其ノ證書ノ眞否確定ノ中間判決ヲ爲スヘキ旨現行法中ニ規定スルモ(第三百五十條)之レ亦訴訟手續ノ一部トシテ殊ニ判決ノ基本タルヘキ證據ノ一方法トシテ行ハルルモノナリ之ヲ獨立ノ訴ニ依リテ確定センコトヲ求ムルノ制度ハ新法ニ依リテ始メテ認メラレタルモノナリ勿論此ノ制度ハ舊キ沿革ヨリシテ獨逸佛蘭西等ノ法律ニモ之ヲ認メタレトモ現行法制定ノ當時ニ在ツテハ其ノ必要ナシトシテ之ヲ採用セサリシモノナリ近時證券ナルモノ各種ノ形式ニ依リ利用セラレ

證券ノ物權化セルカ如キ傾向アルカ爲立法者ハ證券其ノ物ヲ以テ權利自體ト同視シ其ノ眞否ニ付確認ノ訴ヲ起スコトヲ認メタルモノナリ

確認ノ訴ノ目的タルヘキ書面ハ法律關係ノ證明ノ用ニ供セラレタルモノ即證書タルコトヲ要ス單純ナル文書ノ眞否例セハ某名家ノ揮毫ニ係ル詩文ノ如キモノニ付テハ確認ノ訴ハ許サレサルコト勿論ナリ

證書ノ眞否確認ノ訴ニ付テモ獨逸民事訴訟法ノ如ク速ニ之ヲ確定スルニ付法律上ノ利益ヲ有スルトキニ限ルヘキヤ法文ニハ何等明示スル所ナシト雖其ノ行文ヲ讀下スルトキハ其ノ趣旨ノ有ル所ヲ解シ得ヘシ即確認ノ訴ハ法律關係ヲ證スル書面ノ眞否ヲ確定スル爲ニモ之ヲ提起スルコトヲ得ト稱スルハ證書ノ眞否ハ法律關係ノ成立不成立ト同シク確認ノ訴ヲ起スコトヲ得ヘキコトヲ示シタルモノニシテ從ツテ法律關係ノ成立不成立ノ確認ノ訴ニ要スル條件ハ證書ノ眞否確認ノ訴ニモ同シク之ヲ必要トスルノ趣旨ヲ見ルヲ得ヘシ法文ハ確認ノ訴ハ法律關係ノ成立又ハ不成立ニ付テノミナラス法律關係ヲ證スル書面ノ眞否ノ確認ノ爲ニモ之ヲ爲スヲ得ヘキノ意タルコト明瞭ナレハナリ

無記名債權ニ關スル證書ニハ本條ノ適用アリヤ否ヤ無記名債權ハ民法第八十六條第三項ニ依

リ之ヲ動産ト看做スヘキモノナルカ故ニ之カ確認ノ訴ハ動産物權ノ存否ニ關スル確認ノ訴ト見ルヘキカ如シ之レ既ニ現行法ノ下ニ在ッテ問題ト爲ルヘキ所ナリ既ニ之ヲ動産ト看做ストセハ之ヲ占有スル者ハ動産ノ占有者タルヘク而シテ占有者カ眞ノ權利者ナルヤ否ヤノ問題ハ證書ノ眞否確認ノ訴ニ依ルヘキモノニ非サルカ如シ勿論證書カ眞正ナルモノナリヤ否ヤノ問題ト眞正ナル證書ノ占有者カ眞ノ權利者ナリヤ否ヤノ問題トハ自ラ區別アルヘキモ證書ノ占有者カ其ノ證書ノ署名者ニ對シ動産物權ヲ有ストシテ主張スルニ對シ署名者ハ自己ノ發行シタルモノニ非ストシテ爭フハ之レ同時ニ占有者カ署名者ニ對シ動産物權ヲ有セサルコトヲ主張スルモノニシテ動産物權上ノ爭ト見ルコト毫モ差支ナカルヘシ唯新法ニ在ッテハ證書ノ眞否確認ノ訴ヲ認メタルカ故ニ右ノ疑問ハ新法實施後ニ在ッテハ消滅スヘシ之レ動産物權ト見ルモ證書ト見ルモ其ノ間確認ノ訴ヲ爲スニ於テ區別ナケレハナリ而モ尙嚴密ニ論スルトキハ證書確認ノ訴ト動産物權ノ確認ノ訴トハ其ノ間全然區別ナキニモ非サルカ故ニ多少ノ議論ノ餘地アルヘキモ實際上多クノ利益ナキ問題タリ

◎確認ノ文字ハ確定ノ文字トハ較其ノ意義ヲ異ニス新法第二百二十五條ニハ確認ノ訴ナル文字ヲ用フト雖確定（Feststellung）ノ意義ナルヘシ某證書ノ眞正ナルコトヲ確認スト稱スルトキハ

當事者カ其ノ眞正ナルコトヲ承認スル意思表示タルヘシ某證書ノ眞正ナルコトヲ確定スト言フトキハ裁判所カ其ノ眞正ナルコトヲ宣言スルモノナリ判決ノ形式ニ於テ兩者相異レリ而シテ若シ被告カ確認スヘキモノナランニハ意思表示ヲ爲スヘキ義務アルモノトシテ其ノ强制執行ハ第七百三十六條ニ從ハサルヘカラス同條ニ曰ク「債務者カ權利關係ノ成立ヲ認諾スヘキコト又ハ其ノ他ノ意思ノ陳述ヲ爲スヘキコトノ判決ヲ受ケタルトキハ其ノ判決ノ確定ヲ以テ認諾又ハ意思ノ陳述ヲ爲シタルモノト看做ス」ト裁判所カ證書ノ眞正ナルコトヲ確定シタルモノナルトキハ其ノ判決ノ確定ニ因リ當然其ノ眞正ヲ確定シタル效力ヲ生スヘキナリ

參照　第二百二十六條　將來ノ給付ヲ求ムル訴ハ豫メ其ノ請求ヲ爲ス必要アル場合ニ限リ之ヲ提起スルコトヲ得

給付ノ訴（Leistungsklage）ニ付テハ其ノ請求カ訴ノ當時（少クトモ判決ノ當時）既ニ履行期限ノ到來シタルコトヲ要スルハ勿論ナリ之レ一ノ訴訟要件（Klagbarkeitsvoraussetzung）ヲ爲スモノナリ此ノ意義ヨリシテ將來ノ給付ヲ目的トスル訴ハ許スヘカラサルモノトセサルヘカラス何トナレハ權利者ハ其ノ期限ノ到來ノ時ヲ以テ訴ヲ爲スコト未タ遲シトセサルノミナラス之ヲ義務者ノ側面ヨリ見ルトキハ未タ履行期限到來セス從ツテ未タ履行遲滯ニ在ラサルニ先タチ訴

ヲ以テ請求セラルヽ如キ其ノ理ナケレハナリ現行法ニ在ツテハ將來ノ給付ニ關スル訴ハ之ヲ許スヘキヤ否ヤニ付何等規定ヲ存セサルカ爲既ニ多クノ議論ヲ生セリ獨逸ニ在ツテハ民事訴訟法發布ノ當時ニ於テハ同シク將來ノ給付ニ關スル何等ノ規定ナカリキ之レ我民事訴訟法カ同シク其ノ規定ヲ有セサル所以ナリ然レトモ獨逸ニ在ツテハ定期ノ給付ニ付テハ期限前ニ於テ爲スコトヲ得ルコト既ニ民事訴訟法發布以前ニ於テ裁判例トシテ認メラレタリ又金錢債權ノ支拂又ハ土地建物等ノ明渡ノ請求ニ付テハ期限前ノ訴ヲ許スコトハ普魯西國ニ於ケル舊慣法上ノ制度(Kuendigungsklage)タリキ我邦ニ在ツテハ全然斯ノ如キ裁判例又ハ慣例等之レナキカ故ニ將來ノ給付ニ係ルモノハ之ヲ訴フルコトヲ得サルモノト解セサルヘカラス而モ現行民事訴訟法第五百二十九條ニハ「請求ノ主張カ或ル日時ノ到來ニ繫ルトキハ其日時ノ終了後ニ限リ强制執行ヲ始ムルコトヲ得」ナル規定アリテ判決ニ於テ其ノ請求權ノ未タ期限ニ至ラサル前ノ言渡ヲ爲スコトヲ認メタルモノアリ現行法ノ規定中ニ是非トモ之カ規定ヲ置クノ要アリシモノナリ新法ハ即之カ缺陷ヲ補充スルノ意味ニ於テ第三百二十六條ヲ設ケタリ曰ク

將來ノ給付ヲ求ムル訴ハ豫メ其ノ請求ヲ爲ス必要アル場合ニ限リ之ヲ提起スルコトヲ得」

之レ獨逸民事訴訟法第二百五十九條ニ「將來ノ給付ニ付テハ債務者カ適當ノ時期ニ於テ履行

セサルコトノ事情ノ存スルトキニ限リ訴ヲ爲スコトヲ得」トアルニ模倣シタルモノニシテ恐ラクハ其ノ法意モ亦同一ナルヘシ蓋シ訴ナルモノハ權利保護ノ趣旨ヨリ生スルモノニシテ其ノ保護ノ必要ナキニ拘ラス訴ヲ許スヘキ理由ナケレハナリ法文ニ豫メ其ノ請求ヲ爲ス必要アル場合ト稱スルハ其ノ義甚廣汎ナルカ如キモ要スルニ期限ニ於テ完全ナル辨濟ヲ得難キ虞アル場合ニ過キサルヘシ之ヲ假差押ニ關スル第七百三十八條ニ「假差押ハ之ヲ爲ササレハ判決ノ執行ヲ爲スコト能ハス又ハ判決ノ執行ヲ爲スニ著シキ困難ヲ生スル恐アルトキ殊ニ外國ニ於テ判決ノ執行ヲ爲スニ至ル可キトキハ之ヲ爲スコトヲ得」トアルニ對照シテ自ラ法意ノ在ル所ヲ了解スヘシ但シ民法第百三十七條所定ノ債務者カ期限ノ利益ヲ喪フ場合ニ在ツテハ直ニ履行ノ訴ヲ爲スコトヲ得ヘキヤ勿論ニシテ之レ固ヨリ本條ニ關セサルナリ

獨逸ニ在ツテハ右ノ外反對給付ニ繫ラサル金錢債權又ハ土地住家其ノ他ノ建物ノ明渡ノ請求ニ付テハ無條件ヲ以テ將來ノ支拂又ハ明渡ニ付訴ヲ爲スコトヲ許シ（同法第二百五十七條）又定期ノ給付ニ付テハ判決言渡後ニ期限ノ到來スヘキ給付ニ付テモ亦訴ヲ爲スコトヲ許シタルモ（同法第二百五十八條）斯ノ如キハ我新法ノ認メサル所ナリ獨逸ニ在ツテ右ノ場合ハ既ニ民事訴訟法發布以前ニ於テ既ニ行ハレタル慣例タルコト前掲ノ如クニシテ民法實施ノ際ニ於テ其ノ第

二百五十九條ノ新設ト共ニ之ヲ法文ニ認メタルモ我邦ニハ從來其ノ例ナキ所ナルカ故ニ金錢債權ノ支拂又ハ土地建物ノ明渡ノ請求タルト定期給付ノ債權タルトニ拘ラス總テ新法第二百二十六條ノ條件ノ下ニ於テノミ之ヲ許サルヘキモノト爲シタルモノナリ

新法ノ右ノ規定ハ假差押ニ關スル第七百三十七條第二項ノ規定ヲ初メテ有意義タラシメタリ同條ニ依レハ「假差押ハ未タ期限ニ至ラサル請求ニ付テモ亦之ヲ爲スコトヲ得」トアリ然ルニ第七百四十六條ニ依レハ本案ノ未タ繫屬セサルトキハ假差押裁判所ハ債務者ノ申立ニ因リ口頭辯論ヲ經スシテ相當ニ定ムル期間内ニ訴ヲ起スヘキコトヲ債務者ニ命スヘシト定メ此ノ期間ヲ徒過シタル後ハ債務者ノ申立ニ因リ終局判決ヲ以テ假差押ヲ取消スヘシトセリ若シ期限前ノ債權ニ付假差押ヲ爲シタリトセハ少クモ其ノ期限到來後ノ日時ヲ以テ起訴命令ヲ發セサルヘカラス之レ頗ル不便ナルノミナラス當事者ノ何レノ爲ニモ不利益ナルヘシ新法第二百二十六條ハ斯ノ問題ニ付テモ解決ヲ與ヘタルモノニシテ之ニ因リ假差押裁判所ノ爲ス起訴命令ハ期限ノ如何ニ拘ラス之ヲ爲スコトヲ得ヘキナリ

参照　第二百三十一條　裁判所ニ繫屬スル事件ニ付テハ當事者ハ更ニ訴ヲ提起スルコトヲ得ス

新法ハ權利拘束ナル規定ヲ廢シタリ而シテ單ニ之ニ代フルニ訴訟繫屬ナル文字ヲ使用シタ

リ權利拘束（Rechtshaengigkeit）ナル文字ハ其ノ適譯ニ非サルコトハ既ニ論アル所ナリ而シテ現行法ニ在ツテハ訴ノ提起（Erhebung der Klage）ノ觀念（第百九十條第一項）ト權利拘束ノ觀念（第百九十五條第一項）ト同一ナラサルカ爲ニ法ノ適用上疑義アルコトハ余輩ノ嘗テ民事訴訟法論ニ於テ論シタル所ナリ新法ハ之ニ鑑ミ此ノ文字ヲ削除シタリ墺太利訴訟法第二百三十二條ハ權利拘束（Rechtshaengigkeit）ノ文字ヲ用フルト共ニ其ノ下ニ訴訟繫屬（Streitanhaengigkeit）ナル文字ヲ註記シタリ新法ニ在ツテ繫屬ナル文字ハ單ニ動詞トシテ用ヒタル場合（anhaengig werden）タルト（第二百三十一條、第二百二十七條、第二百三十九等）又一ノ名詞トシテ用ヒタル場合（Anhaengigkeit）（第三十四條、第四十七條、第六十條、第六十四條、第七十三條、第七十四條、第七十六條、第百九十五條）トニ拘ラス法律上一定ノ觀念ヲ有スルコト勿論ニシテ現行法ノ權利拘束ノ觀念ト略同一ナリト見ルヘシ換言セハ權利拘束ナル文字ハ削除セラレタリト雖訴訟繫屬ナル文字ヲ以テ之ニ代ハラシメタルニ過キス唯訴訟繫屬ノ觀念ノ著ク權利拘束ト異ル所ハ現行法ニ在ツテ權利拘束ハ訴狀ヲ被告ニ送達スルニ因リテ生ストセルモ（第百九十七條第一項參照尙裁判所ニ於ケル口頭辯論ニ依ル訴ノ提起ノ場合ニハ訴ノ提起ト同時ニ權利拘束ヲ生スルコト第二百十二條ニ定ムル所ノ如シ）訴訟繫屬ノ觀念ハ訴ノ提起ノ直接ノ效力ト見ルヘキモノニシテ訴ノ提起ト訴訟繫屬トハ其ノ表裏ノ兩側面ヲ爲スモノナリ其ノ他權利拘束ハ同一ノ訴訟ニ付之ヲ以テ原告又ハ被告ノ抗辯(妨訴抗辯)トシテ之ヲ認メタルモノニシテ裁判所ノ職權ヲ以テ調査スヘカラサルモノタルニ反シ(現行法第百九十五條第二項第一號、第二百六條第二項第三號)訴訟繫屬ニ付テハ之ヲ職權調査ノ事項トシ必シモ相手方ノ抗辯ヲ要セサルモノトシタリ新法第二百三十一條ニ於ケル「裁判所ニ繫屬スル事件ニ付テハ當事者ハ更ニ訴ヲ提起スルコトヲ得ス」ナル文字ハ即當事者ニ同一ノ訴ヲ提起スルコトヲ禁シタル趣旨ナルカ故ニ之ニ對シ相手方ニ異議アルト否トニ拘ラサルモノト見サルヘカラス墺太利民事訴訟法ハ其ノ第二百三十三條ニ「訴訟繫屬ハ其ノ繼續中其ノ主張セラレタル請求ニ關シ同一ノ裁判所又ハ他ノ裁判所ニ於テ訴訟ヲ爲スコトヲ得サル效果ヲ生ス訴訟繫屬ノ間同一ノ請求ニ關シテ爲シタル訴ハ申立ニ因リ又ハ職權ヲ以テ之ヲ却下スヘシ」ト明定シ些ノ疑ヲ措ク餘地ナカラシメタリ

訴訟繫屬ノ效力トシテ同一ノ請求ニ關シ二以上ノ訴ノ提起ヲ認メサルコトト爲レリトセハ再審ノ訴ニ於ケル第四百二十一條第一項第十號(現行法第四百七十條第一項第六號)ニ所謂不服ノ申立アル判決カ前ニ言渡サレタル確定判決ト抵觸スル場合ハ自ラ其ノ機會ヲ減スヘクシテ新法ノ規定ノ當ヲ得タルモノタルヤ疑ナキ所ナリ

一ノ訴訟事件ノ繫屬中更ニ同一事件ニ付訴訟ノ提起アリタルトキハ本條ニ依リ後ノ事件ヲ却下スヘシト雖若シ同時ニ同一事件ノ提起セラレタルトキハ如何ニスヘキヤ之レ必シモ絶無ニ非ス否訴カ相異ル裁判所ニ提起セラレタル場合ニ於テハ起訴ノ日時カ同一ナル限リ殆其ノ前後ヲ別ツヘカラサルハ當然ナリ此ノ場合ニ在ツテハ裁判所構成法第十條第三號ニ所謂「同一事件ニ付二以上ノ裁判所裁判權ヲ互有スルトキ」ニ相當スルモノトシテ管轄指定ノ申請ヲ爲スヘキモノナリトノ論ナキニ非サルモ固ヨリ之レ法ノ精神ニ非サルヘシ同條ノ規定ニハ「法律ニ從ヒ又ハ二以上ノ確定判決ニ因リ二以上ノ裁判所管轄權チ互有スルトキ」トアルモ此ノ場合ハ法律ニ從ヒ裁判權ヲ互有スルモノニモ相當セス又確定判決アリタルモノニモ非サレハナリ勿論訴ノ提起ニ因リ一ノ事件ニ付既ニ管轄ノ定マリタル上ハ他ノ裁判所ハ當然管轄權ヲ有セサルヘキモ同時ニ起リタルカ爲法律上兩者共ニ管轄權ヲ互有スルモノナリト論スルハ恐ラクハ牽强附會ノ論タルヘシ況ンヤ管轄指定ニ關スル裁判所構成法ノ規定ハ新法發布ト共ニ既ニ削除スルノ意ニ出テタルモノナルコト曩ニ論シタル所ノ如クナルニ於テヲヤ所詮此ノ場合ハ裁判所ノ職權ニ基キ一ノ訴訟手續ヲ延期又ハ中止スルカ若ハ共ニ判決ヲ爲シテ再審ノ訴ニ依リ救濟スルノ外ナカルヘシ伊太利民事訴訟法ハ此ノ場合ニ於テ管轄指定ヲ申請スヘキコトヲ明定シ疑ヲ避ケタリ

訴訟繋屬ノ其ノ他ノ效果ニ付テハ權利拘束ニ關スル原則ト全ク同一ナリト見ルヘシ例ヘハ管轄ノ確定（第二十九條）反訴ノ提起（第二百三十九條）主參加（第六十條）補助參加（第六十四條）ノ時期ノ類之レナリ訴訟繋屬後訴ノ原因ヲ變更スルコト（第二百三十二條）訴訟ノ目的物ノ讓渡ニ關スル原則（第七十三條）債務承繼ニ依ル當事者ノ更代（第七十四條）等ニ付テハ其ノ各法ノ下ニ既ニ詳論シタリ之ヲ要スルニ訴訟繋屬ナル語ハ現行法ノ權利拘束ナル語ニ代ヘラレタルモノニシテ其ノ根本ノ意義ニ於テハ異ル所ナキモ諸種ノ理由ヨリシテ其ノ效力ニ差異アルニ至レルハ新舊民事訴訟法カ其ノ原則ニ於テ多少ノ變更アリタル結果ト見ルヘキモノナリ之レ墺太利民事訴訟法カ權利拘束ノ文字ノ下ニ訴訟繋屬ナル文字ヲ附註シタルニ參照スルモ明白ナリ

參照　第百三十七條　攻擊又ハ防禦ノ方法ハ別段ノ規定アル場合ヲ除クノ外口頭辯論ノ終結ニ至ル迄之ヲ提出スルコトヲ得

妨訴抗辯ノ制度モ亦新法ノ認メサル所ナリ而シテ防禦方法ハ其ノ形式ニ關スルモノト實質ニ關スルモノタルトニ拘ラス口頭辯論ノ終結ニ至ル迄之ヲ提出スルコトヲ得トセリ現行法ニ於ケル妨訴抗辯ノ規定ハ獨逸民事訴訟法ノ模倣ニシテ其ノ制度ノ中ニハ多クノ理論ヲ包含セリ即本案以外タル技葉ニ關スル問題ノ爲ニ徒ラニ事件ヲ遲延セシメサルコト並事件ノ審理中突如

トシテ此等訴ノ形式又ハ要件等ニ關スル抗辯ヲ提出シテ本案ノ審理ヲ妨クルヲ避ケタルコト等主タル理由ナリ故ニ此ノ抗辯ニ付テハ即所謂同時主義又ハ順席主義（Eventualmaxim）ナルモノ行ハレ一定ノ時期ヲ經過シタルトキハ最早此ノ抗辯ヲ提出スルコトヲ得サルモノト爲セリ而シテ此ノ點ニ關スル爭ハ獨立シテ確定セシムルノ道ヲ取リ妨訴抗辯棄却ノ中間判決ニ對シテハ之ヲ終局判決ト看做シ直ニ上訴ヲ爲スコトヲ得ヘキモノトセリ（現行法第二百七條第二項）唯此ノ如キ制度ハ却ツテ之ヲ惡用シ徒ラニ訴訟ノ遲延ヲ謀ルカ如キ例ナシトセス然ラサルモ左ノミ重要ナラサル抗辯ノ爲ニ徒ラニ訴ノ却下ヲ爲シ再ヒ訴ヲ提起セサルヘカラサルカ如キハ立法上當事者ニ忠ナル所以ニ非スト言ハレサルニ非ス新法カ之ヲ廢止シタルハ恐ラクハ斯ノ如キ理由ニ出テタルモノナルヘシ而モ仔細ニ穿鑿スルトキハ尙他ノ理由ヲモ發見スヘシ現行法カ妨訴ノ抗辯トシテ揭ケタルモノヲ見ルニ新法ニ之ヲ抗辯トシテ認メサルモノナリ再訴ニ付前訴訟費用未濟ノ抗辯ノ如キ又延期ノ抗辯ノ如キ之レナリ（延期ノ抗辯ハ現行法ノ下ニモ尙適用ナシト見ルヘキコト余カ民事訴訟法論ニ於テ論シタル所ナリ）權利拘束ノ抗辯ハ職權調査ノ事項ト爲リタルコト前ニ論シタル所ノ如シ管轄違ノ抗辯ハ之ヲ認ムルモ之ニ基キテ訴ヲ却下スルコトナシ（第三十條）又合意ヲ許スヘキ管轄ニ付テハ第一回口頭辯論ニ於テ之ヲ提出セス又ハ準

備手續ニ於テ之ヲ申立テサルトキハ其ノ抗辯權ヲ失フヘキコト既ニ管轄ニ關スル現定中ニ存シタルカ故ニ（第二十六條）更ニ再ヒ言フノ要ナシ訴訟費用保證ノ欠缺ニ付テモ既ニ其ノ規定ナ存スルカ故ニ（新法第百八條現行法第八十八條第一項）更ニ妨訴抗辯トシテ規定スルノ要ナシ餘ス所ハ無訴權ノ抗辯訴訟能力又ハ法定代理ノ欠缺ノ抗辯ノ類ニ過キス此等ハ何レモ職權調査ノ事項ニ屬シ相手方ノ抗辯ノ有無ニ拘ラス裁判所之ヲ審査セサルヘカラサルカ故ニ之ヲ特殊ノ抗辯トシテ規定スルノ要ナシ況ンヤ之カ提出ニ一定ノ時期ヲ劃スルカ如キハ固ヨリ不合理ニ屬スルコト現行法第二百六條第三項ニ於テ「本案ニ付被告ノ口頭辯論ノ始マリタル後ハ控訴ノ抗辯ハ被告ノ有效ニ拋棄スルコトヲ得サルモノナルトキ（中略）ニ限リ之ヲ主張スルコトヲ得」ト規定シ之ヲ除外シタルニ因リテモ明白ナルニ於テヲヤ之レ即新法カ妨訴抗辯ナル特種ノ抗辯ヲ廢止シタル所以ナリ

新法ニ在ツテ被告ハ所謂妨訴抗辯ニ因リテ本案ノ辯論ヲ拒ムノ權利ヲ有セス又裁判所ハ此ノ點ニ關シ特ニ中間判決ヲ爲スヘキ義務ヲ負ハサルモ其ノ理論ハ新法ニ於テ之ヲ全然排斥シタルモノト見ルヘカラス新法ハ口頭辯論前ニ於テ受命判事ニ依ル準備手續ナルモノヲ認メ（第二百十九條）而シテ總テノ抗辯ハ此ノ手續ニ於テ提出スヘキモノト定メ若シ之ヲ提出セサルトキハ

口頭辯論ニ至リ始メテ之ヲ主張スルコトヲ許サル、ヲ以テ原則トセリ（第二百五十五條）而シテ此ノ原則ニ對スル例外トシテ抗辯ノ事項カ裁判所ノ職權ヲ以テ調査スヘキモノナルトキ、著ク訴訟ヲ遲滯セシメサルトキ又ハ重大ナル過失ナクシテ準備手續ニ於テ之ヲ提出スルコト能ハサリシコトヲ疏明シタル場合ヲ認メタルハ妨訴抗辯ニ付現行法第二百六條第三項ニ例外ヲ認メタルモノト全ク符合セリ要スルニ現行法ノ妨訴抗辯ノ制度ハ廢止セラレタルモ準備手續ノ制度ニ依リテ同時主義（Eventualmaxim）ハ保存セラレ否寧ロ一層擴張セラレタル同時主義カ採用セラレタルモノニシテ新舊其ノ主義ニ大差ナキヲ見ルナリ唯妨訴抗辯棄却ノ中間判決ヲ以テ上訴ニ關シ終局判決ト看做スノ規定ヲ廢シタル爲現行法第四百二十二條ニ於ケル控訴審ノ差戻判決ノ場合ノ適用ニ付テモ變更ヲ生シタルハ當然ニシテ同條カ從來難解ノ法文トシテ學者實際家ノ議論ノ盡キサリシ所ヲ全ク一掃シタルハ新法ノ賜タリト云フヘシ但シ差戻ノ判決ハ新法ニ於テモ亦其ノ認ムル所ニシテ第一審判決カ舊法ニ所謂妨訴抗辯其ノ他形式的抗辯ニ因リテ訴ヲ却下シタル場合ニ於テ控訴審カ其ノ判決ヲ不當ナリトスルトキハ第一審判決ヲ取消シ更ニ本案ニ付辯論及判決ヲ爲サシムル爲事件ヲ第一審裁判所ニ差戻スヘキコトハ第三百八十八條、第三百八十九條ノ規定スル所ナリ

## 第二節　辯論ノ準備

参照　第二百四十九條　訴訟ニ付テハ受命判事ニ依リ口頭辯論ノ準備手續ヲ爲スコトヲ要ス但シ裁判所相當ト認ムルトキハ直ニ辯論ヲ命シ又ハ訴訟ノ一部若ハ或爭點ノミニ付準備手續ヲ命スルコトヲ得

現行法ニ於テハ計算事件財産分別及之ニ類スル訴訟ニ關シテノミ準備手續ノ制度ヲ認メ而シテ又之ヲ任意規定トシタリ其ノ手續ハ主トシテ如何ナル請求ヲ爲スヤ及如何ナル攻撃防禦ノ方法ヲ主張スルヤ如何ナル請求及如何ナル攻撃防禦ノ方法ヲ爭フヤ又ハ之ヲ爭ハサルヤ並爭ト爲リタル請求及爭ト爲リタル攻撃防禦ノ方法ニ付其ノ事實上ノ關係及證據方法證據抗辯證據方法並證據抗辯ニ關シテ爲ス當事者ノ陳述等ヲ明白ニスル爲受命判事ヲシテ特別ナル期日ヲ開カシムルニ在リ（現行法第二百六十六條以下）新法ハ此ノ範圍ヲ擴張シ地方裁判所ノ事件ニ就テハ（此ノ準用ノ結果トシテ人事訴訟手續法ニ依ル訴訟事件ニ付テモ同一ナルヘシ）原則トシテ必ス受命判事ニ依ル準備手續ヲ爲スコトヲ命シタリ（第二百四十九條）而シテ此ノ手續ニ於テ「攻撃又ハ防禦ノ方法相手方ノ請求及攻撃又ハ防禦ノ方法ニ對スル陳述」ヲ明確ニシ殊ニ證據ニ付

テハ其ノ申出ヲ明確ニスヘキモノトセリ之ニ依リテ口頭辯論ノ準備ヲ調ヘ口頭辯論期日ニ於テ濫リニ訴訟資料ヲ提出シ審理ノ進捗ヲ妨害スルカ如キコトナカラシメタリ新法ハ其ノ第二百五十五條ニ於テ準備手續ノ調書又ハ之ニ代ルヘキ準備書面ニ記載セサル事項ハ口頭辯論ニ於テ之ヲ主張スルコトヲ禁シ唯其ノ事項カ裁判所ノ職權ヲ以テ調査スヘキモノナルトキ又ハ之ニ因リ著ク訴訟ヲ遲延セシメサルトキ又ハ重大ナル過失ナクシテ準備手續ニ於テ提出スルコト能ハサリシコトヲ疏明シタルトキニ限リ之ヲ許スヘキモノトセリ之レ學者ノ所謂辯論同時主義（Eventualmaxim）ト稱スルモノニシテ獨逸訴訟法カ其ノ自由追行主義（Parteibetrieb）ヲ採用スルト同時ニ斷然廢止シタル舊訴訟法主義ナリ此ノ意味ニ於テ改正案ハ主義ノ逆轉ト云フヘキカ如シ之ニ因リ訴訟ノ進行ヲ敏活ナラシムルコトハ之ヲ期シ得ヘキコト勿論ナルヘシト雖其ノ運用如何ニ因リテハ反對ノ結果ヲ生セストモ限ルヘカラス所謂「著ク訴訟ヲ遲延シメサルヤ否」ニ付爭ヲ生シ「重大ナル過失アルヤ否」ニ付異議ヲ挾ムニ至ラハ勢ヒ之ヲ審査セサルヘカラスシテ之レ卽無要ノ手續タルニ歸スヘシ況ンヤ證據方法ノ如キ之カ提出ヲ怠リタル爲事實ノ眞相ヲ得難キ場合ニ於テモ之ヲ排斥シテ顧ミサルカ如キハ實際上ノ手續ニ於テ恐ラク裁判官ノ忍ヒサル所ナルヘキニ以テヲヤ今之ヲ現行法ニ見ルニ攻擊防禦ノ方法ハ判決ニ接著スル口頭辯論ノ

終結ニ至ル迄之ヲ提出スルコトヲ得ルヲ原則トスト雖(現行法第二十九條)口頭辯論ハ書面ヲ以テ之ヲ準備スヘキモノトシ(現行法第百四條)而シテ準備書面ニハ證據方法並之ニ對スル陳述等ヲ記載スヘキモノトシ被告ノ抗辯中ノ重要ナルモノニ屬スル妨訴ノ抗辯ハ一定ノ時期ニ於テ之ヲ提出スヘキモノトシ殊ニ實際上ニ於テハ能フヘクンハ訴狀又ハ答辯書ニ於テ攻撃若ハ防禦ノ方法ヲ提出スルヲ例トスルヨリ見レハ法ノ運用如何並裁判官ノ手腕如何ニ依リテハ特ニ準備手續ノ制度ナシトスルモ尚且訴訟手續ニ延滯ナキヲ期シ得ヘキカ如シ現行法第二百十條ニハ「被告ヨリ時期ニ後レテ提出シタル防禦ノ方法ハ裁判所カ若シ之ヲ許スニ於テハ訴訟ヲ遲延スヘク且被告ハ訴訟ヲ遲延セシメントスル故意ヲ以テ又ハ甚シキ怠慢ニ因リ早ク之ヲ提出セサリシコトノ心證ヲ得タルトキハ申立ニ因リ之ヲ却下スルコトヲ得」ト定メ又第二百十四條ニハ「證據方法及證據抗辯ノ時期ニ後レタル提出ニ付テハ第二百十條ノ規定ヲ準用ス」ト規定シタリト雖之レ實際上多ク適用セラレタル例アルヲ聞カス之ヲ適用シテ防禦方法又ハ證據方法ヲ却下センカ上訴審ニ於テ之カ提出ヲ見ルニ至ルヘク而シテ其ノ結果トシテ原判決ノ廢棄セラルヽニ至ルコトアルヘキヲ思ヘハナリ手腕アル裁判官ト熟練アル辯護士トノアルアラハ斯ノ如キ理由ニ依ル手續ノ遲延ハ左ノミ憂フルニ足ラサルカ如シ要ハ法ノ問題ニ非スシテ運用ノ問題ナリ若シ夫

レ準備手續ニシテ墺國民事訴訟法ニ於ケル第一期日ノ如クナランカ自ラ結論ヲ異ニセサルヲ得ス同法ニ依レハ「第一期日ハ裁判長又ハ其ノ命シタル一人ノ部員ノ前ニ於テ之ヲ開ク第一期日ハ和解ヲ試ムル爲無訴權ノ抗辯管轄違ノ抗辯訴訟繫屬ノ抗辯及確定判決ノ抗辯ノ提出ノ爲並指名セラレタル原主ノ陳述ヲ聞ク爲之ヲ定ム第一期日ニハ又訴訟費用保證ノ申立ヲ爲スコトヲ得又第一期日ニハ認諾若ハ抛棄ニ基キ又ハ闕席判決ニ依リ事件ヲ完結シ又ハ原告ヨリ訴ノ變更ノ認可ノ申立ツルコトヲ得第一期日ニハ訴訟費用ノ欠缺訴訟能力ノ欠缺及法定代理人ノ資格ノ欠缺ノ理由ニ因ル訴ノ却下ノ申立ニ付直ニ辯論及裁判ヲ爲スヘシ又第一期日ニハ亦職權ヲ以テ前掲ノ點ニ關スル調査又ハ當事者ノ明示ノ契約ニ依リ除去スルコトヲ得サル裁判所管轄違ニ關スル調査ヲ爲シ且此ノ理由ニ基キ訴訟手續ノ却下ノ決定ヲ爲スコトヲ得」（同法第二百三十九條）ト規定シ範ヲ英國訴訟制度ニ於ケル「マスター」ノ制ニ採リ裁判長又ハ部員ニ或程度ノ裁判權ヲ認メ單ナル口頭辯論ノ準備ニ非サルナリ新法ノ準備手續カ此ノ如キモノナランニハ訴訟ノ進行ニ著キ效果ヲ生スヘキモ單ナル準備手續（之レ墺國民事訴訟法第二百四十五條ノ規定スル所ニシテ特ニ一定ノ場合ニ限リ部員一名ニ此ノ手續ヲ命スルコトヲ得トセリ）トシテ攻擊防禦ノ方法又ハ證據方法ノ提出ヲ促カスニ過キサルモノナランニハ何等訴訟ノ進捗ニ效果ヲ

與フルコトナカルヘシ斯ノ如クンハ各種ノ證據方法又ハ攻擊防禦ノ方法ヲ一定ノ時期即第一回口頭辯論期日ニ於テ提出スヘキコト現行法ノ妨訴ノ抗辯ノ如クスルニ如カス而シテ之レ極端ナル同時主義ニシテ當事者ノ權利ヲ制限シ利益ヲ害スルコト甚シキモノナリ在野法曹ノ此ノ點ニ反對ノ意見多カリシハ當然ナリト謂フヘシ要スルニ新法ノ準備手續ノ制度ハ三人ノ合議組織ニ依リテ行フヘキ訴訟手續ヲ一人ノ判事ニ於テ行フノ利益ハアリ得ルモ訴訟進捗ニハ何等利益スル所無ク却ッテ同時主義ノ舊制ニ復歸シ當事者ノ利益ヲ害スルコト甚シキモノト謂フノ外ナシサレハトテ墺國訴訟法ニ於ケル第一期日ノ制度ハ之ヲ今日ノ日本ニ採用センコトハ亦甚困難ナルヘク之レ寧ロ其ノ創設者タル英國ノ司法制度ノ如ク發達シタル後ノ問題タルヘシ準備手續ハ之ヲ任意規定ノ程度ニ止ムヘキモノナリ

## 第三節　證據

### 第一款　總則

參照　第二百六十一條　裁判所ハ當事者ノ申立テタル證據ニ依リテ心證ヲ得ルコト能ハサルトキ其ノ他必要ア

リト認ムルトキハ職權ヲ以テ證據調ヲ爲スコトヲ得

現行法ニ於テ職權ニ依ル證據調ハ檢證及鑑定ニ限ラレタリ本人訊問ハ亦職權ヲ以テ之ヲ爲スコトヲ得ヘシト雖(第三百六十條)之レ果シテ證據タルヘキモノナリヤハ疑アリ予ハ曩ニ民事訴訟法論ニ於テ次ノ如ク論シタリ

當事者本人ノ過去ノ實驗ニ依ル陳述ハ廣義ニ於テ之ヲ一ノ證據ト見ラレサルニ非ス之レ第三者カ過去ニ於テ爲シタル實驗ニ付證言ヲ爲スモノト同一ノ理ナレハナリ然レトモ當事者ハ訴訟上ニ於テ自ラ自己ノ爲ニ證據ヲ作ルコトヲ得サルコト勿論ナルカ故ニ其ノ陳述ヲ以テ相手方ノ不利益ノ事實ニ付證據力ヲ有セシムルカ如キハ訴訟ノ根本義ト背馳スヘシ茲ニ於テカ我訴訟法第三百六十條以下ニ於ケル本人訊問ハ之ヲ證據方法ト見ルヘキモノニ非スシテ裁判官ニ許シタル證據ニ關スル一種ノ釋明方法ト見ルノ外ナシ之ヲ證據ト稱スルハ學理ニ反シ實際ニ適合セサルモノト言ハサルヘカラス(中略)本人訊問ハ當事者ノ提出シタル許スヘキ證據ヲ調ヘタル結果ニ因リ證スヘキ事實ノ眞否ニ付裁判官カ心證ヲ得ルニ足ラサルトキニ於テ始メテ之ヲ爲スヘキコトヲ定メタルカ故ニ(第三百六十條)之ヲ單純ナル補助資料ト見ルノ外ナカルヘク特ニ證據調ノ一節トシテ規定シタルハ立法ノ體裁上宜シキヲ得タルモノニ非サルナ

リ

右ノ如ク現行法ニ於ケル本人訊問ハ證據方法ト言フヲ得サルモノナリト雖新法ハ當事者ニ宣誓ヲ爲サシムルコトヲ得ルノ制度ヲ採用シ而シテ之ニ制裁ヲ附シ宣誓ノ上虚僞ノ陳述ヲ爲シタル者ヲ處罰スヘキモノト爲シタル以上其ノ陳述ハ證人ノ陳述ノ如ク之ヲ證據方法ト認メタルモノト見ルヘシ但シ其ノ陳述ヲ採用スルヤ否ハ裁判官ノ自由ナル心證ニ依ルヘキモノト見ルヘク(第百八十五條)獨逸民事訴訟法ニ於ケル當事者宣誓ノ如ク法定ノ證據力ヲ生スルモノト見ルヲ得サルナリ

新法ハ右ノ外總テノ證據ニ付職權調査ノ權限ヲ認メ第二百六十一條ニ「裁判所ハ當事者ノ申出テタル證據ニ依リテ心證ヲ得ルコト能ハサルトキ其ノ他必要アリト認ムルトキハ職權ヲ以テ證據調ヲ爲スコトヲ得」ト規定セリ即職權ニ依ル證據調ハ補充的ノモノト見ルヘカラス當事者カ證據ヲ提出シタルトキト雖尚且心證ヲ得ルコト能ハサルトキニ限リ職權ニ依リ證據調ヲ爲スコトヲ得ルモノトセハ之レ補充的ナリト云フヲ得ヘキモ其ノ他必要アリト認ムル場合ヲ含ムカ故ニ之ヲ補充的ノモノト見ルコトヲ得ス本人訴訟ヲ原則トスル我訴訟法ニ在ツテハ之レ亦已ムヲ得サルモノナリト云フ者アルヘキモ既ニ辯護士制度ヲ採用シ地方裁判所以上ニ在ツテハ

辯護士ニ非サル限リ代理スルコトヲ許ササル今日斯ノ如キハ較職權主義ノ濫用タルカ如シ而シテ之レ恐ラクハ訴訟制度ニ於ケル世界ノ新例タルヘシ墺太利民事訴訟法ハ獨逸民事訴訟法ニ比シ多少職權主義ヲ加味シタルモノナリト雖證據ニ付テハ裁判所萬能主義ヲ認メス其ノ第百八十三條ニ左ノ規定ヲ置ケリ曰ク

裁判長ハ殊ニ左ノ諸件ヲ命スルコトヲ得

（一）（略之）

（二）當事者ノ一方若ハ其ノ相手方ノ援用シタル證書ニシテ當事者ノ手中ニ存スルモノ及記錄懲憑物件又ハ檢證物件並系譜圖面雛形其ノ他ノ描寫物及編纂物ヲ提出シ且一定ノ時間之ヲ裁判所ニ留置クコト

（三）當事者ノ一方ノ援用シタル證書ニシテ官廳又ハ公證人ノ保管ニ係ルモノ及懲憑物件並檢證物件ヲ取寄スルコト

（四）當事者ノ立會ノ下ニ檢證ヲ爲シ且鑑定人ニ依ル鑑定ヲ命スルコト並訴狀ニ從ヒ又ハ訴訟ノ經過ニ依リ重要ナル事實ノ發見ヲ豫見スヘキ者ヲ證人トシテ呼出スコト

然レトモ裁判長ハ當事者雙方カ反對ノ意思ヲ述ヘタルトキハ證書又ハ證人ニ關シ此ノ命令

ヲ發スルコトヲ得ス

新法ハ右ノ程度ニ止マラス證據調ニ付絶體ナル職權主義ヲ採用シ其ノ必要アリト認ムルトキハ如何ナル場合タルニ拘ラス特ニ當事者雙方カ之ヲ欲セサルモノニ付テモ職權ニ依ル證據調ヲ爲スコトヲ得ヘキモノニシテ之レ全ク刑事訴訟ト同一制度ヲ取リタルモノナリ民事訴訟法ノ根本主義ハ之ニ因ツテ全ク滅却セラレタルモノノ如シ

參　照　第二百六十七條　疏明ハ即時ニ取調フルコトヲ得ヘキ證據ニ依リ之ヲ爲スコトヲ要ス

裁判所ハ當事者若ハ法定代理人ヲシテ保證金ヲ供託セシメ又ハ其ノ主張ノ眞實ナルコトヲ宣誓セシメ之ヲ以テ疏明ニ代フルコトヲ得

第二百八十一條乃至第二百八十九條ノ規定ハ前項ノ宣誓ニ之ヲ準用ス

疏明（Glaubhaft machen）トハ何ソヤ現行法ハ之ヲ説明シテ「裁判官ヲシテ其ノ主張ヲ眞實ナリト認メシム可キ證據方法ヲ申出ツルヲ以テ足ル」ト言ヘリ（第二百二十條）疏明ハ證明ニ非ス單ニ裁判官ヲシテ眞實ナルカ如ク（Wahrscheinlichkeit）信セシムルヲ以テ足ルモノナリ必シモ確信（Gewiss）ヲ得セシムルヲ要セス之レ既ニ定說アル所ナリ獨逸民事訴訟法ニ在ツテハ特ニ疏明ニ付テ法文上ニ定義又ハ説明等ヲ置クコトナシ一ニ之ヲ學說ニ一任シタリ唯獨逸民事訴訟法ハ文字上「信用セシム（ヘキトキ）」（Glaubhaft machen）ナル文字ヲ用ヒルカ故ニ特ニ說

明等ヲ用ヒルコトナクシテ較其ノ意義ヲ知ルヲ得ヘシ我訴訟法ニ於ケル疏明ナル文字ハ訴訟法ニ於ケル一ノ熟語ニシテ此ノ文字ノミニテハ恐ラクハ何人モ其ノ眞ノ意義ヲ知ルコトヲ得サルヘシ之レ現行法カ第二百二十條ヲ置キタル所以ナルヘシ墺太利民事訴訟法ハ亦其ノ第二百七十四條ニ於テ「當事者カ其ノ事實上ノ主張ヲ裁判所ニ信用セシムヘキトキハ」云々ト規定シ之ニ疏明(Bescheinigung)ナル註ヲ加ヘタリ疏明ト言フノミニテハ其ノ意義明確ナラサルカ故ナリ新法ハ即時ニ取調フルコトヲ得ヘキ證據ニ依リテ之ヲ爲スコトヲ要ス(第二百六十七條第一項)ト規定シタルノミナルカ故ニ疏明ナル語ノ意義ハ明瞭ヲ缺ケリ蓋シ現行法ニ於ケル多年ノ適用ニ於テ既ニ其ノ意義ヲ確定シタリト見タルカ故ナルヘキモ今後ノ研究ニハ先ツ疏明ナルモノノ意義殊ニ證明トノ區別ヲ明ニスルノ要アルヘシ(Unterscheidung des Beweisses und Glaubhaftmachung)

疏明ノ方法ハ現行法第二百二十條但書ニ即時ニ爲スコトヲ得サル證據調ハ疏明ノ方法トシテ之ヲ許ササル例外ノ外總テノ證據方法ノ提出ヲ以テ爲スコトヲ得ルコトヲ規定シ新法ハ亦疏明ハ即時ニ取調フルコトヲ得ヘキ證據ニ依リテ之ヲ爲スコトヲ要スト規定シタルカ故ニ同一ノ原則タルコト明ナリ新法カ新機軸トシテ掲クル所ノモノハ疏明方法ニ代ヘテ保證金ヲ供託セシメ

又ハ其ノ主張ノ眞實ナルコトヲ宣誓セシムルコトヲ得ヘキモノト爲シタルニ在リ宣誓ノ事ハ獨逸民事訴訟法ニ既ニ其ノ規定アリタルモ（同法第二百九十四條）現行法制定ノ當時我邦ニ本人宣誓ノ制度ヲ用ヒサリシカ爲之ヲ削除シタルニ過キス新法カ一般證據方法ニ付テモ本人宣誓ノ制度ヲ採用シタル以上疏明方法トシテモ之ヲ用ヒタルハ當然ナリ保證金ノコトハ現行法ニ於テモ疏明ニ代ヘテ之ヲ用ヒルコトヲ許シタル故ニ（假差押ノ申請ニ關スル第七百四十一條第二項參照）之レ亦當然ナリ唯疏明ノ場合ニ於ケル一般ノ方法トシテ保證金ノ供託ヲ認メタルコトハ其ノ便宜ナルヤ勿論ニシテ（判事除斥又ハ忌避ノ原因ノ疏明、證言拒絶ノ理由ノ疏明、鑑定人忌避ノ事由ノ疏明、假差押又ハ假處分ノ申請ノ理由ノ疏明等一般的ニ適用セラル）其ノ一段ノ進歩タルヤ明ナリ

## 第二款　證人喚問

參　照　第百七十三條　國務大臣、宮內大臣、樞密院議長、樞密院副議長、樞密顧問官、會計檢査院長、元帥、參謀總長海軍軍令部長、教育總監若ハ軍事參議官又ハ此等ノ職ニ在リタル者ヲ證人トシテ職務上ノ秘密ニ付訊問スル場合ニ於テハ裁判所ハ勅許ヲ得ルコトヲ要ス

現行法ハ官吏公吏ニ付廣ク職務上默秘スヘキ義務アル事項ニ付證人トシテ訊問ヲ爲スニ付テ

ハ所屬廳ノ許可ヲ得ヘキモノトセリ（第二百九十條）新法亦之ニ同シ（第二百七十二條）尚新法ハ貴族院若ハ衆議院ノ議員ニ付テハ同シク其ノ院ノ承認ヲ得ルコトヲ要スルモノトシ此ノ點ニ於テ現行法ニ比シ擴張セラレタリ右ノ許可ニ關シ現行法ハ證言カ國家ノ安寧ヲ害スル虞アルトキニ限リ之ヲ拒ムコトヲ得ルモノトシタルニ新法ハ此ノ規定ヲ廢シタルカ爲監督官廳ハ理由ノ明示ナク無制限ニ之カ訊問ヲ拒ムコトヲ得ヘキモノト爲レリ之ヲ刑事訴訟法ノ規定ニ參照スルニ同法第百八十五條但書ニ於テ當該監督官廳ハ帝國ノ安寧ヲ害スル場合ハ其ノ承認ヲ拒ムコトヲ得ルモノトシタリ民事訴訟ト刑事訴訟トニ於テ特ニ此ノ區別ヲ置キタルハ個人ノ利益ト公益トヲ標準トシタルモノト見サルヘカラスト雖等シク國家ノ司法事務ニ於テ斯ノ如キ區別ヲ置キタルハ較奇怪ナラストセス況ンヤ現行法ニ於テ既ニ其ノ法文ヲ存シタルヲ殊更ニ之ヲ削除シタルニ於テヲヤ斯ノ如クナルトキハ官吏又ハ公吏ヲ證人トシテ訊問スル場合ニ於テハ常ニ秘密ヲ理由トシテ其ノ承認ヲ拒絕セラルル弊害ヲ助長スルナキカ之レ實際上頗ル考慮スヘキ問題タリ勅許ヲ受クヘキ範圍ニ付テモ現行法ハ各大臣ノミナリシニ新法ハ之ヲ擴張シテ樞密院議長、同副議長、同顧問官、會計檢查院長、元帥、參議總長、海軍軍令部長、教育總監及軍事參議官ニ迄及ホセリ此等ハ親任官ノ職ニ在ルヘキモ其ノ單ニ親任官タルカ爲ニ非サルハ勿論ナリ官制上ノ親任官ハ此ノ他尚多ケレハナリ之レ寧ロ天皇直屬ノ官職タルニ依ルモノナルヘシ而シテ之レ既ニ刑事訴訟法ニ於テモ認メタル所ニシテ同一ノ理論ニ出テタルモノナリ（刑事訴訟法第百八十五條第二項參照）帝國議會議員ニ付テハ刑事訴訟法中ニ此ノ制限ナク特ニ民事訴訟法ノミニ此ノ規定ヲ置キタルハ亦民事ト刑事上トニ於テ輕重ヲ附シタルモノナルヘキモ果シテ適當ナリヤ況ンヤ議會閉會中ニ在ツテ其ノ院ノ承認ヲ得ルノ道ヲ開カサルニ於テハ裁判所ハ遂ニ議會閉會ニ至ル迄事件ノ審理ヲ中止セサルヘカラサルニ至ルヘク當事者ノ迷惑ハ少カラサルモノアルヘキニ於テヲヤ

參照　第二百八十條　證言カ證人又ハ左ニ掲クル者ノ刑事上ノ訴追又ハ處罰ヲ招ク虞アル事項ニ關スルトキハ證人ハ證言ヲ拒ムコトヲ得證言カ此等ノ者ノ恥辱ニ歸スヘキ事項ニ關スルトキ亦同シ

一　證人ノ配偶者四親等内ノ血族若クハ三親等内ノ姻族又ハ證人ノ家ノ戸主但シ親族ニ付テハ親族關係カ止ミタル後亦同シ

二　證人ノ後見人又ハ證人ノ後見ヲ受クル者

三　證人カ主人トシテ仕フル者

第二百八十一條　左ノ場合ニ於テハ證人ハ證言ヲ拒ムコトヲ得

一　第二百七十二條乃至第二百七十四條ノ場合

二　醫師、齒科醫師、藥劑師、藥種商、産婆、辯護士、辯理士、辯護人、公證人、宗教又ハ禱祀ノ職ニ在ル者

又ハ此等ノ職ニ在リタル者カ職務上知リタル事實ニシテ默祕スヘキモノニ付訊問ヲ受クルトキ

三　技術又ハ職業ノ秘密ニ關スル事項ニ付訊問ヲ受クルトキ

前項ノ規定ハ證人カ默祕ノ義務ヲ免セラレタル場合ニハ之ヲ適用セス

證言ヲ拒絶スル權利ハ現行法第二百九十七條ニ規定スル所ニシテ當事者ト親族被後見人同居人雇人等ノ關係ニ在ル者ハ絶對的證言拒絶ノ權利ヲ有シタリ新法ハ之ヲ改メ此等ノ者ト雖絶對的證言拒絶ノ權利ヲ認メサルコトトシタリ而シテ單ニ證人又ハ證人ト此等ノ關係アル者ニ刑事上ノ訴追又ハ處罰ヲ招ク虞アル事項ニ關スルトキ及此等ノ者ノ恥辱ニ歸スヘキ事項ニ關スルトキニ限リ拒絶ノ權利ヲ認メタリ之レ現行法第二百九十八條第三號第四號ニ該當シ官吏公吏又ハ醫士、藥商、穩婆、辯護士、公證人、神職、僧侶等ノ默秘スヘキ事項並技術若ハ職業ノ秘密ニ屬スル事項等ニ付證言ヲ拒絶スルコトヲ認メタルト同一權類ニ屬セリ即新法ハ絶對的證言拒絶ノ場合ヲ認メス何レモ相對的ノモノト爲シタリ證言拒絶ノ範圍ヲ廣クスルコトハ事實發見ノ爲ニ妨ト爲ルヘキカ故ニ勉メテ之ヲ挾少ノ範圍ニ止ムルコトハ立法上適當ノ策ナリ各人ハ國家ノ事務ニ助力スヘキ犧牲的義務ヲ有スルコト當然ニシテ私利又ハ感情ノ爲ニ濫リニ證言ヲ拒ムコトヲ許スヘカラス訴訟事件ニ付證人トシテ申請シタル爲裁判所ニ出頭セサルヘカラサルニ至リタルコトヲ怒リ擧證當事者ニ對シ餘憤ヲ漏ラスカ如キハ往々見ル所ナリト雖之レ甚シク不當ナリト言ハサルヘカラス新法カ證言拒絕ノ範圍ヲ縮少シタルハ相當ナル改正ナリ此等ノ者ト雖證言ヲ拒マサルトキハ宣誓ヲ爲サシメスシテ訊問スルコトヲ得ルコトハ新舊法共ニ同一ナリ（新法第二百九十條舊法第三百十條）

右ノ外新法ハ自己又ハ第二百八十條所定ノ親族、雇人、後見人、被後見人、雇人等ニ著シキ利害關係アル事項ニ付訊問ヲ受クルトキハ證人ニ於テ宣誓ヲ拒ムコトヲ得ルコトヲ認メタリ（第二百九十一條）之レ舊法ニモ存スル規定ナリト雖（第二百九十八條第四號）舊法ハ之ニ證言ヲ拒ム權利ヲ認メタルニ反シ新法ハ單ニ宣誓ヲ拒ム權利ヲ與ヘタルニ過キス即此ノ場合ニ於テハ證人ハ證言ヲ拒ムコトヲ得スシテ單ニ宣誓ヲ爲スコトヲ拒ムヲ得ルニ過キス之レ舊法ニ認メサル制度ニシテ新法特殊ノモノタリ而シテ之レ歐州各國ニモ其ノ例ナキ所ナリ宣誓ヲ拒絕スルコトヲ得ル權利ハ刑法上ノ僞證罪ノ責ヲ負ハサルノ意ニ外ナラス（刑法第百六十九條參照）宣誓ヲ拒絕シテ證言ヲ拒ムコトヲ許ササルノ制度ハ證人ニ無責任ナル陳述ヲ爲スコトヲ認ムルニ近キカ如シ之レ證言ヲ拒マサル者ニ付宣誓ヲ用ヒスシテ之ヲ訊問スルニ比シテ其ノ趣旨同一ナラサルナリ而シテ之レ證言拒絕ノ範圍ヲ縮少シタル制度ノ上ニハ重要ノ意義アルコトヲ知ラサルヘカラサルナリ宣誓ハ之ニ因リ僞證罪ノ制裁ノ伴フト否トノ岐ル丶所ナルカ故ニ宣誓ヲ爲ス者ニ付テハ之ヲ深ク腦裡ニ印セシムルノ要アルヤ勿論ナリ外國法規ニ於ケル宣誓（單ニ訴訟上ノミニ限ラス任官其ノ他行政上ノ宣誓ノ場合ニ於ケルモ同シ）ハ神ニ誓ヲ宣フルモノナルカ故ニ其ノ方式ニ於テモ自ラ嚴肅ナラサルヘカラス獨逸民事訴訟法ニ於ケル宣誓ノ辭ハ「予ハ全智全能ナル神ノ前ニ誓フ」ナル言ヲ以テ始メ「之レ眞實ニシテ神ハ我チ保護セン」ト結フヘキモノトシ宣誓者ハ右手ヲ扛クヘキモノトセリ（同法第四百八十一條、第四百八十二條）我宣誓ハ其ノ宣誓ノ辭ニ明白ナル如ク自己ノ良心ニ訴ヘ眞實ヲ述フヘキコトチ誓フニ過キスシテ單ナル保證書ニ過キサルモノナリ保證書チ提出スルノ手續ヲ特ニ嚴肅ニスルノ要何レニ在リヤ法廷內ノ手續ハ悉ク眞摯嚴肅ヲ要ス特ニ此ノ手續ニ限ラサルヘシ新法第二百八十六條ニハ「宣誓ハ起立シテ嚴肅ニ之ヲ行フコトヲ要ス」ト規定シタルモ訊問ヲ受クヘキ者ハ常ニ起立スルカ故ニ特ニ起立スルコトヲ示スノ要ナキカ如シ或ハ裁判官其ノ他訴訟關係者ノ總テカ起立スヘキコトヲ意味スルモノナリトセハ此ノ文字ハ不十分ナリ宣誓ハ宣誓者ノ爲スモノニシテ裁判官等ノ爲スモノニ非サレハナリ或ハ之ヲ「宣誓ノ式ハ起立シテ云々」ト改ムルトキハ較明白ト爲ルヘシ傍聽人ノ如キハ此ノ規定ニ基キ起立スヘキ義務ナキコト勿論ナリト雖裁判長ハ裁判所構成法ニ基キ法廷内ニ於ケル秩序ノ維持ヲ爲スヘキ權限ヲ有スルカ故ニ(裁判所構成法第百八條)傍聽者ニ對シ起立ヲ命スルコトヲ得ヘシ之レ法律カ嚴肅ニ行フヘキコトヲ裁判長ニ命シタレハナリ唯刑事訴訟法ニハ宣誓ノ式ニ關シ「裁判長ハ起立シテ宣誓書ヲ朗讀シ證人ヲシテ之ニ署名捺印セシムヘシ」トノミ規定シ(同法百九十八條第三項)特ニ嚴肅ナル旨ヲ規定スルコトナキニ民事訴訟法ノミ獨リ嚴肅タルヘキコトヲ規定スルハ立法ノ體裁上宜シキヲ得タルモノニ非サルヘシ

參照 (舊) 第三百三條 原告若クハ被告ハ相手方ト相手方ノ證人トノ間ニ第二百九十七條第一號乃至第三號ノ關係アルトキハ其證人ヲ忌避スルコトヲ得

新法ハ證人忌避ニ關スル規定ヲ廢シタリ

證人カ當事者ト親族後見人同居人又ハ雇人等ノ關係アル場合ニ在ツテハ證人ニ於テ其ノ證言ヲ拒ムコトヲ得ト雖若シ證人カ自ラ證言ヲ爲スコトヲ拒絶セサルトキハ宣誓ヲ爲サシメタル上訊問ヲ爲スコトヲ得ヘキハ現行法ノ制度ナリ自由心證(Freie Beweiswuerdigung)ノ原則ニ立ツ民事訴訟法ニ在ツテハ其ノ宣誓ヲ爲スト否トハ擧證ノ上ノ效果ニ左ノミ差異ナキカ如キモ之レ單ニ一遍ノ理論ニ過キス宣誓シタル上證言ヲ爲シタル上ハ其ノ裁判官ノ心證ノ上ニ多大

ノ信憑力ヲ生スヘキカ故ニ之ヲ相手方ヨリ見タルトキハ斯ノ如キ無責任ナル陳述ノ裁判官ノ耳ニ入ルコトヲ避クルコト事實判斷ノ上ニ好結果アルヘシト信スルコト當然ナリ玆ニ於テカ證人忌避ノ制度生ス今之ヲ廢スルトキハ相手方ニ甚シキ不安ヲ釀サシムヘク頗不利ナル規定タルヘシ證據採集ノ途擴張シ殊ニ職權ヲ以テ證據調ヲ爲スコトヲ認メタル新法ニ在ツテハ固ヨリ當然ナルヘキモ必シモ可ナリトハ信シ難シ若シ忌避ノ制度ヲ廢ストハ少クトモ親族其ノ他特殊ノ關係ニ在ル者ニ在ツテハ必スヤ宣誓ヲ爲サシメスシテ之ヲ訊問スルコトヲ要スト爲サレハ不可ナリ單ニ宣誓ヲ爲サシメサルコトヲ得ルノミニテハ十分ナラサルナリ（新法第二百九十條參照）勿論此等ノ者ヲシテ宣誓ヲ爲サシメス從ツテ刑法上僞證罪ノ制裁ヲ受クル虞ナクシテ證言セシムルハ最モ危險ナルカ如キモ同時ニ亦裁判官ハ宣誓ナキ證言トシテノ價値ヲ之ニ拂フヘキカ故ニ憂フルカ如キ危險ハナカルヘシ之ヲ宣誓セシメタル上裁判官ノ心證上ニ多大ノ價値ヲ與フルニ比スレハ其ノ害ハ却ツテ少カルヘシ立法者ハ濫リニ證人ヲ忌避シ事實ノ眞相ノ發見ニ妨害ヲ加フヘキカ如キヲ懸念シテ忌避ノ制度ヲ廢シタルモ其ノ可ナルヲ知ラス況ンヤ新法ハ證言拒絶ニ關スル規定ニ一大改正ヲ加ヘ親族、後見、保佐、雇傭等ノ關係ニ在ルノミヲ以テ證言拒絶ノ理由ト爲サス更ニ此等ノ者ヲシテ一定ノ場合ニ該當スルニ非サレハ證言ヲ拒絶シ得サルモノトシ拒絶ノ權利ニ非常ニ制限ヲ加ヘタルニ於テヲヤ要スルニ新法ハ證言拒絶ノ權利ヲ制限シタル主義ニ基キ遂ニ忌避ノ制度モ廢止シタルモノナルヘケレトモ民事訴訟ニ於テ證人ノ僞證ハ頻繁ニ行ハルルノ現況ニシテ之カ實行上ニハ頗ル注意ヲ要スヘキモノアルヲ信スルモノナリ尚新法ハ鑑定人ニ關スル忌避ニ關シ廣ク「誠實ニ鑑定ヲ爲スコトヲ妨クヘキ事情アル場合」ニ付之ヲ認メタルハ最モ機宜ニ適シタル改正ニシテ現行法カ親族、後見、保佐又ハ雇傭ノ關係アル者ノミニ限リタルハ狹キニ失セリ

## 第三款　鑑　定

參　照　第三百十條　裁判所必要アリト認ムルトキハ官廳若ハ公署外國ノ官廳若ハ公署又ハ相當ノ設備アル法人ニ鑑定ヲ囑託スルコトヲ得此ノ場合ニテハ宣誓ニ關スル規定ヲ除クノ外本款ノ規定ヲ準用ス
前項ノ場合ニ於テ裁判所必要アリト認ムルトキハ官廳公署又ハ法人ノ指定シタル者ヲシテ鑑定書ノ説明ヲ爲サシムルコトヲ得

鑑定ニ關スル規定ニ依レハ鑑定人タルヘキ者ハ宣誓ヲ爲シタル上其ノ鑑定事項ニ付訊問ヲ受クヘキモノナルカ故ニ其ノ點證人ト選フ所ナシ單ニ官公署又ハ法人トシテハ鑑定ヲ爲スコトヲ得ス必スヤ官吏公吏又ハ法人ノ役員若ハ技術員ヲ訊問セサルヘカラス而モ之レ不便ナル場合多

シ何トナレハ深遠ナル專門ノ學術ニ關スルモノニ付テハ多クノ施設ヲ利用シ多クノ補助者ヲ使用シテ始メテ之ヲ鑑定シ得ヘキ場合少カラサレハナリ之ヲ官廳若ハ公署又ハ一定ノ法人ニ於テ調査セシメ其ノ結果ヲ提供セシムルコトヲ得ハ其ノ便利ナルヤ論ヲ俟タス而モ官廳若ハ公署ノ調査ニ係ル以上其ノ個人ノ宣誓上ノ鑑定以上ニ信用ヲ拂フニ値スルヤ勿論ナリ而シテ之カ調査ニ付一々鑑定人ヲ裁判所ニ喚問スルノ煩ヲ省クコトヲ得ヘク時間ト費用トニ於テ節約ヲ得ヘク何レノ點ヨリスルモ其ノ不可ナルヲ知ラス否新法カ此ノ規定ヲ設ケタルハ著キ改善タルヲ失ハス唯官公署及法人ノ外私人ノ經營ニ係ル一ノ施設（Institut）ニ於テモ尚且十分ノ鑑定能力アルモノアルヘク之ヲ法人ニ限ルノ要ナキカ如シ例ヘハ某研究所又ハ某病院ト稱スルモノノ如キ法人ニモ非ス又ハ官公署ニ非スシテ多クノ技術者ヲ使用シテ專門的研究又ハ職務ニ從事スルモノノ如キハ之ヲ其ノ設立者トシテニ非ス又技術者トシテニ非ス之ヲ一ノ私人施設（Privatinstitut）トシテ調査ヲ爲サシムルノ要アルヘシ

## 第四款　證　書

參照　第三百十四條　裁判所カ文書提出ノ申立ヲ理由アリト認メタルトキハ決定ヲ以テ文書ノ所持者ニ對シ其

ノ提出ヲ命ス

第三者ニ對シ文書ノ提出ヲ命スル場合ニ於テハ其ノ第三者ヲ審訊スルコトヲ要ス

第三者ノ所持スル證書提出ノ義務ニ關スル現行法ノ規定ニ付テハ多ク分明ナラサルモノアルカ如シ第三百四十三條ニハ「第三者ハ擧證者ノ相手方ニ於ケルト同一ナル理由ニ因リ證書ヲ提出スル義務アリ」トシ而モ其ノ後段ニ於テ「然レトモ强テ證書ヲ提出セシムルコトハ訴ヲ以テノミ之ヲ爲スコトヲ得」ト規定シ其ノ證書提出ニ付テモ「證書ニ依リ證スヘキ事實ノ重要ニシテ且其ノ申立カ前條ノ規定ニ適スルトキハ裁判所ハ證書提出ノ期間ヲ定ムヘシ」ト定メ（第三百四十五條第一項）而シテ當事者ハ此ノ期間内ニ訴訟ヲ提起シ判決ヲ得テ强制執行ヲ爲スモノノ如ク解セラレタリ而シテ受訴裁判所ハ當事者ノ爲ニ期間ヲ定ムル外當事者カ强制執行ニ因リ證書ヲ取上ケ之ヲ裁判所ニ提出スルヲ待ツヘキモノトセリ而モ之レ恐ラクハ法律ノ精神ニ合セサルヘシ此ノ場合ニ於テハ裁判官ハ證書カ第三者ノ手ニ存スルコトヲ認ムヘキ事情アリヤ否第三者カ證書提出ノ義務アリヤ否（現行法第三百三十八條參照）ヲ調査シ擧證者ノ申立ヲ至當トスルトキハ證據決定ヲ以テ第三者ニ證書提出ノ命令ヲ發スヘキヲ手續ノ順序トス直ニ證書提出ノ期間ヲ定メ任意又ハ强制ノ方法ニ依リ當事者カ第三者ヨリ證書ヲ得テ之ヲ裁判所ニ提出ス

ルヲ待ツヘキニ非ス第三者ニ對スル證書提出ノ命令ハ裁判所ニ於テ之ヲ第三者ニ送達スヘキコトハ第四百五十七條第二項ニ（前略）證書ヲ提出スル義務アリト宣言ヲ受ケタル第三者ヨリ抗告ヲ爲スト キハ口頭ヲ以テ之ヲ爲スコトヲ得トアルニ因リ明白ナリ法文中義務アリト宣言ヲ受ケタル第三者トアルモ單ニ義務アルコトヲ宣言スルノミニ非サルヘク提出ノ命令ヲ發スヘキモノト解スヘシ而モ此ノ命令ハ强制執行ノ效力ナク强テ之ヲ提出セシムルハ訴ヲ以テスル外ナキモノナリ而シテ之カ爲相當ノ期間ヲ定ムヘキモノトス新法ハ此ノ點ニ關シ明白ニ「裁判所カ文書提出ノ申立ヲ理由アリト認メタルトキハ決定ヲ以テ文書ノ所持者ニ其ノ提出ヲ命ス第三者ニ對シ文書ノ提出ヲ命スル場合ニ於テハ其ノ第三者ヲ審訊スルコトヲ要ス」（新法第三百十四條）ト定メタルカ故ニ第三者ニ對シ提出ノ命令ヲ發スヘキコト疑ナキニ至レリ而シテ此ノ命令ニ從ハサルトキハ第三者ハ五百圓以下ノ過料ニ處セラルヘシ（第三百十八條）而モ尚且之カ提出ヲ爲ササルトキハ如何ナル手續ニ依ルヘキヤ舊法ハ訴ニ依リ强制的ニ提出セシムヘキモノト爲シタルモ新法ニハ斯ノ如キ法文ナシ然レトモ裁判所カ既ニ提出ノ命令ヲ發シタル以上其ノ裁判ハ强制力ヲ生スヘク此ノ決定ニ基キ强制執行ヲ爲シ得ヘキモノト解セサルヘカラス强制執行ハ第五百五十九條ニ從ヒ「抗告ヲ以テノミ不服ヲ申立ツルコトヲ得ル裁判」ニ付テモ之ヲ爲

スコトヲ得ヘキモノナレハナリ而シテ之レ證據法上ニ於ケル一大革新タリ此ノ理由ヨリスルトキハ當事者カ證書ヲ提出スヘキ義務ニ從ハサルトキハ亦强制執行ヲ爲スコトヲ得ヘク第三百十六條ニ「當事者カ文書提出ノ命ニ從ハサルトキハ裁判所ハ文書ニ關スル相手方ノ主張ヲ眞實ト認ムルコトヲ得」トアルハ其ノ不提出ノ場合ニ於ケル效果ノ一面ヲ示シタルニ過キサルモノト解スヘシ之レ較疑ナキニ非スト雖法文ハ斯ノ如ク解セサルヘカラサルナリ

## 第五款　檢　證

參　照　第三百三十五條　第三百十一條、第三百十四條乃至第三百十七條及第三百十九條乃至三百二十一條ノ規定ハ檢證ノ目的ノ提示又ハ送付ニ之ヲ準用ス
第三者カ正當ノ事由ナクシテ前項ノ規定ニ依ル提示ノ命ニ從ハサルトキハ裁判所ハ決定ヲ以テ五百圓以下ノ過料ニ處ス此ノ決定ニ對シテハ即時抗告ヲ爲スコトヲ得

之レ書證ノ提出等ニ關スル規定ヲ檢證ニ準用スルモノニシテ固ヨリ相當ナリ檢證ノ目的物ノ提出ニ付テハ之ヲ書證ト同一ニ取扱フヘキコト當然ナルニ拘ラス現行法ニハ其ノ規定ヲ缺クリ墺太利民事訴訟法ハ當事者ノ占有ニ屬スル物件又ハ官公署若ハ公證人ノ保管中ニ在ル物件ヲ檢證スヘキ場合ニ付テノ規定ヲ有スルモ第三者ノ占有中ニ在ル物件ノ檢證ニ付テハ規定ヲ有セス

新法ハ此ノ點ニ關シ完備セリト言フヘシ



## 第六款　當事者訊問

参照　第三百三十六條　裁判所カ證據調ニ依リテ心證ヲ得ルコト能ハサルトキハ申立ニ因リ又ハ職權ヲ以テ當事者本人ヲ訊問スルコトヲ得此ノ場合ニ於テハ當事者ヲシテ宣誓ヲ爲サシムルコトヲ得

當事者ハ口頭辯論ニ於テ眞實ヲ述フヘキ義務アリヤハ民事訴訟政策ニ於ケル從來ノ懸案タリ

余ハ曩ニ拙著民事訴訟法論ニ於テ左ノ如ク論シタリ

當事者ハ口頭辯論ニ於テ眞實ヲ陳述スル義務（Wahrheitpfricht）アルヤ否ハ疑ノ存スル所ナリ當事者カ虚僞ノ陳述ヲ爲シタルカ爲ニ無益ノ費用ヲ生シタルトキハ其ノ訴訟ノ勝敗ニ拘ラス訴訟費用ノ負擔ヲ爲ササルヘカラサルコトハ明ナリト雖（第七十六條）單ニ之ノミヲ以テ眞實ノ陳述ヲ爲スヘキ義務アリト言フコトヲ得サルカ如シ墺太利國ニ在ツテハ辯論ニ於テ虚僞ノ陳述ヲ爲シタル者ニ秩序罰ヲ科スヘシトノ論立法者間ニ出テタルコトアレトモ未タ之カ實現ニ至ラス訴訟ハ一ノ爭鬪ナリト雖厚顔無恥ノ輩ハ徒ラニ法廷ニ於テ事實ヲ否認シ又ハ虚僞ノ陳述ヲ爲シテ事實ノ眞相ヲ隱蔽シ訴訟ノ審判ヲ遲延セシムルノ弊ハ夙ニ民事訴訟法規

ヲ議スル者ノ認ムル所ナリ而モ未タ之ヲ成法上ニ實現シタルモノ之ナキカ如シ歐羅巴各國ニ在ツテハ事實ノ眞否ニ付當事者ニ宣誓（Parteieid）ヲ命スルコトヲ得ヘキ規定ヲ存シ（獨逸訴訟法第四百五條以下墺太利訴訟法第三百七十七條以下等參照）其ノ宣誓ニ虛僞ノ存シタルトキハ之ヲ刑法ニ依リ重罪ヲ以テ處罰スヘキモノト爲シタリ我邦ニ在ツテモ被告カ故意ニ原告ノ主張ヲ否認シ其ノ請求ヲ拒否シタルトキハ刑法第二百四十六條第二項ニ從ヒ詐欺罪ヲ以テ律スヘキモノナリト論スル者ナキニ非スト雖未タ理論上容易ニ之ヲ首肯スルコトヲ得サルノミナラス實例ニ於テ未タ之ナキ所ナリ民事訴訟ニ於テ眞實ノ陳述ヲ爲スヘキ當事者ノ義務ニ付テハ立法上頗考慮ヲ要スヘキ問題ナリト謂フヘシ但シ惡意又ハ重過失ヲ以テ公正證書又ハ私署證書ノ僞造變造ナルコトヲ眞實ニ反キテ主張シタル原告若ハ被告ハ過料ニ處スヘキコトヲ定メタリ（第三五五條）之レ獨逸及墺太利法中ニモ其ノ例ナキ所タリ云々

當事者ハ國家ノ機關タル裁判所ニ依リ其ノ權利ノ保護ヲ求ムルモノナルカ故ニ己レ自ラ虛構ノ事實ヲ述ヘテ以テ國家ノ機關ヲ煩ハスカ如キハ其ノ不都合ナルヤ勿論ナリ即當事者ハ其ノ原告タルト被告タルトニ拘ラス其ノ主張ニ付虛僞アルコトヲ許スヘカラス權謀術數ヲ用ヒテ爭ヲ爲スコトハ既ニ士人ノ爭ニ非サルナリ況ンヤ國家機關ヲ介スルヲヤ既ニ然ラハ其ノ陳述

ハ眞實ニ出ツヘキヤ當然ニシテ之ヲ當事者ノ義務トスヘク此ノ義務ニ違背シタルトキハ相當ノ制裁ヲ用ヒルモ決シテ不可ナラス之レ卽眞實義務（Wahrheitpfricht）ノ生スル所以ナリ此ノ意味ヨリスレハ當事者ノ陳述ハ其ノ宣誓ヲ爲シタルト否トニ拘ラサルコト勿論ニシテ新法カ宣誓ノ上ノ陳述ニ限リ過料ノ制裁ヲ付シタルハ（第三百三十九條）寧ロ不合理タリ之レ一面ニ於テ宣誓ヲ爲サヽル當事者ノ陳述ハ虛僞ノ陳述タルコトヲ許シタルニ類セリ當事者ノ虛僞ノ陳述ニ對シテハ一般的ニ過料ノ制裁ヲ付スルコト寧ロ合理的ナリ要スルニ新法カ本人宣誓ノ制度ヲ用ヒタルハ歐羅巴ノ法律ヲ模倣シタルニ過キサルノミ而モ宣誓ノ意義既ニ彼我同一ナラス徒ラニ形式ヲ踏襲スルモ其ノ實益果シテ如何況ンヤ宣誓上ノ陳述ニ付テハ彼ハ法定證據力ヲ付シ我ハ單ニ裁判官ノ心證ノ一資料トシテ信否其ノ自由ナルニ於テヲヤ

當事者ノ陳述ハ其ノ自己ノ實驗ヲ裁判所ニ提供スルモノナリトノ意味ヨリスルトキハ一ノ證言タリ而シテ證人ノ陳述ト全ク其ノ性質ヲ同フス故ニ之ニ宣誓ヲ命シタル上訊問スルハ證人ヲ訊問スルト同一ニシテ之ヲ自由心證ノ資料トスルハ當然ナルカ如キモ若シ果シテ然リトセハ當事者ノ宣誓ナキ陳述ト雖之ヲ證據トシテ採用スルコトヲ得セシメサルヘカラス現行法ニ於ケル本人訊問ノ規定ハ此ノ理論ヲ認メタルカ如キ觀アリ（余ハ民事訴訟法論ニ於テ本人訊問ノ證據

法上ノ性質ニ付論シタルコトアリ同書第三五九頁以下參照）而モ訴訟法ニ於テ當事者ハ自ラ證據ヲ作ルコトヲ得サルコト訴訟法上ノ原則ナルカ故ニ本人ノ訊問ニ因リテ得タル所ハ他ノ證據ヲ竣タスシテ未タ之ヲ心證ノ資料ト爲スコトヲ得サルヘク單一ナル補助資料ト見ルヘキモノナリ要スルニ本人宣誓ノ性質ハ眞實義務ヲ確保スルニアリヤ而シテ所謂過料ノ制裁ハ此ノ義務違反ニ對スル責罰ナリヤ或ハ證據方法トシテノ證言タリヤハ甚不明ナリ本人ノ宣誓上ノ陳述カ裁判官ノ採否自由ノ我制度ヨリ見レハ之ヲ證據方法ト見タルモノナルヘク未タ之ニ因リ眞實義務（Wahrheitpflicht）ノ原則ヲ採用シタルモノト見ルヲ得サルヘシ

本人ノ宣誓上ノ訊問ハ補助的證據タリ第三百三十六條ノ規定ニ「裁判所カ證據調ニ依リテ心證ヲ得ルコト能ハサルトキ」云々トアルニ因リ明白ナリ草案ニ依レハ右ノ法文ハ「裁判所カ證據調ニ依リテ心證ヲ得ルコト能ハサルトキ其ノ他必要アリト認ムルトキハ」云々トアリタリ當局ハ右ノ草案ハ補助的證據方法ヲ意味スルモノナリト說明シタリト雖行文上決シテ之ヲ補助的證據方法ト見ルヘカラス即證據調ニ依リテ心證ヲ得ルコト能ハサルトキノ外其ノ他ノ必要ノ場合ニ於テ本人宣誓ヲ認メタルノ意義明白ナレハナリ玆ニ於テ帝國議會ニ於テ議論ヲ生スルニ至リ「其ノ他必要アリト認ムルトキハ」ノ文字ヲ削除シタリ他ニ何等ノ證據ヲ提出セス又何等ノ

證據調ヲ爲サスシテ直ニ本人宣誓上ノ訊問ヲ用ヒ之ヲ其ノ利益ニ判斷スルカ如キハ本人訊問ヲ以テ一ノ證言ニ依ル證據方法ト見ル限リハ其ノ不都合ナルヤ勿論ナリ之レ當事者カ訴訟上自ラ證據ヲ作ルモノナレハナリ獨逸民事訴訟法等ニ於ケル當事者宣誓ノ制度ハ斯ノ如キ制限ニ服スルコトナク我新法ト其ノ理論ニ於テ異ル所アルニ注意セサルヘカラサルナリ

## 第七款　證據保全

参　照　第三百四十四條　裁判所ハ豫メ證據調ヲ爲スニ非サレハ其ノ證據ヲ使用スルニ困難ナル事情アリト認ムルトキハ申立ニ因リ本節ノ規定ニ從ヒ證據調ヲ爲スコトヲ得

現行法ニ於テ證據保全ヲ爲スコトヲ得ヘキ證據方法ハ證人若ハ鑑定人ノ訊問又ハ檢證ニ限ラレタリ之レ其ノ範圍ノ狹キモノトシテ非難アリタル所ナリ書面ニ依ル證據ハ亦證據保全ノ方法ニ依リ豫メ之カ證據調ヲ爲スヘキ場合アルハ勿論ナリ唯新法ハ廣ク證據調ヲ爲スコトヲ得トセルカ故ニ當事者本人ノ訊問モ之ヲ爲スコトヲ得ヘキカ如シ然レトモ當事者本人ノ訊問ハ裁判所カ證據調ニ依リテ心證ヲ得ルコト能ハサルトキニ於テ之ヲ行フヘキモノナルカ故ニ（第三百三十六條）未タ何等ノ證據調ヲ爲サヽル前當事者本人ヲ訊問スルコトハ新法ノ精神ニ非スト見サルヘカラス從ッテ當事者本人ノ訊問ハ證據保全ノ方法ニ依リテ之ヲ爲スコトヲ得サルモノト

言ハサルヘカラサルナリ

# 第二章　區裁判所ノ訴訟手續

參照　第三百五十五條　被告カ反訴ヲ以テ地方裁判所ノ管轄ニ屬スル請求ヲ爲シタル場合ニ於テ相手方ノ申立アルトキハ區裁判所ハ決定ヲ以テ本訴及反訴ヲ地方裁判所ニ移送スルコトヲ要ス此場合ニ於テハ第三十二條及第三十四條ノ規定ヲ準用ス
移送ノ決定ニ對シテハ不服ヲ申立ツルコトヲ得ス

反訴ニ付テハ第二百三十九條ニ於テ口頭辯論ノ終結ニ至ル迄本訴ノ繫屬スル裁判所ニ之ヲ提起スルコトヲ得ル旨ヲ規定シ且其ノ目的タル請求カ他ノ裁判所ノ管轄ニ專屬セサルトキ及本訴ノ目的タル請求又ハ防禦方法ト牽連スルトキニ限ルコトヲ定メタリ此ノ規定ヨリ見ルトキハ反訴ハ其ノ請求カ事物ノ管轄ニ於テ異ルトキト雖專屬管轄ニ非サル限リ之ヲ提起スルコトヲ得ヘキモノト解スヘシ即地方裁判所ニ繫屬スル本訴ニ對シ區裁判所ノ管轄ニ屬スル事件ヲ以テ反訴ト爲シ又區裁判所ニ繫屬スル本訴ニ對シ地方裁判所ノ管轄ニ屬スル事件ヲ以テ反訴トスルコトヲ得ヘシ此ニ於テカ區裁判所ニ在リテハ地方裁判所ノ管轄ニ屬スル事件ト雖反訴トシテ提起スルトキハ當事者ノ合意ヲ要セスシテ其ノ管轄權ヲ生スルニ至ル之レ反訴被告タル原告トシテ

ハ比較的不利ナラストセス何トナレハ斯ノ如キ重要ナル事件ニ付テ區裁判所ノ審理ヲ受クルコトヲ强ヒラルヽニ至ルカ故ナリ依テ新法ハ此ノ場合ニ於テ反訴被告即原告ノ申立ニ因リ反訴及本訴ヲ地方裁判所ニ移送スヘキモノト定メタリ現行法ニ在ツテハ其ノ第二百條ニ於テ「訴カ管轄裁判所ニ於テ權利拘束ト爲リタルトキハ被告ハ原告ニ對シ其ノ裁判所ニ反訴ヲ起スコトヲ得然レトモ財產權上ニ非サル請求ニ係ル反訴又ハ目的物ニ付專屬管轄ノ規定アル反訴ハ若シ其ノ反訴カ本訴ナルトキ其ノ裁判所ニ於テ管轄權ヲ有スヘキ場合ニ限リ之ヲ爲スコトヲ許ス」ト規定セリ目的物ニ付專屬管轄ノ規定アル反訴ト稱スルハ土地ノ管轄ノミニ付言ヒタルモノニシテ事物ノ管轄ニ付テ言ヒタルモノニ非サルカ如シ母法タル獨逸民事訴訟法第三十三條既ニ然リ墺太利民事訴訟法亦之ト同シ當時我訴訟法中專屬管轄ヲ定メタルモノハ單ニ裁判籍即土地ノ管轄ニ限ラレ其ノ他ニ之レ無カリキ人事訴訟手續法ハ後ニ制定セラレ其ノ專屬管轄ノ規定（第一條第一項、第二十七條第一項、第三十五條等）ハ當時ノ立法者ノ想像セサリシ所ナリ殊ニ現行法第二百條ノ規定ハ地方裁判所ノ訴訟手續ニ付テ言フモノナルカ故ニ事物ノ管轄ニ付テハ固ヨリ地方裁判所ニ屬スル事件ニ付テ規定シタルモノト推測スルハ當然ニシテ之ヲ區裁判所手續ニ準用ストスルモ同シク事物ノ管轄ニ關シテハ區裁判所ノ管轄ニ屬スル事件ニ付適用アルモノト解スルハ蓋立法者ノ意ヲ得タル解釋タルヘシ今日ニ在ツテハ右ノ沿革ヲ無視シ單ニ文字ノ示ス所ノミニ依リ解釋スルカ故ニ地方裁判所ニ繫屬スル本訴ニ付區裁判所ノ管轄ニ屬スル事件ヲ反訴トシテ提起シ又ハ反對ノ場合モ之ヲ許スモノト解セラルヽカ如シ之レ曩ニ拙著民事訴訟法論ニ於テ論シタル所ナリ而シテ新法ハ此ノ解釋ヲ確定シタルモノヽ如ク遂ニ事件移送ニ關スル規定ヲモ生スルニ至レリ立法論トシテ見ルトキハ果シテ斯ノ如キ廣汎ナル範圍ノ反訴ヲ許スノ要ナキカ如ク若シ被告ニ於テ地方裁判所ノ管轄ニ屬スヘキ事件ニ付反訴ノ必要アリトセハ之ヲ獨立ノ本訴トシテ提起スルコトヲ相當トスヘク必シモ之ヲ反訴トシテ認ムルノ要ナキカ如シ況ンヤ之ヲ地方裁判所ニ移送スヘキモノトセハ更ニ事件ノ遷延ヲ生スルコトヲ思ハサルヘカラス否故ラニ此ノ目的ノ爲ニ反訴ノ提起セラルヽコトナキヲ保スヘカラス反訴ハ斯ノ如キ不利益ヲモ忍ンテ尙之ヲ許スヘキ理由ニ乏シキカ如シ而モ之レ立法論タリ新法ノ下ニ在ツテハ反訴ハ其ノ請求額ノ多寡ニ拘ラス之ヲ區裁判所ニ提起スルコトヲ得ヘク而シテ反訴被告ニシテ之ヲ區裁判所ノ審理ニ委スルコトヲ甘ンセサルトキハ本訴ト併セテ事件ヲ地方裁判所ニ移送スヘキ申立ヲ爲サヽルヘカラス之カ爲本訴ヲ遷延セシムルモ原告ハ尙之ヲ忍ハサルヘカラスシテ其ノ迷惑タルヤ察スヘキナリ

立法ノ當否ハ暫ク措キ立法者ハ反訴ニ付テハ原告ノ爲尚右ノ如キ便宜法ヲ設ケタルニ拘ラス先決訴訟ニ關スル訴ノ擴張ニ付被告ニ對シ何等便宜ノ規定ヲ設ケサルハ不公平ノ譏ヲ免レサルカ如シ新法第二百三十四條ニ曰ク「裁判カ訴訟ノ進行中ニ爭ト爲リタル法律關係ノ成立又ハ不成立ニ繫ルトキハ當事者ハ請求ヲ擴張シテ其ノ法律關係ノ確認ノ判決ヲ求ムルコトヲ得」ト之レ現行法第二百十一條ノ規定ニ匹敵スルモノニシテ所謂先決訴訟ト稱スルモノナリ若シ之ヲ區裁判所手續ニ準用スル場合ニ於テ其ノ確認ノ訴カ地方裁判所ノ管轄ニ屬スルトキハ如何法文但書ニハ「其ノ確認ノ請求カ他ノ裁判所ノ管轄ニ專屬セサルトキニ限ル」ト言フカ故ニ原告ハ自由ニ訴ノ擴張ヲ爲スコトヲ得ヘキコト被告カ反訴トシテ此ノ確認ヲ求ムル場合ニ於テ其ノ管轄ノ如何ニ拘ラサルト同一ナルヘシト雖而モ被告ハ此ノ擴張セラレタル訴ニ付事件ヲ地方裁判所ニ移送スル申立ヲ爲スコトヲ許サレサルナリ之レ一方ニ薄キモノニ非サルナキカ獨逸民事訴訟法ハ第六百五條ニ於テ此ノ場合ニ關スル規定ヲ置キタリ同條ニ曰ク「反訴若ハ訴ノ申立ノ擴張ニ因リ（第二百六十八條第二號第三號）地方裁判所ノ管轄ニ屬スル請求アリタルトキ又ハ第二百八十條ニ依リ地方裁判所ノ管轄ニ屬スル法律關係ニ付其ノ確定ノ申立アリタルトキハ當事者ノ一方カ本案ノ辯論前其ノ申立ヲ爲シタルトキニ限リ區裁判所ハ決定ヲ以テ其ノ管轄違ヲ言渡シ且

其ノ訴訟ヲ地方裁判所ニ移送スルコトヲ要ス」ト我立法者カ此ノ先例ニ注意ヲ拂ハサリシハ不詮穿ノ譏ヲ免カレサルカ如シ而シテ區裁判所ノ管轄事件ニ關シ先決判決トシテ權利確認ノ申立ヲ爲スノ例ハ原告カ建物ノ賃借料五百圓ノ請求ヲ區裁判所ニ提起シタル場合ニ於テ被告カ建物ニ付自ラ所有權アリトシテ其ノ義務ヲ爭フカ爲更ニ原告ニ於テ其ノ所有權ノ確認ノ申立ヲ爲ス場合ノ如シ其ノ他其ノ例多々アルヘシ

參照　第三百五十九條　判決ニ事實及理由ヲ記載スルニハ請求ノ趣旨及原因ノ要旨、其ノ原因ノ有無並請求ヲ排斥スル理由タル抗辯ノ要旨ヲ表示スルヲ以テ足ル

獨逸ニ在ツテハ西歷一千九百九年ノ改正法律ニ於テ區裁判所ニ於テ送達スル判決ノ正本ハ當事者カ別段ノ申立ヲ爲サザル限リハ事實及裁判ノ理由ヲ省略スヘキモノト爲シタルモ原本ニ關シテハ何等略式ヲ認メタルコトナシ(同法第四百九十六條第六項)西歷一千九百二十四年ノ改正ニハ判決ノ事實ノ指示ニ付テハ一般ニ準備書面ノ記載及辯論調書ニ明確ニシタルモノヲ引用スルコトヲ得ヘキモノトシタリ(第三百十三條第二項)之レ我訴訟法ノ認メサル所ニシテ新法第三百五十九條ニハ區裁判所ノ判決ニ付特ニ左ノ如キ規定ヲ設ケタリ

判決ニ事實及理由ヲ記載スルニハ請求ノ趣旨及原因ノ要旨、其ノ原因ノ有無並請求ヲ排斥ス

ル理由タル抗辯ノ要旨ヲ表示スルヲ以テ足ル請求ノ趣旨並請求ノ原因ノ要旨ヲ記載スルヲ以テ足ルカ故ニ事實及爭點ニ付口頭辯論ニ基キタル當事者ノ陳述ヲ記載スルノ要ナク又判決ノ理由ハ其ノ請求ノ原因ノ有無ヲ表示シ又ハ請求ヲ排斥スル理由タル抗辯ノ要旨ヲ表示スルヲ以テ足レリ之ニ因リ裁判所ノ爲シタル判斷ノ概要ヲ知リ得ヘキカ爲ナリ

原因ノ有無ヲ表示スルヲ以テ足ルカ故ニ原告ノ請求權ヲ生スル事實上ノ原因ニ付其ノ證據上ニ依ル說明ヲ爲スコトヲ必要トセス又原告ノ請求ヲ排斥スル理由タル抗辯ノ要旨ヲ表示スルヲ以テ足ルカ故ニ原告ノ請求カ時效ニ因リ消滅シタルコトヲ理由トシテ其ノ請求ヲ却下スル場合ニ於テハ單ニ時效ノ完成シタルコトヲ表示スルヲ以テ足レリ時效ノ完成シタル事實上ノ說明ヲ爲シ且之ニ如何ナル證據ニ依リテ認メタルヤヲ說明スルノ必要ナシ要スルニ判決ノ理由ニ付テハ請求ノ原因又ハ抗辯ニ付事實上ノ判斷（第百八十五條）ニ關シ說明ヲ爲スコトヲ要セサルナリ唯之カ爲ニ判決ニ理由ヲ缺クコトヲ得ス若シ夫レ全然理由ヲ缺クニ於テハ第三百九十五條第一項第六號前段ニ基キ上告ノ理由タルヘキヤ勿論ナリ之カ運用ニ付テハ相當ノ注意ヲ拂ハサルヘカラサルヲ見ルナリ

# 第三篇 上訴

## 第一章 控訴

参照　第三百六十條　控訴ハ第一審ノ終局判決ニ對シテ之ヲ爲スコトヲ得但シ當事者雙方共ニ控訴ヲ爲ササル旨ノ合意ヲ爲シタルトキハ此ノ限ニ在ラス
前項ノ合意ハ上告ヲ爲ス權利ヲ留保シテ之ヲ爲スコトヲ得
第二十五條第二項ノ規定ハ第一項ノ合意ニ之ヲ準用ス

當事者雙方カ第一審ノ審理ヲ以テ滿足スル場合ニ在ツテハ合意ヲ以テ控訴ヲ爲ササルコトヲ約スルコトヲ得此ノ合意ハ一定ノ法律關係ニ基ク訴ニ關シ且書面ヲ以テ之ヲ爲スコトヲ要ス（第二十五條第二項）此ノ合意ハ豫メ爲スヘキモノニシテ第一審判決ノ後ニ在ツテハ此ノ合意ヲ爲スコトヲ得サルモノト見ルヘシ此ノ場合ニ於ケル合意ハ勝訴者ノ控訴權ノ拋棄ヲ意味スルモノニシテ本條ノ合意ト見ルヘキモノニ非ス而モ合意ハ訴ノ提起前タルヘキコトヲ必要トスルコトナシ其ノ後ト雖判決言渡前ナルトキハ尚之ヲ爲スコトヲ得ヘシ而シテ控訴ヲ爲ササルノ合意ハ雙方トモ其ノ拘束ヲ受クヘキモノニシテ一方ノミ控訴ヲ爲ササル旨ノ合意ハ有效ナラサルナ

リ一方ノミ控訴ヲ爲ササル旨ノ合意ハ之ヲ控訴權ノ抛棄ト見ルヘキカ如シト雖未タ判決ナク從ツテ其ノ勝敗未定ニシテ控訴權ノ何レニ生スヘキヤ分明ナラサル以前ニ在ツテハ之ヲ抛棄スルコトヲ許スヘカラス之レ第三百六十五條ニ「控訴權ノ抛棄ハ控訴提起前ニ在リテハ第一審裁判所、控訴提起後ニ在リテハ控訴裁判所ニ對スル申述ニ依リテ之ヲ爲スコトヲ要ス」トアルニ依ルモ自ラ明瞭ナルヘシ判決前ニ於テ豫メ控訴權ヲ抛棄スルコトヲ許サヽル理由ナシトノ論ナキニ非サルヘシト雖少クモ法文ノ意ハ之ヲ許サヽルモノト解スルノ外ナシ此ノ點ニ關スル現行法ノ解釋ニ付テハ拙著民事訴訟法論ニ於テ之ヲ論述シタリ

控訴ヲ爲ササル旨ノ合意アリタルトキハ事件ハ第一審ニシテ終審ト爲ルヘク言渡ヲ以テ確定スヘシ而モ上告ヲ爲ス權利ヲ留保シタル場合ニ在ツテハ第一審判決ニ對シテ直ニ上告ヲ爲スコトヲ得ヘキモノトス(第三百九十三條第二項)上告ノ權利ヲ留保スルコトハ特ニ其ノ事ヲ明約スルコトヲ要スヘク何等明言ヲ爲サスシテ控訴ヲ爲ササル合意ヲ爲シタルトキハ事件ハ第一審判決ヲ以テ確定スヘシ

新法ハ控訴ヲ爲ササル合意ハ之ヲ認ムルモ上告ヲ爲ササル合意ハ之ヲ認ムルコトナシ上告ヲ爲ササル合意ヲ爲スモ上告權ノ抛棄ニ非サル限リハ其ノ合意ハ無效ト見ルヘシ控訴ト上告トノ

間ニ此ノ區別ヲ置キタル立法者ノ意思ハ如何蓋シ法律解釋ノ統一ハ當事者ノ利益タルヨリ國家ノ利益ニ關スルモノ多キモノアリト見タルニ依ルモノト解スヘシ

控訴ヲ爲ササル合意ヲ認メタル立法者ノ意ハ當事者ニ於テ第一審判決ヲ以テ滿足スル限リ其ノ合意ノ效力ヲ認ムルモ差支ナシト云フニ在ルヘシト雖一ハ事件ノ終局ヲ迅速ナラシムルノ趣旨ニ出テタル政策タルヤ明ナリ而シテ合意ハ當事者ノ意思ニ出ツルモノナルカ故ニ之ヲ認ムルモ毫モ差支ナシト見タルナルヘシ之レ爭ニ關シ司法裁判所ノ裁判ヲ受クル權利ヲ拋棄シテ仲裁判斷ニ付スルコトヲ合意スルコトヲ認メタル現行法ノ趣旨ト大差ナク(第七百八十條以下)其ノ自由意思ヲ尊重スルノ點ハ之ヲ諒トスヘキモ而モ一面ヨリ見レハ其ノ弊ノ伴フモノアルコトヲ認メサルヘカラス控訴ヲ爲ササルノ合意ハ當事者ノ任意ニ出ツルモノナリト言フハ理論ニ過キス實際ノ事情ヨリセハ必シモ任意ニ出ツルモノト見難キ場合多カルヘシ裁判所ノ管轄ニ付テノ合意ノ如キモ實際ヨリ見ルトキハ權利者ノ便宜ノ爲ニ豫メ合意スル場合多ク而シテ此ノ場合義務者ノ地位ニ在ル者ハ之ヲ拒絶スルノ力ニ乏シキ場合少カラス斯ノ如クシテ濫リニ權利保護ヲ目的トスル制度ノ恩典ヲ拋棄スルニ至ル場合アリトセハ之レ誠ニ由々シキ大事タリ徒ラニ事件ノ終局ヲ急クニノミ熱中シテ弱者ノ利益ヲ害スルカ如キ虞アル立法ハ頗ル考慮セサルヘカラ

ス勿論此ノ合意ハ雙方ヲ拘束スルモノニシテ一方ノミノ控訴ヲ制限スルニ非サルカ故ニ其ノ弊少カルヘシトノコトモ一理ナキニ非サルモ常ニ弱者カ虐ケラルヽノ實況ニ鑑ミルトキハ通例權利者ノミ獨リ此ノ利益ヲ受クヘク義務者ハ常ニ不利ナルヲ免レサルヘシ上告ノ權利ヲ留保スルコトヲ許ストスルモ區裁判所事件ノ如キ之ヲ全國唯一ノ大審院ニ上告スルカ如キハ日時ト費用トニ於テ忍ヒ難キコト多カルヘク實際ハ有名無實ニ歸スヘキコトヲ思ハサルヘカラス此ノ條文ハ削除ノ意見出テタルモ議會ニ於テ之ヲ承認シテ通過シタリ

參　照　第三百六十六條　控訴ハ判決ノ送達アリタル日ヨリ二週間內ニ之ヲ提起スルコトヲ要ス但シ其ノ期間前提起シタル控訴ノ效力ヲ妨ケス
前項ノ期間ハ之ヲ不變期間トス

控訴ノ期間ハ(上告期間亦同シ)二十日(即時抗告ハ十四日)ト爲セル現行法ヲ改メテ之ヲ二週間(即時抗告ハ一週間)ニ短縮シタリ之レ既ニ墺太利民事訴訟法ニ其ノ例アリ又臺灣ニ在ッテハ既ニ早クヨリ之ヲ實行セリ(臺灣民事訴訟特別規則參照)之ニ因リ幾分訴訟ノ終局ヲ迅速ナラシムルノ利益アルヤ勿論ナリ殊ニ新法ハ不變期間ニ附加セラルヘキ附加期間即里程猶豫(現行法第百六十七條)ヲ認メサルヲ原則トスルノ結果ハ判決ノ確定ハ大ニ其ノ時間ヲ短縮スヘ

シ訴訟ノ延滞ヲ防止スルノ趣旨ヨリセハ誠ニ當然ナル所ナリト雖爲ニ當事者ノ利便ノ幾分ハ制限セラレサルヲ得ス之カ爲ニ控訴狀ニハ單ニ「第一審判決ノ表示及其ノ判決ニ對シ控訴ヲ爲ス旨」ヲ記載スルニ止メ「判決ニ對シ如何ナル程度ニ於テ不服ナルヤ及判決ニ付如何ナル變更ヲ爲スヘキヤノ申立ヲ掲ケ若シ新ニ主張セントスル事實及證據方法アルトキハ其新ナル事實及證據方法ヲ掲クヘシ」トスル現行法第四百一條ノ如キ規定ヲ缺ケリ勿論一般準備書面ニ關スル規定ハ控訴狀ニ適用セラルヽコトハ新法第三百六十八條ニ規定スルモ現行法ニ比シテ自ラ輕重アリ之レ却ツテ訴訟ヲ遲延セシムルノ原因ト爲ラサルナキヤ上告狀ニ付テモ同シク「上告ノ理由」ヲ具備スルコトヲ要件トセサルカ故ニ之ヲ當事者ノ側面ヨリ見ルトキハ能ク熟慮ヲ用ヒスシテ徒ラニ上訴ヲ爲スノ弊ヲ伴フヤ勿論ナリ況ンヤ此ノ結果トシテ「上告理由」ノ提出ノ爲ニ更ニ三十日ノ期間ヲ與フルカ如キ何ノ爲ノ期間短縮ナルヤヲ疑ハシムルモノアリ新法ハ不變期間ニ里程ノ猶豫ヲ廢シタルノミニテモ既ニ此ノ日數ヲ減スヘクシテ上訴期間ハ現行法ニ比シ非常ナル短縮ト爲ルヘク著キ改正ト爲ルコトハ注意ヲ要スヘキナリ此ノ點ニ關シテハ各方面ヨリ現行法維持ノ意見出テタルモ遂ニ採用セラレスシテ議會ヲ通過シタルハ實ニ遺憾タリ（再審ノ申立ニ關スル期間ハ議會ニ於テ現行法ト同シク之ヲ三十日ト訂正シタルハ聊可ナリトスヘシ而モ彼

ト此トヲ區別シ一ヲ二週間トシ一ヲ三十日トスルノ理由ハ甚乏シキカ如シ）

参照　第三百八十二條　反訴ハ相手方ノ同意アル場合ニ限リ之ヲ提起スルコトヲ得

相手方カ異議ヲ述ヘスシテ反訴ノ本案ニ付辯論ヲ爲シタルトキハ反訴ノ提起ニ同意シタルモノト看做ス

---

控訴審ニ於テ始メテ反訴ヲ提起スルコトヲ許ストキハ其ノ反對請求ニ關シテハ第一審裁判ノ判斷ヲ經ルコト無クシテ直ニ第二審ノ判斷ヲ受クルニ至ルカ故ニ審級ノ順序ヲ踏マサル裁判ヲ認ムルニ至ルヘシトハ從來ノ非難ニシテ現行法並獨逸民事訴訟法ニ在ツテモ之ヲ認メサルモノナリ然レトモ審級ノ順序ヲ踏マサルコトハ主トシテ當事者ノ利害ニ關スルモノナルカ故ニ當事者ニシテ之ニ異議ナキトキハ之ヲ許ササル理由ナシ獨逸ニ在ツテハ控訴審ニ於テ訴ノ原因ヲ變更スルコトヲ許シタルカ故ニ（同法第五百二十七條）審級ノ順序ヲ追ハサル訴訟ハ既ニ之ヲ認メタリト謂ハサルヘカラス即審級ノ順序ヲ理由トスル從來ノ論ハ其ノ當ヲ得サルコトヲ知ルヘシ

獨逸ニ在ツテ控訴審ニ於ケル反訴ヲ認メサルハ主トシテ訴訟ノ審理ヲ錯綜セシムルコトヲ恐ル丶ニ依ルモノナリ反對債權ニ依ル相殺ノ抗辯ニ付被告カ過失ナクシテ第一審ニ主張スルコト

能ハサリシコトヲ疏明セサルトキハ此ノ抗辯ヲ却下スヘシト規定(同法第五百二十九條第二項)シタルニ依リテモ其ノ趣旨ヲ推測スルヲ得ヘシ蓋シ之カ爲ニ其ノ審理ヲ遲延スルニ至ルヘク其ノ原告ノ爲不利益ナルヤ言フヲ竢タサレハナリ現行法カ反訴ノ提起ヲ以テ答辯書差出期間內ニ制限シタルハ其ノ趣旨訴訟ノ遲延ヲ防クニ在ルヘシト雖其ノ範圍ノ狹キニ失スルコトハ立法上既ニ議論アル所ナリ

新法ハ既ニ此ノ制限ヲ撤廢シテ口頭辯論ノ終結ニ至ル迄反訴ヲ提起スルコトヲ得トセリ(第二百三十九條)之カ爲訴訟ヲ遲延スヘキ場合ヲ生セサルニ非サルヘキモ新法ニ於ケル反訴ハ本訴ノ目的タル請求又ハ防禦ノ方法ト牽連スルモノニ限ラレタルカ故ニ左ノミ遲延ヲ生スルコトナカルヘシト見タルモノナリ此ノ理由ヨリシテ控訴審ニ於テ始メテ反訴ヲ提起スルコトヲ許シ更ニ新ナル訴ヲ提起スルノ煩ヲ省キタルモノナリ唯之ヲ被告ノ意思ノミニ一任スルハ相手方ノ利益ヲ害スヘキカ故ニ特ニ原告ノ同意ヲ要スルモノト定メ尙相手方カ異議ヲ述ヘスシテ反訴ノ本案ニ付辯論ヲ爲シタルトキハ反訴ノ提起ニ同意シタルモノト看做スト規定シタルモノナリ控訴審ニ於ケル反訴ニ付テハ區裁判所ノ反訴ニ關スル第三百五十五條ノ規定ヲ適用スヘキ限ニ非ス即地方裁判所カ控訴審トシテ區裁判所ノ管轄事件ヲ審理スル場合ニ於テ被告カ地方裁判

所ノ管轄ニ屬スル事件ヲ反訴トシテ提起シタル場合ニ在ツテモ地方裁判所ハ其ノ事件ヲ完結スヘク原告ノ申立ニ因リ之ヲ控訴院ニ移送スヘキモノニ非サルナリ相殺ノ抗辯ヲ提出スルコトハ反訴ニ非サルカ故ニ此ノ規定ニ從ヒ相手方ノ同意ヲ要スルモノニ非スト謂ハサルヘカラス獨逸民事訴訟法ニ在ツテハ控訴審ニ於テ始メテ相殺ノ抗辯ヲ提出シタル場合ニ於テ相手方ノ同意ナキ限リハ過失ナクシテ第一審ニ提出スルコトヲ得サリシコトヲ疏明セサルヘカラスト爲シタルコト前述ノ如クニシテ特ニ之ヲ一般ノ抗辯ト區別シタルハ其ノ反對債權ノ存否ヲ審査スルニ付反訴ニ於ケルト同一ノ手數ヲ要スヘシト爲シタルニ依レリ相殺ハ我民法ニ在ツテハ債務消滅ノ原因タルニ過キスシテ（民法條五百五條）之カ主張ハ意思表示ニ依リテ爲スヘキモノトセルカ故ニ（民法第五百六條）相殺ノ抗辯ナルモノハ即債務消滅ノ抗辯タリ辨濟免除其ノ他債務消滅ノ抗辯ハ一般ノ規定ニ從ヒ口頭辯論ノ終結ニ至ル迄之ヲ提出スルコトヲ得ヘキカ故ニ（第百三十七條）控訴審ニ在ツテモ相手方ノ同意ヲ得ルコトナクシテ相殺ノ抗辯ヲ提出スルコトヲ得ヘキヤ勿論ナリ唯之カ爲ニ訴訟ノ遲延ヲ來スヘク而シテ反訴ノ場合ト異ニシテ原告ノ請求ト必シモ牽連シタル請求ニ非サルヘキカ故ニ之ヲ控訴審ニ於テ始メテ請求スルコトハ原告ノ爲ニハ迷惑ナキニ非スシテ立法者カ此ノ點ニ注意セサリシハ粗漏ノ譏ヲ免レサルカ如シ之ヲ反訴ニ準

スヘキモノトシタル獨逸ノ立法例ハ理論上其ノ當ヲ得タリ但シ當事者カ故意又ハ重大ナル過失ニ因リ時機ニ後レテ提出シタル攻擊又ハ防禦ノ方法ハ之カ爲訴訟ノ完結ヲ遲延セシムヘキモノト認メタルトキハ裁判所ハ申立ニ因リ又ハ職權ヲ以テ却下ノ決定ヲ爲スコトヲ得ルノ規定（第百三十九條）アルモ單ニ控訴審ニ於テ相殺ノ抗辯ヲ提出シタリトノ一事ノミニ因リテハ此ノ規定ノ適用ヲ爲スコト能ハサルヘク新法ノ缺點タルヲ免レス

參照　第三百八十八條　訴ヲ不適法トシテ却下シタル第一審判決ヲ取消ス場合ニ於テハ控訴裁判所ハ事件ヲ第一審裁判所ニ差戻スコトヲ要ス

第三百八十九條　前條ノ場合ノ外控訴裁判所カ第一審判決ヲ取消ス場合ニ於テ事件ニ付尙辯論ヲ爲ス必要アルトキハ之ヲ第一審裁判所ニ差戻スコトヲ得

第一審裁判所ニ於ケル訴訟手續カ法律ニ違背シタルコトヲ理由トシテ事件ヲ差戻ストキハ其ノ訴訟手續ハ之ニ因リテ取消サレタルモノト看做ス

控訴審ニ於テ事件ヲ第一審裁判所ニ差戻ス判決ヲ爲ス場合ハ現行法ニ於テ之ヲ義務的（Obrigatorisch）ノ場合ト任意的（Freiwillig）ノ場合トニ分テリ（第四百二十二條、第四百二十三條）新法ハ亦義務的任意的規定ヲ有スルモ其ノ內容ヲ異ニスルニ至レリ

訴ヲ不適法トシテ却下シタル第一審判決ヲ不當トスルトキハ原判決ヲ取消シ事件ヲ受理シテ

本案ノ判決ヲ爲サザルヘカラス之レ事件ヲ第一審裁判所ニ差戻ス所以ナリ不適法ト稱スルハ無訴權ノ場合訴訟能力及法定代理權ノ欠缺等其ノ主ナルモノニシテ現行法ノ妨訴抗辯ノ事項ニ相當ス從ツテ此ノ法文ハ恰モ現行法第四百二十二條第三號ニ匹敵スルモノト言フヘシ管轄違ノ場合ニ在ツテハ新法ハ訴ヲ却下スルコトナク事件ヲ相當裁判所ニ移送スヘキカ故ニ之ニ對シ控訴ノ提起セラルヽ場合ナシ（第三十條、第三十三條）唯事件カ朝鮮臺灣關東州又ハ南洋群島等ノ裁判所ノ管轄ニ屬スル場合ニ在ツテハ之ヲ朝鮮臺灣關東州又ハ南洋群島ノ裁判所ニ移送スヘキ規定ナキカ故ニ其ノ訴ヲ却下セサルヘカラスシテ之ニ對シテ控訴ノ提起セラルヽ場合ヲ生スヘシ而シテ控訴裁判所カ此ノ判決ヲ不當ト認メタルトキハ同シク之ヲ第一審裁判所ニ差戻スヘキモノナリ而モ之レ不適法ノ訴ト稱スルコトヲ得ヘキヤ否ヤハ疑問ニシテ之ヲ第三百八十八條ニ依リ差戻スヘキヤ論ナキ能ハサルナリ

任意的規定ニ依ル差戻ノ場合ハ即第三百八十九條ナリ之ニ依リ訴カ朝鮮臺灣等ノ裁判所ノ管轄ニ屬スヘキ理由ニ因リテ却下セラレタル第一審判決ヲ取消ストキハ控訴裁判所ハ之ヲ第一審ニ差戻スコトヲ得ヘキハ勿論ナリ其ノ他第一審判決ヲ判決手續又ハ口頭辯論手續上ノ違背ノ理由ニ因リテ取消ス場合ノ如キハ更ニ適法ナル口頭辯論ヲ經ルコトヲ必要トスル場合多カルヘ

ク委任ニ欠缺アリトシテ訴ヲ却下シ又ハ保證ニ欠缺アリトシテ訴ヲ却下シタル第一審裁判ヲ取消ス場合ノ如キ亦此ノ中ニ包含スヘシ請求ノ原因ノミノ判斷ニ因リテ原告ノ請求ヲ却下シタル場合ニ於テ控訴審カ其ノ裁判ヲ取消ス場合ノ如キ亦同シ而シテ此ノ場合ハ之レ現行法第四百二十二條第四號ニ揭クル所ノモノニシテ義務的差戻ノ場合ニ相當セリ

差戻ノ判決ニ對シテハ直ニ上告ヲ爲シ得ヘキヤ否ハ從來議論ノ存シタル所ナリ而モ現行法第四百二十二條ノ場合ニ於ケル差戻ノ判決ハ中間判決ニシテ法律カ之ヲ終局判決ト看做シタリモノアリ差戻ノ言渡ノ有無ニ拘ラス獨立シテ上告ヲ爲シ得ヘキモノト解セラルヘキモ新法ニハ之ニ匹敵スル規定ナク上訴ハ必ス終局判決ニ限ラレタルカ故ニ（第三百六十條、第三百九十三條）差戻判決ニ對シテハ獨立シテ上訴ヲ許ササルモノト解セサルヘカラス之レ差戻判決ハ未タ事件ニ關スル終局ノ判斷ヲ爲シタルニ非スシテ尚進ンテ辯論及判決ヲ爲スヘキ爭點ノ存スルモノアレハナリ唯斯ノ如クナルトキハ此ノ點ニ關スル爭點ハ控訴審ノ判決ヲ以テ一應確定スルカ如キ結果ヲ生シ上告審カ之ニ異リタル判斷ヲ爲ス場合ニ於テ甚不都合ナル結果ヲ生スルコトヲ想像スルヲ得ヘシ例ヘハ訴ヲ不適法ナリトシテ第一審裁判所ニ於テ之ヲ却下シタル場合ニ於テ控訴審ニ在ツテ之ヲ適法ナリト認メタルトキハ第三百八十八條ニ從ヒ事件ヲ第一審裁判所ニ差戻スヘシ第一審裁判所ハ上級裁判所ノ此ノ判決ニ基キ更ニ訴ヲ受理シテ本案ノ審理ヲ爲スヘク而シテ此ノ判決ニ對シテ更ニ控訴ヲ經上告審ニ到リタルニ上告審ニ在ツテハ此ノ訴ヲ不適法ナリト認メタルトキハ控訴審ノ判決ヲ破毀スルニ至ルヘク結局無益ニ第一審裁判所ニ差戻シタルニ歸スヘケレハナリ即新法第三百八十八條ニ於ケル差戻ノ判決ハ其ノ當否ニ付直ニ第三審ノ判決ヲ求ムヘキモノトスルコト便利ナルヘク現行法カ此ノ場合ニ終局判決ノ效力ヲ其ノ中間判決ニ與ヘタルハ機宜ノ規定ト稱スヘキニ漫然之ヲ削除シタルハ新法ノ缺陷タリ此ノ意味ヨリ見テ寧ロ差戻ノ判決ヲ以テ終局判決ナリト解シ得ヘキ理由ヲ求ムルニ急ナルモノナリ唯終局ナル文字ハ其ノ審級ヲ離脱スルノ意味トモ見ルヘク差戻判決ハ其ノ審級ヲ離脱スル點ニ於テ他ノ終局判決ト異ルコトナキカ故ニ通常ノ中間判決カ事件ノ離脱ヲ來タササルト同性質ニ非スシテ之ニ對シテ上訴ヲ許スヘキモノナリトノ論ハ未タ首肯スルコトヲ得サルナリ

參照　第百三十九條　當事者カ故意又ハ重大ナル過失ニ因リ時機ニ後レテ提出シタル攻擊又ハ防禦ノ方法ハ之カ爲訴訟ノ完結ヲ遲延セシムヘキモノト認メタルトキハ裁判所ハ申立ニ因リ又ハ職權ヲ以テ却下ノ決定ヲ爲スコトヲ得

攻擊又ハ防禦ノ方法ニシテ其ノ趣旨明瞭ナラサルモノニ付當事者カ必要ナル釋明ヲ爲サス又ハ釋明ヲ爲スヘキ期日ニ出頭セサルトキ亦前項ニ同シ

現行法ニ於テ控訴裁判所カ第二百十條（新法第百三十九條）ノ規定ニ從ヒ防禦方法ヲ却下スルトキハ其ノ防禦方法ヲ被告ノ爲ニ留保スヘキ規定ヲ有セリ（第四百二十六條、第四百二十七條）新法ハ之ヲ廢止シタリ

現行法ニ於テ控訴審ニ在ツテ被告カ時機ニ後レタル防禦方法ヲ提出シタル場合ニ於テ裁判所カ之ヲ許スニ於テハ訴訟ヲ遲延スヘク且被告ハ訴訟ヲ遲延セシメントスル故意ヲ以テ又ハ甚シキ怠慢ニ依リ早ク之ヲ提出セサリシコトノ心證ヲ得タルカ爲其ノ防禦方法ヲ却下シタルトキハ其ノ防禦方法ヲ使用スル權ヲ被告ニ留保スヘキモノトセリ（第四百二十六條）之レ第二審ハ事實審ノ最終審級ナルカ故ニ如何ナル理由タルニ拘ラス防禦方法ヲ却下シテ之ヲ敗訴トスルコトハ不穩當ナリトノ顧慮ヨリ出テタル立法ニシテ當事者ニ執リ親切ナル立法タリ新法ハ此ノ規定ヲ廢止シタリ而シテ時機ニ後レテ被告ヨリ提出シタル防禦方法ハ控訴審ニ於テモ第百三十九條ニ從ヒ之ヲ却下スルヲ得ヘキモノトシタリ（第三百七十八條）即故意又ハ重大ナル過失ニ因リ時機ニ遲レテ提出シタル防禦方法ハ之カ爲訴訟ノ完結ヲ遲延セシムヘキトキハ第一審タルト控訴審タルヲ問ハス申立ニ因リ又ハ職權ヲ以テ却下スルコトヲ得ヘシ而モ控訴審ニ在ツテハ之レ實際ニ苛酷ナルカ如シ現行法ノ規定ハ此ノ點ニ於テ頗巧妙ナル規定ニシテ即此ノ權利ノ行使ヲ留保

スルト共ニ一種ノ條件附判決（留保判決）ヲ言渡シ更ニ再其ノ防禦方法ニ付審理ヲ爲スヘキモノトシタリ此ノ審理ノ結果トシテ前判決ノ不當ナルコトヲ發見シタルトキハ之ヲ廢棄シテ更ニ判決ヲ爲スヘキモノトス斯ノ如キ規定ハ徒ラニ手續ヲ錯綜ナラシムルモノナリト言ハレサルニ非サルモ而モ之カ爲ニ事實ノ眞相ニ適合セサル判決ヲ爲スニ優レルコト言フヲ竢タス之ヲ削除セサルヘカラサルノ理由ハ之ナキカ如シ民事訴訟ハ當事者主義ニシテ當事者カ適當ノ時機ニ提出セサリシ防禦方法ノ爲ニ敗訴ニ歸スルコトアリトスルモ之レ自ラ招ク所タリ敢テ裁判所ノ關スル所ニ非ストノ論ナキニ非サルモ現行法ニ比シテ著ク職權主義ノ加味サレタル新法ニ於テ斯ノ如キ規定ヲ削除スルハ較不合理ノ譏アルヘシ所詮之ヲ運用スル控訴審ニ於テ其ノ防禦方法ノ却下ニ付深甚ノ注意ヲ拂ヒ此ノ弊ヲ生セサルコトニ努ムルノ外ナカルヘシ

# 第二章　上告

參照　第三百九十五條　判決ハ左ノ場合ニ於テハ常ニ法令ニ違背シタルモノトス

一　法律ニ從ヒテ判決裁判所ヲ構成セサリシトキ

二　法律ニ依リ判決ニ關與スルコトヲ得サル判事カ判決ニ關與シタルトキ

三　專屬管轄ニ關スル規定ニ違背シタルトキ

四　法定代理權、訴訟代理權又ハ代理人カ訴訟行爲ヲ爲スニ必要ナル授權ノ欠缺アリタルトキ

五　口頭辯論公開ノ規定ニ違背シタルトキ

六　判決ニ理由ヲ附セス又ハ理由ニ齟齬アルトキ

現行法ニ依レハ訴訟手續ニ於テ原告若ハ被告カ法律ノ規定ニ從ヒ代理セラレサリシトキハ法律ニ違背アルモノトシテ上告ノ理由ト爲ルヘキコト第四百六十六條ノ規定スル所ナリ法律ニ從ヒ代理セラレサリシトキ(Nicht nach vorschrift der Gesetze veteten)ナル文字ハ法定代理權ノ欠缺ヲ意味スルモノナリヤ將委任代理ノ欠缺ノ場合ヲモ包含スヘキヤハ較曖昧ナリ法律ノ規定ニ從ヒテ代理スヘキ場合ハ法定代理人カ本人ノ爲ニ訴訟行爲ヲ爲スヘキ場合ニ相當スヘキコト普通ノ場合タルヘキモ委任ニ關スル法律ノ規定(第六十五條第二項ノ如シ)ニ違ヒテ訴訟行爲ヲ爲シタル場合ト雖同シク法律ニ從ハサル代理行爲ト爲ルヘシ辯議士ヲ用フヘキ場合ニ法律上ノ手續ニ依ラスシテ常人ヲ以テ代理人ト爲シタル場合ノ如キモ同一ナリ而モ文字ノ上ヨリ見テ斯ノ如ク廣ク解釋スルコトハ果シテ適當ナリヤ法律ノ規定ニ從ヒ代理セラレサリシトキト稱スルハ法律上ノ代理ニ關スルモノナリト見ルハ當然ニシテ委任代理ニ關スルモノヲ包含セリトハ見難シ獨文ノ代理(Vertreten)ナル文字ハ代表ノ意ヲ有シ多ク法定代理人ニ依ル代表ヲ意味ス此

ノ故ニ墺太利訴訟法ニハ特ニ「當事者カ訴訟ニ於テ全ク代理セラレス又ハ法定代理人ヲ要スル場合ニ於テ之ニ依リテ代理セラレサリシトキ」（同法第四百七十七條）ト規定シ其ノ場合ヲ區別シテ明示シタリ唯獨逸民事訴訟法ニハ「訴訟手續ニ於テ當事者ノ一方カ法律ノ規定ニ從ヒ代理セラレサリシトキ但シ當事者カ其ノ訴訟行爲ヲ明示又ハ默示ヲ以テ承認セラレサルトキニ限ル」（第五百五十一條第五號）トアリテ其ノ但書ハ委任代理ノ場合ヲ想像シタルコトヲ見ルヘキカ如キ觀アリ元來代理權ナキ者ノ爲シタル訴訟行爲ノ本人ニ對シ無效タルヘキヤ當然ニシテ其ノ委任代理タルト法定代理トニ論ナキヤ勿論ナルヘシト雖單ニ「法律ノ規定ニ從ヒ代理セラレサリシトキ」ナル文字ヲ以テ此ノ兩者ノ場合ヲ包含スルモノト解スルハ甚其當ヲ得ス殊ニ全然代理權ナキ者カ代理人トシテ爲シタル訴訟行爲ハ其ノ委任代理ノ場合タルト法定代理ノ場合タルトニ論ナク本人ニ對シ全ク其ノ效力ナカルヘク斯ノ如キ者ニ對シテ言渡シタル判決ハ全然無效タルヘキモノトスルコト相當ナルヘシ啻法定代理人カ親族會ノ同意ヲ要スヘキ場合ニ於テ之カ同意ナクシテ訴訟行爲ヲ爲シタル場合ノ如キ又無能力者カ法定代理人ニ依ラスシテ自ラ訴訟行爲ヲ爲シタル場合ノ如キハ完全ナル效力ヲ生スヘキニ非サルカ故ニ之ヲ法律違背トシテ取消シ得ヘキモノトスルコト至當ナリ之ヲ民法上ノ法律行爲ニ比照スルニ無能力者カ自ラ爲シタル

法律行爲ハ之ヲ取消シ得ヘキモノトシ（民法第四條第二項）親權ヲ行フ母カ法律ノ規定（第八百八十六條）ニ違ヒテ未成年者ノ爲ニ爲シタル行爲ハ子又ハ法定代理人ニ於テ之ヲ取消スコトヲ得ヘキモノトシタルモ（民法第八百八十七條）親權者又ハ後見人ニ非サル者カ無能力者ノ代理人ナリト自稱シテ爲シタル法律行爲ハ全然其ノ效力ヲ生セサルナリ代理權ヲ有セサル者カ他人ノ代理人トシテ爲シタル契約ハ本人カ其ノ追認ヲ爲スニ非サレハ之ニ對シテ其ノ效力ヲ生セス（民法第百十三條）トアリ又他人ノ代理人トシテ契約ヲ爲シタル者カ其ノ代理權ヲ證明スルコト能ハス且本人ノ追認ヲ得サリシトキハ相手方ノ選擇ニ從ヒ之ニ對シテ履行又ハ損害賠償ノ責ニ任ス（民法第百十七條）トアリテ本人ニ對シ無效ナルコトヲ明ニシタリ訴訟行爲亦之ト同理ナルヘク代理權ナキ者ノ爲シタル訴訟行爲ニ基キ言渡サレタル判決カ本人ニ對シ效力ナ生セサルヤ勿論ニシテ之ヲ取消スノ要ナキモノト見サルヘカラス再審ノ訴ニ關スル民事訴訟法ノ規定ニ於テモ（現行法第四百六十八條、新法第四百二十條）之ト同一ノ場合ヲ規定シ確定判決ノ取消ヲ爲スヘキコトヲ規定セルモ之レ甚不合理タリ殊ニ一定ノ期間（現行法第四百七十四條第四項）ヲ經過スルトキハ再審ノ訴ヲ爲ス權利ヲ失ヒ本人ノ爲ニ效力ヲ發生スヘシトスルカ如キハ甚不可ナリ（新法ハ期間ノ制限ヲ廢シタリ）或ハ代理權欠缺ノ理由ニ因リ再審ノ訴ヲ爲シ得ヘキコトヲ知リナカラ之ヲ爲サスシテ法定期間ヲ徒過スルカ如キハ代理ヲ追認シタルモノト見ルヘク之ヲ有效トスルハ代理原則ニ適合セルモノナリト論スヘキモ之ヲ追認セシメサル爲ニ本人ニ對シテ再審ノ訴ヲ提起スヘキ義務ヲ負ハシムルカ如キハ立法上甚其ノ當ヲ得タルモノニ非ス斯ノ如キ義務ハ氏名又ハ資格ヲ濫用セラレタル本人ニ對シ生スヘキ理ナシ唯事務管理ノ場合ニ在ツテハ此ノ義務ヲ負ハシムヘキ理由ナキニ非サルモ而モ之レ啻一ノ場合タルニ過キサルナリ即全然代理權ナキ者ノ爲シタル訴訟ハ上告又ハ再審ノ理由タルヘキモノニ非ス寧ロ當然無效ナルヘキカ故ニ其ノ所謂「法律ノ規定ニ依リ代理セラレサリシトキ」ト稱スルハ無能力者カ法定代理人ニ依ラスシテ自ラ訴訟行爲ヲ爲シタル場合又ハ法定代理人カ或授權ヲ必要トスルニ拘ラス之ヲ得スシテ訴訟ヲ爲シタル場合ニ限定スルコト理論上當然ナリトセサルヘカラス現行法ノ此ノ文字ハ斯ノ如キ狹義ニ解スルニ於テ文字上並理論上其ノ當ヲ得タルモノト言フヲ得ヘシ唯新法立案者ハ余輩ノ此ノ說ヲ採ラス明ニ「法定代理權、訴訟代理權又ハ代理人カ訴訟行爲ヲ爲スニ必要ナル授權ノ欠缺アリタルトキ」（第三百九十五第第四號）ト規定シタルカ故ニ少クトモ現行法ニ於ケル疑義ヲ一掃シタルモノト云フヘシ而モ法定代理權ノ欠缺ト言フカ故ニ恰代理人ニ代理權ナキ場合ヲ言フモノヽ如ク未成年者禁治產者カ自ラ能力者ト稱シテ訴訟ヲ爲シタル場合ハ

此ノ規定ニ該當セサルカ如キ疑ヲ文字上ニ再生スルニ至レルカ如シ

參照　第四百七條　上告ヲ理由アリトスルトキハ上告裁判所ハ原判決ヲ破毀シ事件ヲ原裁判所ニ差戻シ又ハ同等ナル他ノ裁判所ニ移送スルコトヲ要ス

差戻又ハ移送ヲ受ケタル裁判所ハ新口頭辯論ニ基キ裁判ヲ爲スコトヲ要ス但シ上告裁判所カ破毀ノ理由ト爲シタル事實上及法律上ノ判斷ニ羈束セラル

原判決ニ關與シタル判事ハ前項ノ裁判ニ關與スルコトヲ得ス

現行法ニ依レハ上告裁判所カ判決ヲ破毀スル場合ニ於テハ自ラ判決ヲ爲ス場合ノ外更ニ辯論及裁判ヲ爲サシムル爲事件ヲ原裁判所ニ差戻シ又ハ之ヲ他ノ同等ナル裁判所ニ移送スヘキモノトセリ而シテ申立アリタルトキハ差戻ハ控訴裁判所ノ他ノ民事部ニ之ヲ爲スコトヲ得ヘク而シテ破毀セラレタル判決ニ干與シタル判事ハ其ノ差戻サレタル事件ノ裁判ニ干與スルコトヲ得サルモノトセリ（第四百四十八條）同等ナル他ノ裁判所ニ移送スル規定ハ明治四十四年法律第七十二號ヲ以テ改正セラレタルモノニシテ獨逸民事訴訟法ニ無キ所ナリ控訴裁判所ノ他ノ部ニ差戻スコトニ付當事者ノ申立ヲ要スルコトモ獨逸民事訴訟法ニ之レナシ之ヲ原裁判所ニ差戻スヘキヤ他ノ同等ナル裁判所ニハ差戻スヘキヤ將同一裁判所ノ他ノ部ニ差戻スヘキヤハ一ニ裁判

官ノ意見ヲ以テ決スルヲ可トス必シモ申立アルコトヲ要セサルヘシ而モ他ノ部ニ差戻スコトハ事件ノ狀態ニ依リ先入主ト爲リ豫斷ヲ有スルノ恐アルヲ慮リタルモノナリト雖特ニ之ヲ他ノ部ニ差戻ス言渡ヲ爲スコトヲ規定セストモ新辯論及裁判ニハ前判事ノ干與スヘカラサルコトヲ規定スレハ足ルカ如シ之ヲ他ノ裁判所ニ移送シタルトキト雖若シ其ノ裁判所ニ前判事ノ在リテ之ニ干與スルコトアリトセハ同シク先入主ト爲ルノ恐アルヘシ之ヲ同一ノ部ニ差戻シタリトモ旣ニ部員ノ全部カ變更シタルトキハ此ノ憂アルコトナシ要ハ同一判事ノ干與ヲ避クルヲ以テ足ルヘキノミ現行法カ單ニ他ノ部ニ差戻シタル場合ニ限リ前判決ニ干與シタル判事ノ新辯論及裁判ニ干與スルコトヲ禁スル旨ヲ規定シタルハ不備タルヲ免レス今判事除斥ノ規定ヲ參照スルニ判事ハ不服ヲ申立テラレタル裁判ニ干與シタルトキハ上級審ニ於テ其ノ辯論及裁判ニ干與スヘカラサルコトヲ規定スルモ（現行法第二十二條）原審ニ干與シタル判事ハ差戻サレタル事件ノ裁判ニ干與スヘカラサルコトヲ定メタル一般的規定ナシ即現行法ノ規定ヲ以テハ立法者ノ顧慮シタルトコロヲ完全ニ滿足セシムルニ足ラサルナリ改正法律ハ此ノ點ニ留意シ其ノ原裁判所ニ差戻シタルト他ノ裁判所ニ移送シタルトニ拘ラス原判決ニ關與シタル判事ハ新辯論及裁判ニ與關スヘカラサルコトヲ明定シタリ從ツテ同一裁判所ノ他ノ部ニ差戻スノ規定ヲ廢シタリ（新

法第四百七條第三項）之レ外國ニモ立法例（獨逸墺國等）ナキ所ナリト雖既ニ此ノ原則ヲ認ムル以上ハ此ノ規定ヲ置カサルニ於テハ其ノ目的ヲ達シ難クシテ適當ノ改正ナリト言フヘシ唯立法者ハ上告審ノ差戻ニ付テノミ詳密ナル規定ヲ設ケタルモ控訴裁判所カ事件ヲ第一審裁判所ニ差戻ス場合ニ於テ第一審ニ干與シタル判事カ差戻以後ノ新辯論及裁判ニ干與スルコトヲ得ルヤ否ニ付毫モ考慮ヲ用ヒサルハ不注意ノ譏ヲ免レサルモノノ如シ控訴裁判所ト雖第一審判決ノ手續カ法律ニ違背シタルコトヲ理由トシテ第一審判決ヲ取消シ之ヲ第一審裁判所ニ差戻ス場合ノ如キハ（例ヘハ辯論公開ノ規定ニ違反シ、除斥ノ理由アル判事カ裁判ニ干與シ又ハ裁判所ノ構成カ法律ニ違背シタルトキノ如シ）同シク之ヲ同一ノ判事ニ依リテ審判セシムルコトヲ避クルヲ可トスヘシ

元來現行法ニ於ケル此ノ規定ハ明治四十四年法律第七十二條ニ依リ改正シタルコト前述ノ如クシテ其ノ以前ニ在ツテハ同一判事ノ干與ヲ禁シタル法文ナシ明治四十四年ノ改正ニ於テ始メテ此ノ禁止ノ法文ヲ置キ今回ノ改正ニ於テ更ニ其ノ範圍ヲ擴張シ總テノ場合ニ於テ前判事ノ干與ヲ禁シナカラ之ヲ控訴審ノ場合ニ適用セサリシハ適當ノ立法ト言フコトヲ得サルカ如シ此ノ意味ヨリスレハ現行法カ事件差戻ノ場合ニ於ケル事情ヲ斟酌シ前判事ヲシテ之ニ干與セシムル

コトヲ不當トスルトキハ之ヲ同一裁判所ノ他ノ部ニ差戻ス言渡ヲ爲シテ前判事ノ干與ヲ禁シ然ラサル場合ハ同一裁判所又ハ他ノ裁判所ニ差戻又ハ移送スルコト丶シ必シモ前判事ノ干與ヲ禁セサルハ却ツテ實際ノ事情ニ適合シ運用ノ妙ヲ得ルノ餘地ヲ與ヘタルモノト見ルヲ得ヘシ

# 第三章 抗告

参照 第四百十三條 抗告裁判所ノ決定ニ對シテハ其ノ決定カ法令ニ違背シタルコトヲ理由トスル場合ニ限リ更ニ抗告ヲ爲スコトヲ得

抗告ハ現行法ニ在ツテハ二級審トス即抗告ニ付テノ決定ニ對シテハ其ノ裁判ニ因リ新ナル獨立ノ抗告理由ヲ生シタルトキニ限リ再抗告ヲ許サル（現行法第四百五十六條）換言セハ抗告決定ニ對スル再度ノ抗告ハ實ハ其ノ決定ニ對スル抗告ニシテ前決定ニ對スル再度ノ抗告ニ非ス一審級ヨリ漸ヲ追フテ三審級ニ及フノ趣旨ニ非ス從ツテ再度ノ抗告ニ付テハ判決カ法律ニ違背シタルコトヲ理由トスルトキニ限リ上告ヲ許スカ如キ制度ト同一ナラス再度ノ抗告ニハ其ノ決定ニ付法律カ抗告ヲ許シタル理由ノ新ニ生セサル限リ之ヲ許ササルナリ新ナル抗告ノ理由ト稱スルハ卽法律カ決定ニ對シ抗告ヲ許シタル場合ヲ言フモノニシテ即第四百五十五條ニ規

定スル所ニ該當スルノ要アリ而シテ其ノ理由カ法律點ニ關スルト事實上ノ問題ニ屬スルトヲ問ハサルナリ佛國カ破毀ノ制度ヲ創設スル以前ニ在ツテハ裁判ハ二審級タリシコト歐州各國ノ例ニシテ法律ノ解釋ヲ統一スルノ必要上破毀院ヲ設ケタル以來三審制度ト爲シ他國ニ於テモ之ヲ模倣シタルモ之ハ判決ニ關スル制度ニシテ訴訟手續中ニ於テ爲サレタル決定命令等ニ關スルモノニ非ス決定命令ニハ法律カ不服ヲ許シタル場合ニ於テハ之ニ對シ抗告ヲ許シタリト雖其ノ不服ハ單ニ一回タルヘキヤ勿論ナリ而モ抗告裁判所ノ決定カ更ニ之ニ對シテ抗告ヲ許スヘキモノタル場合ニ在ツテハ之ニ對シテ抗告ヲ許ササルヘカラス之レ即法律ハ新ナル獨立ノ抗告理由ナル文字ヲ用ヒタル所以ナリ此ノ故ニ獨逸ニ在ツテハ區裁判所ニ於ケル決定ニ對シ抗告ヲ爲シ地方裁判所カ之ニ對シ決定ヲ爲シタルトキハ之ニ對シ新ナル抗告理由ノ存スル限リ控訴院ニ向ツテ抗告ヲ爲スヲ得ヘク控訴院ノ決定ニ對シ更ニ抗告理由ノ存スルトキハ大審院ニ抗告スヘキコトヲ認メタリ而モ之レ三審級制度ノ根本ニ抵觸スルモノトシテ後ニ至リテ改メラレタリ我邦ニ在ツテモ裁判所構成法ノ從前ノ規定ハ斯ノ如ク解釋スルノ餘地存シタルカ爲大正二年法律第六號ヲ以テ之ヲ改メタリ即第三十七條第二號ヲ地方裁判所ノ第一審トシテ爲シタル決定及命令ニ對スル法律ニ定メタル抗告ト改メ又第五十條第二號ハ之ヲ地方裁判所ノ第二審トシテ爲シタル

決定及命令並ニ控訴院ノ決定命令ニ對スル法律ニ定メタル抗告ト改メタリ新法ハ此ノ點ニ關スル規定ヲ全然判決手續ニ準スヘキモノトシ抗告ニ付テノ決定ニ對シテハ其ノ決定カ法令ニ違背シタルコトヲ理由トスルトキハ之ニ對シ更ニ抗告ヲ爲スコトヲ得ヘキモノトシタリ（第四百十三條）之レ判決ニ對スル上告ノ規定タル第三百九十四條ト全然同一ノ規定タリ即決定命令ニ對シテ抗告ヲ許ス場合ニ在ツテ最初ノ抗告ニ付テハ事實上法律上ノ理由ニ基キ原決定ニ對スル不服ノ申立ヲ爲スヲ得ヘキコト判決ニ對スル控訴ノ如クナルモ此ノ抗告ニ對スル決定ニ對シテハ法令違背ノ理由（第三百九十五條ハ亦此ノ場合ニ準用セサルヘシ）ニ基カサルヘカラサルナリ唯斯ノ如クナルトキハ茲ニ一ノ疑ヲ生スヘシ例ヘハ第三者カ第六十四條ニ從ヒ他人間ノ訴訟ニ參加スヘキ申出ヲ爲シタルニ當事者カ參加ニ付異議ノ申立ヲ爲シタリトセヨ裁判所ハ第六十六條ニ基キ參加ノ許否ニ付裁判ヲ爲ササルヘカラス而シテ此ノ裁判ニ因リ參加ヲ許スヘキモノト決定シタリトセンニ異議アル當事者ハ第六十六條第三項ニ基キ之ニ對シ即時抗告ヲ爲スヘシ抗告裁判所ハ之ニ對シ參加ヲ許ササル旨ノ決定ヲ爲シタリトセハ參加ノ申立ヲ爲シタル第三者ハ更ニ此ノ決定ニ對シテ參加ヲ許スヘキモノトシテ即時抗告ヲ爲スコトヲ得ルヤ再抗告ハ抗告決定カ法律ニ違背シタル場合ニ非サレハ之チ許ササル故ニ「利害關係ノ有無」ノ如キ

事實問題ヲ理由トシテハ再抗告ヲ許サヽルモノト解セサルヘカラス之レ尚忍フヘシ次ノ如キ例ヲ生セハ如何ニ解スヘキヤ卽訴訟費用額確定決定ニ於テ勝訴者原告ノ計算シタル費用額中裁判所ハ或事項ニ關スル費用ヲ原告自身ノ負擔スヘキモノトシテ削除シテ決定シタリ原告ハ之ニ對シテ抗告ヲ爲シタリ(第百條第三項)抗告裁判所ハ前決定ヲ不當トシ之ヲ變更シ右ノ金額ヲ加ヘテ決定シタリ被告ハ新ニ右ノ費用ヲ加算スルコトニヨリ負擔ヲ增加シタリ而モ此ノ決定ニ對シテ抗告ヲ爲スニハ法令ニ違背シタルコトヲ理由トセサルヘカラサルカ如シ斯ノ如キハ兩者ヲ遇スル甚不公平ナルモノト言ハサルヘカラス當事者カ裁判ノ公正ヲ妨クヘキ事情アルモノトシテ判事ヲ忌避シタルニ裁判所ハ此ノ申立ヲ却下シタリ當事者ハ之ニ對シ卽時抗告ヲ爲シタリ(第四十一條)抗告裁判所ハ之ヲ理由アルモノトシテ原決定ヲ取消シテ忌避申請ヲ許可シタリ判事ハ此ノ決定ニ對シ其ノ決定カ法令ニ違背シタルヲ理由トシテ更ニ抗告ヲ爲シ得ヘキカ如シ而モ之レ第四十一條ニ從ヒ不服ヲ申立ツルコトヲ得サル裁判ナリ又第三十一條ニ基キ當事者カ訴訟ヲ他ノ管轄裁判所ニ移送スヘキコトヲ申立テ之ヲ許サレタルニ因リ相手方ハ之ニ對シ抗告ヲ爲シタリ(第三十三條第一項)抗告裁判所ハ原決定ヲ不當トシテ之ヲ取消シ移送ヲ申立ヲ却下シタリ移送申立ヲ爲シタル當事者ハ此ノ決定カ法令ニ違背シタルコトヲ理由トスルトキハ更ニ抗

告ヲ爲シ得ヘキカ如シ而モ之レ第三十三條第二項ニ從ヒ不服ヲ許サザルモノナリ現行法カ新ナル獨立ノ抗告理由ト稱スルハ即斯ノ如キ場合ヲ意味シタルモノニシテ決定ニ對スル不服方法ハ即二級審タルヘキコトヲ示シタルモノナリ即法律カ抗告裁判所ノ爲シタル決定ノ内容カ不服ヲ許サザルモノナルトキハ勿論同一ナル抗告理由ヲ反覆スルコトハ此ノ理由カ法令違背タルト否トニ拘ラス之ヲ許サザル趣旨タリ即再抗告（Oberbeschwerde）ト稱スヘキニ非スシテ單ナル抗告ニ過キサルモノトス新法ハ漫然三級審ヲ取ルノ主義ヲ明定シタルカ爲他ノ規定ニ於テ制限シタル不服ニ關シ法令違背ヲ理由トスル場合ニ於テ再度ノ抗告ヲ許スカ如キ觀ヲ呈スルニ至レルト共ニ抗告ハ三級審タルニ至レリ決定ニ付テ三級審ヲ取レルハ當事者ノ保護ニ厚キモノト云フヲ得ヘキモ而モ法令違背ト新ナル獨立ノ抗告理由トハ其ノ範圍ハ決シテ同一ナラサルモノアリテ或場合ニ在ツテハ抗告ノ制限ト爲ルコトアルヘキヲ思ハサルヘカラサルナリ例ヘハ假差押ノ申請ヲ却下シタル裁判ニ對シテ債權者ハ抗告ヲ爲シタルニ（第五百五十八條）抗告裁判所ハ原決定ヲ取消シ之ニ保證ヲ立ツルコトノ條件ヲ以テ假差押ヲ許シタル場合ニ在ツテハ新法ニ於テハ債權者ハ之ニ對シ法令違背ノ理由ナキ限リ抗告ノ道ナキニ反シ現行法ニ在ツテハ新ナル獨立ノ理由アルモノトシテ抗告ヲ爲シ得ヘク兩者ノ結果ヲ異ニスヘキナリ

# 第四篇　再審

參　照

第四百二十條　左ノ場合ニ於テハ確定ノ終局判決ニ對シ再審ノ訴ヲ以テ不服ヲ申立ツルコトヲ得但シ當事者カ上訴ニ依リ其ノ事由ヲ主張シタルトキ又ハ之ヲ知リテ主張セサリシトキハ此ノ限ニ在ラス

一　法律ニ從ヒテ判決裁判所ヲ構成セサリシトキ

二　法律ニ依リ裁判ニ關與スルコトヲ得サル判事カ裁判ニ關與シタルトキ

三　法定代理權、訴訟代理權又ハ代理人カ訴訟行爲ヲ爲スニ必要ナル授權ノ欠缺アリタルトキ

四　裁判ニ關與シタル判事カ事件ニ付職務ニ關スル罪ヲ犯シタルトキ

五　刑事上罰スヘキ他人ノ行爲ニ因リ自白ヲ爲スニ至リタルトキ又ハ判決ニ影響ヲ及ホスヘキ攻擊若ハ防禦ノ方法ヲ提出スルコトヲ妨ケラレタルトキ

六　判決ノ證據ト爲リタル文書其他ノ物件カ僞造又ハ變造セラレタルモノナリシトキ

七　證人、鑑定人、通事又ハ宣誓シタル當事者若ハ法定代理人ノ虛僞ノ陳述カ判決ノ證據ヲ爲リタルトキ

八　判決基礎ト爲リタル民事若ハ刑事ノ判決其ノ他ノ裁判又ハ行政處分カ後ノ裁判又ハ行政處分ニ依リテ變更セラレタルトキ

九　判決ニ影響ヲ及ホスヘキ重要ナル事項ニ付判斷ヲ遺脫シタルトキ

十　不服ノ申立アル判決カ前ニ言渡サレタル確定判決ト牴觸スルトキ

前項第四項乃至第七號ノ場合ニ於テハ罰スヘキ行爲ニ付有罪ノ判決又ハ過料ノ裁判確定シタルトキ又

ハ證據欠缺外ノ理由ニ因リ有罪ノ確定判決若ハ過料ノ確定裁判ヲ得ルコト能ハサルトキニ限リ再審ノ訴ヲ提起スルコトヲ得

控訴審ニ於テ事件ニ付本案判決ヲ爲シタルトキハ第一審ノ判決ニ對シ再審ノ訴ヲ提起スルコトヲ得ス

再審ノ訴ニ付取消ノ訴ト原狀回復ノ訴ヲ區別シタルハ言フ迄モ無ク其ノ再審ヲ爲スヘキ理由ノ異ルニ依ル即取消ノ訴ハ判決ノ無效（Nichtigkeit）ヲ意味スルモノニシテ判決ノ内容ノ當否ヲ論スルコトナシ原狀回復ノ訴ハ判決ノ内容ニ錯誤アルコトヲ前提トスルモノニシテ事實ノ再度ノ審理ヲ目的トスルモノナリ一ハ形式ニ關シ一ハ實質ニ關スル不服ヲ意味ス此ノ故ニ獨逸民事訴訟法ニ在ツテモ之ニ特種ノ名稱ヲ附シテ區別シタリ其ノ管轄ニ付テモ同法ハ此ノ趣旨ヨリシテ詳細ナル規定ヲ置キタリ即同法第五百八十四條ニ依レハ原則トシテ訴ノ管轄ヲ第一審裁判所ト定メ次ニ判決ノ全部又ハ一部カ控訴裁判所ニ於テ言渡サレタルトキハ控訴裁判所トシ判決カ大審院ニ於テ言渡サレタルトキモ若シ再審ノ理由カ（一）當事者カ僞宣誓ノ罪ヲ犯シタルトキ（二）判決ノ憑據ト爲リタル證書カ僞造若ハ變造ナリシトキ（三）判決ノ憑據ト爲リタル證人又ハ鑑定人ノ陳述カ虛僞ナリシトキ（四）判決ノ憑據ト爲リタル刑事上ノ判決カ後ノ確定シタル判決ニ因リ廢棄セラレタルトキ（五）原告若ハ被告カ同一事件ニ付テノ判決ニシテ前ニ確定ト爲リ

タルモノヲ發見シ其ノ判決カ不服ヲ申立ラレタル判決ト抵觸スルトキ(六)相手方又ハ第三者ノ所爲ニ因リ以前ニ提出スルコトヲ得サリシ證書ニシテ原告若ハ被告ノ利益ト爲ルヘキ裁判ヲ爲スニ至ラシムヘキモノヲ發見シタルトキニ基クトキハ控訴院ニ於テ管轄スヘキモノトシ大審ノ判決カ取消ノ理由ニ依ルトキハ大審院ニ於テ管轄スヘキコトヲ定メタリ之レ即無效ト原狀回復トノ區別ヲ標準トシタルモノナリ墺太利民事訴訟法ハ右ノ獨逸法ニ倣ヒタルモ取消(無效)ノ訴ト原狀回復ノ訴トヲ一層劃然ト區別シ一ハ單ニ形式ニ關スル訴一ハ實質的卽判決ノ內容ニ關スル訴トシテ分類シタリ管轄ニ付テモ同樣ナリ我現行民事訴訟法モ略之ト異ルコトナシ新法カ此等二種ノ性質相異レルモノヲ併合シテ一ノ再審ノ訴ト爲シ其ノ區別ニ依ル名稱ヲ廢シタルハ簡ハ卽簡ナリト雖其ノ原因ノ如何ニ依リテハ自ラ管轄ニモ相違ヲ生スヘキカ故ニ較煩瑣ノ嫌ナキニ非ス卽取消ノ訴ハ其ノ取消ノ原因ノ存スル裁判所ノ管轄ニ專屬スヘキカ故ニ直ニ其ノ裁判所ニ對シテ之ヲ爲スヘキモ原狀回復ノ訴ハ事情ニ因リ第一審又ハ第二審ノ何レカニ之ヲ爲スヘク而シテ第三審ニ對シテ此ノ訴ヲ爲スヘキ場合ナシ而シテ之レ取消ノ訴ト原狀回復ノ訴トニ依ル區別ニ基クモノニシテ此ノ區別ハ卽管轄ヲ定ムル標準タリ今之ヲ併合シテ一ノ再審ノ訴ト爲ストキハ一々其ノ再審ノ訴ノ理由ヲ區別シテ管轄卽不服ノ申立アル裁判(新法第

四百二十二條）ヲ爲シタル裁判所ヲ定メサルヘカラス之レ頗煩瑣ナリ加之再審ノ訴カ取消ト原狀回復トノ理由ヲ併セテ主張スルモノナルトキハ其ノ管轄ヲ定ムルコトハ一層困難ナル場合ヲ生スヘシ現行法ハ取消ノ訴ト原狀回復ノ訴トヲ區別シタルカ爲其ノ訴ハ各異リタル管轄裁判所ニ提起セラルヘク而シテ取消ノ訴ハ原狀回復ノ訴ニ先立チテ審理セラルヘキモノト爲シタリ（第四百六十七條第二項）之レ或ハ却ツテ繁雜ナル手數ヲ當事者ニ强フルモノナリトノ論ナキニ非サルモ理論ノ整然トシテ條理明晰タルコトハ現行法ニ如カス一是一否ヲ免レストモ見ルヘシ新法カ理論ヲ第二ニ置キテ實際上ノ便利ヲ第一ニ置キタルノ例ハ單ニ此ノ規定ノミニ限ラサルカ如シ刑事訴訟法ハ再審ニ付詳細ナル規定ヲ置キ之ヲ各場合ニ分チテ明示シタリ（刑事訴訟法第四百八十五條、第四百八十六條、第四百八十七條乃至第四百八十八條參照）濫リニ簡ヲ尊ヒ理論ニ基カサルカ如キ規定ヲ爲スコトハ徒ラニ疑義ヲ生スルノ基ト爲ルコト多シ

# 第五篇　督促手續

参照　第四百三十五條　支拂命令ニハ當事者、法定代理人竝請求ノ趣旨及原因ヲ記載シ且債務者カ支拂命令送達ノ日ヨリ二週間内ニ異議ヲ申立サルトキハ債權者ノ申立ニ依リ假執行ノ宣言ヲ爲スヘキ旨ヲ附記スルコトヲ要ス

第四百三十九條　債權者カ假執行ノ申立ヲ爲スコトヲ得ル時ヨリ三十日内ニ其ノ申立ヲ爲ササルトキハ支拂命令ハ其ノ效力ヲ失フ

第四百四十二條　支拂命令ニ對シ適法ナル異議ノ申立アリタルトキハ異議アル請求ニ付テハ其ノ目的ノ價額ニ從ヒ支拂命令ノ申立ノ時ニ於テ其ノ命令ヲ發シタル區裁判所又ハ其ノ區裁判所ノ所在地ヲ管轄スル地方裁判所ニ訴ノ提起アリタルモノト看做ス此ノ場合ニ於テハ督促手續ノ費用ハ之ヲ訴訟費用ノ一部トス

前項ノ規定ニ依リテ地方裁判所ニ訴ノ提起アリタルモノト看做サレタル場合ニ於テハ裁判所書記ハ遅滞ナク訴訟記錄ヲ地方裁判所ノ書記ニ送附スルコトヲ要ス

支拂命令ニ對シ異議ノ申立ヲ爲シ又ハ支拂命令ニ付シタル假執行ノ命令（執行命令）ニ對シ故障ノ申立アリタル場合ニ於テ請求カ地方裁判所ノ管轄ニ屬スルトキハ改メテ地方裁判所ニ訴ヲ提起スルコトヲ要スルコトハ現行法ノ規定ナリ（第三百九十一條、第三百九十四條）之レ頗ル煩

ニ失シ日時ヲ遲延セシムルコト甚シ新法カ之ニ改正ヲ爲シタルハ頗當ヲ得タリ卽異議ノ申立アリタルトキハ當事者ノ行爲ヲ要セス裁判所ニ於テ事件ヲ當然地方裁判所ニ移送スヘキモノトセリ而シテ事件ハ其ノ區裁判所ヲ管轄スル地方裁判所ニ繋屬スルモノト爲シタルカ故ニ常ニ被告ノ普通裁判籍又ハ事務所若ハ營業所所在地ノ裁判所(第四百三十條參照)ニ繋屬スヘキコトハ注意スヘシ之レ現行法カ任意ニ其ノ管轄ヲ選フコトヲ得タルト異ル所ナリ

事件ハ地方裁判所ニ提出セラレタルモノト看做サレタリト雖原告ハ必要ナル準備書面ヲ提出セサルヘカラス又訴訟額ニ應シ印紙ヲ增貼スルコトヲ要スルハ勿論ナリ(支拂命令ハ訴ニ要スル印紙額ノ半額ヲ用フ)準備手續(第二百四十九條)ヲ用フヘキコトモ一般ノ場合ト同樣ナリ

支拂命令ニ對シ債務者ヨリ異議ノ申立モ無ク又債權者ヨリ假執行宣言ノ申立ヲモ爲サスシテ三十日ヲ經過シタルトキハ支拂命令ハ其ノ效力ヲ失フ之レ既ニ獨逸民事訴訟法第七百一條ニ規定スル所ニシテ寧ロ現行法カ何カ故ニ之ニ倣ハサリシヤヲ疑フモノナリ或ハ相當ノ期間內ニ假執行ノ宣言ヲ申請セサルハ債務者ニ於テ支拂命令ノ趣旨ニ從ヒ十四日內ニ其ノ請求ヲ滿足セシメ且其ノ手續ノ費用ヲ債權者ニ辨濟シタルモノト(現行法第三百八十六條第一項)見ラレサルニ非サルカ故ニ强ヒテ之ヲ失效セシムルノ要ナシト認メタルモノナルヘキカ而モ事實ハ必シモ立

法者ノ推測ニ合セス多クノ日時ヲ經テ異議ノ申立ヲ爲スノ例モ之レナキニ非サルカ故ニ事件ヲ一定ノ期間内ニ終局セシムルノ制度ヲ取ルコトハ訴訟遲延ヲ憂フル今日ニ在ツテハ當然ノ處置ナリ茲ニ注意スヘキハ支拂命令ニ對シテ異議ヲ申立ツヘキ期間ハ支拂命令送達ノ日ヨリ二週間ニ非スシテ（政府ノ公ニシタル草案ニハ債務者ハ支拂命令ニ對シ其ノ命令送達ノ日ヨリ二週間内ニ異議ヲ申立ツルコトヲ得トシ二週間ハ異議申立ノ期間ナリシカ後ニ議會ニ提出スルニ當リテハ債權者カ假執行ノ申立ヲ爲スニ付存スヘキ期間トシテ規定シタリ）假執行ノ宣言ヲ付シタル命令送達ノ日ヨリ二週間タルコト之ナリ卽異議ハ支拂命令ニ對シテモ又現行法ノ所謂執行命令ニ對シテモ之ヲ申立ツルコトヲ得ルモノニシテ現行法カ支拂命令ニ對シテハ異議ノ申立ヲ爲シ執行命令ニ對シテハ故障ノ申立ヲ爲スヘキモノトシタルトハ異レリ之レ一ハ新法ニハ闕席判決ノ制度ヲ廢シタル結果執行命令ヲ以テ「假執行ノ宣言ヲ付シタル闕席判決」ト同一ナリト看做ス（現行法第三百九十四條）コトヲ得サルニ依ルヘシト雖徒ラニ手續上ノ煩瑣ヲ避ケタルニ出テタルコト勿論ナリ唯新法カ支拂命令送達ノ日ヨリ二週間内ニ異議ヲ申立ツヘキモノナルカ如キ文字ヲ用ヒナカラ（第四百三十五條、第四百三十八條）更ニ執行命令送達後二週間迄ハ異議ノ申立ヲ爲スコトヲ許シタルハ（第四百四十條）較抵觸ノ嫌ナキニ非ス之レ寧ロ左ノ如ク改ムヘキ

モノナリ(之レ或方面ノ修正意見ナリシカ遂ニ採用セラレサリシ)

支拂命令ニハ當事者、法定代理人並請求ノ趣旨及原因ヲ記載シ且債務者カ支拂命令送達ノ日ヨリ二週間內ニ請求額並手續ノ費用ヲ辨濟セサルトキハ債權者ノ申立ニ因リ假執行ノ宣言ヲ爲スヘキ旨ヲ附記スルコトヲ要ス

而シテ更ニ第四百三十八條ヲ「債務者カ支拂命令送達ノ日ヨリ二週間內ニ辨濟ヲ爲サルトキハ裁判所ハ云々」ト改ムルヲ可トス之レ支拂命令ハ支拂ヲ命スル命令ナルカ故ニ支拂ノ命令ト共ニ其ノ支拂ノ期間ヲ指示スルコト相當ニシテ異議ノ申立ヲ爲スヘキコトノミヲ指示スヘキモノニ非サルナリ現行法ハ特ニ此ノ點ヲ明白ニシタルコト第三百八十六條第二項ノ如シ之レ亦新法カ簡ヲ尊ヒテ却ッテ疑義ヲ生スルニ至ルノ一例タリ殊ニ新法ハ支拂命令カ債務者ニ對スル支拂ノ命令タルコトヲ忘レタルノ結果トシテ其ノ命令ニ手續ノ費用ヲ辨濟スヘキコトヲ命スルコトヲ脫漏シタリ若シ此ノ手續ノ費用ヲ請求額ト併セテ辨濟スヘキコトヲ命セサルニ於テハ債務者ハ任意辨濟ニ於テ單ニ請求額ノミヲ辨濟シテ費用ノ辨濟ヲ爲ササルヘク債權者ハ更ニ費用ニ付裁判所ノ命令ヲ申請セサルヘカラサルニ至ルヘシ而モ之ニ第百四條ヲ適用スルコトヲ得サルヘク所詮ハ一問題タルヲ免レサルヘシ

債權者カ假執行ノ申立ヲ爲スコトヲ得ルトキヨリ三十日內ニ其ノ申立ヲ爲サヽルトキハ支拂命令ハ其ノ效力ヲ失フト爲シタルハ可ナルモ若シ其ノ以前ニ債務者カ支拂命令ノ趣旨ニ基キ支拂ヲ爲シタルトキハ命令ハ必シモ效力ヲ失フモノニ非サルヘシ此ノ場合ニ於テ支拂命令カ其ノ效力ヲ失フモノトセハ債務者ハ效力ヲ失ヒタル命令ニ基キテ爲シタル支拂ノ取戾ヲ要求スルコトナシトセス而モ之レ固ヨリ許スヘキニ非ス獨逸法ハ此ノ場合ニ於テ權利拘束カ其ノ效力ヲ失フコトヲ言ヒテ命令其ノモノヽ失效スヘキコトヲ言フコトナシ蓋シ我立法者ノ文字ノ用例ニ疎漏アル爲疑ヲ生スルニ至ルモノナリ

支拂命令ハ公示送達ヲ許サヽルコト新舊共ニ同一ニシテ若シ一旦支拂命令ヲ發シタル後日本ニ住所無キコト分明ト爲リ（而シテ此ノ場合ハ第二條ニ依リ最後ノ住所ヲ以テ普通裁判籍トスヘキモノトス）公示送達ニ依ラサルヘカラサルコト明白ト爲リタルトキハ其ノ支拂命令ハ效力ヲ失フモノト解スヘキヤ否ハ現行法ニ於テモ議論アル所ニシテ新法亦之ヲ決定セサルハ遺憾ナリ第四百三十九條ニ依ル場合ハ支拂命令ノ一旦送達アリタルコトヲ前提トスルカ故ニ此ノ場合ニ適用シ難シ蓋シ法ノ缺點タリ支拂命令カ失效セサル限リ債權者ハ通常ノ手續ニ依ル訴ヲ提起スルコトヲ得ス（第四百三十二條、第三百三十一條參照）而シテ時效中斷ノ手續ヲモ執ルコト能ハスシテ權利ノ消滅スヘキ場合ヲ生スヘシ之レ既ニ余輩カ拙著民事訴訟法論ニ於テ論シタル所ナレトモ現行法ニ在ツテハ權利拘束ノ抗辯ハ職權調査ニ屬セサルカ故ニ原告ハ更ニ訴ヲ提起スルニ妨ケナシト雖新法ノ如ク之ヲ職權調査ト爲スニ於テハ其ノ訴ヲ却下セサルヘカラスシテ不都合ヲ免レサルヘシ

督促手續ハ現行法ニ於テハ之ヲ區裁判所ニ於ケル特別訴訟手續トシテ區裁判所ノ訴訟手續中ニ規定シタルカ新法ハ之ヲ第五篇トシテ別ニ督促手續ト題シタルハ獨逸民事訴訟法等ニ倣ヒタルモノナリ

民事訴訟法改正要綱　終

# 改正 民事訴訟法要義 附録

## 新舊對照 民事訴訟法

### 現行民事訴訟法（明治二十三年四月廿一日法律第廿九號）

第一編 總則

第一章 裁判所

第二節 裁判所ノ土地ノ管轄

（裁判籍）

**第十條第二項** 普通裁判籍アル地ノ裁判所ハ其人ニ對スル總テノ訴ニ付キ管轄ヲ有ス但訴ニ付キ專屬裁判籍ヲ定メサル場合ニ限ル

**第十條第一項** 人ノ普通裁判籍ハ其住所ニ依リテ定マル

**第十三條** 内國ニ住所ヲ有セサル者ノ普通裁判籍ハ本人ノ現在地ニ依リテ定マル若シ其

### 改正民事訴訟法（大正十五年四月廿四日法律第六十一號）

第一編 總則

第一章 裁判所

第一節 管轄

**第一條** 訴ハ被告ノ普通裁判籍所在地ノ管轄ニ屬ス

**第二條** 人ノ普通裁判籍ハ住所ニ依リテ定マル

日本ニ住所ナキトキ又ハ住所ノ知レサルトキハ普通裁判籍ハ居所ニ依リ居所ナキトキ又ハ居所ノ知レサルトキハ最後

現在地ノ知レサルカ又ハ外國ニ在ルトキハ其最後ニ有セシ內國ノ住所ニ依リテ定マル
然レトモ外國ニ住所ヲ有スル者ニ對シテハ內國ニ於テ生シタル權利關係ニ限リ前項ノ裁判籍ニ於テ訴ヲ起スコトヲ得

**第十二條**　外國ニ在ル本邦ノ公使及ヒ公使館ノ官吏竝ニ其家族從者ノ裁判籍上ノ住所ハ本邦ニ於テ本人ノ最後ニ有セシ住所ナリトス此住所ナキ者ニ付テハ司法大臣ノ命令ヲ以テ豫メ定ムル東京市內ノ區ヲ以テ其住所ナリトス

**第十四條**　國ノ普通裁判籍ハ訴訟ニ付キ國ヲ代表スル官廳ノ所在地ニ依リテ定マル但訴訟ニ付キ國ヲ代表スルニ付テノ規定ハ勅令ヲ以テ之ヲ定ム
公又ハ私ノ法人及ヒ其資格ニ於テ訴ヘラルルコトヲ得ル會社其他ノ社團又ハ財團等ノ普通裁判籍ハ其所在地ニ依リテ定マル此所在地ハ別段ノ定ナキトキハ事務所所存地トス若シ事務所ナキトキ又ハ數所ニ於テ事務ヲ取扱フトキハ其首長又ハ事務擔當者ノ住所ヲ以テ事務所ト看做ス

---

ノ住所ニ依リテ定マル

**第三條**　大使、公使其ノ他外國ニ在リテ治外法權ヲ享クル日本人カ前條ノ規定ニ依リ普通裁判籍ヲ有セサルトキハ其ノ者ノ普通裁判籍ハ東京市ニ在ルモノトス

**第四條**　法人其ノ他ノ社團又ハ財團ノ普通裁判籍ハ其ノ主タル事務所又ハ營業所ニ依リ事務所又ハ營業所ナキトキハ主タル業務擔當者ノ住所ニ依リテ定マル
國ノ普通裁判籍ハ訴訟ニ付國ヲ代表スル官廳ノ所在地ニ依リテ定マル
第一項ノ規定ハ外國ノ社團又ハ財團ノ普通裁判籍ニ付テハ日本ニ於ケル事務所、營業所又ハ業務擔當者ニ之ヲ適用ス

第十八條　契約ノ成立若クハ不成立ノ確定又ハ其履行若クハ銷除、廢罷、解除又ハ其不履行若クハ不十分ノ履行ニ關スル賠償ノ訴ハ其訴訟ニ係ル義務ヲ履行ス可キ地ノ裁判所ニ之ヲ起スコトヲ得

第十五條　生徒、雇人、營業使用人、職工、習業者其他性質上一定ノ地ニ永ク寓在ス可キ者ニ對スル財産權上ノ請求ニ付テノ訴ハ其現在地ノ裁判所ニ之ヲ起スコトヲ得

兵役義務履行ノ爲メノミニ服役スル軍人、軍屬ニ對シテハ其兵營地若クハ軍艦定繫所ノ裁判所ニ前項ノ訴ヲ起スコトヲ得

第十一條　軍人、軍屬ハ裁判籍ニ付テハ兵營地若クハ軍艦定繫所ヲ以テ住所トス但此規定ハ豫備、後備ノ軍籍ニ在ル者及ヒ兵役義務履行ノ爲メノミニ服役スル軍人、軍屬ニ之ヲ適用セス

第十七條　內國ニ住所ヲ有セサル債務者ニ對スル財産權上ノ請求ニ付テノ訴ハ其財産又ハ訴ヲ爲シテ請求スル物ノ所在地ノ裁判所ニ之ヲ起スコトヲ得債權ニ付テハ債務者(第三債務者)ノ住所ヲ以テ其財産ノ所在地

---

第五條　財産權上ノ訴ハ義務履行地ノ裁判所ニ之ヲ提起スルコトヲ得

第六條　寄留者ニ對スル財産權上ノ訴ハ寄留地ノ裁判所ニ之ヲ提起スルコトヲ得

第七條　軍人、軍屬又ハ船員ニ對スル財産權上ノ訴ハ軍事用ノ廳舍ノ所在地又ハ艦船ノ本籍若クハ船籍ノ所在地ノ裁判所ニ之ヲ提起スルコトヲ得

第八條　日本ニ住所ナキ者又ハ住所ノ知レサル者ニ對スル財産權上ノ訴ハ請求若ハ其ノ擔保ノ目的又ハ差押フルコトヲ得ヘキ被告ノ財産ノ所在地ノ裁判所ニ之ヲ提起スルコトヲ得

トス又債權ニ付キ物カ擔保ノ責ヲ負フトキハ其物ノ所在地ヲ以テ財産ノ所在地トス

**第十六條**　製造、商業其他ノ營業ニ付キ直接ニ取引ヲ爲ス店舗ヲ有スル者ニ對シテハ其店舗所在地ノ裁判所ニ營業上ニ關スル訴ヲ起スコトヲ得

前項ノ裁判籍ハ住家及ヒ農業用建物アル地所ヲ利用スル所有者、用益者又ハ賃借人ニ對スル訴ニ付テモ亦之ヲ適用ス但此訴カ地所ノ利用ニ付テノ權利關係ヲ有スルトキニ限ル

**第十九條**　會社其他ノ社團ヨリ社員ニ對シ又ハ社員ヨリ社員ニ對シ其社員タル資格ニ基ク請求ノ訴ハ其會社其他ノ社團ノ普通裁判籍アル地ノ裁判所ニ之ヲ起スコトヲ得

---

**第九條**　事務所又ハ營業所ヲ有スル者ニ對スル訴ハ其ノ事務所又ハ營業所ニ於ケル業務ニ關スルモノニ限リ其ノ所在地ノ裁判所ニ之ヲ提起スルコトヲ得

**第十條**　船舶又ハ航海ニ關シ船舶所有者其ノ他船舶ノ利用ヲ爲ス者ニ對スル訴ハ船籍ノ所在地ノ裁判所ニ之ヲ提起スルコトヲ得

**第十一條**　船舶債權其ノ他船舶ヲ以テ擔保スル債權ニ基ク訴ハ船舶ノ所在地ノ裁判所ニ之ヲ提起スルコトヲ得

**第十二條**　會社其ノ他ノ社團ヨリ社員ニ對スル訴又ハ社員ヨリ社員ニ對スル訴ハ社員タル資格ニ基クモノニ限リ會社其ノ他ノ社團ノ普通裁判籍所在地ノ裁判所ニ之ヲ提起スルコ

**第二十條**　不正ノ損害ノ訴ハ責任者ニ對シ其行爲ノ有リタル地ノ裁判所ニ之ヲ起スコトヲ得

---

トヲ得

前項ノ規定ハ社團又ハ財團ヨリ役員ニ對スル訴及會社ヨリ發起人又ハ檢査役ニ對スル訴ニ之ヲ準用ス

**第十三條**　會社其他ノ社團ノ債權者ヨリ社員ニ對スル訴ハ社員タル資格ニ基クモノニ限リ前條ノ裁判所ニ之ヲ提起スルコトヲ得

**第十四條**　第十二條及前條ノ規定ハ社團、財團、社員又ハ社團ノ債權者ヨリ社員、役員、發起人又ハ檢査役タリシ者ニ對スル訴及社員タリシ者ヨリ社員ニ對スル訴ニ之ヲ準用ス

**第十五條**　不法行爲ニ關スル訴ハ其ノ行爲アリタル地ノ裁判所ニ之ヲ提起スルコトヲ得

船舶ノ衝突其ノ他海上ノ事故ニ基ク損害賠償ノ訴ハ損害ヲ受ケタル船舶カ最初ニ到達シタル地ノ裁判所ニ之ヲ提起スルコトヲ得

**第十六條**　海難救助ニ關スル訴ハ救助アリタル地又ハ救助セラレタル船舶カ最初ニ到達シタル地ノ裁判所ニ之ヲ提起ス

第二十二條　不動産ニ付テハ其所在地ノ裁判所ハ總テ不動産上ノ訴殊ニ本權並ニ占有ノ訴及ヒ分割並ニ經界ノ訴ヲ專ラニ管轄ス
地役ニ付テノ訴ハ承役地所在地ノ裁判所專ラニ之ヲ管轄ス

第二十三條　不動産上ノ裁判籍ニ於テハ債權ノ擔保ヲ爲ス從タル物權ニ基ク不動産上ノ訴ニ附帶シテ同一被告ニ對スル債權ノ訴ヲ起スコトヲ得
不動産上ノ裁判籍ニ於テハ不動産ノ所有者若クハ占有者ニ對スル人權ノ訴又ハ不動産ニ加ヘタル損害ノ訴ヲ起スコトヲ得

第二十四條第一項　相續權、遺贈其他死亡ニ因リテ效果ヲ生スル處分ニ基ク請求ノ訴ハ遺産者死亡ノ時普通裁判籍ヲ有セシ裁判所ニ之ヲ起スコトヲ得

---

ルコトヲ得

第十七條　不動産ニ關スル訴ハ不動産所在地ノ裁判所ニ之ヲ提起スルコトヲ得

第十八條　登記又ハ登錄ニ關スル訴ハ登記又ハ登錄ヲ爲スヘキ地ノ裁判所ニ之ヲ提起スルコトヲ得

第十九條　相續權ニ關スル訴又ハ遺留分若ハ遺贈其他死亡ニ因リテ效力ヲ生スヘキ行爲ニ關スル訴ハ相續開始ノ時ニ於ケル被相續人ノ普通裁判籍所在地ノ裁判所ニ之ヲ提起スルコトヲ得

**第二十四條第二項**　相續裁判籍ニ於テハ遺産債權者ヨリ遺産者又ハ相續人ニ對スル請求ノ訴ヲ起スコトヲ得但遺産ノ全部又ハ一分カ其裁判所ノ管轄區内ニ存在スルトキニ限ル

**第二十五條**　第二十二條ノ規定ヲ除ク外原告ハ數箇ノ管轄裁判所ノ中ニ就キ選擇ヲ爲スコトヲ得

**第百九十一條**　同一ノ被告ニ對スル原告ノ請求數箇アル場合ニ於テ其各請求ニ付キ受訴裁判所カ管轄權ヲ有シ且法律ニ於テ同一種類ノ訴訟手續ヲ許ストキハ原告ハ其請求ヲ一箇ノ訴ニ併合スルコトヲ得但民法ノ規定ニ反スルトキハ此限ニ在ラス

**第二十一條**　辯護士又ハ執達吏ノ手數料及ヒ立替金ニ付其委任者ニ對スル訴ハ訴訟物ノ多寡ニ拘ラス本訴訟ノ第一審裁判所ニ之ヲ起スコトヲ得

**第一節　裁判所ノ事物ノ管轄**

**第五條**　訴訟物ノ價額ハ左ノ方法ニ依リ之ヲ

**第二十條**　相續債權其ノ他相續財産ノ負擔ニ關スル訴ニシテ前條ノ規定ニ該當セサルモノハ相續財産ノ全部又ハ一部カ前條ノ裁判所ノ管轄區域内ニ在ルトキニ限リ其ノ裁判所ニ之ヲ提起スルコトヲ得

**第二十一條**　一ノ訴ヲ以テ數箇ノ請求ヲ爲ス場合ニ於テハ第一條乃至前條ノ規定ニ依リ一ノ請求ニ付管轄權ヲ有スル裁判所ニ其ノ訴ヲ提起スルコトヲ得

**第二十二條**　裁判所構成法ニ依リ管轄カ訴訟ノ目的ノ價額ニ

定ム
第一　債權ノ擔保又ハ債權ノ擔保ヲ爲ス從タル物權カ訴訟物ナルトキハ其債權ノ額ニ依ル但物權ノ目的物ノ價額寡キトキハ其額ニ依ル
第二　地役カ訴訟物ナルトキハ要役地ノ地役ニ依リ得ル所ノ價額ニ依ル但地役ノ爲メ承役地ノ價額ノ減シタル額カ要役地ノ地役ニ依リ得ル所ノ價額ヨリ多キトキハ其減額ニ依ル
第三　賃貸借又ハ永貸借ノ契約ノ有無又ハ其時期カ訴訟物ナルトキハ争アル時期ニ當ル借賃ノ額ニ依ル但一个年借賃ノ二十倍ノ額カ右ノ額ヨリ寡キトキハ其二十倍ノ額ニ依ル
第四　定時ノ供給又ハ收益ニ付テノ權利カ訴訟物ナルトキハ一个年收入ノ二十倍ノ額ニ依ル但收入權ノ期限定マリタルモノニ付テハ其將來ノ收入ノ總額カ二十倍ノ額ヨリ寡キトキハ其額ニ依ル
第四條　一ノ訴ヲ以テ數箇ノ請求ヲ爲ストキハ前條第二項ニ掲クルモノヲ除ク外其額ヲ

---

依リテ定ルトキハ其ノ價額ハ訴ヲ以テ主張スル利益ニ依リテ之ヲ算定ス
前項ノ價額ヲ算定スルコト能ハサルトキハ其ノ價額ハ千圓ヲ超過スルモノト看做ス
第二十三條　一ノ訴ヲ以テ數箇ノ請求ヲ爲ストキハ其ノ價額ヲ合算ス

合算ス

本訴ト反訴トノ訴訟物ノ價額ハ之ヲ合算セス

第三條第二項　果實、損害賠償及ヒ訴訟費用ハ法律上相牽連スル主タル請求ニ附帶シ一ノ訴ヲ以テ請求スルトキハ之ヲ算入ス

### 第三節　管轄裁判所ノ指定

第二十六條　管轄裁判所ノ指定ハ裁判所構成法ニ定メタル場合ノ外尚ホ不動産上ノ裁判籍ニ訴ヲ起ス可キ場合ニ於テ不動産カ數箇ノ裁判所ノ管轄區内ニ散在スルトキモ亦之ヲ爲ス

第二十七條　管轄裁判所ノ指定ニ付キ申請ヲ爲ス場合及ヒ其決定ヲ爲ス裁判所ハ裁判所構成法第十條ノ規定ニ從フ

第二十八條　管轄裁判所ノ指定ニ付テノ申請ハ書面又ハ口頭ヲ以テ其申請ニ付キ管轄權ヲ有スル裁判所ニ之ヲ爲スコトヲ得



果實、損害賠償、違約金又ハ費用ノ請求カ訴訟ノ附帶ノ目的ナルトキハ其ノ價額ハ之ヲ訴訟ノ目的ノ價額ニ算入セス

第二十四條　左ノ場合ニ於テハ關係アル裁判所ニ共通スル直近上級裁判所ハ申立ニ因リ決定ヲ以テ管轄裁判所ヲ定ム

一　管轄裁判所及裁判所構成法第十三條第二項ノ規定ニ依リテ之ニ代ルヘキ裁判所カ法律上又ハ事實上裁判權ヲ行フコト能ハサルトキ

二　裁判所ノ管轄區域明確ナラサル爲管轄裁判所カ定マラサルトキ

前項ノ決定ニ對シテハ不服ヲ申立ツルコトヲ得ス

右裁判所ハ口頭辯論ヲ經スシテ其申請ヲ決定ス

管轄裁判所ヲ定メタル決定ニ對シテハ不服ヲ申立ツルコトヲ得ス

**裁判所構成法第十條**　法律ヲ以テ特定シタルモノヲ除ク外左ノ場合ニ於テ適當ノ申請アルトキハ關係アル各裁判所ヲ併セテ之ヲ管轄スル直近上級ノ裁判所ハ何レノ裁判所ニ於テ本件ヲ裁判スルノ權アルヤヲ裁判ス

第一　權限アル裁判所ニ於テ法律上ノ理由若ハ特別ノ事情ニ因リ裁判權ヲ行フコトヲ得ス且此ノ法律第十三條ニ依リ之ニ代ルヘキコトヲ定メラレタル裁判所モ亦之ヲ行フコトヲ得サルトキ

第二　裁判所管轄區域ニ境界明確ナラサルカ爲其ノ權限ニ付疑ヲ生シタルトキ

第三　法律ニ從ヒ又ハ二以上ノ確定判決ニ因リ二以上ノ裁判所裁判權ヲ互有スルトキ

第四　二以上ノ裁判所權限ヲ有セストノ確定判決ヲ爲シ又ハ權限ヲ有セストノ確定判決ヲ受ケタルモ其ノ裁判所ノ一ニ於テ

裁判權ヲ行フヘキトキ

## 第四節 裁判所ノ管轄ニ付テノ合意

**第二十九條** 第一審裁判所ハ當然管轄權ヲ有セサルモ當事者ノ合意ニ因リ管轄權ヲ有ス但書面ヲ以テ合意ヲ爲シ且其合意カ一定ノ權利關係及ヒ其權利關係ヨリ生スル訴訟ニ係ルトキニ限ル

**第三十條** 被告カ管轄違ノ申立ヲ爲サスシテ本案ノ口頭辯論ヲ爲ストキハ亦前條ト同一ノ效力ヲ生ス

**第三十一條** 左ノ場合ニ於テハ第二十九條及ヒ第三十條ノ規定ヲ適用セス

第一 財產權上ノ請求ニ非サル訴訟ニ係ルトキ

第二 專屬管轄ニ屬スル訴ナルトキ

**第六條** 訴訟物ノ價額ハ必要ナル場合ニ於テハ第三條乃至第五條ノ規定ニ從ヒ裁判所ノ意見ヲ以テ之ヲ定ム



---

**第二十五條** 當事者ハ第一審ニ限リ合意ニ依リ管轄裁判所ヲ定ムルコトヲ得

前項ノ合意ハ一定ノ法律關係ニ基ク訴ニ關シ且書面ヲ以テ之ヲ爲スニ非サレハ其ノ效ナシ

**第二十六條** 被告カ第一審裁判所ニ於テ管轄違ノ抗辯ヲ提出セスシテ本案ニ付辯論ヲ爲シ又ハ準備手續ニ於テ申述ヲ爲シタルトキハ其ノ裁判所ハ管轄權ヲ有ス

**第二十七條** 第一條、第五條乃至第二十一條、第二十五條及前條ノ規定ハ訴ニ付專屬管轄ノ定アル場合ニハ之ヲ適用セス

**第二十八條** 裁判所ハ管轄ニ關スル事項ニ付職權ヲ以テ證據調ヲ爲スコトヲ得

裁判所ハ申立ニ因リ證據調ヲ命シ又ハ職權ヲ以テ檢證若クハ鑑定ヲ命スルコトヲ得

**第三條第一項**　訴訟物ノ價額ハ起訴ノ日時ニ於ケル價額ニ依リ之ヲ算定ス

**第百九十五條**　權利拘束ハ左ノ效力ヲ有ス

第二　受訴裁判所ノ管轄ハ訴訟物ノ價額ノ增減、住所ノ變更其他管轄ヲ定ムル事情ノ變更ニ因リテ變換スルコト無シ

**第九條**　地方裁判所カ事物ノ管轄違ナリトシテ訴ヲ却下スルトキハ原告ノ申立ニ因リ同時ニ判決ヲ以テ原告ノ指定シタル自己ノ管轄內ノ區裁判所ニ其訴訟ヲ移送ス可シ

區裁判所カ事物ノ管轄違ナリトシテ訴ヲ却下スルトキハ同時ニ判決ヲ以テ其訴訟ヲ所屬ノ地方裁判所ニ移送ス可シ

移送ノ申立ハ判決ニ接著スル口頭辯論ノ終結前ニ之ヲ爲ス可シ

**第八條**　事物ノ管轄ニ付キ區裁判所又ハ地方裁判所カ管轄違ナリト宣言シ其裁判確定シタルトキハ此裁判ハ後ニ其事件ノ繫屬スヘキ裁判所ヲ覊束ス

---

**第二十九條**　裁判所ノ管轄ハ起訴ノ時ヲ標準トシテ之ヲ定ム

**第三十條**　裁判所ハ訴訟ノ全部又ハ一部カ其ノ管轄ニ屬セスト認ムルトキハ決定ヲ以テ之ヲ管轄裁判所ニ移送ス

**第三十一條**　裁判所ハ其ノ管轄ニ屬スル訴訟ニ付著キ損害又ハ遲滯ヲ避クル爲必要アリト認ムルトキハ其ノ專屬管轄ニ屬スルモノヲ除クノ外申立ニ因リ又ハ職權ヲ以テ訴訟ノ全部又ハ一部ヲ他ノ管轄裁判所ニ移送スルコトヲ得

**第三十二條**　移送ノ裁判ハ移送ヲ受ケタル裁判所ヲ覊束ス移送ヲ受ケタル裁判所ハ更ニ事件ヲ他ノ裁判所ニ移送スルコトヲ得ス

第九條第四項ハ移送言渡ノ判決確定シタルトキハ其訴訟ハ移送ヲ受ケタル裁判所ニ繫屬スルモノト看做ス

## 第五節 裁判所職員ノ除斥及ヒ忌避

第三十二條 判事ハ左ノ場合ニ於テ法律ニ依リ其職務ノ執行ヨリ除斥セラル可シ

第一 判事又ハ其婦カ原告若クハ被告タルトキ又ハ訴訟ニ係ル請求ニ付キ當事者ノ一方若クハ雙方ト共同權利者、共同義務者若クハ償還義務者タル關係ヲ有スルトキ

第二 判事又ハ其婦カ當事者ノ一方若クハ



第三十三條 移送ノ裁判ニ對シテハ即時抗告ヲ爲スコトヲ得
移送ノ申立ヲ却下シタル裁判ニ對シテハ不服ヲ申立ツルコトヲ得ス

第三十四條 移送ノ裁判確定シタルトキハ訴訟ハ初ヨリ移送ヲ受ケタル裁判所ニ繫屬シタルモノト看做ス
前項ノ場合ニ於テハ移送ノ裁判ヲ爲シタル裁判所ノ書記ハ其ノ裁判ノ正本ヲ訴訟記錄ニ添附シ移送ヲ受ケル裁判所ノ書記ニ之ヲ送付スルコトヲ要ス

## 第二節 裁判所職員ノ除斥、忌避及回避

第三十五條 判事ハ左ノ場合ニ於テハ法律上其ノ職務ノ執行ヨリ除斥セラル

一 判事又ハ其ノ妻若ハ妻タリシ者カ事件ノ當事者ナルトキ又ハ事件ニ付當事者ト共同權利者、共同義務者若ハ償還義務者タル關係ヲ有スルトキ

二 判事カ當事者ノ四親等内ノ血族若ハ三親等内ノ姻族ナ

雙方又ハ其配偶者ト親族ナルトキ但姻族ニ付テハ婚姻ノ解除シタルトキト雖モ亦同シ

第三　判事カ同一ノ事件ニ付キ證人若クハ鑑定人ト爲リテ訊問ヲ受クルトキ又ハ訴訟代理人タル任ヲ受クルトキ若クハ受ケタルトキ又ハ法律上代理人ト爲ル權利ヲ有スルトキ若クハ之ヲ有シタルトキ

第四　判事カ不服ノ申立アル裁判ヲ前審又ハ仲裁ニ於テ爲スニ當リ判事又ハ仲裁人トシテ關與シタルトキ但此場合ニ於テ判事ハ受命判事又ハ受託判事トシテハ職務ノ執行ヨリ除斥セラルルコト無シ

**第三十三條**　判事カ法律ニ依リ職務ノ執行ヨリ除斥セラルルトキ及ヒ偏頗ノ恐アルトキハ總テノ場合ニ於テ各當事者ヨリ之ヲ忌避スルコトヲ得

偏頗ノ忌避ハ判事ノ不公平ナル裁判ヲ爲スコトヲ疑フニ足ル可キ事情アルトキ之ヲ爲

---

ルトキ又ハナリシトキ

三　判事カ當事者ノ後見人、後見監督人、保佐人又ハ戶主若ハ家族ナルトキ

四　判事カ事件ニ付證人又ハ鑑定人ト爲リタルトキ

五　判事カ事件ニ付當事者ノ代理人又ハ輔佐人ナルトキ又ハナリシトキ

六　判事カ事件ニ付仲裁判斷ニ關與シ又ハ不服ヲ申立テラレタル前審ノ裁判ニ關與シタルトキ但シ他ノ裁判所ノ囑託ニ因リ受託判事トシテ其ノ職務ヲ行フコトヲ妨ケス

**第三十六條**　除斥ノ原因アルトキハ裁判所ハ申立ニ因リ又ハ職權ヲ以テ除斥ノ裁判ヲ爲ス

**第三十七條**　判事ニ付裁判ノ公正ヲ妨クヘキ事情アルトキハ當事者ハ之ヲ忌避スルコトヲ得

當事者カ判事ノ面前ニ於テ辯論ヲ爲シ又ハ準備手續ニ於テ申述ヲ爲シタルトキハ其ノ判事ヲ忌避スルコトヲ得ス但シ忌避ノ原因カ其ノ後ニ生シ又ハ當事者カ其ノ原因アルコト

スコトヲ得
第三十四條　判事カ法律ニ依リ職務ノ執行ヨリ除斥セラルル場合ニ於ケル判事ノ忌避ハ其訴訟ノ如何ナル程度ニ在ルヲ問ハス之ヲ爲スコトヲ得
偏頗ノ恐アル場合ニ於テハ原告若クハ被告其覺知シタル忌避ノ原因ヲ主張セスシテ判事ノ面前ニ於テ申立ヲ爲シ又ハ相手方ノ申立ニ對シ陳述ヲ爲シタル後ハ其判事ヲ忌避スルコトヲ得ス
第三十五條　忌避ノ申請ハ判事所屬ノ裁判所ニ書面又ハ口頭ヲ以テ之ヲ爲スコトヲ得
忌避ノ原因ハ之ヲ疏明スルコトヲ要ス忌避セラレタル判事ノ職務上ノ陳述ハ其疏明ノ用ニ充ツルコトヲ得
原告若クハ被告カ判事ノ面前ニ於テ申立ヲ爲シ又ハ相手方ノ申立ニ對シ陳述ヲ爲シタル後其判事ニ對シ偏頗ノ忌避ヲ爲ストキハ忌避ノ原因其後ニ生シ又ハ之ヲ其後ニ覺知シタルコトヲ疏明ス可シ
第三十六條　忌避セラレタル判事合議裁判所ニ屬スルトキハ其裁判所忌避ノ申請ヲ裁判

ヲ知ラサリシトキハ此ノ限ニ在ラス
第三十八條　第三十六條又ハ前條ニ規定スル申立ハ其ノ原因ヲ開示シテ判事所屬ノ裁判所ニ之ヲ爲スコトヲ要ス
除斥又ハ忌避ノ原因ハ申立ヲ爲シタル日ヨリ三日内ニ之ヲ疏明スルコトヲ要ス前條第二項但書ノ事實亦同シ
第三十九條　合議裁判所ノ判事ノ除斥又ハ忌避ニ付テハ其ノ裁判所、區裁判所ノ判事ノ除斥又ハ忌避ニ付テハ其ノ裁判

ス但忌避セラレタル判事ハ其裁判ニ參與スルコトヲ得ス

若シ其裁判所右判事ノ退去ニ因リ決定ヲ爲スコト能ハサルトキハ直近上級ノ裁判所其申請ヲ裁判ス

區裁判所判事忌避セラレタルトキハ上級ノ地方裁判所其申請ヲ裁判ス若シ區裁判所判事カ忌避ノ申請ヲ正當ナリト爲ストキハ裁判ヲ要セス

**第三十七條**　忌避申請ニ付テノ裁判ハ口頭辯論ヲ經スシテ之ヲ爲スコトヲ得忌避セラレタル判事ハ先ツ申請ノ理由ニ付職務上意見ヲ述フ可シ

**第三十八條**　忌避ノ申請ヲ正當ナリト宣言スル決定ニ對シテハ上訴ヲ爲スコトヲ得ス其申請ヲ不當ナリト宣言スル決定ニ對シテハ即時抗告ヲ爲スコトヲ得

**第三十九條**　忌避セラレタル判事ハ忌避申請ノ完結スルマテ總テノ行爲ヲ避ク可シ然レトモ偏頗ノ爲ニ忌避セラレタル判事ハ猶豫ス可カラサル行爲ヲ爲スヘシ

---

所ノ所在地ヲ管轄スル地方裁判所決定ヲ以テ裁判ヲ爲ス

**第四十條**　判事ハ其ノ除斥又ハ忌避ニ付裁判ニ關與スルコトヲ得ス但シ意見ヲ述フルコトヲ得

**第四十一條**　除斥又ハ忌避ヲ理由アリトスル決定ニ對シテハ不服ヲ申立ツルコトヲ得ス之ヲ理由ナシトスル決定ニ對シテハ即時抗告ヲ爲スコトヲ得

**第四十二條**　除斥又ハ忌避ノ申立アリタルトキハ其ノ申立ニ付テノ裁判ノ確定ニ至ル迄訴訟手續ヲ停止スルコトヲ要ス但シ急速ヲ要スル行爲ニ付テハ此ノ限ニ在ラス

第四十條　忌避申請ノ管轄裁判所ハ其申請アラサルモ忌避ノ原因タル事情ニ付キ判事ヨリ申出アルトキ又ハ他ノ事情ヨリシテ判事カ法律ニ依リ除斥セラルル疑アルトキモ亦裁判ヲ爲ス此裁判ハ豫メ當事者ヲ審訊セスシテ之ヲ爲ス又其裁判ハ當事者ニ送達スルコトヲ要セス

第四十一條　本節ノ規定ハ裁判所書記ニモ之ヲ準用ス但其裁判ハ書記所屬ノ裁判所之ヲ爲ス

## 第二章　當事者

### 第一節　訴訟能力

第四十三條　原告若クハ被告カ自ラ訴訟ヲ爲シ又ハ訴訟代理人ヲシテ之ヲ爲サシムル能力ト法律上代理人ニ依レル訴訟無能力者ノ代表ト法律上代理人ノ訴訟ヲ爲シ又ハ一ノ訴訟行爲ヲ爲スニ付テノ特別授權ノ必要トハ民法ノ規定ニ從フ



第四十三條　第三十五條及第三十七條第一項ノ場合ニ於テハ判事ハ監督權アル判事ノ許可ヲ得テ回避スルコトヲ得

第四十四條　本節ノ規定ハ裁判所書記ニ之ヲ準用ス此ノ場合ニ於テハ裁判ハ書記所屬ノ裁判所之ヲ爲ス

## 第二章　當事者

### 第一節　當事者能力及訴訟能力

第四十五條　當事者能力、訴訟能力及訴訟無能力者ノ法定代理ハ本法ニ別段ノ定アル場合ヲ除クノ外民法其ノ他ノ法令ニ從フ訴訟行爲ヲ爲スニ必要ナル授權亦同シ

第四十六條　法人ニ非サル社團又ハ財團ニシテ代表者又ハ管

理人ノ定アルモノハ其ノ名ニ於テ訴ヘ又ハ訴ヘラルルコトヲ得

**第四十七條**　共同ノ利益ヲ有スル多數者ニシテ前條ノ規定ニ該當セサルモノハ其ノ中ヨリ總員ノ爲ニ原告若ハ被告ト爲ルヘキ一人若ハ數人ヲ選定シ又ハ之ヲ變更スルコトヲ得

訴訟ノ繫屬ノ後前項ノ規定ニ依リテ原告又ハ被告ト爲ルヘキ者ヲ定メタルトキハ他ノ當事者ハ當然訴訟ヨリ脫退ス

**第四十八條**　前條ノ規定ニ依リテ選定セラレタル當事者中死亡其ノ他ノ事由ニ因リ其ノ資格ヲ喪失シタル者アルトキハ他ノ當事者ニ於テ總員ノ爲ニ訴訟行爲ヲ爲スコトヲ得

**第四十九條**　未成年者及禁治產者ハ法定代理人ニ依リテノミ訴訟行爲ヲ爲スコトヲ得但シ未成年者カ獨立シテ法律行爲ヲ爲スコトヲ得ル場合ハ此ノ限ニ在ラス

**第五十條**　準禁治產者、妻又ハ法定代理人カ相手方ノ提起シタル訴又ハ上訴ニ付訴訟行爲ヲ爲スニハ保佐人ノ同意、夫ノ許可又ハ親族會ノ同意其ノ他ノ授權ヲ要セス

**第四十四條** 外國人ハ自國ノ法律ニ從ヒ訴訟能力ヲ有セサルモ本邦ノ法律ニ從ヒ訴訟能力ヲ有スルモノナルトキハ之ヲ有スルモノト看做ス

**第四十五條** 裁判所ハ訴訟ノ如何ナル程度ニ在ルヲ問ハス職權ヲ以テ訴訟能力、法律上代理人タル資格及ヒ訴訟ヲ爲スニ必要ナル授權ノ欠缺ナキヤ否ヤヲ調査ス可シ

裁判所ハ遲滯ノ爲メ原告若クハ被告ニ危害アリ且其欠缺ノ補正ヲ爲シ得ルモノト認ムルトキハ原告若クハ被告又ハ其法律上代理人ニ其欠缺ノ補正ヲ爲ス條件ヲ以テ一時訴

---

準禁治産者、妻又ハ法定代理人カ訴、控訴若ハ上告ノ取下和解、請求ノ抛棄若ハ認諾又ハ第七十二條ノ規定ニ依ル脱退ヲ爲スニハ常ニ特別ノ授權アルコトヲ要ス

**第五十一條** 外國人ハ其ノ本國法ニ依レハ訴訟能力ヲ有セサルトキト雖日本ノ法律ニ依レハ訴訟能力ヲ有スヘキトキハ訴訟能力者ト看做ス

**第五十二條** 法定代理權又ハ訴訟行爲ヲ爲スニ必要ナル授權ハ書面ヲ以テ之ヲ證スルコトヲ要ス第四十七條ノ規定ニ依ル當事者ノ選定及變更亦同シ

前項ノ書面ハ訴訟記錄ニ之ヲ添附スルコトヲ要ス

**第五十三條** 訴訟能力、法定代理權又ハ訴訟行爲ヲ爲スニ必要ナル授權ノ欠缺アルトキハ裁判所ハ期間ヲ定メテ其ノ補正ヲ命シ若シ遲滯ノ爲損害ヲ生スル虞アルトキハ一時訴訟行爲ヲ爲サシムルコトヲ得

訟ヲ爲スヲ許スコトヲ得此場合ニ於テ裁判所ハ欠缺補正ノ爲メ相當ノ期間ヲ定メ其期間ノ滿了前ニ判決ヲ爲スコトヲ得ス但其欠缺ノ補正ハ判決ニ接著スル口頭辯論ノ終結マデ之ヲ追完スルコトヲ得

**第四十六條**　訴訟無能力者又ハ相續人ノ未定ノ遺産又ハ不分明ナル相續人ニ對シ訴ヲ起スヘキ場合ニ於テ法律上代理人アラサルトキハ其事件ノ繫屬スヘキ裁判所ノ裁判長ハ申立ニ因リ遲滯ノ爲ニ危害ノ恐アル場合ニ限リ特別代理人ヲ任スヘシ

右申請ハ書面又ハ口頭ヲ以テ之ヲ爲スコト

---

**第五十四條**　訴訟能力、法定代理權又ハ訴訟行爲ヲ爲スニ必要ナル授權ノ欠缺アル者カ爲シタル訴訟行爲ハ其ノ欠缺ナキニ至リタル當事者又ハ法定代理人ノ追認ニ因リ行爲ノ時ニ遡リテ其ノ效力ヲ生ス

**第五十五條**　第五十三條及前條ノ規定ハ第四十七條ノ規定ニ依ル當事者カ訴訟行爲ヲ爲ス場合ニ之ヲ準用ス

**第五十六條**　法定代理人ナキ場合又ハ法定代理人カ代理權ヲ行フコト能ハサル場合ニ於テ未成年者又ハ禁治産者ニ對シ訴訟行爲ヲ爲サントスル者ハ遲滯ノ爲損害ヲ受クル虞アルコトヲ疎明シテ受訴裁判所ノ裁判長ニ特別代理人ノ選任ヲ申請スルコトヲ得

裁判所ハ何時ニテモ特別代理人ヲ改任スルコトヲ得

チ得此裁判ハ口頭辯論ヲ經スシテ之チ爲シ其裁判ハ申請人ニ之ヲ送達シ又申請チ認許シタルトキハ其任セラレタル特別代理人ニモ亦之チ送達スヘシ

申請チ却下スル裁判ニ對シテハ抗告チ爲スコトチ得

裁判長ヨリ任セラレタル特別代理人ハ法律上代理人又ハ相續人ノ出頭スルマテ訴訟行爲ニ付キ法律上代理人ノ權利及義務チ有ス

**第百八十條** 原告若クハ被告カ訴訟能力チ失ヒ又ハ其法律上代理人カ死亡シ又ハ其代理權カ原告若クハ被告ノ訴訟能力チ得ル前ニ消滅シタルトキハ訴訟手續ハ法律上代理人又ハ新法律上代理人カ其任設チ相手方ニ通知シ又ハ相手方カ訴訟手續チ續行セントスルコトチ其代理人ニ通知スルマテ之チ中斷ス

**第四十七條** 第十五條ニ掲ケタル場合ニ於テ訴訟無能力者カ其現在地又ハ兵營地若クハ軍艦定繫所ノ裁判所ニ訴チ受ク可キ場合ニ於テ其法律上代理人他ノ地ニ住スルトキハ

---

特別代理人カ訴訟行爲ヲ爲スニハ後見人ト同一ノ授權アルコトヲ要ス

特別代理人ノ選任及改任ノ命令ハ特別代理人ニモ之ヲ送達スルコトヲ要ス

**第五十七條** 法定代理權ノ消滅ハ本人又ハ代理人ヨリ之ヲ相手方ニ通知スルニ非サレハ其ノ效ナシ

前項ノ規定ハ第四十七條ノ規定ニ依ル當事者ノ變更ニ之ヲ準用ス

**第五十八條** 本法中法定代理及法定代理人ニ關スル規定ハ法人ノ代表者及法人ニ非スシテ其名ニ於テ訴ヘ又ハ訴ヘラルルコトヲ得ル社團又ハ財團ノ代表者又ハ管理人ニ之ヲ準用ス

遲滯ノ爲メ危害ナシト雖モ前條ノ規定ニ從ヒ特別代理人ヲ任スルコトヲ得此他裁判所ニ對シ抗告ヲ許ス規定ヲ除ク外總テ前條ノ規定ヲ適用ス

## 第二節　共同訴訟人

**第四十八條**　左ノ場合ニ於テハ共同訴訟人トシテ數人カ共ニ訴ヲ爲シ又ハ訴ヲ受クルコトヲ得

第一　數人カ訴訟物ニ付キ權利共通若クハ義務共通ノ地位ニ立ツトキ

第二　同一ナル事實上及ヒ法律上ノ原因ニ基ク請求又ハ義務カ訴訟ノ目的物タルトキ

第三　性質ニ於テ同種類ナル事實上及ヒ法律上ノ原因ニ基ク同種類ナル請求又ハ義務カ訴訟ノ目的物タルトキ

**第五十一條**　他人ノ間ニ權利拘束ト爲リタル訴訟ノ目的物ノ全部又ハ一部ヲ自己ノ爲メ

---

## 第二節　共同訴訟

**第五十九條**　訴訟ノ目的タル權利又ハ義務カ數人ニ付共通ナルトキ又ハ同一ノ事實上及法律上ノ原因ニ基クトキハ其數人ハ共同訴訟人トシテ訴ヘ又ハ訴ヘラルルコトヲ得訴訟ノ目的タル權利又ハ義務カ同種ニシテ事實上及法律上同種ノ原因ニ基クトキ亦同シ

**第六十條**　他人間ノ訴訟ノ目的ノ全部又ハ一部ヲ自己ノ爲ニ請求スル者ハ其ノ訴訟ノ繫屬中當事者雙方ヲ共同被告トシ

ニ請求スル第三者ハ本訴訟ノ權利拘束ノ終ニ至ルマテ其訴訟カ第一審ニ於テ繫屬シタル裁判所ニ當事者雙方ニ對スル訴(主參加)ヲ爲シテ共請求ヲ主張スルコトヲ得

**第四十九條**　共同訴訟人ハ其資格ニ於テハ各別ニ相手方ニ對立シ其一人ノ訴訟行爲及ヒ懈怠又ハ相手方ヨリ其一人ニ對スル訴訟行爲及ヒ懈怠ハ他ノ共同訴訟人ニ利害ヲ及ホサス

**第五十條**　然レトモ總テノ共同訴訟人ニ對シ訴訟ニ係ル權利關係カ合一ニノミ確定スヘキトキニ限リ左ノ規定ヲ適用ス

共同訴訟人中ノ或人ノ攻擊及ヒ防禦ノ方法(證據方法ヲ包含ス)ハ他ノ共同訴訟人ノ利益ニ於テ效ヲ生ス

共同訴訟人中ノ或人カ爭ヒ又ハ認諾セサルトキト雖モ總テノ共同訴訟人カ悉ク爭ヒ又ハ認諾セサルモノト看做ス

共同訴訟人中ノ或人ノミカ期日又ハ期間ヲ懈怠シタルトキハ其懈怠シタル者ハ懈怠セサル者ニ代理ヲ任シタルモノト看做ス

然レトモ懈怠シタル共同訴訟人ニハ其懈怠

---

第一審ノ受訴裁判所ニ訴ヲ提起スルコトヲ得

**第六十一條**　共同訴訟人ノ一人ノ行爲又ハ之ニ對スル相手方ノ訴訟行爲及其ノ一人ニ付生シタル事項ハ他ノ共同訴訟人ニ影響ヲ及ホサス

**第六十二條**　訴訟ノ目的カ共同訴訟人ノ全員ニ付合一ニノミ確定スヘキ場合ニ於テハ其ノ一人ノ訴訟行爲ハ全員ノ利益ニ於テノミ其ノ效力ヲ生ス

共同訴訟人ノ一人ニ對スル相手方ノ訴訟行爲ハ全員ニ對シテ其ノ效力ヲ生ス

共同訴訟人ノ一人ニ付訴訟手續ノ中斷又ハ中止ノ原因アルトキハ其ノ中斷又ハ中止ハ全員ニ付其ノ效力ヲ生ス

セサリシ場合ニ於テ爲ス可キ總テノ送達及ヒ呼出ヲ爲スコトヲ要ス其懈怠シタル共同訴訟人ハ何時タリトモ其後ノ訴訟手續ニ再ヒ加ハルコトヲ得

第五十一條第二項　第三者カ原告及ヒ被告ノ共謀ニ因リ自己ノ債權ニ損害ヲ生スルコトヲ主張スルトキモ亦同シ

第三節　第三者ノ訴訟參加

第五十三條　他人ノ間ニ權利拘束ト爲リタル訴訟ニ於テ其一方ノ勝訴ニ依リ權利上利害ノ關係ヲ有スル者ハ訴訟ノ如何ナル程度ニ在ルヲ問ハス權利拘束ノ繼續スル間ハ其一方ヲ補助(從參加)スル爲メ之ニ附隨スルコトヲ得

第五十六條　從參加ハ本訴訟ノ繫屬スル裁判所ニ申請ヲ以テ之ヲ爲スヘシ



**第六十三條**　第五十條第一項ノ規定ハ前條第一項ノ場合ニ於テ共同訴訟人ノ一人カ提起シタル上訴ニ付他ノ共同訴訟人ノ爲スヘキ訴訟行爲ニ之ヲ準用ス

## 第三節　訴訟參加

**第六十四條**　訴訟ノ結果ニ付利害關係ヲ有スル第三者ハ其ノ訴訟ノ繫屬中當事者ノ一方ヲ補助スル爲訴訟ニ參加スルコトヲ得

**第六十五條**　參加ノ申出ハ參加ノ趣旨及理由ヲ具シ參加ニ依リテ訴訟行爲ヲ爲スヘキ裁判所ニ之ヲ爲スコトヲ要ス

申請ニハ當事者及ヒ訴訟ヲ表示シ又一定ノ利害關係及ヒ附隨セントスル陳述ヲ開示ス可シ

申請ハ當事者ニ之ヲ送達ス可シ

從參加ハ故障、異議又ハ上訴ト併合シテ之ヲ爲スコトヲ得

**第五十七條**　原告若クハ被告カ從參加ニ付キ異議ヲ述フルトキハ當事者及ヒ從參加人ヲ審訊シタル後決定ヲ以テ參加ノ許否ヲ裁判ス其裁判ハ口頭辯論ヲ經スシテ之ヲ爲スコトヲ得利害關係ノ存否ニ付キ爭アルトキハ從參加人其關係ヲ疏明スルノミヲ以テ參加ヲ許スニ足ル

右ノ決定ニ對シテハ卽時抗告ヲ爲スコトヲ得

**第五十七條第四項**　參加ヲ許サヽル裁判確定セサル間ハ從參加人ヲ本訴訟ニ立會ハシメ殊ニ總テノ期日ニ之ヲ呼出シ又本訴訟ニ關

---

書面ニ依リテ參加ノ申出ヲ爲シタル場合ニ於テハ其ノ書面ハ之ヲ當事者雙方ニ送達スルコトヲ要ス

參加ノ申出ハ參加人トシテ爲シ得ル訴訟行爲ト共ニ之ヲ爲スコトヲ得

**第六十六條**　當事者カ參加ニ付異議ヲ述ヘタルトキハ參加ノ理由ハ之ヲ疏明スルコトヲ要ス此ノ場合ニ於テハ裁判所ハ參加ノ許否ニ付決定ヲ以テ裁判ヲ爲ス

前項ノ裁判ニ對シテハ卽時抗告ヲ爲スコトヲ得

**第六十七條**　當事者カ參加ニ付異議ヲ述ヘスシテ辯論ヲ爲シ又ハ準備手續ニ於テ申述ヲ爲シタルトキハ異議ヲ述フル權利ヲ失フ

**第六十八條**　參加人ハ參加ニ付異議アル場合ニ於テモ參加ヲ許サヽル裁判確定セサル間ハ訴訟行爲ヲ爲スコトヲ得參加

係アル裁判ヲ爲シタルトキハ從參加人ニ其裁判ヲ送達ス可シ

**第五十四條**　從參加人ハ其附隨スル時ニ於ケル訴訟ノ程度ヲ妨ケサル限リハ其主タル原告若クハ被告ノ爲ニ攻撃及ヒ防禦ノ方法ヲ施用シ凡總テノ訴訟行爲ヲ有效ニ行ヒ殊ニ主タル原告若クハ被告ノ爲ニ存スル期間内ニ故障、支拂命令ニ對スル異議又ハ上訴ヲ爲ス權利ヲ有ス

從參加人ノ陳述及ヒ行爲ト主タル原告若クハ被告ノ陳述及ヒ行爲ト相牴觸スル場合ニ於テハ主タル原告若クハ被告ノ陳述及ヒ行爲ヲ以テ標準ト爲ス但民法ニ於テ此ニ異ナル規定アルトキハ此限ニ在ラス

**第五十八條**　從參加人ハ當事者雙方ノ承諾ヲ得テ其附隨シタル原告若クハ被告ニ代リ訴訟ヲ擔保スルコトヲ得此場合ニ於テハ其原告若クハ被告ヲ申立ニ因リ判決ヲ以テ訴訟ヨリ其原告若クハ被告ヲ脱退セシム可シ

**第五十五條**　從參加人ハ訴訟ヨリ脱退シタル

---

人ノ訴訟行爲ハ當事者カ之ヲ援用シタルトキハ參加ヲ許ササル裁判確定シタル場合ニ於テモ其ノ效力ヲ有ス

**第六十九條**　參加人ハ訴訟ニ付攻撃又ハ防禦ノ方法ノ提出、異議ノ申立、上訴ノ提起其ノ他一切ノ訴訟行爲ヲ爲スコトヲ得但シ參加ノ時ニ於ケル訴訟ノ程度ニ從ヒ爲スコトヲ得サルモノハ此ノ限ニ在ラス

參加人ノ訴訟行爲カ被參加人ノ訴訟行爲ト抵觸スルトキハ其ノ效力ヲ有セス

**第七十條**　前條ノ規定ニ依リテ參加人カ訴訟行爲ヲ爲スコト

トキト雖モ其補助シタル原告若クハ被告トノ關係ニ於テハ其訴訟ノ確定判決ヲ不當ナリト主張スルコトヲ得ス
從參加人ハ其附隨ノ時ノ訴訟ノ程度ニ因リ又ハ主タル原告若クハ被告ノ所爲ニ因リ攻擊及防禦ノ方法ヲ施用スルコトヲ妨ケラルルトキ又ハ主タル原告若クハ被告カ從參加人ノ當時知ラサリシ攻擊及ヒ防禦ノ方法ヲ故意又ハ重過失ニ因リ施用セサリシトキニ限リ其補助シタル原告若クハ被告カ訴訟ヲ不十分ニ爲シタリト主張スルコトヲ得

**第六十二條第四項**　第三者カ訴訟ヲ引受ケタルトキハ裁判所ハ被告ノ申立ニ因リ其被告ヲ訴訟ヨリ脫退セシム可シ其物ニ付テノ裁判ハ被告ニ對シテモ效力ヲ有シ且之ヲ執行スルコトヲ得

---

ヲ得ス又ハ其ノ訴訟行爲カ效力ヲ有セサリシ場合、被參加人カ參加人ノ訴訟行爲ヲ妨ケタル場合及被參加人カ參加人ノ爲スコト能ハサル訴訟行爲ヲ故意又ハ過失ニ因リテ爲ササリシ場合ヲ除クノ外裁判ハ參加人ニ對シテモ其ノ效力ヲ有ス

**第七十一條**　訴訟ノ結果ニ因リテ權利ヲ害セラルヘキコトヲ主張スル第三者又ハ訴訟ノ目的ノ全部若ハ一部カ自己ノ權利ナルコトヲ主張スル第三者ハ當事者トシテ訴訟ニ參加スルコトヲ得此ノ場合ニ於テハ第六十二條及第六十五條ノ規定ヲ準用ス

**第七十二條**　前條ノ規定ニ依リ自己ノ權利ヲ主張スル爲訴訟ニ參加シタル者アル場合ニ於テハ參加前ノ原告又ハ被告ハ相手方ノ承諾ヲ得テ訴訟ヨリ脫退スルコトヲ得但シ判決ハ脫退シタル當事者ニ對シテモ其ノ效力ヲ有ス

第五十九條　原告若クハ被告若シ敗訴スルト

---

第七十三條　訴訟ノ繋屬中其ノ訴訟ノ目的タル權利ノ全部又ハ一部ヲ讓受ケタルコトヲ主張シ第七十一條ノ規定ニ依リテ訴訟參加ヲ爲シタルトキハ其ノ參加ハ訴訟ノ繋屬ノ初ニ遡リテ時效ノ中斷又ハ法律上ノ期間遵守ノ效力ヲ生ス

第七十四條　訴訟ノ繋屬中第三者カ其ノ訴訟ノ目的タル債務ヲ承繼シタルトキハ裁判所ハ當事者ノ申立ニ因リ其ノ第三者ヲシテ訴訟ヲ引受ケシムルコトヲ得

裁判所ハ前項ノ規定ニ依リテ決定ヲ爲ス前當事者及第三者ヲ審訊スルコトヲ要ス

第七十二條ノ規定中脱退及判決ノ效力ニ關スルモノハ第一項ノ規定ニ依リテ訴訟ノ引受アリタル場合ニ之ヲ準用ス

第七十五條　訴訟ノ目的カ當事者ノ一方及第三者ニ付合一ニノミ確定スヘキ場合ニ於テハ其ノ第三者ハ共同訴訟人トシテ訴訟ニ參加スルコトヲ得此ノ場合ニ於テハ第六十五條ノ規定ヲ準用ス

第七十六條　當事者ハ訴訟ノ繋屬中參加ヲ爲スコトヲ得ル第

キハ第三者ニ對シ擔保又ハ賠償ノ請求ヲ爲シ得ヘシト信シ又ハ第三者ヨリ請求ヲ受クヘキコトヲ恐ルル場合ニ於テハ訴訟ノ權利拘束間第三者ニ訴訟ヲ告知スルコトヲ得
訴訟ノ告知ヲ受ケタル者ハ更ニ訴訟ヲ告知スルコトヲ得

**第六十條**　訴訟告知ハ訴訟ノ繫屬スル裁判所ニ其訴訟告知ノ理由及ヒ訴訟ノ程度ヲ記載シタル書面ヲ提出シテ之ヲ爲スヘシ
此書面ハ第三者ニ送達スルコトヲ要ス又訴訟ヲ告知スル原告若クハ被告ノ相手方ニハ其謄本ヲ送付ス可シ

**第六十一條**　訴訟ハ訴訟告知ニ拘ラス之ヲ續行ス
第三者參加スヘキコトヲ陳述スルトキハ從參加ノ規定ヲ適用ス

**第六十二條**　第三者ノ名ヲ以テ物ヲ占有スルコトヲ主張スル者其物ノ占有者トシテ被告ト爲リタルトキハ本案ノ辯論前第三者ヲ指名シ之ニ陳述ヲ爲サシムル爲メ其呼出ヲ求ムルトキハ第三者ノ陳述ヲ爲シ又ハ之ヲ爲ス可キ期日マテ本案ノ辯論ヲ拒ムコトヲ得

---

三者ニ其ノ訴訟ノ告知ヲ爲スコトヲ得
訴訟告知ヲ受ケタル者ハ更ニ訴訟告知ヲ爲スコトヲ得

**第七十七條**　訴訟告知ハ理由及訴訟ノ程度ヲ記載シタル書面ヲ裁判所ニ提出シテ之ヲ爲スコトヲ要ス
前項ノ書面ハ相手方ニモ之ヲ送達スルコトヲ要ス

**第七十八條**　訴訟告知ヲ受ケタル者カ參加セサリシ場合ニ於テモ第七十條ノ規定ノ適用ニ付テハ參加スルコトヲ得ヘカリシ時ニ參加シタルモノト看做ス

第三者カ被告ノ主張ヲ爭フトキ又ハ陳述ヲ爲ササルトキハ被告ハ原告ノ申立ニ應スルコトヲ得

第三者カ被告ノ主張ヲ正當ト認ムルトキハ被告ノ承諾ヲ得テ之ニ代リ訴訟ヲ引受クルコトヲ得

第三者カ訴訟ヲ引受ケタルトキハ裁判所ハ被告ノ申立ニ因リ其被告ヲ訴訟ヨリ脱退セシム可シ其物ニ付テノ裁判ハ被告ニ對シテモ效力ヲ有シ且之ヲ執行スルコトヲ得

### 第四節　訴訟代理人及ヒ輔佐人

**第六十三條**　原告若クハ被告自ラ訴訟ヲ爲ササルトキハ辯護士ヲ以テ訴訟代理人トシ之ヲ爲ス

辯護士ノ在ラサル場合ニ於テハ訴訟能力者タル親族若クハ雇人ヲ以テ訴訟代理人ト爲シ若シ此等ノ者ノ在ラサルトキハ他ノ訴訟能力者ヲ以テ訴訟代理人ト爲スコトヲ得

區裁判所ニ於テハ辯護士ノ在ルトキト雖モ訴訟能力者タル親族若クハ雇人ヲ以テ訴訟代理人ト爲スコトヲ得

---

### 第四節　訴訟代理人及補佐人

**第七十九條**　法令ニ依リテ裁判上ノ行爲ヲ爲スコトヲ得ル代理人ノ外辯護士ニ非サレハ訴訟代理人タルコトヲ得ス但シ區裁判所ニ於テハ許可ヲ得テ辯護士ニ非サル者ヲ訴訟代理人ト爲スコトヲ得

前項ノ許可ハ何時ニテモ之ヲ取消スコトヲ得

第六十四條　訴訟委任ハ裁判所ノ記錄ニ備フ可キ書面委任ヲ以テ之ヲ證ス可シ
私署證書ハ相手方ノ求ニ因リ之ヲ認證スヘシ其認證ハ公證人之ヲ爲シ又相當官吏之ヲ爲スコトヲ得
口頭辯論ノ期日又ハ受命判事若クハ受託判事ノ面前ニ於テ口頭委任ヲ爲シ其陳述ヲ調書ニ記載セシムルトキハ書面委任ト同一ナリトス

第六十五條　訴訟委任ハ反訴、主參加、故障、假差押若クハ假處分又ハ強制執行ニ因リ生スル訴訟行爲ヲ併セ訴訟ニ關スル總テノ訴訟行爲ヲ爲シ及ヒ相手方ヨリ辨濟スル費用ノ領收ヲ爲ス權ヲ授與ス
訴訟代理人ハ特別ノ委任ヲ受クルニ非サレハ控訴若クハ上告ヲ爲シ、再審ヲ求メ、代人ヲ任シ、和解ヲ爲シ、訴訟物ヲ抛棄シ又ハ相手方ヨリ主張シタル請求ヲ認諾スル權ヲ有セス

第六十六條　訴訟委任ハ法律上ノ範圍（第六十五條第一項）ヲ制限スルモ其制限ハ相手

---

第八十條　訴訟代理人ノ權限ハ書面ヲ以テ之ヲ證スルコトヲ要ス
前項ノ書面カ私文書ナルトキハ裁判所ハ當該吏員ノ認證ヲ受クヘキ旨ヲ訴訟代理人ニ命スルコトヲ得
前二項ノ規定ハ當事者カ口頭ヲ以テ訴訟代理人ヲ選任シ裁判所書記カ調書ニ其ノ陳述ヲ記載シタル場合ニハ之ヲ適用セス

第八十一條　訴訟代理人ハ委任ヲ受ケタル事件ニ付反訴、參加、强制執行、假差押及假處分ニ關スル訴訟行爲ヲ爲シ且辨濟ヲ受領スルコトヲ得
左ニ掲クル事項ニ付テハ特別ノ委任ヲ受クルコトヲ要ス
一　反訴ノ提起
二　訴ノ取下、和解、請求ノ抛棄若ハ認諾又ハ第七十二條ノ規定ニ依ル脫退
三　控訴、上告又ハ其ノ取下
四　代理人ノ選任

方ニ對シ效力ナシ

然レトモ辯護士ニ依レル代理ヲ除ク外ハ各箇ノ訴訟行爲ニ付キ委任ヲ爲スコトヲ得

第六十七條　訴訟代理人數人アルトキハ共同若クハ各別ニテ代理スルコトヲ得但委任ニ此ト異ナル定アルモ相手方ニ對シ其效力ナシ

第六十八條　訴訟代理人カ委任ノ範圍内ニ於テ爲シタル訴訟上ノ行爲及ヒ不行爲ハ原告若クハ被告ニ對シテハ其本人ノ行爲又ハ不行爲ト同一ナリトス

然レトモ代理人ノ事實上ノ陳述ハ其ノ代理人ト共ニ裁判所ニ出頭シタル原告若クハ被告ヨリ卽時ニ之ヲ取消シ又ハ更正シタルトキニ限リ其效力ヲ失フ

第六十九條　委任者ノ死亡、訴訟能力若クハ法律上代理ノ變更、委任　廢罷及ヒ代理ノ謝絕ニ因ル委任ノ消滅ハ其消滅ヲ通知スルマテ相手方ニ對シ其效力ナシ

---

訴訟代理權ハ之ヲ制限スルコトヲ得ス但シ辯護士ニ非サル訴訟代理人ニ付テハ此ノ限ニ在ラス

第八十二條　前條ノ規定ハ法令ニ依リテ裁判上ノ行爲ヲ爲スコトヲ得ル代理人ノ權限ヲ妨ケス

第八十三條　數人ノ訴訟代理人アルトキハ各自當事者ヲ代理ス

當事者カ前項ノ規定ニ異ル定ヲ爲スモ其ノ效力ヲ有セス

第八十四條　訴訟代理人ノ事實上ノ陳述ハ當事者カ直ニ之ヲ取消シ又ハ更正シタルトキハ其ノ效力ヲ生セス

第八十五條　訴訟代理權ハ當事者ノ死亡若ハ訴訟能力ノ喪失、當事者タル法人ノ合併ニ因ル消滅、當事者タル受託者ノ信託ノ任務終了又ハ法定代理人ノ死亡、訴訟能力ノ喪失

此通知書ハ原告若クハ被告ヨリ受訴裁判所ニ之ヲ差出シ裁判所ハ相手方ニ之ヲ送達ス可シ

代理人ハ謝絶ヲ爲スモ委任者他ノ方法ヲ以テ自己ノ權利ノ防衛ヲ爲サヽル間ハ其委任者ノ爲ニ行爲ヲ爲スコトヲ得

**第七十條**　委任ノ欠缺ハ原告若クハ被告ノ爲メ其代理人ナキモノト看做ス

裁判所ハ職權ヲ以テ委任ノ欠缺ヲ調査シ委任ナク又ハ適式ノ委任ナク代理人トシテ出頭スル者ニ事情ニ從ヒ費用及ヒ損害ノ保證ヲ立テシメ又ハ之ヲ立テシメスシテ假ニ訴訟ヲ爲スコトヲ許スコトヲ得

判決ハ欠缺ヲ補正シ又ハ補正スル爲メ裁判所ノ適宜ニ定ムル期間ノ滿了後ニ限リ之ヲ





若ハ代理權ノ消滅、變更ニ因リテ消滅セス

**第八十六條**　一定ノ資格ヲ有スル者ニシテ自己ノ名ヲ以テ他人ノ爲訴訟ノ當事者タルモノノ訴訟代理人ノ代理權ハ當事者ノ資格ノ喪失ニ因リテ消滅セス

前項ノ規定ハ第四十七條ノ規定ニ依リテ選定セラレタル當事者カ其ノ資格ヲ喪失シタル場合ニ之ヲ準用ス

**第八十七條**　第五十二條第二項、第五十三條、第五十四條及第五十七條ノ規定ハ訴訟代理ニ之ヲ準用ス

爲スコトヲ得但欠鈌ノ補正ハ判決ニ接着スル口頭辯論ノ終結マテ之ヲ追完スルコトヲ得

第七十一條　原告若クハ被告ハ辯護士ヲ補佐人ト爲シ又ハ何時ニテモ裁判所ノ取消シ得ヘキ許可ヲ得テ他ノ訴訟能力者ヲ輔佐人ト爲シテ共ニ出頭スルコトヲ得其輔佐人ハ口頭辯論ニ於テ權利ヲ伸張シ又ハ防禦スル爲メ原告若クハ被告ヲ補助スルモノトス

輔佐人ノ演述ハ原告若クハ被告卽時ニ之ヲ取消シ又ハ更正セサルトキニ限リ原告若クハ被告自ラ演述シタルモノト看做ス

### 第五節　訴訟費用

第七十二條第一項　敗訴ノ原告若クハ被告ハ訴訟ノ費用ヲ負擔シ殊ニ訴訟ニ因リ生シタル費用ヲ相手方ニ辨濟ス可シ但シ其費用ハ裁判所ノ意見ニ於テ相當ナル權利伸張又ハ權利防禦ニ必要ナリト認ムルモノニ限ル

第七十六條　裁判所ハ無益ナル攻擊又ハ防禦

---

第八十八條　當事者又ハ訴訟代理人ハ裁判所ノ許可ヲ得テ輔佐人ト共ニ出頭スルコトヲ得此ノ許可ハ何時ニテモ之ヲ取消スコトヲ得

輔佐人ノ陳述ハ當事者又ハ訴訟代理人カ直ニ之ヲ取消シ又ハ更正セサルトキハ自ラ之ヲ爲シタルモノト看做ス

## 第三章　訴訟費用

### 第一節　訴訟費用ノ負擔

第八十九條　訴訟費用ハ敗訴ノ當事者ノ負擔トス

第九十條　裁判所ハ事情ニ從ヒ勝訴ノ當事者ヲシテ其ノ權利

ノ方法（證據方法ヲ包含ス）ヲ主張シタル原告若クハ被告ヲシテ本案ノ勝訴者ト爲リタルニ拘ラス其方法ノ費用ヲ負擔セシムルコトヲ得

**第七十四條**　被告直チニ請求ヲ認諾シ且其作爲ニ因リ訴ヲ起スニ至ラシメタルニ非サルトキハ訴訟費用ハ原告ノ敗訴ト爲リタルニ拘ハラス其負擔ニ歸ス

**第七十五條**　期日若クハ期間ヲ懈怠シ又ハ自己ノ過失ニ因リ期日ノ變更、辯論ノ延期、辯論續行ノ爲ニスル期日ノ指定、期間ノ延長其他訴訟ノ遲滯ヲ生セシメタル原告若クハ被告ハ本案ノ勝訴者ト爲リタルニ拘ハラス此カ爲ニ生シタル費用ヲ負擔スヘシ

**第七十八條第二項**　原告若クハ被告カ前審ニ於テ主張スルコトヲ得ヘカリシ事實又ハ攻擊若クハ防禦ノ方法ヲ新ニ提出スルニ因リ勝訴者ト爲リタルトキハ其原告若クハ被告ニ上訴費用ノ全部又ハ一分ヲ負擔セシムルコトヲ得

**第七十三條**　當事者ノ各方一分ハ勝訴ト爲リ

---

ノ伸張若ハ防禦ニ必要ナラサル行爲ニ因リテ生シタル訴訟費用又ハ訴訟ノ程度ニ於テ相手方ノ權利ノ伸張若ハ防禦ニ必要ナリシ行爲ニ因リテ生シタル訴訟費用ノ全部又ハ一部ヲ負擔セシムルコトヲ得

**第九十一條**　當事者カ適當ノ時期ニ攻擊若ハ防禦ノ方法ヲ提出セサル爲又ハ期日若ハ期間ノ懈怠其ノ他當事者ノ責ニ歸スヘキ事由ニ因リ訴訟ヲ遲滯セシメタルトキハ裁判所ハ之ヲシテ其ノ勝訴ノ場合ニ於テモ遲滯ニ因リテ生シタル訴訟費用ノ全部又ハ一部ヲ負擔セシムルコトヲ得

**第九十二條**　一部敗訴ノ場合ニ於テ各當事者ノ負擔スヘキ訴

一分ハ敗訴ト爲ルトキハ其費用ヲ相消シ又ハ割合ヲ以テ之ヲ分擔ス可シ第一ノ場合ニ於テハ各當事者ハ其支出シタル費用ヲ自ラ負擔シ他ノ一方ニ對シ辨濟ヲ請求スルコトヲ得ス

然レトモ裁判所ハ相手方ノ要求格外ニ過分ナルニ非ス且別段ノ費用ヲ生セサリシトキ又ハ判事ノ意見、鑑定人ノ鑑定若クハ相互ノ計算ニ因リ要求額ヲ定ムルニ非サレハ容易ニ過分ノ要求ヲ避クルコトヲ得サリシトキハ當事者ノ一方ニ訴訟費用ノ全部ヲ負擔セシムルコトヲ得

**第八十條**　法律ノ規定ニ從ヒ費用ニ付キ共同訴訟人ノ連帶義務ノ生セサルトキニ限リ其共同訴訟人ハ相手方ニ對シ平等ニ費用ヲ負擔ス然レトモ共同訴訟人ノ訴訟ニ於ケル利害ノ關係著シク相異ナルトキハ裁判所ハ其利害關係ノ割合ニ從ヒ費用ヲ負擔セシムルコトヲ得

共同訴訟人中ノ或ル人カ特別ノ攻擊又ハ防禦ノ方法ヲ主張シタルトキハ他ノ共同訴訟人ハ此カ爲ニ生シタル費用ヲ負擔セス

---

訟費用ハ裁判所ノ意見ヲ以テ之ヲ定ム但シ事情ニ從ヒ當事者ノ一方ヲシテ訴訟費用ノ全部ヲ負擔セシムルコトヲ得

**第九十三條**　共同訴訟人ハ平等ノ割合ヲ以テ訴訟費用ヲ負擔ス但シ裁判所ハ事情ニ從ヒ共同訴訟人ヲシテ連帶シテ訴訟費用ヲ負擔セシメ又ハ他ノ方法ニ依リ之ヲ負擔セシムルコトヲ得

裁判所ハ前項ノ規定ニ拘ラス權利ノ伸張又ハ防禦ニ必要ナラサル行爲ヲ爲シタル當事者ヲシテ其ノ行爲ニ因リテ生シタル費用ヲ負擔セシムルコトヲ得

**第八十一條**　從參加ニ對シ原告若クハ被告カ異議ヲ述フルトキハ其異議ノ決定ニ於テ從參加人ト其原告若クハ被告トノ中間訴訟ノ費用ニ付キ第七十二條乃至第七十八條ノ規定ニ從ヒテ裁判ヲ爲ス可シ

從參加ヲ許シタルトキ又ハ異議ヲ述ヘサルトキハ本訴訟ノ判決ニ於テ從參加人ト相手方ナル原告若クハ被告トノ間ニ從參加ニ因リ生シタル費用ニ付テモ亦前數條ノ規定ニ從ヒテ裁判ヲ爲ス可シ

**第二百三十一條第二項**　裁判所ハ終局判決ヲ爲ス場合ニ於テハ訴訟費用ノ負擔ニ限リ申立アラサルモ判決ヲ爲ス可シ然レトモ一分判決ヲ爲ス場合ニ於テハ費用ノ裁判ヲ後ノ判決ニ讓ルコトヲ得

**第七十八條第一項**　上訴ニ因リ裁判ノ全部又ハ一分ヲ廢棄若クハ破毀スルトキハ訴訟ノ總費用（上訴ノ費用ヲ包含ス）ノ裁判ハ本案ノ終局裁判ト併合シテ更ニ之ヲ爲ス可シ

**第七十九條**　當事者カ訴訟物ニ付キ和解ヲ爲

---

**第九十四條**　第八十九條乃至前條ノ規定ハ當事者カ參加ニ付異議ヲ述ヘタル場合ニ於テハ其ノ異議ニ因リテ生シタル訴訟費用ノ參加人ト異議ヲ述ヘタル當事者トノ間ニ於ケル負擔ニ關シ之ヲ準用ス參加ニ因リテ生シタル訴訟費用ノ參加人ト相手方トノ間ニ於ケル負擔ニ付亦同シ

**第九十五條**　裁判所ハ事件ヲ完結スル裁判ニ於テ職權ヲ以テ其ノ審級ニ於ケル訴訟費用ノ全部ニ付裁判ヲ爲スコトヲ要ス但シ事情ニ從ヒ事件ノ一部又ハ中間ノ爭ニ關スル裁判ニ於テ其ノ費用ノ裁判ヲ爲スコトヲ得

**第九十六條**　上級裁判所カ本案ノ裁判ヲ變更スル場合ニ於テハ訴訟ノ總費用ニ付裁判ヲ爲スコトヲ要ス事件ノ差戻又ハ移送ヲ受ケタル裁判所カ其ノ事件ヲ完結スル裁判ヲ爲ス場合亦同シ

**第九十七條**　當事者カ裁判所ニ於テ和解ヲ爲シタル場合ニ於

ストキハ其訴訟ノ費用及ヒ和解ノ費用ハ共ニ相消シタルモノト看做ス但當事者別段ノ合意ヲ爲シタルトキハ此限ニ在ラス

**第八十三條**　裁判所書記、法律上代理人、辯護士其他ノ代理人及ヒ執達吏ノ過失又ハ懈怠ニ因リ費用ノ生シタルトキハ受訴裁判所ハ申立ニ因リ又ハ職權ヲ以テ其費用ノ辨濟ヲ負擔セシムル決定ヲ爲スコトヲ得但其決定前關係人ニ口頭又ハ書面ニテ陳辯ヲ爲ス機會ヲ與フ可シ

此裁判ハ口頭辯論ヲ經スシテ之ヲ爲スコトヲ得其決定ニ對シテハ卽時抗告ヲ爲スコトヲ得

**第八十四第**　辨濟ス可キ費用額ノ確定ハ申請

---

テ和解ノ費用及訴訟費用ノ負擔ニ付別段ノ定ヲ爲ササルトキハ其ノ費用ハ各自之ヲ負擔ス

**第九十八條**　法定代理人、訴訟代理人、裁判所書記又ハ執達吏カ故意又ハ重大ナル過失ニ因リテ無益ナル費用ヲ生セシメタルトキハ受訴裁判所ハ申立ニ因リ又ハ職權ヲ以テ此等ノ者ニ對シ其ノ費用額ノ償還ヲ命スルコトヲ得

前項ノ規定ハ法定代理人又ハ訴訟代理人トシテ訴訟行爲ヲ爲シタル者カ其ノ代理權又ハ訴訟行爲ヲ爲スニ必要ナル授權アルコトヲ證明スルコト能ハス又ハ追認ヲ得サリシ場合ニ於テ其ノ訴訟行爲ニ因リテ生シタル訴訟費用ニ之ヲ準用ス

前二項ノ決定ニ對シテハ卽時抗告ヲ爲スコトヲ得

**第九十九條**　裁判所カ前條第二項ノ場合ニ於テ訴ヲ却下シタルトキハ訴訟費用ハ代理人トシテ訴訟行爲ヲ爲シタル者ノ負擔トス

**第百條**　裁判所カ訴訟費用ノ負擔ヲ定ムル裁判ニ於テ其ノ額

ニ因リ訴訟ノ第一審ニ繋屬シタル裁判所ノ決定ヲ以テ之ヲ爲ス

申請ハ第七十二條第二項又ハ上訴取下ノ場合ヲ除ク外執行シ得ヘキ裁判ニ依ルトキニ限リ之ヲ爲スコトヲ得

申請ハ口頭ヲ以テ之ヲ爲スコトヲ得

申請ニハ費用計算書、相手方ニ付與ス可キ計算書ノ謄本及ヒ各箇費用額ノ疏明ニ必要ナル證書ヲ添附ス可シ

**第八十五第第二項** 裁判所ハ費用額確定ノ決定ヲ爲ス前相手方ニ計算書ヲ付與シテ裁判所ノ定ムル期間內ニ陳述ヲ爲ス可キ旨ヲ之ニ催告スルコトヲ得此決定ニ對シテハ卽時抗定ヲ爲スコトヲ得

**第八十六條** 當事者ハ訴訟費用ノ全部又ハ一分ヲ割合ニ從ヒ分擔ス可キトキハ裁判所ハ費用額確定ノ決定ヲ爲ス前相手方ニ裁判所ノ定ムル期間內ニ其費用ノ計算書ヲ差出ス可キ旨ヲ催告ス可シ此期間ヲ徒過シタル後ハ費用額確定ノ決定ハ相手方ノ費用ヲ顧ミス之ヲ爲ス可シ但相手方ハ後ニ自己ノ費用ヲ以テ其費用額確定ノ申請ヲ爲ス妨ト爲ル

---

ヲ定メサルトキハ第一審ノ受訴裁判所ハ其ノ裁判カ執行力ヲ生シタル後申立ニ因リ決定ヲ以テ之ヲ定ム

訴訟費用額ノ確定ヲ求ムル申立ヲ爲スニハ費用計算書及其ノ謄本並費用額ノ疏明ニ必要ナル書面ヲ提出スルコトヲ要ス

第一項ノ決定ニ對シテハ卽時抗告ヲ爲スコトヲ得

**第百一條** 裁判所ハ訴訟費用額ヲ定ムル決定ヲ爲ス前相手方ニ費用計算書ノ謄本ヲ交付シ陳述ヲ爲スヘキ旨並一定ノ期間內ニ費用計算書及費用額ノ疏明ニ必要ナル書面ヲ提出スヘキ旨ヲ催告スルコトヲ要ス

相手方カ期間內ニ前項ノ書面ヲ提出セサルトキハ裁判所ハ申立人ノ費用ノミニ付裁判ヲ爲スコトヲ得但シ相手方ノ費

コト無シ

**第七十七條**　無益ナル上訴又ハ取下ケタル上訴ノ費用ハ之ヲ提出シタル原告若クハ被告ノ負擔ニ歸ス

**第八十五條第二項**　裁判所ハ裁判所書記ニ費用計算書ノ計算上ノ檢査ヲ命スルコトヲ得

---

用額ノ確定ヲ求ムル申立ヲ妨ケス

**第百二條**　裁判所カ訴訟費用額ヲ定ムル裁判ヲ爲ス場合ニ於テハ前條第二項ノ場合ヲ除クノ外各當事者ノ負擔スヘキ費用ハ其ノ對當額ニ付相殺アリタルモノト看做ス

**第百三條**　第九十七條ノ場合ニ於テ當事者カ訴訟費用ノ負擔ヲ定メ其額ヲ定メサルトキハ裁判所ハ申立ニ因リ決定ヲ以テ其ノ額ヲ定ムルコトヲ要ス此ノ場合ニ於テハ第百條第二項第三項、第百一條及前條ノ規定ヲ準用ス

**第百四條**　前條ノ場合ヲ除クノ外訴訟カ裁判ニ因ラスシテ完結シタルトキハ裁判所ハ申立ニ因リ決定ヲ以テ訴訟費用ノ額ヲ定メ且其ノ負擔ヲ命スルコトヲ要ス參加又ハ之ニ付テノ異議ノ取下アリタルトキ亦同シ

第八十九條乃至第九十四條、第百條第二項第三項、第百一條及第百二條ノ規定ハ前項ノ場合ニ之ヲ準用ス

**第百五條**　裁判所ハ裁判所書記ヲシテ訴訟費用ノ計算ヲ爲サシムルコトヲ得

第二百八十八條　擧證者ハ裁判所ノ定ムル期間内ニ證據調ノ費用ヲ豫納ス可シ若シ其期間内ニ豫納セサルトキハ證據調ヲ爲サス但期間ノ滿了後ト雖モ豫納シタルトキハ訴訟手續ノ遲滯ヲ生セサル場合ニ限リ證據調ヲ許ス

## 第六節　保證

第八十八條　原告又ハ原告ノ從參加人タル外國人ハ被告ニ對シ其求ニ依リ訴訟費用ニ付キ保證ヲ立ツ可シ

左ノ場合ニ於テハ保證ヲ立ツル義務ヲ生セス

第一　國際條約又ハ原告ノ屬スル國ノ法律ニ依リ本邦人カ同一ノ場合ニ於テ保證ヲ立ツル義務ナキトキ

第二　反訴ノ場合

第三　證書訴訟及ヒ爲替訴訟ノ場合

第四　公示催告ニ基キ起シタル訴ノ場合

第二百六條第三項　本案ニ付キ被告ノ口頭辯論ノ始リタル後ハ妨訴ノ抗辯ハ被告ノ有効

---

第百六條　費用ヲ要スル行爲ニ付テハ裁判所ハ當事者ヲシテ其ノ費用ヲ豫納セシムルコトヲ得

當事者カ裁判所ノ命ニ從ヒ費用ヲ豫納セサルトキハ裁判所ハ前項ノ行爲ヲ爲ササルコトヲ得

## 第二節　訴訟費用ノ擔保

第百七條　原告カ日本ニ住所、事務所及營業所ヲ有セサルトキハ裁判所ハ被告ノ申立ニ因リ訴訟費用ノ擔保ヲ供スヘキコトヲ原告ニ命スルコトヲ要ス擔保ニ不足ヲ生シタルトキ亦同シ

前項ノ規定ハ請求ノ一部ニ付爭ナキ場合ニ於テ其ノ額カ擔保ニ十分ナルトキハ之ヲ適用セス

第百八條　擔保ヲ供スヘキ事由アルコトヲ知リタル後被告カ本案ニ付辯論ヲ爲シ又ハ準備手續ニ於テ申述ヲ爲シタルト

ニ抛棄スルコトヲ得サルモノナルトキ又ハ被告ノ過失ニ非スシテ本案ノ辯論前ニ其抗辯ヲ主張スル能ハサリシコトヲ疏明スルトキニ限リ之ヲ主張スルコトヲ得

**第二百六條第二項**　左ニ掲クルモノヲ妨訴ノ抗辯トス

第五　訴訟費用保證ノ欠缺ノ抗辯

**第二百七條**　被告カ妨訴ノ抗辯ニ基キ本案ノ辯論ヲ拒ムトキ又ハ裁判所カ申立ニ因リ若クハ職權ヲ以テ別ニ辯論ヲ命スルトキハ其抗辯ニ付キ別ニ辯論ヲ爲シ及ヒ判決ヲ以テ裁判ヲ爲ス可シ

**第八十九條**　裁判所ハ前條第一項ノ場合ニ於テハ保證ヲ立ツ可キ數額ヲ確定ス可シ

此數額ヲ確定スルニハ被告ノ訴ヲ受ケタルカ爲メ各審級ニ於テ支出ス可キ訴訟費用ノ額ヲ標準ト爲ス可シ

**第八十七條**　訴訟上ノ保證ハ當事者カ別段ノ

---

キハ擔保ノ申立ヲ爲スコトヲ得ス

**第百九條**　擔保ノ申立ヲ爲シタル被告ハ原告カ擔保ヲ供スル迄應訴ヲ拒ムコトヲ得

**第百十條**　裁判所ハ擔保ヲ供スヘキコトヲ命スル決定ニ於テ擔保額及擔保ヲ供スヘキ期間ヲ定ムルコトヲ要ス

擔保額ハ被告カ各審ニ於テ支出スヘキ費用ノ總額ヲ標準トシテ之ヲ定ム

**第百十一條**　擔保ノ申立ニ關スル裁判ニ對シテハ即時抗告ヲ爲スコトヲ得

**第百十二條**　擔保ヲ供スルニハ金錢又ハ裁判所カ相當ト認ム

合意ヲ爲ス場合又ハ此法律ニ於テ保證ヲ定ムルコトヲ裁判所ノ自由ナル意見ニ任スル場合ヲ除ク外裁判所ノ意見ニ於テ擔保ニ十分ナリトスル現金又ハ有價證劵ヲ供託シテ之ヲ爲ス

第九十條　裁判所ハ保證ヲ立ツ可キ期間ヲ定ム可シ

此期間ノ經過後裁判アル迄ニ保證ヲ立テサル場合ニ於テハ被告ノ申立ニ因リ判決ヲ以テ訴ヲ取下ケタリト宣言シ又原告カ上訴ヲ爲シタルトキハ其上訴ヲ取下ケタリト宣言ス可シ

---

ル有價證劵ヲ供託スルコトヲ要ス但シ當事者カ別段ノ契約ヲ爲シタルトキハ其ノ契約ニ依ル

**第百十三條**　被告ハ訴訟費用ニ付前條ノ規定ニ依リテ供託シタル金錢又ハ有價證劵ノ上ニ質權者ト同一ノ權利ヲ有ス

**第百十四條**　原告カ擔保ヲ供スヘキ期間内ニ之ヲ供セサルトキハ裁判所ハ口頭辯論ヲ經スシテ判決ヲ以テ訴ヲ却下スルコトヲ得但シ判決前擔保ヲ供シタルトキハ此ノ限ニ在ラス

**第百十五條**　擔保ヲ供シタル者カ擔保ノ事由止ミタルコトヲ證明シタルトキハ裁判所ハ申立ニ因リ擔保取消ノ決定ヲ爲スコトヲ要ス

擔保ヲ供シタル者カ擔保取消ニ付擔保權利者ノ同意ヲ得タルコトヲ證明シタルトキハ亦前項ニ同シ

第七節　訴訟上ノ救助

第九十一條　何人ヲ問ハス自己及ヒ其家族ノ

---

訴訟ノ完結後裁判所カ擔保ヲ供シタル者ノ申立ニ因リ擔保權利者ニ對シ一定ノ期間內ニ其ノ權利ヲ行使スヘキ旨ヲ催告シ擔保權利者カ其ノ行使ヲ爲サヽルトキハ擔保取消ニ付擔保權利者ノ同意アリタルモノト看做ス

第一項及第二項ノ規定ニ依ル決定ニ對シテハ卽時抗告ヲ爲スコトヲ得

**第百十六條**　裁判所ハ擔保ヲ供シタル者ノ申立ニ因リ決定ヲ以テ供託シタル擔保物ノ變換ヲ命スルコトヲ得

前項ノ規定ハ供託シタル擔保ヲ契約ニ因リテ他ノ擔保ニ變換スルコトヲ妨ケス

**第百十七條**　第百九條、第百十條第一項及第百十一條乃至前條ノ規定ハ他ノ法令ニ依リテ訴ノ提起ニ付供スヘキ擔保ニ之ヲ準用ス

第三節　訴訟上ノ救助

**第百十八條**　訴訟費用ヲ支拂フ資力ナキ者ニ對シテハ裁判所

必要ナル生活ヲ害スルニ非サレハ訴訟費用ヲ出タスコト能ハサル者ハ訴訟上ノ救助ヲ求ムルコトヲ得但其目的トスル權利ノ伸張又ハ防禦ノ輕忽ナラス又ハ見込ナキニ非スト見ユルトキニ限ル

**第九十二條**　外國人ハ國際條約又ハ其屬スル國ノ法律ニ依リ本邦人カ同一ノ場合ニ於テ訴訟上ノ救助ヲ求ムルコトヲ得ルトキニ限リ之ヲ求ムルヲ得

**第九十三條**　訴訟上救助ノ申請ハ訴訟關係ヲ表明シ且證據方法ヲ開示シテ其救助ヲ求ムル審級ノ裁判所ニ之ヲ提出ス可シ其申請ハ口頭ヲ以テ之ヲ爲スコトヲ得原告若クハ被告ハ申請ト共ニ管轄市町村長ヨリ發シタル證書ヲ差出スコトヲ要ス其證書ニハ原告若クハ被告ノ身分、職業、財産並ニ家族ノ實況及ヒ其納ムヘキ直税ノ額ヲ開示シテ訴訟費用支拂ノ無資力ヲ證ス可シ

**第九十四條**　訴訟上ノ救助ハ各審ニ於テ各別ニ之ヲ付與ス第一審ニ於テハ強制執行ニ付テモ之ヲ付與スルモノトス

**第九十七條**　訴訟上ノ救助ハ之ヲ受ケタル原

---

ハ申立ニ因リ訴訟上ノ救助ヲ與フルコトヲ得但シ勝訴ノ見込ナキニ非サルトキニ限ル

**第百十九條**　訴訟上ノ救助ハ各審ニ於テ之ヲ與フ

救助ノ事由ハ之ヲ疏明スルコトヲ要ス

**第百二十條**　訴訟上ノ救助ハ訴訟及强制執行ニ付左ノ效力ヲ

告若クハ被告ノ爲ニ左ノ効力ヲ生ス
第一　裁判費用(國庫ノ立替金ヲ包含ス)ヲ濟清スルコトハ假免除
第二　訴訟費用ノ保證ヲ立ツルコトノ免除
第三　送達及ヒ執行行爲ヲ爲サシムル爲メ一時無報酬ニテ執達吏ノ附添ヲ求ムル權利
受訴裁判所ハ必要ナル場合ニ於テハ訴訟上ノ救助ヲ受ケタル原告若クハ被告ノ申立ニ因リ又ハ職權ヲ以テ一時無報酬ニテ辯護士ノ附添ヲ命スルコトヲ得

**第九十六條**　訴訟上ノ救助ハ之ヲ受ケタル原告若クハ被告ノ死亡ト共ニ消滅ス

**第九十八條**　訴訟上ノ救助ハ相手方ニ生シタル費用ヲ辨濟スル義務ニ影響ヲ及ホサス

**第九十五條**　訴訟上ノ救助ハ之ヲ受ケタル條件ノ存セサリシトキ又ハ消滅シタルトキハ何時ニテモ之ヲ取消スコトヲ得

**第百條**　救助ヲ受ケタル原告若クハ被告ハ自己及ヒ其家族ノ必要ナル生活ヲ害セスシテ費用ノ濟清ヲ爲シ得ルニ至ルトキハ假免除ヲ得タル數額(第九十七條第一號)ヲ直チニ

---

生ス
一　裁判費用ノ支拂ノ猶豫
二　執達吏及裁判所ニ於テ附添ヲ命シタル辯護士ノ報酬及立替金ノ支拂ノ猶豫
三　訴訟費用ノ擔保ノ免除

**第百二十一條**　訴訟上ノ救助ハ之ヲ受ケタル者ノ爲ニノミ其ノ効力ヲ有ス
裁判所ハ訴訟ノ承繼人ニ對シ猶豫シタル費用ノ支拂ヲ命ス

**第百二十二條**　訴訟上ノ救助ヲ受ケタル者カ訴訟費用ノ支拂ヲ爲ス資力ヲ有スルコト判明シ又ハ之ヲ有スルニ至リタルトキハ訴訟記錄ノ存スル裁判所ハ利害關係人ノ申立ニ因リ

追拂ヒスル義務アリ

第九十九條　救助ヲ受ケタル原告若クハ被告ノ爲メ假ニ濟清ヲ免除シタル裁判費用ハ訴訟費用ニ付キ確定裁判ヲ受ケタル相手方又ハ訴若クハ上訴ノ取下、抛棄、認諾若クハ和解ニ因リ訴訟費用ヲ負擔ス可キ相手方ヨリ之ヲ取立ツルコトヲ得

救助ヲ受ケタル原告若クハ被告ニ附添ヒタル執達吏又ハ辯護士ハ同一ノ條件アルトキハ亦自己ノ權利ニ依リ費用確定ノ方法ヲ以テ其手數料及ヒ立替金ヲ取立ツルコトヲ得

第百一條　裁判所ハ檢事ノ意見ヲ聽キタル後訴訟上救助ノ附與並ニ辯護士附添ノ命令ニ付テノ申請訴訟上救助ノ取消及ヒ數額追拂ノ義務ニ付決定ヲ爲ス

此裁判ハ口頭辯論ヲ經スシテ之ヲ爲スコトヲ得

第百二條　訴訟上ノ救助ヲ付與シ又ハ其取消ヲ拒ミ若クハ費用追拂ヲ命スルコトヲ拒ム決定ニ對シテハ檢事ニ限リ抗告ヲ爲スコトヲ得

又ハ職權ヲ以テ何時ニテモ救助ヲ取消シ猶豫シタル訴訟費用ノ支拂ヲ命スルコトヲ得

第百二十三條　訴訟上ノ救助ヲ受ケタル者ニ支拂ヲ猶豫シタル費用ハ其ノ負擔ヲ命セラレタル相手方ヨリ直接ニ之ヲ取立ツルコトヲ得此ノ場合ニ於テ辯護士又ハ執達吏ハ訴訟上ノ救助ヲ受ケタル者ノ有スル債務名義ニ依リ報酬及立替金ニ付費用額ヲ定ムル申立及强制執行ヲ爲スコトヲ得

辯護士又ハ執達吏ハ報酬及立替金ニ付當事者ニ代リ第百三條又ハ第百四條ノ裁判ヲ求ムル申立ヲ爲スコトヲ得

第百二十四條　本節ニ規定スル裁判ニ對シテハ卽時抗告ヲ爲スコトヲ得

辯護士ノ附添ヲ命スル決定ニ對シテハ上訴ヲ爲スコトヲ得ス

訴訟上ノ救助ヲ拒ミ若クハ取消シ又ハ辯護士ノ附添ヲ拒ミ又ハ費用ノ追拂ヲ命スル決定ニ對シテハ原告若クハ被告ハ抗告ヲ爲スコトヲ得

## 第三章　訴訟手續

### 第一節　口頭辯論及ヒ準備書面

**第百三條**　判決裁判所ニ於ケル訴訟ニ付テノ當事者ノ辯論ハ口頭ナリトス但此法律ニ於テ口頭辯論ヲ經スシテ裁判ヲ爲スコトヲ定メタルトキハ此限ニ在ラス

**第百九條**　裁判長ハ口頭辯論ヲ開キ且之ヲ指揮ス

裁判長ハ發言ヲ許シ又其命ニ從ハサル者ニ發言ヲ禁スルコトヲ得

---

## 第四章　訴訟手續

### 第一節　口頭辯論

**第百二十五條**　當事者ハ訴訟ニ付裁判所ニ於テ口頭辯論ヲ爲スコトヲ要ス但シ決定ヲ以テ完結スヘキ事件ニ付テハ裁判所口頭辯論ヲ爲スヘキカ否ヲ定ム

前項但書ノ規定ニ依リテ口頭辯論ヲ爲サザル場合ニ於テハ裁判所ハ當事者ヲ審訊スルコトヲ得

前二項ノ規定ハ別段ノ規定アル場合ニハ之ヲ適用セス

**第百二十六條**　口頭辯論ハ裁判長之ヲ指揮ス

裁判長ハ發言ヲ許シ又ハ其命ニ從ハサル者ニ發言ヲ禁スルコトヲ得

裁判長ハ事件ニ付キ十分ナル說明ヲ爲サシメ且間斷ナク辯論ノ終了スルコトニ注意ス又必要ナル場合ニ於テハ直チニ辯論續行ノ期日ヲ定ム

裁判所ニ於テ事件ニ付キ十分ナル說明ヲ爲セリト認ムルトキハ裁判長ハ口頭辯論ヲ閉チ及ヒ裁判所ノ判決並ニ決定ヲ言渡ス

**第百十條**　口頭辯論ハ當事者ノ申立ヲ爲スヲ以テ始マル

當事者ノ演述ハ事實上及ヒ法律上ノ點ニ於ケル訴訟關係ヲ包括ス可シ

口頭演述ニ換ヘテ書類ヲ採用スルコトヲ得ス文字上ノ趣旨ヲ要用トスルトキハ其要目ナル部分ニ限リ之ヲ朗讀スルコトヲ得

**第百十二條**　裁判長ハ職權上調査スヘキ點ニ關シ相手方ヨリ起サヽル疑ノ存スルトキハ其疑ニ付キ注意ヲ爲スコトヲ得

裁判長ハ問ヲ發シテ不明瞭ナル申立ヲ釋明シ主張シタル事實ノ不十分ナル證明ヲ補充シ證據方法ヲ申出テ其他事件ノ關係ヲ定ムルニ必要ナル陳述ヲ爲サシム可シ

陪席判事ハ裁判長ニ告ケテ問ヲ發スルコト

---

**第百二十七條**　裁判長ハ訴訟關係ヲ明瞭ナラシムル爲事實上及法律上ノ事項ニ關シ當事者ニ對シテ問ヲ發シ又ハ立證ヲ促スコトヲ得

陪席判事ハ裁判長ニ告ケテ前項ニ規定スル處置ヲ爲スコトヲ得

當事者ハ裁判長ニ對シ必要ナル發問ヲ求ムルコトヲ得

ヲ得

當事者ハ相手方ニ對シ自ラ問ヲ發スルコトヲ得ス然レトモ其問ヲ發ス可キ旨ヲ裁判長ニ求ムルコトヲ得

**第百十三條**　事件ノ指揮ニ關スル裁判長ノ命又ハ裁判長若クハ陪席判事ノ發シタル問ニ對シ辯論ニ與カル者ヨリ不適法ナリトシテ異議ヲ述ヘタルトキハ裁判所ハ其異議ニ付キ直チニ裁判ヲ爲ス

**第百十四條**　裁判所ハ事件ノ關係ヲ明瞭ナラシムル爲メ原告若クハ被告ノ自身出頭ヲ命スルコトヲ得

---

**第百二十八條**　裁判長ハ前條ノ規定ニ依リテ當事者ヲシテ釋明セシムヘキ事項ヲ指示シ口頭辯論期日前準備ヲ爲スヘキコトヲ命スルコトヲ得

**第百二十九條**　當事者カ辯論ノ指揮ニ關スル裁判長ノ命又ハ第百二十七條若ハ前條ノ規定ニ依ル裁判長若ハ陪席判事ノ處置ニ對シ異議ヲ述ヘタルトキハ裁判所決定ヲ以テ其ノ異議ニ付裁判ヲ爲ス

**第百三十條**　受命判事ヲシテ其ノ職務ヲ行ハシムヘキ場合ニ於テハ裁判長其ノ判事ヲ指定ス

裁判所ノ爲ス囑託ハ別段ノ規定アル場合ヲ除クノ外裁判長之ヲ爲ス

**第百三十一條**　裁判所ハ訴訟關係ヲ明瞭ナラシムル爲左ノ處分ヲ爲スコトヲ得

第百十五條　裁判所ハ原告若クハ被告ノ援用シタル證書ニシテ其手中ニ存スルモノヲ提出ス可キヲ命スルコトヲ得

裁判所ハ外國語ヲ以テ作リタル證書ニ付テハ其譯書ヲ添附ス可キヲ命スルコトヲ得

第百十六條　裁判所ハ當事者ノ所持スル訴訟記錄ニシテ事件ノ辯論及ヒ裁判ニ關スルモノヲ提出ス可キヲ命スルコトヲ得

第百十七條　裁判所ハ檢證及ヒ鑑定ヲ命スルコトヲ得

此手續ハ申立ニ因リ命スル檢證及鑑定ニ付テノ規定ニ從フ

第百十八條　裁判所ハ一箇ノ訴ニ於テ爲シタル數箇ノ請求又ハ本訴及ヒ反訴ニ付テノ辯論ヲ分離シテ爲ス可キヲ命スルコトヲ得

第百十九條　同一ノ請求ニ關シ數箇ノ獨立ナル攻擊及防禦ノ方法ヲ提出シタルトキハ裁判所ハ先ツ辯論ヲ其一ニ制限ス可キヲ命スルコトヲ得

第百二十三條　裁判所ハ分離若クハ併合ニ關シ發シタル命ヲ取消スコトヲ得

---

一　當事者本人又ハ其法定代理人ノ出頭ヲ命スルコト

二　訴訟書類又ハ訴訟ニ於テ引用シタル文書其ノ他ノ物件ニシテ當事者ノ所持スルモノヲ提出セシムルコト

三　當事者又ハ第三者ノ提出シタル文書其ノ他ノ物件ヲ裁判所ニ留置クコト

四　檢證ヲ爲シ又ハ鑑定ヲ命スルコト

五　必要ナル調査ヲ囑託スルコト

前項ニ規定スル檢證、鑑定及調査ノ囑託ニ付テハ證據調ニ關スル規定ヲ準用ス

第百三十二條　裁判所ハ口頭辯論ノ制限、分離若ハ併合ヲ命シ又ハ其ノ命ヲ取消スコトヲ得

第百二十一條　裁判所ハ訴訟ノ全部又ハ一分ノ裁判カ他ノ繫屬スル訴訟ニ於テ定マル可キ權利關係ノ成立又ハ不成立ニ繫ルトキハ他ノ訴訟ノ完結ニ至ルマテ辯論ヲ中止ス可シ

第百二十二條　裁判所ハ民事訴訟中罰ス可キ行爲ノ嫌疑生スルトキハ刑事訴訟手續ノ完結ニ至ルマテ辯論ヲ中止ス可シ但其罰ス可キ行爲カ訴訟ノ裁判ニ影響ヲ及ホストキニ限ル

第百二十四條　裁判所ハ閉チタル辯論ノ再開ヲ命スルコトヲ得

第百二十五條　裁判所ハ辯論ニ與カル者日本語ニ通セサルトキハ通事ヲ立會ハシム但シ裁判所構成法第百十八條ノ場合ハ此限ニ在ラス

第百二十六條　裁判所ハ辯論ニ與カル者聾又ハ啞ナルトキ之ニ文字ヲ以テ理會セシムルコトヲ得サル場合ニ限リ通事ヲ立會ハシムルコトヲ得

---

第百三十三條　裁判所ハ終結シタル口頭辯論ノ再開ヲ命スルコトヲ得

第百三十四條　辯論ニ與ル者カ日本語ニ通セサルトキ又ハ聾若ハ啞ナルトキハ通事ヲ立會ハシム但シ聾者又ハ啞者ニハ文字ヲ以テ問ヒ又ハ陳述ヲ爲サシムルコトヲ得

鑑定人ニ關スル規定ハ通事ニ之ヲ準用ス

**第百二十七條**　裁判所ハ相當ノ演述ヲ爲ス能力ノ缺ケタル原告若クハ被告又ハ訴訟代理人若クハ補佐人ニ其後ノ演述ヲ禁シ且新期日ヲ定メ辯護士ヲシテ演述セシム可キコトヲ命ス可シ

裁判所ハ裁判所ニ於テ辯論ヲ業トスル訴訟代理人若クハ補佐人ヲ退斥セシムルコトヲ得此場合ニ於テハ新期日ヲ定メ且退斥ノ決定ヲ原告若クハ被告ニ送達ス可シ

本條ノ規定ニ從ヒ爲シタル命ニ對シテハ不服ヲ申立ツルコトヲ得ス

辯護士ニハ本條ノ規定ヲ適用セス

**第百二十八條**　辯論ニ與ル者秩序維持ノ爲メ辯論ノ場所ヨリ退斥セラレタルトキハ申立ニ因リ本人ノ任意ニ退去シタルト同一ノ方法ヲ以テ之ヲ取扱フコトヲ得但裁判所構成法第百十條ニ依リ中止シタル場合ハ此限ニ在ラス

前條ノ場合ニ於テ禁止又ハ退斥ノ命ヲ受ケタル者再ヒ出頭スルトキハ前項ノ方法ヲ以テ取扱フコトヲ得

**第二百二十一條**　裁判所ハ事件ノ如何ナル程



**第百三十五條**　裁判所ハ訴訟關係ヲ明瞭ナラシムル爲メ必要ナル陳述ヲ爲スコト能ハサル當事者、代理人又ハ補佐人ノ陳述ヲ禁シ、辯論續行ノ爲新期日ヲ定ムルコトヲ得

前項ノ規定ニ依リテ陳述ヲ禁シタル場合ニ於テ必要アリト認ムルトキハ裁判所ハ辯護士ノ附添ヲ命スルコトヲ得訴訟代理人ノ陳述ヲ禁シ又ハ辯護士ノ附添ヲ命シタルトキハ本人ニ其ノ旨ヲ通知スルコトヲ要ス

**第百三十六條**　裁判所ハ訴訟ノ如何ナル程度ニ在ルヲ問ハス

度ニ在ルヲ問ハス自ラ又ハ受命判事若クハ受託判事ニ依リ訴訟又ハ或ル爭點ノ和解ヲ試ムル權アリ和解ヲ試ムル爲ニハ當事者ノ自身出頭ヲ命スルコトヲ得

第二百九條　攻擊及防禦ノ方法（反訴、抗辯、再抗辯等）ハ第二百一條ニ規定スル制限ヲ以テ判決ニ接着スル口頭辯論ノ終結ニ至ルマテ之ヲ提出スルコトヲ得

第二百四十六條　原告若クハ被告口頭辯論ノ期日ニ出頭セサル場合ニ於テハ出頭シタル相手方ノ申立ニ因リ闕席判決ヲ爲ス

第二百十條　被告ヨリ時機ニ後レテ提出シタル防禦ノ方法ハ裁判所カ若シ之ヲ許スニ於テハ訴訟ヲ遲延ス可ク且被告ハ訴訟ヲ遲延セシメントスル故意ヲ以テ又ハ甚シキ怠慢ニ因リ早ク之ヲ提出セサリシコトノ心證ヲ

---

和解ヲ試ミ又ハ受命判事若ハ受託判事ヲシテ之ヲ試ミシムルコトヲ得

裁判所又ハ受命判事若ハ受託判事ハ和解ノ爲當事者本人又ハ其ノ法定代理人ノ出頭ヲ命スルコトヲ得

第百三十七條　攻擊又ハ防禦ノ方法ハ別段ノ規定アル場合ヲ除クノ外口頭辯論ノ終結ニ至ル迄之ヲ提出スルコトヲ得

第百三十八條　原告又ハ被告カ最初ニ爲スヘキ口頭辯論ノ期日ニ出頭セス又ハ出頭スルモ本案ノ辯論ヲ爲ササルトキハ其ノ者ノ提出シタル訴狀、答辯書其ノ他ノ準備書面ニ記載シタル事項ハ之ヲ陳述シタルモノト看做シ出頭シタル相手方ニ辯論ヲ命スルコトヲ得

第百三十九條　當事者カ故意又ハ重大ナル過失ニ因リ時機ニ後レテ提出シタル攻擊又ハ防禦ノ方法ハ之カ爲訴訟ノ完結ヲ遲延セシムヘキモノト認メタルトキハ裁判所ハ申立ニ因リ又ハ職權ヲ以テ却下ノ決定ヲ爲スコトヲ得

得タルトキハ申立ニ因リ之ヲ却下スルコトヲ得

**第百四十一條**　各當事者ハ相手方ノ主張シタル事實ニ對シ陳述ヲ爲ス可シ

明カニ爭ハサル事實ハ原告若クハ被告ノ他ノ陳述ヨリ之ヲ爭ハントスル意思カ顯レサルトキハ自白シタルモノト看做ス

不知ノ陳述ハ原告若クハ自己ノ行爲ニ非ス又自己ノ實驗シタルモノニモ非サル事實ニ限リ之ヲ許ス此場合ニ於テ不知ヲ以テ答ヘタル事實ハ爭ヒタルモノト看做ス

**第百二十九條第一項**　口頭辯論ニ付テハ調書ヲ作ル可シ

**第百二十九條第二項**　調書ニハ左ノ諸件ヲ揭

---

攻撃又ハ防禦ノ方法ニシテ其趣旨明瞭ナラサルモノニ付當事者カ必要ナル釋明ヲ爲サス又ハ釋明ヲ爲スヘキ期日ニ出頭セサルトキ亦前項ニ同シ

**第百四十條**　當事者カ口頭辯論ニ於テ相手方ノ主張シタル事實ヲ明ニ爭ハサルトキハ其ノ事實ヲ自白シタルモノト看做ス但シ辯論ノ全趣旨ニ依リ其ノ事實ヲ爭ヒタルモノト認ムヘキ場合ハ此ノ限ニ在ラス

相手方ノ主張シタル事實ヲ知ラサル旨ノ陳述ヲ爲シタル者ハ其ノ事實ヲ爭ヒタルモノト推定ス

**第百四十一條**　當事者カ訴訟手續ニ關スル規定ノ違背ヲ知リ又ハ之ヲ知ルコトヲ得ヘカリシ場合ニ於テ遲滯ナク異議ヲ述ヘサルトキハ之ヲ述フル權利ヲ失フ但シ抛棄スルコトヲ得サルモノハ此ノ限ニ在ラス

**第百四十二條**　口頭辯論ニ付テハ裁判所書記期日毎ニ調書ヲ作ルコトヲ要ス

**第百四十三條**　調書ニハ左ノ事項ヲ記載シ裁判長及裁判所書

ク可シ
第一　辯論ノ場所、年月日
第二　判事、裁判所書記及ヒ立會ヒタル檢事若クハ通事ノ氏名
第三　訴訟物及ヒ當事者ノ氏名
第四　出頭シタル當事者、法律上代理人、訴訟代理人及補佐人ノ氏名若シ原告若クハ被告闕席シタルトキハ其闕席シタルコト
第五　公ニ辯論ヲ爲シ又ハ公開ヲ禁シタルコト

**第百三十六條**　調書ニハ裁判長及ヒ裁判所書記署名捺印ス可シ裁判長差支アルトキハ官等最高キ陪席判事之ニ代リ署名捺印ス區裁判所判事差支アルトキハ其裁判所書記ノ署名捺印ヲ以テ足ル

**第百三十條**　辯論ノ進行ニ付テハ其要領ノミヲ調書ニ記載ス可シ
調書ニ記載シテ明確ニス可キ諸件ハ左ノ如シ
第一　自白、認諾、抛棄及ヒ和解

---

記之ニ署名捺印シ裁判長支障アルトキハ陪席判事其ノ席次ニ從ヒ順次之ニ代リテ署名捺印シ且其ノ事由ヲ記載スルコトヲ要ス但シ判事皆支障アルトキハ書記其ノ旨ヲ記載スルヲ以テ足ル
一　事件ノ表示
二　判事及裁判所書記ノ氏名
三　立會ヒタル檢事ノ氏名
四　出頭シタル當事者、代理人、補佐人及通事並闕席シタル當事者ノ氏名
五　辯論ノ場所及年月日
六　辯論ヲ公開シタルコト又ハ公開セサル場合ニ於テハ其ノ理由

**第百四十四條**　調書ニハ辯論ノ要領ヲ記載シ殊ニ左ノ事項ヲ明確ニスルコトヲ要ス
一　和解、認諾、抛棄、取下及自白
二　證人、鑑定人ノ宣誓及陳述

第二　明確ニス可キ規定アル申立及陳述
第三　證人及鑑定人ノ供述但其供述ハ以前聽カサルモノナルトキ又ハ以前ノ供述ニ異ナルトキニ限ル
第四　檢證ノ結果
第五　書面ニ作リ調書ニ添附セサル裁判（判決、決定及ヒ命令）
第六　裁判ノ言渡

附錄トシテ調書ニ添附シ且調書ニ附錄トシテ表示シタル書類ニ於ケル記載ハ調書ニ於ケル記載ニ同シ

**第百三十一條**　前條第一號乃至第四號ニ掲ケタル調書ノ部分ハ法廷ニ於テ之ヲ關係人ニ讀聞カセ又ハ閲覽ノ爲メ之ヲ關係人ニ示ス

調書ニハ前項ノ手續ヲ履ミタルコト及承諾ヲ爲シタルコト又ハ承諾ヲ拒ミタル理由ヲ附記ス可シ

---

三　檢證ノ結果
四　裁判長ノ記載ヲ命シタル事項及當事者ノ請求ニ因リ記載ヲ許シタル事項
五　書面ニ作ラサル裁判
六　裁判ノ言渡

**第百四十五條**　調書ニハ書面、寫眞其ノ他裁判所ニ於テ適當ト認ムルモノヲ引用シ訴訟記錄ニ添附シテ之ヲ調書ノ一部ト爲スコトヲ得

**第百四十六條**　調書ノ記載ハ申立ニ因リ法廷ニ於テ關係人ニ之ヲ讀聞カセ又ハ閲覽セシメ且調書ニ其ノ旨ヲ記載スルコトヲ要ス

調書ノ記載ニ付關係人カ異議ヲ述ヘタルトキハ調書ニ其ノ趣旨ヲ記載スルコトヲ要ス

**第百三十四條**　口頭辯論ノ爲メ規定シタル方式ノ遵守ハ調書ヲ以テノミ之ヲ證スルコトヲ得

**第百三十三條**　受命判事若クハ受託判事又ハ區裁判所判事カ法廷外ニ於テ爲ス審問ニモ亦裁判所書記ヲ立會ハシム

前四條ノ規定ハ右ノ審問調査ニ之ヲ準用ス

**第百三十五條**　此法律ニ從ヒ口頭ヲ以テ訴、抗告、申立、申請及陳述ヲ爲シ又ハ證言ヲ拒ム場合ニ於テハ裁判所書記ハ其調書ヲ作ル可シ

**第二百二十四條**　當事者ハ訴訟記錄ヲ閲覽シ

---

**第百四十七條**　口頭辯論ノ方式ニ關スル規定ノ遵守ハ調書ニ依リテノミ之ヲ證スルコトヲ得但シ調書カ滅失シタルトキハ此ノ限ニ在ラス

**第百四十八條**　裁判所必要アリト認ムルトキハ申立ニ因リ又ハ職權ヲ以テ速記者ヲシテ口頭辯論ニ於ケル陳述ノ全部又ハ一部ヲ筆記セシムルコトヲ得

**第百四十九條**　第百四十二條乃至前條ノ規定ハ裁判所ノ審訊受命判事又ハ受託判事ノ審問及證據調ニ之ヲ準用ス

**第百五十條**　申立其ノ他ノ申述ハ別段ノ規定アル場合ヲ除クノ外書面又ハ口頭ヲ以テ之ヲ爲スコトヲ得

口頭ヲ以テ申述ヲ爲スニハ裁判所書記ノ面前ニ於テ陳述ヲ爲スコトヲ要ス

前項ノ場合ニ於テハ書記調書ヲ作リ之ニ署名捺印スルコトヲ要ス

**第百五十一條**　當事者ハ訴訟記錄ノ閲覽若ハ謄寫又ハ其ノ正

且裁判所書記ヲシテ其正本、抄本及謄本ヲ附與セシムルコトヲ得

裁判長ハ第三者カ權利上ノ利害ヲ疏明スルトキニ限リ當事者ノ承諾ナクシテ訴訟記錄ノ閲覽及ヒ其抄本竝ニ謄本ノ附與ヲ許スコトヲ得

判決、決定、命令ノ草案及其準備ニ供シタル書類竝ニ評議又ハ處罰ニ關スル書類ハ其原本ナルト謄本ナルトヲ問ハス之ヲ閲覽スルコトヲ許サス

## 第三節　期日及ヒ期間

**第百五十九條**　期日ハ裁判長日及ヒ時ヲ以テ之ヲ定ム

**第百六十九條**　期日ノ變更、辯論ノ延期、辯論續行ノ期日ノ指定ハ申立ニ因リ又ハ職權ヲ以テ之ヲ爲スコトヲ得但申立ニ因レル期日ノ變更ハ合意ノ場合ヲ除ク外顯著ナル理由アルトキニ限リ之ヲ許ス

**第百六十十條**　期日ハ已ムヲ得サル場合ニ限リ

本、謄本、抄本若ハ訴訟ニ關スル事項ノ證明書ノ交付ヲ裁判所書記ニ請求スルコトヲ得利害關係ヲ疏明シタル第三者亦同シ

訴訟記錄ノ正本、謄本又ハ抄本ニハ其ノ正本、謄本又ハ抄本ナルコトヲ記載シ書記之ニ署名捺印シ且裁判所ノ印ヲ押捺スルコトヲ要ス

## 第二節　期日及期間

**第百五十二條**　期日ハ裁判長之ヲ定ム

受命判事又ハ受託判事ノ審問ノ期日ハ其ノ判事之ヲ定ム

期日ノ指定ハ申立ニ因リ又ハ職權ヲ以テ之ヲ爲ス

口頭辯論ニ於ケル最初ノ期日ノ變更ハ顯著ナル事由ノ存セサルトキト雖當事者ノ合意アル場合ニ於テハ之ヲ許ス

準備手續ニ於ケル最初ノ期日ノ變更亦同シ

**第百五十三條**　期日ハ已ムコトヲ得サル場合ニ限リ日曜日其

日曜日及ヒ一般ノ祝祭日ニ之ヲ定ムルコトヲ得

第百六十二條　期日ハ裁判所内ニ於テ之ヲ開ク但臨檢又ハ裁判所ニ出頭スルニ差支アル人ノ訊問其他裁判所内ニ於テ爲スコトヲ得サル行爲ヲ要スルトキハ此限ニ在ラス

第百六十一條　期日ニ付テノ呼出ハ裁判長ノ命ニ從ヒ裁判所書記正本ノ送達ヲ以テ之ヲ爲ス但在廷シタル者ニ期日ヲ定メ出頭ヲ命シタルトキハ之ヲ送達スルコトヲ要セス

第百六十三條　期日ハ事件ノ呼上ヲ以テ始マル

原告若クハ被告カ期日ノ終ニ至ルマテ辯論ヲ爲ササルトキハ期日ヲ怠リタルモノト看做ス

第百六十五條　期間ヲ計算スルニ時ヲ以テスルモノハ即時ヨリ起算シ又日ヲ以テスルモノハ初日ヲ算入セス

第百六十六條　一日ノ期間ハ二十四時トシ一个月ノ期間ハ三十日トシ一个年ノ期間ハ曆ニ從フ

期間ノ終カ日曜日又ハ一般ノ祝祭日ニ當ル

---

ノ他ノ一般ノ休日ニ之ヲ定ムルコトヲ得

第百五十四條　期日ニ於ケル呼出ハ呼出狀ヲ送達シテ之ヲ爲ス但シ當該事件ニ付出頭シタル者ニ對シテハ期日ヲ告知スルヲ以テ足ル

第百五十五條　期日ハ事件ノ呼上ヲ以テ之ヲ開始ス

第百五十六條　期間ノ計算ハ民法ニ從フ

期間ノ末日カ日曜日其ノ他ノ一般ノ休日ニ當ルトキハ期間ハ其ノ翌日ヲ以テ滿了ス

トキハ其日ヲ期間ニ算入セス

**第百六十四條** 裁判所又ハ裁判長ノ定ムル期間ノ進行ハ期間ヲ定メタル書類ノ送達ヲ以テ始マリ又其送達ヲ要セサル場合ニ於テハ期間ノ言渡ヲ以テ始マル但期間指定ノ際此ヨリ遲キ起期ヲ定メタルトキハ此限ニ在ラス

**第百七十條** 期間ハ不變期間ヲ除ク外當事者ノ合意ノ申立ニ因リ之ヲ短縮シ又ハ伸長スルコトヲ得

裁判所又ハ裁判長ノ定ムル期間及法律上ノ期間ハ合意ナキモ申立ニ因リ顯著ナル理由アルトキハ之ヲ短縮シ又ハ伸長スルコトヲ得然レトモ法律上ノ期間ノ短縮又ハ伸長ハ此法律ニ特定シタル場合ニ限リ之ヲ許ス伸長ニ係ル新期間ハ前期間ノ滿了ヨリ之ヲ起算ス

**第百七十一條** 期日ノ變更又ハ期間ノ短縮若クハ伸長ニ付テノ申請ノ理由ハ之ヲ疏明スヘシ其申請ハ口頭ヲ以テ之ヲ爲スコトヲ得同一期間ノ再度ノ變更又ハ同一期間ノ再度ノ伸長ハ相手方ノ承諾書ヲ提出セサルトキ

---

**第百五十七條** 期間ヲ定ムル裁判ニ於テ始期ヲ定メサルトキハ其ノ期間ハ裁判カ效力ヲ生シタル時ヨリ進行ヲ始ム

**第百五十八條** 裁判所ハ法定期間又ハ其ノ定メタル期間ヲ伸長シ又ハ之ヲ短縮スルコトヲ得但シ不變期間ハ此ノ限ニ在ラス

不變期間ニ付テハ裁判所ハ遠隔ノ地ニ住所又ハ居所ヲ有スル者ノ爲附加期間ヲ定ムルコトヲ得

裁判長、受命判事又ハ受託判事ハ其ノ定メタル期間ヲ伸長シ又ハ之ヲ短縮スルコトヲ得ハ相手方ヲ審訊シタル後ニ限リ之ヲ許スコトヲ得又相手方カ異議ヲ述フルトキハ顯著ナル差支ノ理由及ヒ其差支ヲ除去スルコトノ特別ナル困難ヲ生シタルコトヲ證スルトキニ限リ之ヲ許スコトヲ得訴訟代理人ノ差支ニ原因スル期日ノ再度ノ變更又ハ期間ノ再度ノ伸長ハ相手方ノ承諾アルニ非サレハ之ヲ許サス

**第百六十七條**　法律上ノ期間ハ裁判所ノ所在地ニ住居セサル原告若クハ被告ノ爲メ其住居地ト裁判所所在地トノ距離ノ割合ニ應シ海陸路八里毎ニ一日ヲ伸長ス八里以外ノ端數三里ヲ超ユルトキ亦同シ

裁判所ハ外國又ハ島嶼ニ於テ住所ヲ有スル原告若クハ被告ノ爲メ特ニ附加期間ヲ定ムルコトヲ得

**第百七十二條**　本節ニ於テ裁判所及裁判長ニ與ヘタル權ハ受命判事又ハ受託判事モ亦其定ム可キ期日ニ付キ之ヲ行フコトヲ得

## 第四節　懈怠ノ結果及ヒ原狀回復

**第百七十三條**　訴訟行爲ヲ怠リタル原告若クハ被告ハ其訴訟行爲ヲ爲ス權利ヲ與フ但此

法律ニ於テ追完ヲ許ストキハ此限ニ在ラス
法律上懈怠ノ結果ハ當然生スルモノトス但此法律ニ於テ失權ヲ爲サシムルコトニ付キ相手方ノ申立ヲ要スルトキハ此限ニ在ラス

**第百七十四條**　天災其他避ク可カラサル事變ノ爲ニ不變期間ヲ遵守スルコトヲ得サル原告若ハ被告ニハ申立ニ因リ原狀回復ヲ許ス
原告若ハ被告カ故障期間ヲ懈怠シタルトキハ其過失ニ非スシテ闕席判決ノ送達ヲ知ラサリシ場合ニ於テモ亦之ニ原狀回復ヲ許ス

**第百七十五條**　原狀回復ハ十四日ノ期間內ニ之ヲ申立ツルコトヲ要ス
右期間ハ障碍ノ止ミタル日ヲ以テ始マル此期間ハ當事者ノ合意ニ因リ之ヲ伸長スルコトヲ得ス
懈怠シタル不變期間ノ終ヨリ起算シテ一个年ノ滿了後ハ原狀回復ヲ申立ツルコトヲ得ス

**第百七十六條**　原狀回復ハ追完スル訴訟行爲ニ付キ裁判ヲ爲ス權アル裁判所ニ書面ヲ差出シテ之ヲ爲ス可シ
此書面ニハ左ノ條件ヲ具備スルコトヲ要ス

**第百五十九條**　當事者カ其ノ責ニ歸スヘカラサル事由ニ因リ不變期間ヲ遵守スルコト能ハサリシ場合ニ於テハ其ノ事由ノ止ミタル後一週間內ニ限リ懈怠シタル訴訟行爲ノ追完ヲ爲スコトヲ得
此ノ期間ニ付テハ前條ノ規定ヲ適用セス

第一　原狀回復ノ原因タル事實
第二　原狀回復ノ疏明方法
第三　懈怠シタル訴訟行爲ノ追完

卽時抗告ノ提出ヲ懈怠シタルトキハ原狀回復ノ申立ハ不服ヲ申立テタル裁判ヲ爲シタル裁判所又ハ抗告裁判所ニ之ヲ爲スコトヲ得

**第百七十七條**　原狀回復ノ申立ニ付テノ訴訟手續ハ追完スル訴訟行爲ニ付テノ訴訟手續ト之ヲ併合ス然レトモ裁判所ハ先ツ申立ニ付テノ辯論及裁判ノミニ其訴訟手續ヲ制限スルコトヲ得

申立ノ許否ニ關スル裁判及ヒ其裁判ニ對スル不服ノ申立ニ付テハ追完スル訴訟行爲ニ付テ行ハルヘキ規定ヲ適用ス然レトモ申立ヲ爲シタル原告若クハ被告ハ故障ヲ爲スコトヲ得ス

原狀回復ノ費用ハ申立人之ヲ負擔ス但相手方ノ不當ナル異議ニ因リ生シタルモノハ此限ニ在ラス

## 第二節　送達

**第百三十六條第一項**　送達ハ裁判所書記職權

---

## 第三節　送達

**第百六十條**　送達ハ別段ノ規定アル場合ヲ除クノ外職權ヲ以

ヲ以テ之ヲ爲サシム
裁判所書記ハ執達吏ニ送達ノ施行ヲ委任シ又ハ送達ヲ施行ス可キ地ヲ管轄スル區裁判所ノ書記ニ送達ノ施行ヲ執達吏ニ委任ス可キコトヲ囑託ス

第百三十六條第三項　裁判所書記ハ郵便ニ依リテモ亦送達ヲ爲サシムルコトヲ得
第二項ノ場合ニ於テハ執達吏又第三項ノ場合ニ於テハ郵便配達人ヲ以下ニ規定スル送達吏ト爲ス

第百三十七條第一項　送達ハ其送達ス可キ書類ノ正本又ハ認證シタル謄本ヲ交付ス可キ規定アルトキハ其正本又ハ其謄本ノ交付ヲ以テ之ヲ爲シ其他ノ場合ニ於テハ謄本ノ交

---

テ之ヲ爲ス

第百六十一條　送達ニ關スル事務ハ裁判所書記之ヲ取扱フ前項ノ事務ノ取扱ハ送達地ノ區裁判所ノ書記ニ之ヲ囑託スルコトヲ得

第百六十二條　送達ハ執達吏又ハ郵便ニ依リ之ヲ爲ス
郵便ニ依ル送達ニ在リテハ郵便集配人ヲ以テ送達ヲ爲ス吏員トス

第百六十三條　當該事件ニ付出頭シタル者ニ對シテハ裁判所書記自ラ送達ヲ爲スコトヲ得

第百六十四條　送達ハ別段ノ規定アル場合ヲ除クノ外送達ヲ受クヘキ者ニ送達スヘキ書類ノ謄本ヲ交付シテ之ヲ爲ス
送達スヘキ書類ノ提出ニ代ヘ調書ヲ作リタルトキハ其ノ調

付ヲ以テ之ヲ爲ス

第百三十八條　訴訟能力ヲ有セサル原告若クハ被告ニ對スル送達ハ其法律上代理人ニ之ヲ爲ス

公又ハ私ノ法人及ヒ其資格ニ於テ訴ヘ又ハ訴ヘラルヽコトヲ得ル會社又ハ社團ニ對スル送達ハ其首長又ハ事務擔當者ニ之ヲ爲スヲ以テ足ル

數人ノ首長若クハ事務擔當者アル場合ニ於テハ送達ハ其一人ニ之ヲ爲スヲ以テ足ル

第百三十七條第二項　原告若クハ被告數人ノ代理人ニ爲シ又ハ同一ナル原告若クハ被告ノ代理人數人中ノ一人ニ爲ス可キ送達ハ謄本又ハ正本ノ一通ヲ交付スルヲ以テ足ル

第百三十九條　豫備、後備ノ軍籍ニ在ラサル下士以下ノ軍人、軍屬ニ對スル送達ハ其所屬ノ長官又ハ隊長ニ之ヲ爲ス

第百四十條　囚人ニ對スル送達ハ監獄署ノ首長ニ之ヲ爲ス

第百四十一條　送達ハ財產權上ノ訴訟ニ付テハ總理代人ニ之ヲ爲シ又商業上ヨリ生シタ

---

書ノ謄本又ハ抄本ヲ交付シテ送達ヲ爲ス

第百六十五條　訴訟無能力者ニ對スル送達ハ其ノ法定代理人ニ之ヲ爲ス

第百六十六條　數人カ共同シテ代理權ヲ行フヘキ場合ニ於テハ送達ハ其ノ一人ニ之ヲ爲スヲ以テ足ル

第百六十七條　軍事用ノ廳舍又ハ艦船ニ屬スル者ニ對スル送達ハ廳舍又ハ艦船ノ長ニ之ヲ爲ス

第百六十八條　在監者ニ對スル送達ハ監獄ノ長ニ之ヲ爲ス

ル訴訟ニ付テハ代務人ニ之ヲ爲スヲ以テ原告若クハ被告本人ニ爲シタルト同一ノ效力ヲ有ス

第百四十二條　訴訟代理人アルトキハ送達ハ其代理人委任ノ趣旨ニ依リ原告若クハ被告ノ代理ヲ爲ス權ヲ有スルトキニ限リ其代理人ニ之ヲ爲ス

然レトモ原告若クハ被告ノ本人ニ爲シタル送達ハ其訴訟代理人アルトキト雖モ效力ヲ有ス

第百四十四條　送達ハ何レノ地ヲ問ハス送達ヲ受クヘキ人ニ出會ヒタル地ニ於テ之ヲ爲スコトヲ得然レトモ其人カ其地ニ住居又ハ事務所ヲ有スルトキ其住居又ハ事務所ノ外ニ於テ爲シタル送達ハ其受取ヲ拒マサリシトキニ限リ效力ヲ有ス

第百三十八條第二項ノ場合ニ於テ特別ノ事務所アルトキハ其事務所ノ外ニ於テ法律上代理人又ハ首長若クハ事務擔當者ニ爲シタル送達ハ其受取ヲ拒マサルトキニ限リ效力ヲ有ス

第百四十三條　受訴裁判所ノ所在地ニ住所ヲ

第百六十九條　送達ハ之ヲ受クヘキ者ノ住所、居所、營業所又ハ事務所ニ於テ之ヲ爲ス但シ法定代理人ニ對スル送達ハ本人ノ營業所又ハ事務所ニ於テモ之ヲ爲スコトヲ得

送達ヲ受クヘキ者カ日本ニ住所、居所、營業所又ハ事務所ヲ有スルコト明ナラサルトキハ送達ハ其ノ者ニ出會ヒタル場所ニ於テ之ヲ爲スコトヲ得住所、居所、營業所又ハ事務所ヲ有スル者カ送達ヲ受クルコトヲ拒マサルトキ亦同シ

第百七十條　當事者、法定代理人又ハ訴訟代理人ハ受訴裁判

モ事務所ヲモ有セサル原告若クハ被告ハ其所在地ニ假住所ヲ選定シテ之ヲ届出ツ可シ假住所選定ノ届出ハ遲クトモ最近ノ口頭辯論ニ於テ之ヲ爲シ又其前ニ書面ヲ差出ストキハ其書面ヲ以テ之ヲ爲ス可シ

前項ノ届出ヲ爲ササルトキハ裁判所書記又ハ其委任ヲ受ケタル吏員交付ス可キ書類ヲ原告若クハ被告ノ名宛ニテ郵便ニ付シテ送達ヲ爲スコトヲ得此送達ハ其書類ノ原告若クハ被告ニ到達スルト否トヲ問ハス又何時ニ到達スルトヲ問ハス郵便ニ付シタル時ヲ以テ之ヲ爲シタルモノト看做ス

**第百四十五條第一項**　送達ヲ受ク可キ人ニ住居ニ於テ出會ハサルトキハ其住居ニ於テスル送達ハ成長シタル同居ノ親族又ハ雇人ニ之ヲ爲スコトヲ得

**第百四十六條**　住居ノ外ニ事務所ヲ有スル人ニ對スル送達ハ事務所ニ於テ之ニ出會ハサルトキハ其事務所ニ在ル營業使用人ニ之ヲ爲スコトヲ得此規定ハ辯護士ニモ亦之ヲ適用ス但此場合ニ於ケル送達ハ筆生ニモ亦之

---

所ノ所在地ニ住所、居所、營業所又ハ事務所ヲ有セサルトキハ其ノ裁判所ノ所在地ニ於テ送達ヲ受クヘキ場所及送達受取人ヲ定メ之ヲ届出ツルコトヲ要ス

送達ヲ受クヘキ者カ前項ノ届出ヲ爲ササルトキハ其ノ者ニ對シテ送達スヘキ書類ハ前條第一項ノ規定ニ依リ送達スヘキ場所ニ宛テ書留郵便ニ付シテ之ヲ發送スルコトヲ得

第一項ノ届出ハ送達ヲ受クヘキ者カ受訴裁判所ノ所在地ニ住所、居所、營業所又ハ事務所ヲ有スル場合ニ於テモ亦之ヲ爲スコトヲ得

**第百七十一條**　送達ヲ爲スヘキ場所ニ於テ送達ヲ受クヘキ者ニ出會ハサルトキハ事務員、雇人又ハ同居者ニシテ事理ヲ辨識スルニ足ルヘキ知能ヲ具フル者ニ書類ヲ交付スルコトヲ得

前項ニ掲クル者其ノ他書類ノ交付ヲ受クヘキ者カ正當ノ事由ナクシテ之ヲ受クルコトヲ拒ミタルトキハ送達ヲ爲スヘキ場所ニ書類ヲ差置クコトヲ得

ヲ爲スコトヲ得

第百四十七條　第百三十八條第二項ノ場合ニ於テ法律上代理人又ハ首長若クハ事務擔當者ニ事務所ニ於テ出會ハス又ハ此等ノ者受取ニ付キ差支アルトキハ送達ハ事務所ニ在ル他ノ役員又ハ雇人ニ之ヲ爲スコトヲ得

第百四十九條　法律上ノ理由ナクシテ送達ノ受取ヲ拒ムトキハ交付スヘキ書類ヲ送達ノ場所ニ差置ク可シ

第百四十五條第二項　此規定ニ從ヒ送達ヲ施行スルコトヲ得サルトキハ其送達ハ交付ス可キ書類ヲ其地ノ市町村長ニ預置キ送達ノ告知書ヲ作リ之ヲ住居ノ戸ニ貼附シ且近隣ニ住居スル者二人ニ其旨ヲ口頭ヲ以テ通知シテ之ヲ爲スコトヲ得

第百四十三條第三項　前項ノ屆出ヲ爲ササルトキハ裁判所書記又ハ其委任ヲ受ケタル吏員交付スヘキ書類ヲ原告若クハ被告ノ名宛ニテ郵便ニ付シテ送達ヲ爲スコトヲ得此送達ハ其ノ書類ノ原告若クハ被告ニ到達スルト否トヲ問ハス又何時ニ到達スルトヲ問ハス郵便ニ付シタル時ヲ以テ之ヲ爲シタルモ

**第百七十二條**　前條ノ規定ニ依リテ送達ヲ爲スコト能ハサル場合ニ於テハ裁判所書記書類ヲ書留郵便ニ付シテ之ヲ發送スルコトヲ得

**第百七十三條**　第百七十條第二項又ハ前條ノ規定ニ依リテ書類ヲ郵便ニ付シテ發送シタル場合ニ於テハ其ノ發送ノ時ニ於テ送達アリタルモノト看做ス

ノト看做ス

第百五十條　日曜日及ヒ一般ノ祝祭日ニハ執達吏ノ爲ス可キ送達ハ裁判官ノ許可ヲ得ルトキニ限リ之ヲ施行スルコトヲ得

前項ノ規定ハ郵便ニ付シテ爲ス送達ヲ除ク外ハ夜間ニ爲ス可キ送達ニ之ヲ適用ス夜間トハ日沒ヨリ日出マテノ時間ヲ謂フ

右ノ許可ハ受訴裁判所ノ裁判長又ハ送達ヲ爲ス可キ地ヲ管轄スル區裁判所ノ判事之ヲ與ヘ又ハ受命判事若クハ受託判事ノ完結ス可キ事件ニ在テハ其判事之ヲ與フ

許可ノ命令ハ認證シタル謄本ヲ以テ送達ノ際之ヲ交付ス可シ

本條ノ規定ヲ遵守セサル送達ハ之ヲ受取リタルトキニ限リ効力ヲ有ス

第百五十二條　外國ニ在ル本邦ノ公使及公使館ノ官吏並ニ其家族、從者ニ對スル送達ハ外務大臣ニ囑託シテ之ヲ爲ス

第百五十三條　前條ノ場合ヲ除ク外、外國ニ於テ施行ス可キ送達ハ外國ノ管轄官廳又ハ外國ニ駐在スル帝國ノ公使又ハ領事ニ囑託シテ之ヲ爲ス

---

第百七十四條　日曜日其ノ他ノ一般ノ休日又ハ日出前日沒後ニ於テ執達吏ニ依ル送達ヲ爲スニハ裁判長ノ許可アルコトヲ要ス

前項ノ許可アリタルトキハ裁判所書記ハ送達スヘキ書類ニ其ノ旨ヲ附記スルコトヲ要ス

前二項ノ規定ニ違背スル送達ハ書類ノ交付ヲ受クヘキ者カ之ヲ受取リタル場合ニ限リ其ノ效力ヲ有ス

第百七十五條　外國ニ於テ爲スヘキ送達ハ裁判長其ノ國ノ管轄官廳又ハ其ノ國ニ駐在スル日本ノ大使、公使若ハ領事ニ囑託シテ之ヲ爲ス

第百五十四條　出陣ノ軍隊又ハ役務ニ服シタル軍艦ノ乘組員ニ屬スル人ニ對スル送達ハ上班司令官廳ニ囑託シテ之ヲ爲スコトヲ得

第百五十五條　前三條ノ場合ニ於テ必要ナル囑託書ハ受訴裁判所ノ裁判長之ヲ發ス

送達ハ囑託ヲ受ケタル官廳又ハ官吏ノ送達施行濟ノ證書ヲ以テ之ヲ證ス

第百五十一條　送達ニ付テハ之ヲ施行スル吏員ハ送達ノ場所、年月日時、方法及ヒ受取人ノ受取證並ニ送達吏ノ署名捺印ヲ具備スル證書ヲ作ルコトヲ要ス

受取人受取ヲ拒ミ若クハ受取證ヲ出スコトヲ拒ミタルトキ又ハ受取證ヲ作ルコト能ハサル旨ヲ述フルトキハ之ヲ送達證書ニ記載ス可シ

第百五十六條　原告若クハ被告ノ現在地知レサルトキ又ハ外國ニ於テ爲ス可キ送達ニ付テハ其規定ニ從フコト能ハス若クハ之ニ從フモ其效ナキコトヲ豫知スルトキハ其送達ハ公ノ告示ヲ以テ之ヲ爲スコトヲ得

---

第百七十六條　出陣ノ軍隊若ハ外國駐在ノ軍隊ニ屬スル者又ハ役務ニ服スル艦船ノ乘組員ニ對スル送達ハ裁判長上班司令官廳ニ囑託シテ之ヲ爲ス

前項ノ送達ニ付テハ第百六十七條ノ規定ヲ準用ス

第百七十七條　送達ヲ爲シタル吏員ハ書面ヲ作リ送達ニ關スル事項ヲ記載シ之ヲ裁判所ニ提出スルコトヲ要ス

第百七十八條　當事者ノ住所、居所其ノ他送達ヲ爲スヘキ場所カ知レサル場合又ハ外國ニ於テ爲スヘキ送達ニ付第百七十五條ノ規定ニ依ルコト能ハス若ハ之ニ依ルモ其ノ效ナシト認ムヘキ場合ニ於テハ申立ニ因リ裁判長ノ許可ヲ得テ公示送達ヲ爲スコトヲ得

第百五十七條　公示送達ハ原告若クハ被告ノ申立ニ因リ裁判所ノ命ヲ以テ裁判所書記之ヲ取扱フ

此送達ハ交付ス可キ書類ヲ裁判所ノ掲示板ニ貼附シテ之ヲ爲ス判決及ヒ決定ニ在テハ其ノ裁判ノ部分ノミヲ貼附ス可シ

右ノ外裁判所ハ送達ス可キ書類ノ抄本ヲ一箇又ハ數箇ノ新聞紙ニ一回又ハ數回掲載ス可キヲ命スルコトヲ得其抄本ニハ裁判所當事者並ニ訴訟物及ヒ送達ス可キ書類ノ要旨ヲ掲クルコトヲ要ス

第百五十八條　公示送達ノ書類ノ貼附ヨリ十四日ヲ經過シタル日ヲ以テ之ヲ爲シタルモノト看做ス然レトモ裁判所ハ公示送達ヲ命スルニ際シ此ヨリ長キ期間ヲ必要トスルトキハ相當ナル期間ヲ定ムルコトヲ得

同一ノ事件ニ付キ同一ノ原告若クハ被告ニ對シテ爲ス其後ノ公示送達ハ貼附ヲ以テ之ヲ爲シタルモノト看做ス

---

同一ノ當事者ニ對スル爾後ノ公示送達ハ職權ヲ以テ之ヲ爲ス

第百七十九條　公示送達ハ裁判所書記送達スヘキ書類ヲ保管シ何時ニテモ送達ヲ受クヘキ者ニ交付スヘキ旨ヲ裁判所ノ掲示場ニ掲示シテ之ヲ爲ス但シ呼出狀ノ送達ハ呼出狀ヲ掲示場ニ貼附シテ之ヲ爲ス

裁判所ハ公示送達アリタルコトヲ官報又ハ新聞紙ニ掲載スヘキコトヲ命スルコトヲ得但シ外國ニ於テ爲スヘキ送達ニ付テハ公示送達アリタルコトヲ郵便ニ付シテ通知スルコトヲ得

第百八十條　公示送達ハ前條第一項ノ規定ニ依ル掲示ヲ始メタル日ヨリ二週間ヲ經過スルニ因リテ其ノ效力ヲ生ス但シ第百七十八條第二項ノ公示送達ハ掲示ヲ始メ又ハ貼附ヲ爲シタル日ノ翌日ニ於テ其ノ效力ヲ生ス

前項ノ期間ハ之ヲ短縮スルコトヲ得ス

## 第二節 判決

**第二百二十五條第一項** 訴訟カ裁判ヲ爲スニ熟スルトキハ裁判所ハ終局判決ヲ以テ裁判ヲ爲ス

**第二百二十六條** 一ノ訴ヲ以テ起シタル數箇ノ請求中ノ一箇又ハ一箇ノ請求中ノ一分又ハ反訴ヲ起シタル場合ニ於テハ本訴若クハ反訴ノミ裁判ヲ爲スニ熟スルトキハ裁判所ハ終局判決（一分判決）ヲ以テ裁判ヲ爲ス

然レトモ裁判所ハ事件ノ事情ニ從ヒテ一分判決ヲ相當トセサルトキハ之ヲ爲ササルコトヲ得

**第二百二十七條** 各箇ノ獨立ナル攻擊若クハ防禦ノ方法又ハ中間ノ爭カ裁判ヲ爲スニ熟スルトキハ中間判決ヲ以テ裁判ヲ爲スコトヲ得

**第二百二十八條** 請求ノ原因及數額ニ付キ爭

---

**第百八十一條** 送達ニ關スル裁判長ノ權限ハ受命判事、受託判事及送達地ノ區裁判所ノ判事亦之ヲ有ス

## 第四節 裁判

**第百八十二條** 訴訟カ裁判ヲ爲スニ熟スルトキハ裁判所ハ終局判決ヲ爲ス

**第百八十三條** 訴訟ノ一部カ裁判ヲ爲スニ熟スルトキハ裁判所ハ其ノ一部ニ付終局判決ヲ爲スコトヲ得

前項ノ規定ハ口頭辯論ノ併合ヲ命シタル數箇ノ訴訟中其ノ一カ裁判ヲ爲スニ熟スル場合及本訴又ハ反訴カ裁判ヲ爲スニ熟スル場合ニ之ヲ準用ス

**第百八十四條** 獨立シタル攻擊又ハ防禦ノ方法其ノ他中間ノ爭ニ付裁判ヲ爲スニ熟スルトキハ裁判所ハ中間判決ヲ爲スコトヲ得請求ノ原因及數額ニ付爭アル場合ニ於テ其ノ原因ニ付亦同シ

アルトキハ裁判所ハ先ツ其原因ニ付キ裁判ヲ爲スコトヲ得

**第二百二十九條**　口頭辯論ノ際原告其訴ヘタル請求ヲ拋棄シ又ハ被告之ヲ認諾スルトキハ裁判所ハ申立ニ因リ其拋棄又ハ認諾ニ基キ判決ヲ以テ却下又ハ敗訴ノ言渡ヲ爲ス可シ

**第二百十七條**　裁判所ハ民法又ハ此法律ノ規定ニ反セサル限リハ辯論ノ全旨趣及ヒ或ル證據調ノ結果ヲ斟酌シ事實上ノ主張ヲ眞實ナリト認ム可キヤ否ヤヲ自由ナル心證ヲ以テ判斷ス可シ

**第二百三十一條第一項**　裁判所ハ申立テサル事物ヲ原告若クハ被告ニ歸セシムル權ナシ

**第二百三十二條**　判決ハ其基本タル口頭辯論ニ臨席シタル判事ニ限リ之ヲ爲ス

**第二百三十五條第二項**　言渡アリタル判決ニ

---

**第百八十五條**　裁判所ハ判決ヲ爲スニ當リ其ノ爲シタル口頭辯論ノ全趣旨及證據調ノ結果ヲ斟酌シ自由ナル心證ニ依リ事實上ノ主張ヲ眞實ト認ムヘキカ否ヲ判斷ス

**第百八十六條**　裁判所ハ當事者ノ申立テサル事項ニ付判決ヲ爲スコトヲ得ス

**第百八十七條**　判決ハ其ノ基本タル口頭辯論ニ關與シタル判事之ヲ爲ス

判事ノ更迭アル場合ニ於テハ當事者ハ從前ノ口頭辯論ノ結果ヲ陳述スルコトヲ要ス

**第百八十八條**　判決ハ言渡ニ因リテ其ノ效力ヲ生ス

基キ訴訟手續ヲ續行シ又ハ他ニ其判決ヲ使用スル原告若クハ被告ノ權ハ此法律ニ特定シタル場合ヲ除ク外相手方ニ其判決ヲ送達スルト否トニ拘ハラサルモノトス

**第二百三十四條**　判決ノ言渡ハ判決主文ノ朗讀ニ因リ之ヲ爲ス闕席判決ノ言渡ハ其主文ヲ作ラサル前ト雖モ之ヲ爲スコトヲ得

裁判ノ理由ヲ言渡スコトヲ至當ト認ムルトキハ判決ノ言渡ト同時ニ其理由ヲ朗讀シ又ハ口頭ニテ其要領ヲ告ク可シ

**第二百三十三條**　判決ハ口頭辯論ノ終結スル期日又ハ直チニ指定スル期日ニ於テ之ヲ言渡ス但其期日ハ七日ヲ過クルコトヲ得ス

**第二百三十三條第一項**　判決ノ言渡ハ當事者又ハ其一方ノ在廷スルト否トニ拘ハラス其效力ヲ有ス

**第二百三十六條**　判決ニハ左ノ諸件ヲ揭ク可シ

第一　當事者及ヒ其法律上代理人ノ氏名、身分、職業及ヒ住所

第二　事實及ヒ爭點ノ摘示但其摘示ハ當事

---

**第百八十九條**　判決ノ言渡ハ判決原本ニ基キ裁判長主文ヲ朗讀シテ之ヲ爲ス

裁判長ハ相當ト認ムルトキハ判決ノ理由ヲ朗讀シ又ハ口頭ヲ以テ其ノ要領ヲ告クルコトヲ得

**第百九十條**　判決ノ言渡ハ口頭辯論終結ノ日ヨリ二週間內ニ之ヲ爲ス但シ事件繁雜ナルトキ其ノ他特別ノ事情アルトキハ此ノ限ニ在ラス

判決ノ言渡ハ當事者カ在廷セサル場合ニ於テモ之ヲ爲スコトヲ得

**第百九十一條**　判決ニハ左ノ事項ヲ記載シ判決ヲ爲シタル判事之ニ署名捺印スルコトヲ要ス

一　主　文

二　事實及爭點

者ノ口頭演述ニ基キ殊ニ其提出シタル申立ヲ表示シテ之ヲ爲ス

第三　裁判ノ理由

第四　判決主文

第五　裁判所ノ名稱、裁判ヲ爲シタル判事ノ官氏名

**第二百三十七條**　判決ノ原本ニハ裁判ヲ爲シタル判事署名捺印ス若シ陪席判事署名捺印スルニ差支アルトキハ其理由ヲ開示シテ裁判長其旨ヲ附記シ裁判長差支アルトキハ官等最モ高キ陪席判事之ヲ附記ス

**第二百三十七條第二項以下**　判決ノ原本ハ言渡ノ日ヨリ起算シテ七日以内ニ裁判所書記ニ之ヲ交付ス可シ

裁判所書記ハ言渡ノ日及原本領收ノ日ヲ原本ニ附記シ且其附記ニ署名捺印ス可シ

**第二百三十八條**　各當事者ハ判決ノ送達アランコトヲ申立ツルコトヲ得其申立アリタルトキハ判決ノ正本ヲ送達ス可シ

**第二百四十一條**　裁判所ハ申立ニ因リ又ハ職

---

三　理由

四　當事者及法定代理人

五　裁判所

事實及爭點ノ記載ハ口頭辯論ニ於ケル當事者ノ陳述ニ基キ要領ヲ摘示シテ之ヲ爲スコトヲ要ス

判事判決ニ署名捺印スルニ支障アルトキハ他ノ判事判決ニ其ノ事由ヲ記載シテ署名、捺印スルコトヲ要ス

**第百九十二條**　判決ハ言渡後遲滯ナク之ヲ裁判所書記ニ交付シ書記ハ言渡及交付ノ日ヲ附記シ之ニ捺印スルコトヲ要ス

**第百九十三條**　判決ハ交付ヲ受ケタル日ヨリ二週間内ニ之ヲ當事者ニ送達スルコトヲ要ス

判決ノ送達ハ正本ヲ以テ之ヲ爲ス

**第百九十四條**　判決ニ違算、書損其ノ他之ニ類スル明白ナル

權ヲ以テ何時ニテモ判決中ノ違算、書損及此ニ類スル著シキ誤謬ヲ更正ス

此更正ニ付テハ口頭辯論ヲ經スシテ裁判ヲ爲スコトヲ得

右更正ノ申立ヲ却下スル決定ニ對シテハ上訴ヲ爲スコトヲ得ス更正ヲ宣言スル決定ニ對シテハ卽時抗告ヲ爲スコトヲ得

**第二百四十二條**　主タル請求若クハ附帶ノ請求又ハ費用ノ全部若クハ一分ノ裁判ヲ爲スニ際シ脱漏シタルトキハ申立ニ因リ追加ノ裁判ヲ以テ判決ヲ補充ス可シ

判決ノ言渡後直チニ追加裁判ノ申立ヲ爲ササルトキハ遲クトモ判決ノ正本ヲ送達シタル日ヨリ起算シテ七日ノ期間內ニ之ヲ爲スコトヲ要ス

追加裁判ノ申立アルトキハ卽時ニ又ハ新期日ヲ定メテ口頭辯論ヲ爲サシム可シ

其辯論ハ訴訟ノ完結セサル部分ニ限リ之ヲ爲ス

---

誤謬アルトキハ裁判所ハ何時ニテモ申立ニ因リ又ハ職權ヲ以テ更正決定ヲ爲スコトヲ得

更正決定ハ判決ノ原本及正本ニ之ヲ附記スルコトヲ要ス但シ正本ニ附記スルコト能ハサルトキハ決定ノ正本ヲ作リ之ヲ當事者ニ送達スルコトヲ要ス

更正決定ニ對シテハ卽時抗告ヲ爲スコトヲ得但シ判決ニ對シ適法ノ控訴アリタルトキハ此ノ限ニ在ラス

**第百九十五條**　裁判所カ請求ノ一部ニ付裁判ヲ脱漏シタルトキハ訴訟ハ其ノ請求ノ部分ニ付仍裁判所ニ繫屬ス

訴訟費用ノ裁判ヲ脱漏シタル場合ニ於テハ裁判所ハ申立ニ因リ又ハ職權ヲ以テ其ノ訴訟費用ニ付裁判ヲ爲ス此ノ場合ニ於テハ第百四條ノ規定ヲ準用ス

前項ノ規定ニ依ル訴訟費用ノ裁判ハ本案判決ニ對シ適法ノ控訴アリタルトキハ其ノ效力ヲ失フ此ノ場合ニ於テハ控訴裁判所ハ訴訟ノ總費用ニ付裁判ヲ爲ス

**第五百五條**　總テノ場合ニ於テ裁判所ハ債務者ノ申立ニ因リ債務者豫メ保證ヲ立ツルトキハ假執行ヲ爲シ得ヘキ旨ヲ宣言スルコトヲ得

債權者カ執行ノ前ニ保證ヲ立ツルコトヲ申出テサルトキハ債務者ノ申立ニ因リ債務者ニ保證ヲ立テシメ又ハ供託ヲ爲サシメテ執行ヲ免カルルコトヲ許ス可シ

**第五百七條**　假執行ニ付テノ裁判ハ判決主文ニ之ヲ揭ク可シ

**第五百十條**　本案ノ裁判又ハ假執行ノ宣言ヲ廢棄若クハ破毀又ハ變更スル判決ノ言渡アルトキハ假執行ハ其廢棄若クハ破毀又ハ變更ヲ爲ス限度ニ於テ效力ヲ失フ

假執行ノ宣言アリタル本案ノ判決ヲ廢棄若クハ破毀又ハ變更スルトキハ判決ニ基キ被告ノ支拂又ハ給付シタルモノノ辨濟ヲ被告ノ申立ニ因リ判決ヲ以テ原告ニ言渡ス可シ

---

**第百九十六條**　財產權上ノ請求ニ關スル判決ニ付テハ裁判所ハ必要アリト認ムルトキハ申立ニ因リ又ハ職權ヲ以テ擔保ヲ供シ又ハ供セスシテ假執行ヲ爲スコトヲ得ヘキコトヲ宣言スルコトヲ得

裁判所ハ申立ニ因リ又ハ職權ヲ以テ擔保ヲ供シテ假執行ヲ免ルルコトヲ得ヘキコトヲ宣言スルコトヲ得

前二項ノ宣言ハ判決主文ニ之ヲ揭クルコトヲ要ス

**第百九十七條**　第百十二條、第百十三條、第百十五條及第百十六條ノ規定ハ前條ノ擔保ニ之ヲ準用ス

**第百九十八條**　假執行ノ宣言ハ其ノ宣言又ハ本案判決ヲ變更スル判決ノ言渡ニ因リ變更ノ限度ニ於テ其ノ效力ヲ失フ

本案判決ヲ變更スル場合ニ於テハ裁判所ハ被告ノ申立ニ因リ其ノ判決ニ於テ假執行ノ宣言ニ基キ被告カ給付シタルモノノ返還及假執行ニ因リ又ハ之ヲ免ルル爲被告ノ受ケタル損害ノ賠償ヲ原告ニ命スルコトヲ要ス

假執行ノ宣言ノミヲ變更シタルトキハ後ニ本案判決ヲ變更

**第二百四十四條**　判決ハ其主文ニ包含スルモノニ限リ確定力ヲ有ス

**第五百十四條**　外國裁判所ノ判決ニ因レル強制執行ハ本邦ノ裁判所ニ於テ執行判決ヲ以テ其適法ナルコトヲ言渡シタルトキニ限リ之ヲ爲スコトヲ得

執行判決ヲ求ムル訴ニ付テハ債務者ノ普通裁判籍ヲ有スル地ノ區裁判所又ハ地方裁判所之ヲ管轄シ又普通裁判籍ナキトキハ第十七條ノ規定ニ從ヒテ債務者ニ對スル訴ヲ管轄スル裁判所之ヲ管轄ス

**第五百十五條**　執行判決ハ裁判ノ當否ヲ調査セスシテ之ヲ爲ス可シ

執行判決ヲ求ムル訴ハ左ノ場合ニ於テハ之ヲ却下ス可シ

第一　外國裁判所ノ判決ノ確定ト爲リタルコトヲ證明セサルトキ

---

スル判決ニ付前項ノ規定ヲ適用ス

**第百九十九條**　確定判決ハ主文ニ包含スルモノニ限リ既判力ヲ有ス

相殺ノ爲主張シタル請求ノ成立又ハ不成立ノ判斷ハ相殺ヲ以テ對抗シタル額ニ付既判力ヲ有ス

**第二百條**　外國裁判所ノ確定判決ハ左ノ條件ヲ具備スル場合ニ限リ其ノ效力ヲ有ス

一　法令又ハ條約ニ於テ外國裁判所ノ裁判權ヲ否認セサルコト

二　敗訴ノ被告カ日本人ナル場合ニ於テ公示送達ニ依ラスシテ訴訟ノ開始ニ必要ナル呼出若ハ命令ノ送達ヲ受ケタルコト又ハ之ヲ受ケサルモ應訴シタルコト

三　外國裁判所ノ判決カ日本ニ於ケル公ノ秩序又ハ善良ノ風俗ニ反セサルコト

四　相互ノ保證アルコト

第二　本邦ノ法律ニ依リ強テ爲サシムルコトヲ得サル行爲ヲ執行セシム可キトキ

第三　本邦ノ法律ニ從ヘハ外國裁判所カ管轄權ヲ有セサルトキ

第四　敗訴ノ債務者本邦人ニシテ應訴セサリシトキ但訴訟ヲ開始スル呼出又ハ命令ヲ受訴裁判所所屬ノ國ニ於テ又ハ法律上ノ共助ニ依リ本邦ニ於テ本人ニ送達セサリシトキニ限ル

第五　國際條約ニ於テ相互ヲ保セサルトキ

**第五百十九條**　執行力アル正本ハ判決ニ表示シタル債權者ノ承繼人ノ爲ニ之ヲ附與シ又ハ判決ニ表示シタル債權者ノ一般ノ承繼人ニ對シテ之ヲ附與スルコトヲ得但其承繼カ裁判所ニ於テ明白ナルトキ又ハ證明書ヲ以テ之ヲ證スルトキニ限ル

**第百三條**　判決裁判所ニ於ケル訴訟ニ付テノ當事者ノ辯論ハ口頭ナリトス但此法律ニ於テ口頭辯論ヲ經スシテ裁判ヲ爲スコトヲ定メタルトキハ此限ニ在ラス

---

**第二百一條**　確定判決ハ當事者、口頭辯論終結後ノ承繼人又ハ其ノ者ノ爲請求ノ目的物ヲ所持スル者ニ對シテ其ノ效力ヲ有ス

他人ノ爲原告又ハ被告ト爲リタル者ニ對スル確定判決ハ其ノ他ニ對シテモ效力ヲ有ス

前二項ノ規定ハ假執行ノ宣言ニ之ヲ準用ス

**第二百二條**　不適法ナル訴ニシテ其ノ欠缺カ補正スルコト能ハサルモノナル場合ニ於テハ口頭辯論ヲ經スシテ判決ヲ以テ之ヲ却下スルコトヲ得

**第二百三條**　和解又ハ請求ノ抛棄若ハ認諾ヲ調書ニ記載シタルトキハ其ノ記載ハ確定判決ト同一ノ效力ヲ有ス

**第二百四條**　決定及命令ハ相當ト認ムル方法ヲ以テ之ヲ告知スルニ因リテ其ノ效力ヲ生ス

裁判所書記ハ告知ノ方法、場所及年月日ヲ裁判ノ原本ニ附記シ之ニ捺印スルコトヲ要ス

**第二百五條**　訴訟ノ指揮ニ關スル決定及命令ハ何時ニテモ之ヲ取消スコトヲ得

**第二百六條**　裁判所書記ノ處分ニ對スル異議ニ付テハ其ノ書記所屬ノ裁判所決定ヲ以テ裁判ヲ爲ス

**第二百七條**　決定及命令ニハ其ノ性質ニ反セサル限リ判決ニ關スル規定ヲ準用ス

---

**第五百五十九條**　強制執行ハ左ノ諸件ニ付テモ亦之ヲ爲スコトヲ得

第三　訴ノ提起後受訴裁判所ニ於テ又ハ受命判事若クハ受託判事ノ面前ニ於テ爲シタル和解

第四　第三百八十一條ノ規定ニ從ヒ區裁判所ニ於テ爲シタル和解

**第二百四十五條**　口頭辯論ニ基キテ爲ス裁判所ノ決定ハ之ヲ言渡スコトヲ要ス

言渡ヲ爲ササル裁判所ノ決定及ヒ言渡ヲ爲ササル裁判長並ニ受命判事又ハ受託判事ノ命令ハ職權ヲ以テ之ヲ當事者ニ送達ス可シ

**第四百六十五條**　受命判事若クハ受託判事ノ裁判又ハ裁判所書記ノ處分ノ變更ヲ求ムルニハ先ツ受訴裁判所ノ裁判ヲ求ム可シ

抗告ハ受訴裁判所ノ裁判ニ對シテ之ヲ爲スコトヲ得

第一項ノ規定ハ大審院ニモ亦之ヲ適用ス

**第二百四十五條第二項**　第二百三十三條、第二百三十四條ノ規定ハ裁判所ノ決定ニ之ヲ準用シ又第二百三十五條、第二百三十九條

及ヒ第二百四十條ノ規定ハ裁判所ノ決定及ヒ裁判長並ニ受命判事又ハ受託判事ノ命令ニ之ヲ準用ス

### 第三節　闕席判決

**第二百四十六條乃至第二百六十五條**

### 第五節　訴訟手續ノ中斷及ヒ中止

**第百七十八條**　原告若クハ被告ノ死亡シタル場合ニ於テハ承繼人カ訴訟手續ヲ受繼クマテ之ヲ中斷ス

受繼ヲ遲滯シタルトキハ裁判所ハ申立ニ因リ受繼及ヒ本案ノ辯論ノ爲メ其承繼人ヲ呼出ス

承繼人期日ニ出頭セサルトキハ申立ニ因リ相手方ノ主張シタル承繼ヲ自白シタルモノト看做シ且裁判所ハ闕席判決ヲ以テ承繼人訴訟手續ヲ受繼キタリト言渡ス又本案ノ辯論ハ故障期間ノ滿了後始メテ之ヲ爲シ又其期間内ニ故障ヲ申立テタルトキハ其完結後始メテ之ヲ爲ス

**第百八十一條**　原告若クハ被告ノ死亡ニ因リ

---

### 第五節　訴訟手續ノ中斷及中止

**第二百八條**　當事者カ死亡シタルトキハ訴訟手續ハ中斷ス此ノ場合ニ於テハ相續人、相續財產管理人其他法令ニ依リ訴訟ヲ續行スヘキ者ハ訴訟手續ヲ受繼クコトヲ要ス

相續人ハ相續ノ拋棄ヲ爲スコトヲ得ル間ハ訴訟手續ヲ受繼クコトヲ得ス

訴訟手續ヲ中斷スル場合ニ於ケル訴訟手續ノ受繼ニ關シ遺產ニ付管理人ヲ任設スルトキハ前條ノ規定又遺產ニ付破產ヲ開始スルトキハ第百七十九條ノ規定ヲ適用ス

**第百八十條**　原告若クハ被告カ訴訟能力ヲ失ヒ又ハ其法律上代理人カ死亡シ又ハ其代理權カ原告若ハ被告ノ訴訟能力ヲ得ル前ニ消滅シタルトキハ訴訟手續ハ法律上代理人又ハ新法律上代理人カ其任設ヲ相手方ニ通知シ又ハ相手方カ訴訟手續ヲ續行セントスルコトヲ其代理人ニ通知スルマテ之ヲ中斷ス

---

**第二百九條**　當事者タル法人カ合併ニ因リテ消滅シタルトキハ訴訟手續ハ中斷ス此ノ場合ニ於テハ合併ニ因リテ設立シタル法人又ハ合併後存續スル法人ハ訴訟手續ヲ受繼クコトヲ要ス

前項ノ規定ハ合併ヲ以テ相手方ニ對抗スルコトヲ得サル場合ニハ之ヲ適用セス

**第二百十條**　當事者カ訴訟能力ヲ失ヒタルトキ又ハ其ノ法定代理人カ死亡シ若ハ代理權ヲ失ヒタルトキハ訴訟手續ハ中斷ス此ノ場合ニ於テハ法定代理人又ハ訴訟能力ヲ有スルニ至リタル當事者ハ訴訟手續ヲ受繼クコトヲ要ス

**第二百十一條**　受託者ノ信託ノ任務終了シタルトキハ訴訟手續ハ中斷ス此ノ場合ニ於テハ新受託者訴訟手續ヲ受繼クコ

第百八十三條　訴訟代理人ヲ以テ訴訟ヲ爲ス場合ニ於テ原告若クハ被告カ死亡シ又ハ訴訟能力ヲ失ヒ又ハ法律上代理人カ死亡シ又ハ其代理權カ消滅スルトキハ委任消滅ノ通知ニ因リ訴訟手續ヲ中斷ス

第百七十九條　原告若クハ被告ノ財產ニ付キ

---

トヲ要ス

第二百十二條　一定ノ資格ヲ有スル者カ自己ノ名ヲ以テ他人ノ爲訴訟ノ當事者タル場合ニ於テ其ノ資格ヲ喪失シタルトキハ訴訟手續ハ中斷ス此ノ場合ニ於テハ同一ノ資格ヲ有スル者訴訟手續ヲ受繼クコトヲ要ス當事者ノ死亡ニ因リ訴訟手續カ中斷シタル場合亦同シ

第四十七條ノ規定ニ依リテ原告又ハ被告ト爲ルヘキ者ヲ選定シタル訴訟ニ於テ其ノ選定セラレタル當事者ノ全員カ其ノ資格ヲ喪失シタルトキハ訴訟手續ハ中斷ス此ノ場合ニ於テハ選定ヲ爲シタル者ノ總員又ハ新ニ原告若ハ被告トシテ選定セラレタル者ハ訴訟手續ヲ受繼クコトヲ要ス

第二百十三條　第二百八條第一項、第二百九條第一項及第二百十條乃至前條ノ規定ハ訴訟代理人アル間ハ之ヲ適用セス

第二百十四條　當事者カ破產ノ宣告ヲ受ケタルトキハ破產財

破産ノ開始シタル場合ニ於テ訴訟手續カ破産財團ニ關スルトキハ破産ニ付テノ規定ニ從ヒ手續ヲ受繼キ又ハ破産手續ヲ解止スルマテ之ヲ中斷ス

團ニ關スル訴訟手續ハ中斷ス此ノ場合ニ於テ破産法ニ依ル受繼アル迄ニ破産手續ノ解止アリタルトキハ破産者ハ當然訴訟手續ヲ受繼ス

**第二百十五條**　破産法ニ依リテ破産財團ニ關スル訴訟手續ノ受繼アリタル後破産手續ノ解止アリタルトキハ訴訟手續ハ中斷ス此ノ場合ニ於テハ破産者ハ訴訟手續ヲ受繼クコトヲ要ス

**第二百十六條**　訴訟手續ノ受繼ハ相手方ニ於テモ亦之ヲ爲スコトヲ得

**第二百十七條**　訴訟手續受繼ノ申立アリタルトキハ裁判所ハ之ヲ相手方ニ通知スルコトヲ要ス

**第二百十八條**　訴訟手續受繼ノ申立ハ裁判所職權ヲ以テ之ヲ調査シ理由ナシト認メタルトキハ決定ヲ以テ之ヲ却下スルコトヲ要ス

裁判ノ送達後中斷シタル訴訟手續ノ受繼ニ付テハ其ノ裁判ヲ爲シタル裁判所裁判ヲ爲スコトヲ要ス

**第百七十八條第二項**　受繼ヲ遲滯シタルトキハ裁判所ハ申立ニ因リ受繼及ヒ本案ノ辯論ノ爲メ相手方ヲ呼出ス

**第百八十二條**　戰爭其他ノ事故ニ因リ裁判所ノ行務ヲ止メタルトキハ此事情ノ繼續間訴訟手續ヲ中斷ス

**第百八十四條**　原告若クハ被告カ戰時兵役ニ服スルトキ又ハ官廳ノ布令、戰爭其他ノ事變ニ因リ受訴裁判所ト交通ノ絕エタル地ニ在ルトキハ受訴裁判所ハ申立ニ因リ又ハ職權ヲ以テ障碍ノ消除スルマテ訴訟手續ノ中止ヲ命スルコトヲ得

**第百八十六條**　訴訟手續ノ中斷及ヒ中止ハ各期間ノ進行ヲ止メ及ヒ中斷又ハ中止ノ終リタル後更ニ全期間ノ進行ヲ始ムル效力ヲ有ス

口頭辯論ノ終結後ニ生シタル中斷ハ其辯論ニ基キテ爲ス可キ裁判ノ言渡ヲ妨クルコトナシ

**第百八十七條**　中斷シ又ハ中止シタル訴訟手續ノ受繼及本節ニ定メタル通知ハ原告若クハ被告ヨリ其書面ヲ受訴裁判所ニ差出シ裁

---

**第二百十九條**　裁判所ハ當事者カ訴訟手續ノ受繼ヲ爲ササル場合ニ於テモ職權ヲ以テ其ノ續行ヲ命スルコトヲ得

**第二百二十條**　天災其ノ他ノ事故ニ因リテ裁判所カ職務ヲ行フコト能ハサルトキハ訴訟手續ハ其ノ事故ノ止ム迄中止ス

**第二百二十一條**　當事者カ不定期間ノ故障ニ因リ訴訟手續ヲ續行スルコト能ハサルトキハ裁判所ハ決定ヲ以テ其ノ中止ヲ命スルコトヲ得

裁判所ハ前項ノ決定ヲ取消スコトヲ得

**第二百二十二條**　判決ノ言渡ハ訴訟手續ノ中斷中ト雖之ヲ爲スコトヲ得

訴訟手續ノ中斷又ハ中止ハ期間ノ進行ヲ止メ訴訟手續ノ受繼ノ通知又ハ續行ノ時ヨリ更ニ全期間ノ進行ヲ始ム

判所ハ相手方ニ之ヲ送達ス可シ

第百八十八條　當事者ハ訴訟手續ヲ休止ス可キ合意ヲ爲スコトヲ得此合意ハ不變期間ノ進行ニ影響ヲ及ホサス

第百八十九條　本節ノ規定其他此法律ノ規定ニ基キ訴訟手續ノ中止ヲ命スル裁判ニ對シテハ抗告ヲ爲スコトヲ得又中止ヲ拒ム裁判ニ對シテハ即時抗告ヲ爲スコトヲ得

第百八十五條　訴訟手續中止ノ申請ハ受訴裁判所ニ之ヲ提出ス其申請ハ口頭ヲ以テ之ヲ爲スコトヲ得

此裁判ハ口頭辯論ヲ經スシテ之ヲ爲スコトヲ得

## 第二篇　第一審ノ訴訟手續

### 第一章　地方裁判所ノ訴訟手續

#### 第一節　判決前ノ訴訟手續

**第百九十條**　訴ノ提起ハ訴狀ヲ裁判所ニ差出シテ之ヲ爲ス

此訴狀ニハ左ノ諸件ヲ具備スルコトヲ要ス

第一　當事者及ヒ裁判所ノ表示

第二　起シタル請求ノ一定ノ目的及ヒ其請求ノ一定ノ原因

第三　一定ノ申立

此他訴狀ハ準備書面ニ關スル一般ノ規定ニ從ヒ之ヲ作リ且裁判所ノ管轄カ訴訟物ノ價額ニ依リ定マル場合ニ於テ訴訟物カ一定ノ金額ニ非サルトキハ其價額ヲ掲ク可シ

---

## 第二編　第一審ノ訴訟手續

### 第一章　地方裁判所ノ訴訟手續

#### 第一節　訴

**第二百二十三條**　訴ノ提起ハ訴狀ヲ裁判所ニ提出シテ之ヲ爲スコトヲ要ス

**第二百二十四條**　訴狀ニハ當事者、法定代理人竝請求ノ趣旨及原因ヲ記載スルコトヲ要ス

準備書面ニ關スル規定ハ訴狀ニ之ヲ準用ス

**第二百二十五條**　確認ノ訴ハ法律關係ヲ證スル書面ノ眞否ヲ確定スル爲ニモ之ヲ提起スルコトヲ得

**第二百二十六條**　將來ノ給付ヲ求ムル訴ハ豫メ其ノ請求ヲ爲ス必要アル場合ニ限リ之ヲ提起スルコトヲ得

第百九十一條　同一ノ被告ニ對スル原告ノ請求數箇アル場合ニ於テ其各請求ニ付キ受訴裁判所カ管轄權ヲ有シ且法律ニ於テ同一種類ノ訴訟手續ヲ許ストキハ原告ハ其請求ヲ一箇ノ訴ニ併合スルコトヲ得但民法ノ規定ニ反スルトキハ此限ニ在ラス

第百九十二條　訴狀カ第百九十條第一號乃至第三號ノ規定ニ適セサルトキハ相當ノ期間ヲ定メ裁判長ノ命令ヲ以テ其期間內ニ欠缺ヲ補正スヘキコトヲ命ス若シ原告此命ニ從ハサルトキハ其期間ノ滿了後訴狀ヲ差戾ス可シ此差戾ノ命令ニ對シテハ即時抗告ヲ爲スコトヲ得

第百九十三條　訴狀カ第百九十條第一號乃至第三號ノ規定ニ適スルトキハ口頭辯論ノ期日ヲ定メテ之ヲ被告ニ送達ス可シ

---

第二百二十七條　數箇ノ請求ハ同種ノ訴訟手續ニ依ル場合ニ限リ一ノ訴ヲ以テ之ヲ爲スコトヲ得

第二百二十八條　訴狀カ第二百二十四條第一項ノ規定ニ違背スル場合ニ於テハ裁判長ハ相當ノ期間ヲ定メ其ノ期間內ニ欠缺ヲ補正スヘキコトヲ命スルコトヲ要ス法律ノ規定ニ從ヒ訴狀ニ印紙ヲ貼用セサル場合亦同シ
原告カ欠缺ノ補正ヲ爲ササルトキハ裁判長ハ命令ヲ以テ訴狀ヲ却下スルコトヲ要ス
前項ノ命令ニ對シテハ即時抗告ヲ爲スコトヲ得
抗告狀ニハ却下セラレタル訴狀ヲ添附スルコトヲ要ス

第二百二十九條　訴狀ハ之ヲ被告ニ送達スルコトヲ要ス
前條ノ規定ハ訴狀ノ送達ヲ爲スコト能ハサル場合ニ之ヲ準

**第百九十四條** 訴狀ノ送達ト口頭辯論ノ期日トノ間ニハ少クトモ二十日ノ時間ヲ存スルコトヲ要ス

外國ニ於テ送達ヲ施行ス可キトキハ裁判長相當ノ時間ヲ定ム

**第百九十五條第二項** 權利拘束ハ左ノ效力ヲ有ス

第一 權利拘束ノ繼續中原告若クハ被告ヨリ同一ノ訴訟物ニ付キ他ノ裁判所ニ於テ本訴又ハ反訴ヲ以テ請求ヲ爲シタルトキハ相手方ハ權利拘束ノ抗辯ヲ爲スコトヲ得

**第二百六條** 妨訴ノ抗辯ハ本案ニ付テノ被告ノ辯論前同時ニ之ヲ提出スヘシ

左ニ揭ケタルモノヲ妨訴ノ抗辯トス

第一 無訴權ノ抗辯

第二 裁判所管轄違ノ抗辯

第三 權利拘束ノ抗辯

第四 訴訟能力ノ欠缺又ハ法律上代理ノ欠

---

用ス

**第二百三十條** 訴ノ提起アリタルトキハ裁判長ハ口頭辯論ノ期日ヲ定メ當事者ヲ呼出スコトヲ要ス

**第二百三十一條** 裁判所ニ繫屬スル事件ニ付テハ當事者ハ更ニ訴ヲ提起スルコトヲ得ス

缺ノ抗辯
第五　訴訟費用保證ノ欠缺ノ抗辯
第六　再訴ニ付前訴訟費用未濟ノ抗辯
第七　延期ノ抗辯

**第百九十五條第二項**　權利拘束ハ左ノ效力ヲ有ス
第三　原告ハ訴ノ原因ヲ變更スル權利ナシ但變更シタル訴ニ對シ本案ノ口頭辯論前被告カ異議ヲ述ヘサトキハ此限ニ在ラス

**第百九十六條**　原告カ訴ノ原因ヲ變更セスシテ左ノ諸件ヲ爲ストキハ被告ハ異議ヲ述フルコトヲ得ス
第一　事實上又ハ法律上ノ申述ヲ補充シ又ハ更正スルコト
第二　本案又ハ附帶請求ニ付キ訴ノ申立ヲ擴張シ又ハ減縮スルコト
第三　最初求メタル物ノ滅盡又ハ變更ニ因リ賠償ヲ求ムルコト

**第百九十七條**　訴ノ原因ニ變更ナシトスル裁

---

**第二百三十二條**　原告ハ請求ノ基礎ニ變更ナキ限リ口頭辯論ノ終結ニ至ル迄請求又ハ請求ノ原因ヲ變更スルコトヲ得但シ之ニ因リ著ク訴訟手續ヲ遲滯セシムヘキ場合ハ此ノ限ニ在ラス
請求ノ變更ハ書面ニ依リテ之ヲ爲スコトヲ要ス
前項ノ書面ハ之ヲ相手方ニ送達スルコトヲ要ス

**第二百三十三條**　裁判所カ請求又ハ請求ノ原因ノ變更ヲ不當

判ニ對シテハ不服ヲ申立ツルコトヲ得ス

**第二百十一條** 訴訟ノ進行中ニ爭ト爲リタル權利關係ノ成立又ハ不成立カ訴訟ノ裁判ノ全部又ハ一分ニ影響ヲ及ホストキハ判決ニ接著スル口頭辯論ノ終結ニ至ルマテ原告ハ訴ノ申立ノ擴張ニ依リ又被告ハ反訴ノ提起ニ依リ判決ヲ以テ其權利關係ヲ確定センコトヲ申立ツルコトヲ得

**第二百十二條** 訴狀其他ノ準備書面ニ於テ主張セサル請求ノ權利拘束ハ口頭辯論ニ於テ其ノ請求ヲ主張シタル時ヲ以テ始マル

**第百九十八條** 訴ノ全部又ハ一分ハ本案ニ付

---

ナリト認ムルトキハ申立ニ因リ又ハ職權ヲ以テ其ノ變更ヲ許ササル旨ノ決定ヲ爲スコトヲ要ス

**第二百三十四條** 裁判カ訴訟ノ進行中ニ爭ト爲リタル法律關係ノ成立又ハ不成立ニ繫ルトキハ當事者ハ請求ヲ擴張シテ其ノ法律關係ノ確認ノ判決ヲ求ムルコトヲ得但シ其ノ確認ノ請求カ他ノ裁判所ノ管轄ニ專屬セサルトキニ限ル

前項ノ規定ニ依ル請求ノ擴張ハ書面ニ依リテ之ヲ爲スコトヲ要ス

前項ノ書面ハ之ヲ相手方ニ送達スルコトヲ要ス

**第二百三十五條** 時效ノ中斷又ハ法律上ノ期間遵守ノ爲必要ナル裁判上ノ請求ハ訴ヲ提起シタル時又ハ第二百三十二條第二項若ハ前條第二項ノ規定ニ依リ書面ヲ裁判所ニ提出シタル時ニ於テ其ノ效力ヲ生ス

**第二百三十六條** 訴ハ判決ノ確定ニ至ル迄其ノ全部又ハ一部

キ被告ノ第一口頭辯論ノ始マルマテハ被告ノ承諾ナクシテ之ヲ取下ケ又其後口頭辯論ノ終結ニ至ルマテハ被告ノ承諾ヲ得テ之ヲ取下クルコトヲ得

訴ノ取下ハ口頭辯論ニ於テ之ヲ爲ササルトハ書面ヲ以テ之ヲ爲ス可シ

訴狀ヲ既ニ送達シタル場合ニ於テハ訴取下ノ書面ハ之ヲ被告ニ送達ス可シ

**第百九十八條第四項**　適法ナル取下ハ權利拘束ノ總テノ效力ヲ消滅セシムル結果ヲ生ス

取下ケタル訴ヲ再ヒ起シタルトキハ被告ハ前訴訟費用ノ辨濟ヲ受クルマテ應訴ヲ拒ムコトヲ得

**第百九十九條**　訴狀送達ノ際十四日ノ期間内ニ答辯書ヲ差出ス可キコトヲ被告ニ催告ス可シ

答辯書ニハ準備書面ニ關スル一般ノ規定ヲ

---



ヲ取下クルコトヲ得但シ相手方カ本案ニ付準備書面ヲ提出シ、準備手續ニ於テ申述ヲ爲シ又ハ口頭辯論ヲ爲シタルトキハ訴ノ取下ニ付其ノ同意アルコトヲ要ス

訴ノ取下ハ書面ニ依リテ之ヲ爲スコトヲ要ス但シ口頭辯論ニ於テ又ハ準備手續中受命判事ノ面前ニ於テ口頭ヲ以テ之ヲ爲スコトヲ妨ケス

訴狀送達ノ後ニ在リテハ取下ノ書面ハ之ヲ相手方ニ送達スルコトヲ要ス

**第二百三十七條**　訴訟ハ訴ノ取下アリタル部分ニ付テハ初ヨリ繫屬ナカリシモノト看做ス

本案ニ付終局判決アリタル後訴ヲ取下ケタル者ハ同一ノ訴ヲ提起スルコトヲ得ス

適用ス

**第百八十八條第二項**　口頭辯論ノ期日ニ於テ當事者雙方出頭セサルトキハ訴訟手續ハ其一方ヨリ更ニ口頭辯論ノ期日ヲ定ム可キコトヲ申立ツルマテ之ヲ休止ス

一个年内ニ前項ノ申立ヲ爲ササルトキハ本訴及ヒ反訴ヲ取下ケタルモノト看做ス

**第二百條**　訴カ管轄裁判所ニ於テ權利拘束ト爲リタルトキハ被告ハ原告ニ對シ其裁判所ニ反訴ヲ起スコトヲ得

然レトモ財産權上ノ請求ニ非サル請求ニ係ル反訴又ハ目的物ニ付キ專屬管轄ノ規定アル反訴ハ若シ其反訴カ本訴ナルトキ其裁判所ニ於テ管轄權ヲ有ス可キ場合ニ限リ之ヲ爲スコトヲ許ス反訴ニ對シテハ更ニ反訴ヲ爲スコトヲ得ス

**第二百一條**　反訴ハ答辯書若クハ特別ノ書面ヲ以テ又ハ口頭辯論中相手方ノ面前ニ於テ口頭ヲ以テ之ヲ爲スコトヲ得

然レトモ答辯書差出ノ期間内ニ差出シタル書面ヲ以テ起ササル反訴ハ被告ノ請求ノ全

**第二百三十八條**　當事者雙方カ口頭辯論ノ期日ニ出頭セス又ハ辯論ヲ爲サスシテ退廷シタル場合ニ於テ三月以内ニ期日指定ノ申立ヲ爲ササルトキハ訴ノ取下アリタルモノト看做ス

**第二百三十九條**　被告ハ口頭辯論ノ終結ニ至ル迄本訴ノ繫屬スル裁判所ニ反訴ヲ提起スルコトヲ得但シ其ノ目的タル請求カ他ノ裁判所ノ管轄ニ專屬セサルトキ及本訴ノ目的タル請求又ハ防禦ノ方法ト牽連スルトキニ限ル

部又ハ一分ト相殺ヲ爲ス可キ場合ニ於テ同時ニ被告カ自己ノ過失ニ因ラスシテ其以前反訴ヲ起スヲ得サリシコトヲ疏明スルトキニ限リ之ヲ爲スコトヲ許ス

第二百二條　訴ニ關スル此法律ノ規定ハ反訴ニ之ヲ適用ス但其規定ニ因リ差異ノ生ス可キトキハ此限ニ在ラス

第二百三條　裁判長ハ申立ニ因リ其命令ヲ以テ第百九十九條ニ定メタル期間ヲ相當ニ短縮若クハ伸張シ又ハ第百九十四條ニ定メタル期間ヲ切迫ナル危險ノ場合ニ限リ二十四時マテニ短縮スルコトヲ得

前項ノ時間ノ短縮ハ此カ爲メ答辯書ヲ差出スコトヲ得サルトキト雖モ亦之ヲ爲スコトヲ得本條ノ規定ハ第百六十七條ニ掲ケタル規定ヲ妨ケス

第百四條　口頭辯論ハ書面ヲ以テ之ヲ準備ス

第二百四條　各當事者ハ訴狀又ハ答辯書ニ掲



第二百四十條　反訴ニ付テハ本訴ニ關スル規定ニ依ル

第二百四十一條　本訴ノ取下アリタルトキハ被告ハ原告ノ同意ヲ得スシテ反訴ヲ取下クルコトヲ得

## 第二節　辯論ノ準備

第二百四十二條　口頭辯論ハ書面ヲ以テ之ヲ準備スルコトヲ要ス

第二百四十三條　準備書面ハ之ニ記載シタル事項ニ付相手方

ケサリシ事實上ノ主張若クハ證據方法又ハ申立ニ付キ相手方カ豫メ穿鑿ヲ爲スニ非サレハ陳述ヲ爲ス能ハスト豫知スル事項アルトキハ口頭辯論ノ前ニ書面ニテ差出ス可シ但其書面ヲ相手方ニ送達スル時間及ヒ相手方ヲシテ必要ナル穿鑿ヲ爲ス時間ヲ得セシム可シ

口頭辯論ノ延期ヲ爲ストキハ裁判所ハ爾後必要ナル準備書面ヲ差出ス可キ期間ヲ定ムルコトヲ得

**第百五條** 準備書面ニハ左ノ諸件ヲ掲ク可シ

第一 當事者及ヒ其法律上代理人ノ氏名、身分、職業、住所、裁判所、訴訟物及ヒ附屬書類ノ表示

第二 原告若クハ被告カ法廷ニ於テ爲サント欲スル申立

第三 申立ノ原因タル事實上ノ關係

第四 相手方ノ事實上ノ主張ニ對スル陳述

第五 原告若クハ被告カ事實上主張ノ證明又ハ攻擊ノ爲メ用ヒントスル證據方法及ヒ相手方ノ申出タル證據方法ニ對スル陳述

---

カ準備ヲ爲スニ必要ナル期間ヲ存シ之ヲ裁判所ニ提出シ裁判所ハ之ヲ相手方ニ送達スルコトヲ要ス

裁判長ハ準備書面ヲ提出スヘキ期間ヲ定ムルコトヲ得

**第二百四十四條** 準備書面ニハ左ノ事項ヲ記載シ當事者又ハ代理人之ニ署名捺印スルコトヲ要ス

一 當事者ノ氏名、名稱又ハ商號、職業及住所

二 代理人ノ氏名、職業及住所

三 事件ノ表示

四 攻擊又ハ防禦ノ方法

五 相手方ノ請求及攻擊又ハ防禦ノ方法ニ對スル陳述

六 附屬書類ノ表示

第六　原告若クハ被告又ハ其訴訟代理人ノ署名及ヒ捺印
第七　年月日

**第百八條**　當事者ハ準備書面及ヒ其附屬書類竝ニ相手方ニ付與スル爲メ必要ナル謄本ヲ裁判所書記課ニ差出ス可シ

**第百七條**　準備書面ニハ訴訟ヲ爲ス可キ資格ニ付テノ證書ノ原本、正本又ハ謄本其他總テ原告若クハ被告ノ手中ニ存スル證書ニシテ書面中ニ申立ノ原因トシテ引用シタルモノノ謄本ヲ添附ス可シ

證書ノ一部分ノミヲ要用トスルトキハ其冒頭、事件ニ屬スル部分、終尾、日附、署名及ヒ印章ヲ謄寫シタル抄本ヲ添附スルヲ以テ足ル

**第百七條第三項**　證書カ既ニ相手方ニ知レタルトキ又ハ大部ナルトキハ其證書ヲ表示シ且相手方ニ之ヲ閲覽セシメント欲スル旨ヲ附記スルヲ以テ足ル

---

七　年月日
**八**　裁判所ノ表示

**第二百四十五條**　當事者ノ所持スル文書ニシテ準備書面ニ引用シタルモノハ準備書面ノ各通ニ其ノ謄本ヲ添附スルコトヲ要ス

文書ノ一部ノミヲ必要トスルトキハ其ノ抄本ヲ添附シ文書カ大部ナルトキハ其ノ文書ヲ表示スルヲ以テ足ル

**第二百四十六條**　前條ノ文書ハ相手方ノ求ニ因リ其ノ原本ヲ閲覽セシムルコトヲ要ス

**第二百四十七條**　準備書面ニ記載セサル事實ハ相手方カ在廷セサルトキハ口頭辯論ニ於テ之ヲ主張スルコトヲ得ス

第百十五條第二項　裁判所ハ外國語ヲ以テ作リタル證書ニ付テハ其譯書ヲ添附ス可キヲ命スルコトヲ得

第二百六十六條　計算ノ當否、財産ノ分別、又ハ此ニ類スル關係ヲ目的トスル訴訟ニ於テ計算書又ハ財産目錄ニ對シ許多ノ爭アル請求ノ生シ又ハ許多ノ爭アル異議ノ生シタルトキハ受訴裁判所ハ受命判事ノ面前ニ於ケル準備手續ヲ命スルコトヲ得

第二百八條　裁判所ハ計算事件、財産分別及ヒ此ニ類スル訴訟ニ於テハ口頭辯論ヲ延期シ準備手續ヲ命スルコトヲ得但妨訴ノ抗辯アリタルトキハ其完結後之ヲ爲ス

第二百六十八條　準備手續ニ於テハ調書ヲ以テ左ノ諸件ヲ明確ニス可シ

第一　如何ナル請求ヲ爲スヤ及ヒ如何ナル攻擊防禦ノ方法ヲ主張スルヤ

第二　如何ナル請求及ヒ如何ナル攻擊防禦方法ヲ爭フヤ又ハ之ヲ爭ハサルヤ

---

**第二百四十八條**　外國語ヲ以テ作リタル文書ニハ其ノ譯文ヲ添附スルコトヲ要ス

**第二百四十九條**　訴訟ニ付テハ受命判事ニ依リ口頭辯論ノ準備手續ヲ爲スコトヲ要ス但シ裁判所相當ト認ムルトキハ直ニ辯論ヲ命シ又ハ訴訟ノ一部若ハ或爭點ノミニ付準備手續ヲ命スルコトヲ得

**第二百五十條**　準備手續ニ於テハ調書ヲ作リ當事者ノ陳述ニ基キ第二百四十四條第四號及第五號ニ揭クル事項ヲ記載シ殊ニ證據ニ付テハ其ノ申出ヲ明確ニスルコトヲ要ス

受命判事相當ト認ムルトキハ準備書面ヲ以テ前項ノ陳述及

第三　爭トナリタル請求及ヒ爭トナリタル攻擊防禦ノ方法ニ付テハ其事實上ノ關係及ヒ當事者ノ表示シタル證據方法、主張シタル證據抗辯、證據方法竝ニ證據抗辯ニ關シテ爲シタル陳述及ヒ提出シタル申立

**第二百六十九條第一項**　原告若クハ被告カ期日ニ於テ受命判事ノ面前ニ出頭セサルトキハ受命判事ハ前條ノ規定ニ依リ調書ヲ以テ出頭シタル原告若クハ被告ノ提供ヲ明確ニシ且新期日ヲ定メ出頭セサル原告若クハ被告ニハ調書ノ謄本ヲ付與シテ新期日ニ之ヲ呼出ス可シ

**第二百六十九條第二項**　原告若クハ被告カ新期日ニモ亦出頭セサルトキハ送達セシ調書ニ掲ケタル相手方ノ事實上ノ主張ヲ自白シタリト看做シ其主張ニ付テノ準備手續ハ完結シタルモノトス

**第二百七十條**　受訴裁判所ハ準備手續ノ終結

---

調書ニ代フルコトヲ得

**第二百五十一條**　當事者ノ一方カ期日ニ出頭セサルトキハ前條ノ調書ノ謄本ヲ之ニ送達シ新期日ヲ定メ當事者雙方ヲ呼出スコトヲ得

**第二百五十二條**　受命判事ハ當事者ヲシテ準備書面ヲ提出セシムルコトヲ得此ノ場合ニ於テハ第二百四十三條ノ規定ヲ準用ス

**第二百五十三條**　當事者カ期日ニ出頭セス又ハ前條ノ規定ニ依リ受命判事ノ定メタル期間内ニ準備書面ヲ提出セサルトキハ受命判事ハ準備手續ヲ終結スルコトヲ得

後ニ口頭辯論ノ期日ヲ定メ之ヲ當事者ニ通知ス可シ

**第二百七十一條** 當事者ハ口頭辯論ニ於テ準備手續ノ結果ヲ調書ニ基キ演述ス可シ

**第二百七十二條** 受命判事ノ調書ヲ以テ明確ニス可キ事實又ハ證書ニ付キ陳述ヲ爲サス又ハ之ヲ拒ミタルトキハ口頭辯論ニ於テ之ヲ追完スルコトヲ得ス

請求、攻撃若クハ防禦ノ方法、證據方法及ヒ證據抗辯ニシテ受命判事ノ調書ヲ以テ之ヲ明確ニセサルモノニ付テハ後日ニ至リ始メテ生シ又ハ後日ニ至リ始メテ原告若クハ被告ノ知リタルコトヲ疏明スルトキニ限リ口頭辯論ニ於テ之ヲ主張スルコトヲ得

**第二百七十四條** 證據方法及ヒ證據抗辯ハ判決ニ接著スル口頭辯論ノ終結ニ至ルマテ之ヲ主張スルコトヲ得

證據方法及ヒ證據抗辯ノ時機ニ後レタル提出ニ付テハ第二百十條ノ規定ヲ準用ス

**第二百七十五條** 證據調竝ニ證據決定ヲ以テス

---

**第二百五十四條** 當事者ハ口頭辯論ニ於テ準備手續ノ結果ヲ陳述スルコトヲ要ス

**第二百五十五條** 調書又ハ之ニ代ルヘキ準備書面ニ記載セサル事項ハ口頭辯論ニ於テ之ヲ主張スルコトヲ得ス但シ其ノ事項カ裁判所職權ヲ以テ調査スヘキモノナルトキ、著ク訴訟ヲ遲滯セシメサルトキ又ハ重大ナル過失ナクシテ準備手續ニ於テ之ヲ提出スルコト能ハサリシコトヲ疏明シタルトキハ此ノ限ニ在ラス

前項但書ノ規定ハ第二百四十七條ノ規定ノ適用ヲ妨ケス

訴狀又ハ準備手續前ニ提出シタル準備書面ニ記載シタル事項ハ調書又ハ之ニ代ルヘキ準備書面ニ記載セサルモノト雖口頭辯論ニ於テ之ヲ主張スルコトヲ妨ケス

ル特別ノ證據調手續ノ命令ハ第五節乃至第十節ノ規定ニ從フ

**第二百十六條**　當事者ハ訴訟ノ關係ヲ表明シ證據調ノ結果ニ付辯論ヲ爲ス可シ

受命判事又ハ受託判事ノ面前ニ於テ證據調ヲ爲シタルトキハ當事者ハ證據調ニ關スル審問調書ニ基キ其結果ヲ演述ス可シ

### 第五節　證據調ノ總則

**第二百十八條**　裁判所ニ於テ顯著ナル事實ハ之ヲ證スルコトヲ要セス

**第二百十九條**　地方慣習法、商慣習及ヒ規約又ハ外國ノ現行法ハ之ヲ證ス可シ裁判所ハ當事者カ其ノ證明ヲ爲スト否トニ拘ハラス

---

**第二百五十六條**　第百二十六條乃至第百二十九條、第百三十一條、第百三十三條乃至第百四十一條及第二百三十八條ノ規定ハ準備手續ニ之ヲ準用ス

### 第三節　證　據

#### 第一款　總　則

**第二百五十七條**　裁判所ニ於テ當事者カ自白シタル事實及顯著ナル事實ハ之ヲ證スルコトヲ要セス

職權ヲ以テ必要ナル取調ヲ爲スコトヲ得

**第二百九十一條**　人證ノ申出ハ證人ヲ指名シ及ヒ證人ノ訊問ヲ受ク可キ事實ヲ表示シテ之ヲ爲ス

**第二百七十七條**　當事者ハ口頭辯論期日前ニ於テモ書面ヲ以テ證據調ノ申立及ヒ證據決定變更ノ申立ヲ爲スコトヲ得

前項ノ場合ニ於テ裁判所ハ相手方ニ對シ七日ノ期間内ニ意見アラハ申立ツ可キコトヲ催告シ其期間滿了後證據決定ヲ爲シタルトキハ之ヲ當事者ニ送達シ口頭辯論期日ニ於テ其證據調ヲ爲スコトヲ得

證據決定ノ施行ハ職權ヲ以テ之ヲ爲ス

**第二百七十六條**　證據決定ニハ左ノ諸件ヲ揭ク可シ

第一　證ス可キ係爭事實ノ表示

第二　證據方法ノ表示殊ニ證人又ハ鑑定人ヲ訊問スヘキトキハ其表示

第三　證據方法ヲ申出テタル原告若クハ被告ノ表示

**第二百七十四條**　當事者ノ申立テタル數多ノ證據中其調フ可キ限度ハ裁判所之ヲ定ム

---

**第二百五十八條**　證據ノ申出ハ證スヘキ事實ヲ表示シテ之ヲ爲スコトヲ要ス

證據ノ申出ハ期日前ニ於テモ之ヲ爲スコトヲ得

**第二百五十九條**　當事者ノ申出テタル證據ニシテ裁判所ニ於

第二百七十五條　證據調ニ付不定時間ノ障碍アルトキハ申立ニ因リ相當ノ期間ヲ定ム可シ此期間ノ滿了後ト雖モ訴訟手續ヲ遲滯セシメサル限リハ其證據方法ヲ用キルコトヲ得

第二百八十五條　裁判所ハ事件ノ未タ判決ヲ爲スニ熟セスト認ムルトキハ證據調ノ補充ヲ決定スルコトヲ得

第二百八十四條　當事者ノ一方又ハ雙方證據調ノ期日ニ出頭セサルトキハ事件ノ程度ニ因リ爲シ得ヘキ限リハ證據調ヲ爲ス可シ

原告若クハ被告ノ出頭セサルカ爲ニ證據調ノ全部又ハ一分ヲ爲スコトヲ得サル場合ニ

---

テ不必要ト認ムルモノハ之ヲ取調フルコトヲ要セス

第二百六十條　證據調ニ付不定期間ノ障碍アルトキハ裁判所ハ證據調ヲ爲ササルコトヲ得

第二百六十一條　裁判所ハ當事者ノ申出テタル證據ニ依リテ心證ヲ得ルコト能ハサルトキ其ノ他必要アリト認ムルトキハ職權ヲ以テ證據調ヲ爲スコトヲ得

第二百六十二條　裁判所ハ必要ナル調査ヲ官廳若ハ公署、外國ノ官廳若ハ公署又ハ學校、商業會議所、取引所其ノ他ノ團體ニ囑託スルコトヲ得

第二百六十三條　證據調ハ當事者カ期日ニ出頭セサル場合ニ於テモ之ヲ爲スコトヲ得

於テハ其追完又ハ補充ハ此カ爲メ訴訟手續ノ遲滯セサルトキ又ハ擧證者其過失ニ非スシテ前期日ニ出頭スル能ハサリシコトヲ疏明スルトキニ限リ判決ニ接著スル口頭辯論ノ終結ニ至ルマテ申立ニ因リ之ヲ命ス

**第二百八十一條** 外國ニ於テ爲スヘキ證據調ハ外國ノ管轄官廳又ハ其國駐在ノ帝國ノ公使若クハ領事ニ囑託シテ之ヲ爲ス其囑託ニ付テハ第百五十二條及ヒ第百五十五條ノ規定ヲ準用ス

**條二百七十三條** 證據調ハ受訴裁判所ニ於テ之ヲ爲スヲ以テ通例トス

證據調ハ此法律ニ定メタル場合ニ限リ受訴裁判所ノ部員一名ニ之ヲ命シ又ハ區裁判所ニ之ヲ囑託スルコトヲ得

**第二百八十二條** 受命判事又ハ受託判事ハ他ノ裁判所ニ於テ證據調ヲ爲ス可キコトノ至

---

**第二百六十四條** 外國ニ於テ爲スヘキ證據調ハ其ノ國ノ管轄官廳又ハ其ノ國ニ駐在スル日本ノ大使、公使若ハ領事ニ之ヲ囑託シテ爲スコトヲ要ス

外國ニ於テ爲シタル證據調ハ其ノ國ノ法律ニ違背スルモ本法ニ違背セサルトキハ其ノ效力ヲ有ス

**第二百六十五條** 裁判所ハ相當ト認ムルトキハ裁判所外ニ於テ證據調ヲ爲スコトヲ得此ノ場合ニ於テハ部員ニ命シ又ハ區裁判所ニ囑託シテ證據調ヲ爲サシムルコトヲ得

受託判事カ他ノ區裁判所ニ於テ證據調ヲ爲スコトヲ相當ト認ムルトキハ更ニ證據調ノ囑託ヲ爲スコトヲ得此ノ場合ニ

當ナル原因ノ爾後ニ生シタルトキハ其裁判所ニ證據調ヲ囑託スルコトヲ得此囑託ヲ爲シタルトキハ當事者ニ之ヲ通知ス可シ

第二百七十九條第二項　證據調ニ關スル書類ハ原本ヲ以テ受託判事ヨリ受訴裁判所書記ニ之ヲ送致シ其書記ハ之ヲ受領シタルコトヲ當事者ニ通知ス可シ

第二百二十條　此法律ノ規定ニ依リ事實上ノ主張ヲ疏明ス可キトキハ裁判官ヲシテ其主張ヲ眞實ナリト認メシム可キ證據方法ヲ申出ツルヲ以テ足ル但即時ニ爲スコトヲ得サル證據調ハ疏明ノ方法トシテハ之ヲ許サス

---

於テハ其ノ旨ヲ受訴裁判所及當事者ニ通知スルコトヲ要ス

**第二百六十六條**　受託判事ハ證據調ニ關スル記錄ヲ受訴裁判所ニ送付スルコトヲ要ス

**第二百六十七條**　疏明ハ即時ニ取調フルコトヲ得ヘキ證據ニ依リテ之ヲ爲スコトヲ要ス

裁判所ハ當事者若ハ法定代理人ヲシテ保證金ヲ供託セシメ又ハ其ノ主張ノ眞實ナルコトヲ宣誓セシメ之ヲ以テ疏明ニ代フルコトヲ得

第二百八十六條乃至第二百八十九條ノ規定ハ前項ノ宣誓ニ之ヲ準用ス

**第二百六十八條**　前條第二項ノ規定ニ依リテ保證金ノ供託ヲ

第二百八十三條　受命判事又ハ受託判事ノ面前ニ於テ證據調ノ際ニ爭ヲ生シ其爭ノ完結スルニ非サレハ證據調ヲ續行スルコトヲ得ス且其判事之ヲ裁判スル權ナキトキハ其完結ハ受訴裁判所之ヲ爲ス

第二百八十六條　證據調又ハ其續行ノ爲メ新期日ヲ定ムル必要アルトキハ舉證者又ハ當事者雙方前期日ニ出頭セサリシトキト雖モ職權ヲ以テ之ヲ定ム

第二百八十七條　受訴裁判所ニ於テ證據調ヲ

---

爲シタル當事者又ハ法定代理人カ虛僞ノ申述ヲ爲シタルトキハ裁判所決定ヲ以テ保證金ヲ沒取ス

**第二百六十九條**　第二百六十七條第二項ノ規定ニ依リテ宣誓ヲ爲シタル當事者又ハ法定代理人カ虛僞ノ申述ヲ爲シタルトキハ宣誓ヲ爲サシメタル裁判所決定ヲ以テ五百圓以下ノ過料ニ處ス

**第二百七十條**　第二百六十八條及前條ノ決定ニ對シテハ即時抗告ヲ爲スコトヲ得

爲ストキハ其期日ハ同時ニ口頭辯論ヲ續行スル期日ナリトス

受命判事又ハ受託判事ノ面前ニ於テ證據調ヲ爲ス可キヲ命シタルトキハ受訴裁判所ハ證據決定中ニ併セテ口頭辯論續行ノ期日ヲ定ムルコトヲ得若シ之ヲ定メサルトキハ證據調ノ終結後職權ヲ以テ其期日ヲ定メ之ヲ當事者ニ通知ス可シ

### 第六節　人證

**第二百八十九條**　何人ヲ問ハス法律ニ別段ノ規定ナキ限リハ民事訴訟ニ關シ裁判所ニ於テ證言スル義務アリ

**第二百九十條**　官吏公吏ハ退職ノ後ト雖モ其職務上默祕ス可キ義務アル事情ニ付テハ其所屬廳又ハ其最後ノ所屬廳ノ許可ヲ得タルトキニ限リ證人トシテ之ヲ訊問スルコトヲ得大臣ニ付テハ勅許ヲ得ルコトヲ要ス

此許可ハ證言カ國家ノ安寧ヲ害スル恐アルトキニ限リ之ヲ拒ムコトヲ得

---

### 第二款　證人訊問

**第二百七十一條**　裁判所ハ別段ノ規定アル場合ヲ除クノ外何人ト雖證人トシテ之ヲ訊問スルコトヲ得

**第二百七十二條**　官吏又ハ官吏タリシ者ヲ證人トシテ職務上ノ祕密ニ付訊問スル場合ニ於テハ裁判所ハ當該監督官廳ノ承認ヲ得ルコトヲ要ス

前項ノ規定ハ他ノ公務員ニ付之ヲ準用ス

**第二百七十三條**　國務大臣、宮內大臣、內大臣、樞密院議長、

右許可ハ受訴裁判所ヨリ之ヲ求メ且證人ニ之ヲ通知ス可シ

**第二百九十六條** 皇族證人ナルトキハ受命判事又ハ受託判事其所在ニ就キ訊問ヲ爲ス

各大臣ニ付テハ其官廳ノ所在地ニ於テ之ヲ訊問ス若シ其所在地外ニ滯在スルトキハ其現在地ニ於テ之ヲ訊問ス

**第二百九十六條第三項** 帝國議會ノ議員ニ付テハ開會期間其議會ノ所在地ニ滯在中ハ其所在地ニ於テ之ヲ訊問ス

**第二百九十一條** 人證ノ申出ハ證人ヲ指名シ及ヒ證人ノ訊問ヲ受ク可キ事實ヲ表示シテ之ヲ爲ス

**第二百九十二條** 證人ノ呼出狀ニハ左ノ諸件ヲ具備スルコトヲ要ス

第一　證人及ヒ當事者ノ表示

第二　證據決定ノ旨趣ニ依リ訊問ヲ爲ス可キ事實ノ表示

第三　證人ノ出頭スヘキ場所及ヒ日時

---

樞密院副議長、樞密顧問官、會計檢査院長、元帥、參謀總長、海軍軍令部長、教育總監若ハ軍事參議官又ハ此等ノ職ニ在リタル者ヲ證人トシテ職務上ノ祕密ニ付訊問スル場合ニ於テハ裁判所ハ勅許ヲ得ルコトヲ要ス

**第二百七十四條** 貴族院若ハ衆議院ノ議員又ハ議員タリシ者ヲ證人トシテ職務上ノ祕密ニ付訊問スル場合ニ於テハ裁判所ハ其ノ院ノ承認ヲ得ルコトヲ要ス

**第二百七十五條** 證人訊問ノ申出ハ證人ヲ指定シテ之ヲ爲スコトヲ要ス

**第二百七十六條** 證人ノ呼出狀ニハ左ノ事項ヲ記載スルコトヲ要ス

一　當事者ノ表示

二　訊問事項ノ要領

第四　出頭セサルトキハ法律ニ依リ處罰ス可キ旨

第五　裁判所ノ名稱

**第二百九十四條**　合式ニ呼出サレタル證人ニシテ正當ノ理由ナクシテ出頭セサル者ニ對シテハ申立ナシト雖モ決定ヲ以テ其不參ニ因リ生シタル費用ノ賠償及ヒ貳拾圓以下ノ罰金ヲ言渡ス可シ

證人カ再度出頭セサル場合ニ於テハ更ニ費用ノ賠償及ヒ罰金ヲ言渡ス可シ又其勾引ヲ命スルコトヲ得

證人ハ右ノ決定ニ對シテ抗告ヲ爲スコトヲ得此抗告ハ執行ヲ停止スル效力ヲ有ス

**第二百九十五條**　證人其出頭セサリシコトヲ後日ニ正當ノ理由ヲ以テ辯解スルトキハ罰金及賠償ノ決定ヲ取消ス可シ證人ノ不參屆及ヒ決定取消ノ申請ハ書面又ハ口頭ヲ以テ之ヲ爲スコトヲ得

**第二百九十四條第四項**　豫備、後備ノ軍籍ニ在ラサル軍人軍屬ニ對スル罰金ノ言渡及ヒ

三　出頭セサル場合ニ於ケル法律上ノ制裁

**第二百七十七條**　證人カ正當ノ事由ナクシテ出頭セサルトキハ裁判所ハ決定ヲ以テ之ニ因リテ生シタル訴訟費用ノ負擔ヲ命シ且五百圓以下ノ過料ニ處ス此ノ決定ニ對シテハ即時抗告ヲ爲スコトヲ得

**第二百七十八條**　裁判所ハ正當ノ事由ナクシテ出頭セサル證

執行ハ軍事裁判所又ハ所屬ノ長官又ハ隊長ニ囑託シテ之ヲ爲ス其勾引ニ付テモ亦同シ

**第三百十八條** 左ノ場合ニ於テ證人ニ依レル證據調ハ受訴裁判所ノ部員一名ニ之ヲ命シ又ハ區裁判所ニ之ヲ囑託スルコトヲ得

第一 眞實ヲ探知スル爲メ現場ニ就キ證人ヲ訊問スルノ必要アルトキ

第二 證人カ疾病其他ノ事由ノ爲メ受訴裁判所ニ出頭スル能ハサルトキ

第三 證人カ受訴裁判所ノ所在地ヨリ遠隔ノ地ニ在リテ其裁判所ニ出頭スルニ付キ相應ノ時日及ヒ費用ヲ要スルトキ

**第二百九十三條** 豫備後備ノ軍籍ニ在ラサル軍人軍屬ヲ證人トシテ呼出スニハ其所屬ノ長官又ハ隊長ニ囑託シテ之ヲ爲ス其長官又ハ隊長ハ期日ヲ遵守セシムル爲ニ其呼出ヲ受ケタル者ノ闕勤ヲ許ス可シ若シ軍務上之ヲ許ス能ハサルトキハ其旨ヲ裁判所ニ通知シ且他ノ期日ヲ定ムル求メヲ爲ス義務アリ

**第二百九十七條** 左ニ掲クル者ハ證言ヲ拒ム

---

人ノ拘引ヲ命スルコトヲ得

前項ノ拘引ニハ刑事訴訟法中拘引ニ關スル規定ヲ準用ス

**第二百七十九條** 左ノ場合ニ於テハ受命判事又ハ受託判事ヲシテ證人ノ訊問ヲ爲サシムルコトヲ得

一 證人カ受訴裁判所ニ出頭スル義務ナキトキ又ハ正當ノ事由ニ因リ出頭スルコト能ハサルトキ

二 證人カ受訴裁判所ニ出頭スルニ付不相當ノ費用又ハ時間ヲ要スルトキ

**第二百八十條** 證言カ證人又ハ左ニ掲クル者ノ刑事上ノ訴追

コトヲ得

第一　原告若クハ被告又ハ其配偶者ト親族ナルトキ但姻族ニ付テハ婚姻ノ解除シタルトキト雖モ亦同シ

第二　原告若クハ被告ノ後見ヲ受クル者

第三　原告若クハ被告ト同居スル者又ハ雇人トシテ之ニ仕フル者

裁判長ハ訊問前ニ前項ノ者ニ證言ヲ拒ム權利アル旨ヲ告ク可シ

**第二百九十九條**　證人ハ第二百九十七條第一號及ヒ第二百九十八條第四號ノ場合ニ於テ左ノ事項ニ付キ證言ヲ拒ムコトヲ得ス

第一　家族ノ出産、婚姻又ハ死亡

第二　家族ノ關係ニ因リ生スル財産事件ニ關スル事實

第三　證人トシテ立會ヒタル場合ニ於ケル權利行爲ノ成立及ヒ旨趣

第四　原告若クハ被告ノ前主又ハ代理人トシテ係爭ノ權利關係ニ關シ爲シタル行爲

前條第一號、第二號ニ揭ケタル者其默祕スヘキ義務ヲ免除セラレタルトキハ證言ヲ拒

---



又ハ處罰ヲ招ク虞アル事項ニ關スルトキハ證人ハ證言ヲ拒ムコトヲ得證言カ此等ノ者ノ恥辱ニ歸スヘキ事項ニ關スルトキ亦同シ

一　證人ノ配偶者、四親等内ノ血族若ハ三親等内ノ姻族又ハ證人ノ家ノ戸主但シ親族ニ付テハ親族關係カ止ミタル後亦同シ

二　證人ノ後見人又ハ證人ノ後見ヲ受クル者

三　證人カ主人トシテ仕フル者

ムコトヲ得ス

**第三百三條** 原告若クハ被告ハ相手方ト相手方ノ證人トノ間ニ第二百九十七條第一號乃至第三號ノ關係アルトキハ其證人ヲ忌避スルコトヲ得

**第三百四條** 忌避ノ申請ハ證人ノ訊問前ニ之ヲ爲ス可シ此時限後ハ其前ニ忌避ノ原因ヲ主張スルヲ得サリシコトヲ疏明スルトキニ限リ其證人ヲ忌避スルコトヲ得

忌避ノ申請ハ書面又ハ口頭ヲ以テ之ヲ爲スコトヲ得

忌避ノ原因ハ之ヲ疏明ス可シ

**第二百九十八條** 左ノ場合ニ於テハ證言ヲ拒ムコトヲ得

第一 官吏、公吏又ハ官吏公吏タリシ者カ其職務上默祕ス可キ義務アル事情ニ關スルトキ

第二 醫師、藥商、産婆、辯護士、公證人神職及ヒ僧侶カ其身分又ハ職業ノ爲メ委託ヲ受ケタルニ因リテ知リタル事實ニシテ默祕ス可キモノニ關スルトキ

---

**第二百八十一條** 左ノ場合ニ於テハ證人ハ證言ヲ拒ムコトヲ得

一 第二百七十二條乃至第二百七十四條ノ場合

二 醫師、歯科醫師、藥劑師、藥種商、産婆、辯護士、辨理士、辯護人、公證人、宗教又ハ禱祀ノ職ニ在ル者又ハ此等ノ職ニ在リタル者カ職務上知リタル事實ニシテ默祕スヘ

第三　問ニ付テノ答辯カ證人又ハ前條ニ掲ケタル者ノ恥辱ニ歸スルカ又ハ其刑事上ノ訴追ヲ招ク恐アルトキ
第四　問ニ付テノ答辯カ證人又ハ前條ニ掲ケタル者ノ爲メ直接ニ財產權上ノ損害ヲ生セシム可キトキ
第五　證人カ其技術又ハ職業ノ祕密ヲ公ニスルニ非サレハ答辯スルコト能ハサルトキ

**第三百條**　證言ヲ拒ム證人ハ其訊問ノ期日前ニ書面又ハ口頭ヲ以テ又ハ期日ニ於テ其拒絕ノ原因タル事實ヲ開示シ且之ヲ疏明ス可シ期日前ニ證言ヲ拒ミタル證人ハ期日ニ出頭スル義務ナシ
裁判所書記ハ拒絕ノ書面ヲ受領シ又ハ其陳述ニ付キ調書ヲ作リタルトキハ之ヲ當事者ニ通知ス可シ

**第三百一條**　拒絕ノ當否ニ付テハ受訴裁判所當事者ヲ審訊シタル後決定ヲ以テ其裁判ヲ

---

キモノニ付訊問ヲ受クルトキ
三　技術又ハ職業ノ祕密ニ關スル事項ニ付訊問ヲ受クルトキ
前項ノ規定ハ證人カ默祕ノ義務ヲ免セラレタル場合ニハ之ヲ適用セス

**第二百八十二條**　證言拒絕ノ理由ハ之ヲ疏明スルコトヲ要ス

**第二百八十三條**　第二百八十一條第一項第一號ノ場合ヲ除クノ外證言拒絕ノ當否ニ付テハ受訴裁判所當事者ヲ審訊シテ

爲ス但シ第二百九十八條第一號ノ場合ニ於テ爲シタル拒絶ノ當否ニ付テハ所屬廳又ハ最後ノ所屬廳ノ裁定ニ任ス
原告若クハ被告カ出頭セサルトキハ出頭シタル者ノ申述ヲ斟酌シテ決定ヲ爲ス
右決定ニ對シテハ即時抗告ヲ爲スコトヲ得此抗告ハ執行ヲ停止スル效力ヲ有ス

**第三百二條**　原因ヲ開示セスシテ證言ヲ拒ミ又ハ開示シタル原因ノ棄却確定シタル後ニ之ヲ拒ミタルトキハ申立ヲ要セスシテ決定ヲ以テ證人ニ對シ其拒絶ニ因リテ生シタル費用ノ賠償及ヒ四拾圓以下ノ罰金ヲ言渡ス
證人ハ費用ノ賠償及ヒ罰金ノ言渡ニ對シ抗告ヲ爲スコトヲ得此抗告ハ執行ヲ停止スル效力ヲ有ス
豫備、後備ノ軍籍ニ在ラサル軍人、軍屬ニ對スル罰金ノ言渡及ヒ執行ハ軍事裁判所ニ囑託シテ之ヲ爲ス

**章三百六條**　各證人ニハ其携帶ス可キ呼出狀其他適當ノ方法ヲ以テ人違ナラサルコトヲ

---

裁判ヲ爲ス證言拒絶ニ關スル裁判ニ對シテハ當事者及證人ハ卽時抗告ヲ爲スコトヲ得

**第二百八十四條**　證言拒絶ヲ理由ナシトスル裁判確定シタル後證人カ故ナク證言ヲ拒ムトキハ第二百七十七條ノ規定ヲ準用ス

**第二百八十五條**　裁判長ハ證人ヲシテ訊問前宣誓ヲ爲サシム

判然ナラシメタル後訊問前各別ニ宣誓ヲ爲サシム可シ

然レトモ宣誓ハ特別ノ原因アルトキ殊ニ之ヲ爲サシム可キヤ否ヤニ付キ疑ノ存スルトキハ訊問ノ終ルマテ之ヲ延フルコトヲ得

**第三百八條**　判事ハ宣誓前ニ相當ナル方法ヲ以テ宣誓者ニ僞證ノ罰ヲ諭示ス可シ

**第三百七條**　證人ハ訊問前ニ宣誓ヲ爲ス可キ場合ニ於テハ良心ニ從ヒ眞實ヲ述ヘ何事ヲモ默祕セス又何事ヲモ附加セサル旨ノ誓ヲ宣フ可シ

又訊問後ニ宣誓ヲ爲ス可キ場合ニ於テハ良心ニ從ヒ眞實ヲ述ヘ何事ヲモ默祕セス又何事ヲモ附加セサリシ旨ノ誓ヲ宣フ可シ

**第三百十條**　左ノ者ハ宣誓ヲ爲サシメスシテ參考ノ爲メ之ヲ訊問スルコトヲ得

第一　訊問ノ時未タ滿十六歲ニ達セサル者

第二　宣誓ノ何物タルヤヲ了解スルニ必要

---

ルコトヲ要ス但シ特別ノ事由アルトキハ訊問後之ヲ爲サシムルコトヲ得

**第二百八十六條**　宣誓ハ起立シテ嚴肅ニ之ヲ行フコトヲ要ス

**第二百八十七條**　裁判長ハ宣誓前宣誓ノ趣旨ヲ諭示シ且僞證ノ罰ヲ警告スルコトヲ要ス

**第二百八十八條**　宣誓ハ證人ヲシテ宣誓書ヲ朗讀セシメ且之ニ署名捺印セシメテ之ヲ爲ス證人宣誓書ヲ朗讀スルコト能ハサルトキハ裁判長代リテ之ヲ朗讀ス

宣誓書ニハ良心ニ從ヒ眞實ヲ述ヘ何事ヲモ默祕セス又何事ヲモ附加セサルコトヲ誓フ旨ヲ記載スルコトヲ要ス

**第二百八十九條**　左ニ揭クル者ヲ證人トシテ訊問スルニハ宣誓ヲ爲サシムルコトヲ得ス

一　十六年未滿ノ者

ナル精神上ノ發達ノ缺クル者

第三　刑事上ノ判決ニ因リ公權ヲ剝奪又ハ停止セラレタル者

第四　第二百九十七條及ヒ第二百九十八條第三號並ニ第四號ノ規定ニ依リ證言ヲ拒絕スル權利アリテ之ヲ行使セサル者但第二百九十八條第三號並ニ第四號ノ場合ニ於テハ拒絕ノ權利ニ關スル事實ニ付キ證言ヲ爲ス可キコトヲ申立テラレタルトキニ限ル

**第二百九十八條**　左ノ場合ニ於テハ證言ヲ拒ムコトヲ得

第四　問ニ付テノ答辯カ證人又ハ前條ニ揭ケタル者ノ爲メ直接ニ財產權上ノ損害ヲ生セシム可キトキ

**第三百十六條**　調書ニハ證人カ其訊問ノ前若クハ後ニ宣誓シタルヤ又ハ宣誓セスシテ訊問ヲ受ケタルヤヲ記載ス可シ

---

二　宣誓ノ趣旨ヲ理解スルコト能ハサル者

**第二百九十條**　第二百八十條ノ規定ニ該當スル證人ニシテ證言拒絕ノ權利ヲ行ハサル者ヲ訊問スルニハ宣誓ヲ爲サシメサルコトヲ得

**第二百九十一條**　證人カ自己又ハ第二百八十條ニ揭クル者ニ著キ利害關係アル事項ニ付訊問ヲ受クルトキハ宣誓ヲ拒ムコトヲ得

**第二百九十二條**　宣誓ヲ爲サシメスシテ證人ヲ訊問シタルトキハ其ノ旨及事由ヲ調書ニ記載スルコトヲ要ス

第三百九條　宣誓ヲ拒ム證人ニ付テハ第三百條乃至第三百二條ノ規定ヲ適用ス

第三百十一條第二項　證人ノ供述互ニ齟齬シタルトキハ之ヲ對質セシムルコトヲ得

第三百十二條　證人訊問ハ證人ニ其氏名、年齡、身分、職業、及ヒ住居ヲ問フヲ以テ始マル又必要ナル場合ニ於テハ其事件ニ於テ證言ノ信用ニ關スル事情殊ニ當事者トノ關係ニ付テノ問ヲ爲ス可シ

第三百十三條　證人ニハ其訊問事項ニ付知リ得タルモノヲ牽連シテ供述セシム可シ

證人ノ供述ヲ明白及ヒ完全ナラシメ且其知リ得タル原因ヲ穿鑿スル爲メ必要ナル場合ニ於テハ尚ホ他ノ問ヲ發ス可シ

第三百十一條第一項　證人訊問ハ後ニ訊問ス可キ證人ノ在ラサル場所ニ於テ各別ニ之ヲ爲ス

第三百十四條　證人ハ其供述ニ換ヘテ書類ヲ朗讀シ其他覺書ヲ用キルコトヲ得ス但算數ノ關係ニ限リ覺書ヲ用キルコトヲ得

---

第二百九十三條　第二百七十七條第二百八十二條及第二百八十三條ノ規定ハ證人カ宣誓ヲ拒ム場合ニ之ヲ準用ス

第二百九十四條　裁判長ハ必要アリト認ムルトキハ證人相互ノ對質ヲ命スルコトヲ得

第二百九十五條　裁判長ハ必要アリト認ムルトキハ證人ヲシテ文字ノ手記其ノ他必要ナル行爲ヲ爲サシムルコトヲ得

第二百九十六條　裁判長ハ必要アリト認ムルトキハ後ニ訊問スヘキ證人ニ在廷ヲ許スコトヲ得

第二百九十七條　證人ハ書類ニ依リテ陳述ヲ爲スコトヲ得ス

但シ裁判長ノ許可ヲ受ケタルトキハ此ノ限ニ在ラス

第三百十五條第一項　陪席判事ハ裁判長ニ告ケテ證人ニ問ヲ發スルコトヲ得

第三百十五條第二項　當事者ハ證人ニ對シ自ラ問ヲ發スルコトヲ得ス然レトモ當事者ハ證人ノ供述ヲ明白ナラシムル爲ニ其必要ナリトスル問ヲ發センコトヲ裁判長ニ申立ツルコトヲ得

發問ノ許否ニ付キ異議アルトキハ裁判所ハ直チニ之ヲ裁判ス

第三百十七條　受訴裁判所ハ左ノ場合ニ於テ證人ノ再訊問ヲ命スルコトヲ得

第一　證人訊問カ法律上ノ規定ニ違ヒタルトキ

第二　證人訊問ノ完全ナラサルトキ

第三　證人ノ供述カ明白ナラス又ハ兩義ニ渉ルトキ

第四　證人カ其供述ノ補充又ハ更正ヲ申立ツルトキ

第五　此他裁判所カ再訊問ヲ必要トスルトキ

第二百九十八條　陪席判事ハ裁判長ニ告ケ證人ニ對シテ問ヲ發スルコトヲ得

第二百九十九條　當事者ハ裁判長ニ對シ必要ナル發問ヲ求メ又ハ其ノ許可ヲ得テ問ヲ發スルコトヲ得

當事者ハ發問ノ許否ニ付異議ヲ述フルコトヲ得此ノ場合ニ於テハ裁判所異議ニ付裁判ヲ爲ス

**第三百十九條**　第二百九十四條、第二百九十五條、第三百二條又ハ第三百九條ニ揭ケタル證人ニ對スル受訴裁判所ノ權ハ受命判事又ハ受託判事ニモ屬ス

證人カ受命判事又ハ受託判事ノ面前ニ於テ理由ヲ開示シテ證言ヲ拒ミ又ハ宣誓ヲ拒ミ又ハ職權若クハ申立ニ因リ發シタル問ニ答フルコトヲ拒ムトキハ此拒絶ノ當否ニ付キ裁判ヲ爲ス權ハ受訴裁判所ニ屬ス

受命判事又ハ受託判事カ原告若クハ被告ヨリ申立テタル問ヲ發スルコトヲ否ムトキハ原告若クハ被告ハ其當否ニ付キ受訴裁判所ノ裁判ヲ求ムルコトヲ得

證人ノ再訊問ハ受命判事又ハ受託判事ノ意見ヲ以テ之ヲ命スルコトヲ得

**第三百二十條**　證人ヲ申出テタル原告若クハ被告ハ其訊問ノ開始マテハ此證據方法ヲ抛棄スルコトヲ得其後ハ相手方ノ承諾ヲ得ルトキニ限リ之ヲ抛棄スルコトヲ得

### 第七節　鑑定

---

**第三百條**　受命判事又ハ受託判事カ證人訊問ヲ爲ス場合ニ於テハ裁判所及裁判長ノ職務ハ其ノ判事之ヲ行フ但シ前條第二項ノ規定ニ依ル異議ノ裁判ハ受訴裁判所之ヲ爲ス

### 第三款　鑑定

第三百二十二條　鑑定ニ付テハ以下數條ニ於テ別段ノ規定ヲ設ケサル限リハ人證ニ付テノ規定ヲ準用ス

第三百三十三條　鑑定ノ申出ハ鑑定ス可キ事項ヲ表示シテ之ヲ爲ス

第三百二十六條　左ニ掲クル者鑑定ヲ命セラレタルトキハ之ヲ爲ス義務アリ

第一　必要ナル種類ノ鑑定ヲ爲ス爲ニ公ニ任命セラレタル者

第二　鑑定ヲ爲スニ必要ナル學術、技藝若クハ職業ニ常ニ從事スル者又ハ學術、技藝若クハ職業ニ從事スル爲ニ公ニ任命セラレ若クハ授權セラレタル者

第三百二十八條　鑑定ヲ爲ス義務アル鑑定人出頭セス又ハ鑑定ヲ拒ミタル場合ニ於テハ其者ニ對シ此カ爲ニ生シタル費用ノ賠償及ヒ罰金ヲ言渡ス可シ但其鑑定人ヲ勾引スルコトヲ得ス

第三百二十四條　立會フ可キ鑑定人ノ選定及

---

第三百一條　鑑定ニハ別段ノ規定アル場合ヲ除クノ外前項ノ規定ヲ準用ス

第三百二條　鑑定ニ必要ナル學識經驗アル者ハ鑑定ヲ爲ス義務ヲ負フ

第二百八十條又ハ第二百九十一條ノ規定ニ依リテ證言又ハ宣誓ヲ拒ミ得ル者ト同一ノ地位ニ在ル者及第二百八十九條ニ掲クル者ハ鑑定人タルコトヲ得ス

第三百三條　鑑定人ハ之ヲ拘引スルコトヲ得ス

第三百四條　鑑定人ハ受訴裁判所、受命判事又ハ受託判事之

ヒ其員數ノ指定ハ受訴裁判所之チ爲其裁判所ハ鑑定人ノ任命チ一名マテニ制限シ又ハ何時ニテモ既ニ任命シタル者ニ代ヘ他ノ鑑定人チ任命スルコトチ得

裁判所ハ鑑定人トシテ訊問ヲ受クルニ適當ナル者チ指名ス可キ旨チ當事者ニ催告スルコトチ得

當事者カ一定ノ者ヲ鑑定人ニ爲スコトチ合意シタルトキハ裁判所ハ其合意ニ從フ可シ然レトモ裁判所ハ當事者ノ爲ス可キ選定チ一定ノ員數ニ制限スルコトチ得

**第三百三十一第** 受訴裁判所ハ鑑定人ノ任命チ受命判事又ハ受託判事ニ委任スルコトチ得此場合ニ於テハ受命判事又ハ受託判事ハ第三百二十四條及第三百三十條第一號竝ニ第二號ノ規定ニ依リ受訴裁判所ニ屬スル權チ有ス

**第三百二十一條** 鑑定ニ付テハ以下數條ニ於テ別段ノ規定チ設ケサル限リハ人證ニ付テノ規定ヲ準用ス

---

ヲ指定ス

**第三百五條** 鑑定人ニ付誠實ニ鑑定ヲ爲スコトヲ妨クヘキ事情アルトキハ當事者ハ其ノ鑑定人カ鑑定事項ニ付陳述ヲ爲

**第三百三條** 原告若クハ被告ハ相手方ト相手方ノ證人トノ間ニ第二百九十七條第一號乃至第三號ノ關係アルトキハ其證人ヲ忌避スルコトヲ得

**第三百二十九條** 鑑定人ハ其鑑定ヲ爲ス前ニ其鑑定人タル義務ヲ公平且誠實ニ履行ス可キ旨ノ誓ヲ宣フ可シ

---

ス前之ヲ忌避スルコトヲ得陳述ヲ爲シタルトキト雖其ノ後ニ忌避ノ原因ヲ生シ又ハ當事者カ其ノ原因アルコトヲ知リタルトキ亦同シ

**第三百六條** 忌避ノ申立ハ受訴裁判所受命判事又ハ受託判事ニ之ヲ爲スコトヲ要ス

忌避ノ事由ハ之ヲ疏明スルコトヲ要ス

忌避ヲ理由アリトスル決定ニ對シテハ不服ヲ申立ツルコトヲ得ス之ヲ理由ナシトスル決定ニ對シテハ即時抗告ヲ爲スコトヲ得

**第三百七條** 宣誓書ニハ良心ニ從ヒ誠實ニ鑑定ヲ爲スコトヲ誓フ旨ヲ記載スルコトヲ要ス

第三百三十條　受訴裁判所ハ其意見ヲ以テ左ノ諸件ヲ定ム可シ

第一　鑑定人ノ意見ハ口頭又ハ書面ニテ之ヲ述ヘシム可キヤ

第二　數名ノ鑑定人ヲ訊問ス可キ場合ニ於テ各意見カ異ナルトキハ共同ニテ鑑定書ヲ作ラシム可キヤ又ハ各別ニ之ヲ作ラシム可キヤ

第三　口頭辯論ノ際鑑定人ノ總員又ハ其一名ヲシテ鑑定書ヲ說明セシム可キヤ

第四　鑑定ノ結果カ不十分ナルトキハ同一又ハ他ノ鑑定人ヲシテ再ヒ鑑定ヲ爲サシム可キヤ

第三百三十三條　特別ノ智識ヲ要セシ過去ノ事實又ハ事情ニシテ其實驗アル者ノ訊問ニ因リテ確定ス可キトキハ人證ニ付テノ規定ヲ適用ス



第三百八條　裁判長ハ鑑定人ヲシテ書面又ハ口頭ヲ以テ共同ニテ又ハ各別ニ意見ヲ述ヘシムルコトヲ得

第三百九條　特別ノ學識經驗ニ依リテ知リ得タル事實ニ關スル訊問ニ付テハ證人訊問ニ關スル規定ニ依ル

第三百二十五條　外國ノ書類又ハ産物ノ審査ヲ要スル場合ニ於テ必要ナル能力ヲ有スル本邦人ノ在ラサルトキハ裁判所ハ外國人ヲ鑑定人ニ任命スルコトヲ得

### 第八　書證

第三百三十四條　書證ノ申出ハ證書ヲ提出シテ之ヲ爲ス

第三百三十五條　擧證者其使用セントスル證書カ相手方ノ手ニ存スル旨ヲ主張スルトキハ書證ノ申出ハ相手方ニ其證書ノ提出ヲ命セシコトヲ申立テテ之ヲ爲ス可シ

---

第三百十條　裁判所必要アリト認ムルトキハ官廳若ハ公署、外國ノ官廳若ハ公署又ハ相當ノ設備アル法人ニ鑑定ヲ囑託スルコトヲ得此ノ場合ニ於テハ宣誓ニ關スル規定ヲ除クノ外本款ノ規定ヲ準用ス

前項ノ場合ニ於テ裁判所必要アリト認ムルトキハ官廳、公署又ハ法人ノ指定シタル者ヲシテ鑑定書ノ説明ヲ爲サシムルコトヲ得

### 第四款　書證

第三百十一條　書證ノ申出ハ文書ヲ提出シ又ハ之ヲ所持スル者ニ其ノ提出ヲ命セムコトヲ申立テ之ヲ爲スコトヲ要ス

**第三百四十二條**　擧證者其使用セントスル證書カ第三者ノ手ニ存スル旨ヲ主張スルトキハ證書ノ申出ハ其證書ヲ取寄スル爲メ期間ヲ定メンコトヲ申立テテ之ヲ爲ス

**第三百四十五條**　證書ニ因リ證ス可キ事實ノ重要ニシテ且其申立カ前條ノ規定ニ適スルトキハ裁判所ハ證書提出ノ期間ヲ定ム可シ

第三者ニ對スル訴訟ノ完結シタルトキ又ハ擧證者カ訴ノ提起、訴訟ノ繼續又ハ强制執行ヲ遲延シタルトキハ相手方ハ前項ノ期間ノ滿了前ト雖モ訴訟手續ノ繼續ヲ申立ツルコトヲ得

**第三百三十六條**　相手方ハ左ノ場合ニ於テ證書ヲ提出スル義務アリ

第一　擧證者カ民法ノ規定ニ從ヒ訴訟外ニ於テモ證書ノ引渡又ハ其提出ヲ求ムルコトヲ得ルトキ

第二　證書カ其旨趣ニ因リ擧證者及ヒ相手方ニ共通ナルトキ

---

**第三百十二條**　左ノ場合ニ於テハ文書ノ所持者ハ其ノ提出ヲ拒ムコトヲ得ス

一　當事者カ訴訟ニ於テ引用シタル文書ヲ自ラ所持スルトキ

二　擧證者カ文書ノ所持者ニ對シ其ノ引渡又ハ閲覧ヲ求ム

第三百三十七條　相手方ハ其手ニ存スル證書ニシテ其訴訟ニ於テ舉證ノ爲引用シタルモノヲ提出スル義務アリ準備書面中ニノミ引用シタルトキト雖モ亦同シ

第三百四十三條　第三者ハ舉證者ノ相手方ニ於ケルト同一ナル理由ニ因リ證書ヲ提出スル義務アリ然レトモ强テ證書ヲ提出セシムルコトハ訴ヲ以テノミ之ヲ爲スコトヲ得

第三百三十八條　證書ノ提出ヲ命センコトノ申立ニハ左ノ諸件ヲ揭ク可シ

第一　證書ノ表示

第二　證書ニ依リ證ス可キ事實ノ表示

第三　證書ノ旨趣

第四　證書カ相手方ノ手ニ存スル旨ヲ主張スル理由タル事情

第五　證書ヲ提出ス可キ義務ノ原因ノ表示

第三百四十四條　第三百四十二條ニ從ヒ申立ヲ爲スニハ第三百三十八條第一號乃至第三號及ヒ第五號ノ要件ヲ履ミ且證書カ第三者ノ手ニ存スルコトヲ疏明ス可シ

---

ルコトヲ得ルトキ

三　文書カ舉證者ノ利益ノ爲ニ作成セラレ又ハ舉證者ト文書ノ所持者トノ間ノ法律關係ニ付作成セラレタルトキ

第三百十三條　文書提出ノ申立ニハ左ノ事項ヲ明ニスルコトヲ要ス

一　文書ノ表示

二　文書ノ趣旨

三　文書ノ所持者

四　證スヘキ事實

五　文書提出ノ義務ノ原因

**第三百三十九條**　裁判所ハ證書ニ依リ證ス可キ事實ノ重要ニシテ且申立ヲ正當ナリト認ムル場合ニ於テ相手方カ證書ノ其手ニ存スルコトヲ自白スルトキ又ハ申立ニ對シ陳述セサルトキハ證據決定ヲ以テ證書ノ提出ヲ命ス

**第三百四十條**　相手方カ證書ヲ所持セサル旨ヲ申立ツルトキハ此申立ノ眞實ナルヤ否ヤヲ定ムル爲メ又ハ證書ノ所在ヲ穿鑿スル爲メ又ハ擧證者ノ使用ヲ妨クル目的ヲ以テ故意ニ證書ヲ隱匿シ若クハ使用ニ耐ヘサラシメタルヤ否ヤヲ穿鑿スル爲メ本章第十節ノ規定ニ從ヒテ相手方本人ヲ訊問ス可シ

相手方カ官廳ナルトキハ證書カ其官廳ノ保藏ニ係ラス又ハ其所在ヲ開示スルコトヲ得サル旨ノ長官ノ證明書ヲ以テ訊問ニ換フ裁判所ハ此證明書ヲ差出サシムル爲メ相當ノ期間ヲ定ム可シ

**第三百四十三條**　第三者ハ擧證者ノ相手方ニ於ケルト同一ナル理由ニ因リ證書ヲ提出スル義務アリ然レトモ强テ證書ヲ提出セシム

---

**第三百十四條**　裁判所カ文書提出ノ申立ヲ理由アリト認メタルトキハ決定ヲ以テ文書ノ所持者ニ對シ其ノ提出ヲ命ス

第三者ニ對シ文書ノ提出ヲ命スル場合ニ於テハ其ノ第三者ヲ審訊スルコトヲ要ス

ルコトハ訴ヲ以テノミ之ヲ爲スコトヲ得

**第四百五十七條第二項** 訴訟カ區裁判所ニ繫屬シ若クハ嘗テ繫屬シタルトキ又ハ證人、鑑定人ヨリ若クハ證書ヲ提出スル義務アリト宣言ヲ受ケタル第三者ヨリ抗告ヲ爲ストキハ口頭ヲ以テ之ヲ爲スコトヲ得

**第三百四十一條** 證書ヲ所持スルコトヲ自白シ又ハ之ヲ所持セスト申立テサル相手方カ其證書ヲ提出ス可シトノ命ニ從ハス又ハ相手方カ所持セスト申立テタル證書ニ付キ訊問ヲ受ケテ供述ヲ爲スコトヲ拒ミタルトキ又ハ擧證者ノ使用ヲ妨クル目的ヲ以テ故意ニ證書ヲ隱匿シ若クハ使用ニ耐ヘサラシメタルコトノ明確ナルトキハ擧證者ノ差出シタル證書ノ謄本ヲ正當ナルモノト看做ス若シ謄本ヲ差出ササルトキハ裁判所ハ其意見ヲ以テ證書ノ性質及ヒ旨趣ニ付キ擧證者ノ

---

**第三百十五條** 文書提出ノ申立ニ關スル決定ニ對シテハ即時抗告ヲ爲スコトヲ得

**第三百十六條** 當事者カ文書提出ノ命ニ從ハサルトキハ裁判所ハ文書ニ關スル相手方ノ主張ヲ眞實ト認ムルコトヲ得

**第三百十七條** 當事者カ相手方ノ使用ヲ妨クル目的ヲ以テ提出ノ義務アル文書ヲ毀滅シ其ノ他之ヲ使用スルコト能ハサルニ至ラシメタルトキハ裁判所ハ其ノ文書ニ關スル相手方ノ主張ヲ眞實ト認ムルコトヲ得

主張ヲ正當ナリト認ムルコトヲ得

前條第二項ニ掲ケタル證明書ヲ裁判所ノ定メタル期間内ニ差出ササルトキハ相手方タル官廳ニ對シ前項ト同一ノ結果ヲ生ス

第三百四十六條　擧證者其使用セントスル證書カ官廳又ハ公吏ノ手ニ存スル旨ヲ主張スルトキハ證書ノ申出ハ證書ノ送付ヲ官廳又ハ公吏ニ囑託セラレンコトヲ申立テテ之ヲ爲ス

此規定ハ當事者カ法律上ノ規定ニ從ヒ裁判所ノ助力ナクシテ取寄スルコトヲ得ヘキ證書ニハ之ヲ適用セス

---

第三百十八條　第三者カ文書提出ノ命ニ從ハサルトキハ裁判所ハ決定ヲ以テ五百圓以下ノ過料ニ處ス此ノ決定ニ對シテハ即時抗告ヲ爲スコトヲ得

第三百十九條　書證ノ申出ハ第三百十一條ノ規定ニ拘ラス文書ノ所持者ニ其ノ文書ノ送付ヲ囑託セムコトヲ申立テ之ヲ爲スコトヲ得但シ當事者カ法令ニ依リ文書ノ正本又ハ謄本ノ交付ヲ求ムルコトヲ得ル場合ハ此ノ限リニ在ラス

**第三百四十七條** 證據決定ヲ爲シタル後第三百四十二條及ヒ第三百四十六條ノ規定ニ從ヒ書證ヲ申出テタル場合ニ於テ證書取寄ノ手續ノ爲メニ訴訟ノ完結ヲ遲延スルニ至ル可ク且裁判所ニ於テ原告若クハ被告カ訴訟ヲ遲延スル故意ヲ以テ又ハ甚シキ怠慢ニ因リ書證ヲ早ク申出テサリシコトノ心證ヲ得タルトキハ申立ニ因リ其書證ノ申出ヲ却下スルコトヲ得

**第三百五十四條** 提出シタル證書ハ直チニ之ヲ還付シ又適當ナル場合ニ於テハ其謄本ヲ記錄ニ留メテ之ヲ還付ス可シ

然レトモ證書ノ僞造又ハ變更ナリト爭フトキハ檢事ノ意見ヲ聽キタル後ニ非サレハ之ヲ還付スルコトヲ得ス

**第三百四十八條** 口頭辯論ノ際證書ヲ提出スルニ於テハ其毀損若クハ紛失ノ恐アリ又ハ他ノ顯著ナル障碍アルトキハ受命判事又ハ受託判事ノ面前ニ證書ヲ提出ス可キ旨ヲ命スルコトヲ得

受命判事又ハ受託判事ハ證書ノ明細書及ヒ

---

**第三百二十條** 裁判所ハ必要アリト認ムルトキハ提出又ハ送付ニ係ル文書ヲ留置クコトヲ得

**第三百二十一條** 第二百六十五條ノ規定ニ依リテ受命判事又ハ受託判事ヲシテ文書ニ付證據調ヲ爲サシムル場合ニ於テハ裁判所ハ受命判事又ハ受託判事ノ調書ニ記載スヘキ事項ヲ定ムルコトヲ得

其謄本ヲ調書ニ添附シ又證書ノ一分ノミ必要ナルトキハ第百七條第二項ノ規定ニ從ヒテ作リタル抄本ヲ之ニ添附ス可シ

**第三百四十九條**　公正證書ハ正本又ハ認證ヲ受ケタル謄本ヲ以テ之ヲ提出スルコトヲ得然レトモ裁判所ハ擧證者ニ正本ノ提出ヲ命スルコトヲ得

私署證書ハ原本ヲ以テ之ヲ提出ス可シ若シ當事者カ未タ提出セサル原本ノ眞正ニ付キ一致シ只其證書ノ效力又ハ解釋ニ付テノミ爭ヲ爲ストキハ謄本ヲ提出スルヲ以テ足ル然レトモ裁判所ハ職權ヲ以テ擧證者ニ原本ノ提出ヲ命スルコトヲ得

提出シタル謄本ニ換ヘテ正本又ハ原本ヲ提出ス可キ旨ノ命ニ從ハサルトキハ裁判所ハ心證ヲ以テ謄本ニ如何ナル證據力ヲ付ス可キヤヲ裁判ス

**第三百五十條**　擧證者ハ證書ヲ提出シタル後ハ相手方ノ承諾ヲ得ルトキニ限リ此證據方法ヲ抛棄スルコトヲ得

---

前項ノ調書ニハ文書ノ謄本又ハ抄本ヲ添附スルコトヲ要ス

**第三百二十二條**　文書ノ提出又ハ送付ハ原本、正本又ハ認證アル謄本ヲ以テ之ヲ爲スコトヲ要ス

裁判所ハ前項ノ規定ニ拘ラス原本ノ提出ヲ命シ又ハ送付ヲ爲サシムルコトヲ得

裁判所ハ當事者ヲシテ其ノ引用シタル文書ノ謄本又ハ抄本ヲ提出セシムルコトヲ得

**第三百二十三條**　文書ノ方式及趣旨ニ依リ官吏其ノ他ノ公務

員カ職務上作成シタルモノト認ムヘキトキハ之ヲ眞正ナル公文書ト推定ス

公文書ノ眞否ニ付疑アルトキハ裁判所ハ職權ヲ以テ當該官廳又ハ公署ニ問合ヲ爲スコトヲ得

**第三百二十四條**　前條ノ規定ハ外國ノ官廳又ハ公署ノ作成ニ係ルモノト認ムヘキ文書ニ之ヲ準用ス

**第三百二十五條**　私文書ハ其ノ眞正ナルコトヲ證スルコトヲ要ス

**第三百二十六條**　私文書ハ本人又ハ其ノ代理人ノ署名又ハ捺印アルトキハ之ヲ眞正ナルモノト推定ス

**第三百二十七條**　文書ノ眞否ハ筆跡又ハ印影ノ對照ニ依リテモ之ヲ證スルコトヲ得

**第三百二十八條**　第三百十一條、第三百十四條乃至第三百十七條及第三百二十一條ノ規定ハ對照ノ用ニ供スヘキ筆跡又

---

**第三百五十三條第一項**　私署證書ノ檢眞ハ總テノ證據方法及ヒ手跡若クハ印章ノ對照ニ因リテ之ヲ爲ス

**第三百五十三條第二項**　證書ノ眞否ヲ證セントスル當事者ハ裁判所ノ定ムル期間内ニ手

跡若クハ印章ヲ對照スル爲ニ適當ナル書類ヲ提出スヘシ

第三百五十三條第三項　眞正ナリト自白又ハ證明シタル適當ノ對照書類ナキトキハ對照ノ爲メ原告若クハ被告ニ對シ裁判所ニ於テ一定ノ語辭ノ手記ヲ命スルコトヲ得其手記シタル語辭ハ調書ノ附錄トシテ之ニ添附ス可シ

原告若クハ被告カ裁判所ノ定メタル期間内ニ對照書類ヲ提出セサルトキ又ハ對照ス可キ語辭ヲ手記ス可キ裁判所ノ命ニ對シ十分ナル辯解ヲ爲サスシテ之ニ從ハサルトキ又ハ書樣ヲ變シテ手記シタルトキハ證書ノ眞否ニ付テノ相手方ノ主張ハ其他ノ證據ヲ要セスシテ之ヲ眞正ナリト看做スコトヲ得

第三百五十四條　公正證書ノ僞造若クハ變造

---

ハ印影ヲ具フル文書其ノ他ノ物件ノ提出又ハ送付ニ之ヲ準用ス

第三者カ正當ノ事由ナクシテ前項ノ規定ニ依ル提出ノ命ニ從ハサルトキハ裁判所ハ決定ヲ以テ五百圓以下ノ過料ニ處ス此ノ決定ニ對シテハ即時抗告ヲ爲スコトヲ得

第三百二十九條　對照ニ適當ナル筆跡ナキトキハ裁判所ハ對照ノ用ニ供スヘキ文字ノ手記ヲ相手方ニ命スルコトヲ得

相手方カ正當ノ事由ナクシテ前項ノ規定ニ依ル裁判所ノ命ニ從ハサルトキハ裁判所ハ文書ノ眞否ニ關スル擧證者ノ主張ヲ眞實ト認ムルコトヲ得書樣ヲ變シテ手記シタルトキ亦同シ

第三百三十條　對照ノ用ニ供シタル書類ノ原本謄本又ハ抄本ハ之ヲ調書ニ添附スルコトヲ要ス

第三百三十一條　當事者又ハ其ノ代理人カ故意又ハ重大ナル

ナルコトヲ眞實ニ反キテ主張シタル原告若クハ被告ニ惡意若クハ重過失ノ責アルトキハ五拾圓以下ノ過料ヲ言渡ス

又私署證書ノ眞正ナルコトヲ眞實ニ反キテ爭フトキハ前項ト同一ナル條件ヲ以テ貳拾圓以下ノ過料ヲ言渡ス

**第三百五十一條**　公正證書又ハ檢眞ヲ經タル私署證書ヲ僞造若クハ變造ナリト主張スル者ハ其證書ノ眞否ヲ確定センコトノ申立ヲ爲ス可シ

此場合ニ於テハ裁判所ハ其證書ノ眞否ニ付キ中間判決ヲ以テ裁判ヲ爲ス可シ

**第三百五十六條**　本節ノ規定ハ事件ノ性質ニ於テ許ス限リハ事跡ノ紀念又ハ權利ノ證徵ノ爲メ作リタル制符、界標等ノ如キモノニモ之ヲ準用ス

### 第九章　檢證

過失ニ因リ眞實ニ反シテ文書ノ眞正ヲ爭ヒタルトキハ裁判所決定ヲ以テ五百圓以下ノ過料ニ處ス此ノ決定ニ對シテハ即時抗告ヲ爲スコトヲ得

前項ノ場合ニ於テ文書ノ眞正ヲ爭ヒタル當事者又ハ代理人カ訴訟ノ繫屬中其ノ眞正ナルコトヲ認メタルトキハ裁判所ハ事情ニ依リ前項ノ決定ヲ取消スコトヲ得

**第三百三十二條**　本款ノ規定ハ證徵ノ爲作リタル物件ニシテ文書ニ非サルモノニ之ヲ準用ス

### 第五款　檢證

**第三百五十七條** 檢證ノ申出ハ檢證物ヲ表示シ及ヒ證ス可キ事實ヲ開示シテ之ヲ爲ス

**第三百五十八條** 受訴裁判所ハ檢證ヲ爲スニ際シ鑑定人ノ立會ヲ命スルコトヲ得

受訴裁判所ハ檢證及ヒ鑑定人ノ任命ヲ其部員一名ニ命シ又ハ區裁判所ニ囑託スルコトヲ得

**第三百五十九條** 檢證ヲ爲ス際發見シタル事項ハ調書ニ記載シテ明確ナラシメ又必要アル場合ニ於テハ調書ノ附錄トシテ添附スヘキ圖面ヲ作リ之ヲ明確ナラシム可シ

若シ既ニ記錄ニ圖面ノ存スルトキハ之ヲ更正ス可シ

## 第十章 當事者本人ノ訊問

**第三百六十條** 當事者ノ提出シタル許ス可キ證據ヲ調ヘタル結果ニ因リ證ス可キ事實ノ眞否ニ付キ裁判所カ心證ヲ得ルニ足ラサル

---

**第三百三十三條** 檢證ノ申出ハ檢證ノ目的ヲ表示シテ之ヲ爲スコトヲ要ス

**第三百三十四條** 受命判事又ハ受託判事ハ檢證ヲ爲スニ當リ必要アリト認ムルトキハ鑑定ヲ命スルコトヲ得

**第三百三十五條** 第三百十一條、第三百十四條乃至第三百十七條及第三百十九條乃至第三百二十一條ノ規定ハ檢證ノ目的ノ提示又ハ送付ニ之ヲ準用ス

第三者カ正當ノ事由ナクシテ前項ノ規定ニ依ル提示ノ命ニ從ハサルトキハ裁判所ハ決定ヲ以テ五百圓以下ノ過料ニ處ス此ノ決定ニ對シテハ即時抗告ヲ爲スコトヲ得

### 第六款 當事者訊問

**第三百三十六條** 裁判所カ證據調ニ依リテ心證ヲ得ルコト能ハサルトキハ申立ニ因リ又ハ職權ヲ以テ當事者本人ヲ訊問

トキハ申立ニ因リ又ハ職權ヲ以テ原告若クハ被告ノ本人ヲ訊問スルコトヲ得

**第三百六十條**　裁判所ハ原告若クハ被告ヲ訊問スルコトヲ決定シ且原告若クハ被告カ決定言渡ノ際在廷スルトキハ直チニ其訊問ヲ爲スヲ以テ通例トス

**第三百六十三條**　原告若クハ被告カ十分ナル理由ナクシテ供述スルコトヲ拒ミ又ハ訊問期日ニ出頭セサルトキハ裁判所ハ其意見ヲ以テ訊問ニ因リテ擧證ス可キ相手方ノ主張ヲ正當ナリト認ムルコトヲ得

---

スルコトヲ得此ノ場合ニ於テハ當事者ヲシテ宣誓ヲ爲サシムルコトヲ得

**第三百三十七條**　裁判長必要アリト認ムルトキハ當事者相互又ハ當事者ト證人トノ對質ヲ命スルコトヲ得

**第三百三十八條**　當事者カ正當ノ事由ナクシテ呼出ニ應セス又ハ宣誓若ハ陳述ヲ拒ミタルトキハ裁判所ハ訊問事項ニ關スル相手方ノ主張ヲ眞實ト認ムルコトヲ得

**第三百三十九條**　宣誓シタル當事者カ虚僞ノ陳述ヲ爲シタルトキハ裁判所決定ヲ以テ五百圓以下ノ過料ニ處ス此ノ決定ニ對シテハ即時抗告ヲ爲スコトヲ得

第三百三十一條第二項ノ規定ハ前項ノ決定ニ之ヲ準用ス

**第三百四十條**　當事者ヲ訊問シタルトキハ其ノ陳述及宣誓ヲ爲サシメ又ハ爲サシメサルコトヲ調書ニ記載スルコトヲ要ス

**第三百六十四條**　訴訟無能力者ノ法定代理人カ訴訟ヲ爲ストキハ法律上代理人若クハ訴訟無能力者ヲ訊問ス可キヤ又ハ此等ノ者ヲ共ニ訊問ス可キヤ裁判所ノ意見ヲ以テ之ヲ決定ス

法律上代理人數人アルトキハ其一人ヲ訊問ス可キヤ又數人ヲ訊問ス可キヤモ亦前項ニ同シ

**第三百六十二條**　訊問ヲ受クル原告若クハ被告ハ供述ニ換ヘテ書類ヲ朗讀シ其他覺書ヲ用キルコトヲ得ス但算數ノ關係ニ限リ覺書ヲ用キルコトヲ得

**第十一節　證據保全**

**第三百六十五條**　證據ヲ紛失スル恐アリ又ハ之ヲ使用シ難キ恐アルトキハ證據保全ノ爲メ證人若クハ鑑定人ノ訊問又ハ檢證ヲ申立ツルコトヲ得

**第三百六十六條**　訴訟カ既ニ繫屬シタルトキハ此申請ハ受訴裁判所ニ之ヲ爲ス可シ

---

**第三百四十一條**　第三百三十六條乃至前條ノ規定ハ訴訟ニ於テ當事者ヲ代表スル法定代理人ニ之ヲ準用ス但シ當事者本人ヲ訊問スルコトヲ妨ケス

**第三百四十二條**　第二百七十六條、第二百七十九條、第二百八十五條乃至第二百八十九條、第二百九十五條及第二百九十七條乃至第三百條ノ規定ハ本款ノ訊問ニ之ヲ準用ス

**第七款　證據保全**

**第三百四十三條**　裁判所ハ豫メ證據調ヲ爲スニ非サレハ其ノ證據ヲ使用スルニ困難ナル事情アリト認ムルトキハ申立ニ因リ本節ノ規定ニ從ヒ證據調ヲ爲スコトヲ得

**第三百四十四條**　證據保全ノ申立ハ訴訟ノ繫屬中ニ在リテハ其ノ證據ヲ使用スヘキ審級ノ裁判所ニ、其ノ提起前ニ在リ

切迫ナル危險ノ場合ニ於テハ訊問ヲ受ク可キ者ノ現在地又ハ檢證ス可キ物ノ所在地ヲ管轄スル區裁判所ニ申請ヲ爲スコトヲ得

訴訟ノ未タ繫屬セサルトキハ前項ニ記載シタル區裁判所ニ申請ヲ爲スコトヲ要ス

右申請ハ書面又ハ口頭ヲ以テ之ヲ爲スコトヲ得

**第三百六十七條** 申請ニハ左ノ諸件ヲ具備スルコトヲ要ス

第一 相手方ノ表示

第二 證據調ヲ爲ス可キ事實ノ表示

第三 證據方法殊ニ證人若クハ鑑定人ノ訊問ヲ爲ス可キトキハ其表示

第四 證據ヲ紛失スル恐アリ又ハ之ヲ使用シ難キ恐アル理由此理由ハ之ヲ疏明ス可シ

**第三百七十二條** 申立人カ相手方ヲ指定セサルトキハ申立人自己ノ過失ニ非スシテ相手方ヲ指定シ能ハサルコトヲ疏明スル場合ニ限リ其申請ヲ許ス

---

テハ訊問ヲ受クヘキ者若ハ文書ヲ所持スル者ノ居所又ハ檢證物ノ所在地ヲ管轄スル區裁判所ニ之ヲ爲スコトヲ要ス

急迫ナル場合ニ於テハ訴ノ提起前ト雖前項ノ區裁判所ニ證據保全ノ申立ヲ爲スコトヲ得

**第三百四十五條** 證據保全ノ申立ニハ左ノ事項ヲ明ニスルコトヲ要ス

一 相手方ノ表示

二 證スヘキ事實

三 證據

四 證據保全ノ事由

證據保全ノ事由ハ之ヲ疏明スルコトヲ要ス

**第三百四十六條** 證據保全ノ申立ハ相手方ヲ指定スルコト能ハサル場合ニ於テモ之ヲ爲スコトヲ得此ノ場合ニ於テハ裁判所ハ相手方ト爲ルヘキ者ノ爲ニ特別代理人ヲ選任スルコ

申請ヲ許容シタルトキハ裁判所ハ其知レサル相手方ノ權利防衞ノ爲ニ臨時代理人ヲ任スルコトヲ得

**第三百六十八條第二項**　申請ヲ許容スル決定ニハ證據調ヲ爲ス可キ事實及ヒ證據方法殊ニ訊問ス可キ證人若クハ鑑定人ノ氏名ヲ記載ス可シ此決定ニ對シテハ不服ヲ申立ツルコトヲ得ス

**第三百六十九條**　證據調ノ期日ニハ申立人ヲ呼出シ又決定及ヒ申請ノ謄本ヲ送達シテ其權利防衞ノ爲ニ相手方ヲモ呼出ス可シ

切迫ナル危險ノ場合ニ於テハ適當ナル時間ニ相手方ヲ呼出スコトヲ得サリシトキト雖モ證據調ヲ妨クルコトナシ

**第三百七十條第二項**　證據調ノ調書ハ證據調ヲ命シタル裁判所ニ之ヲ保存ス可シ各當事者ハ證據調ノ調書ヲ訴訟ニ於テ使用スル權利アリ

---

トヲ得

**第三百四十七條**　裁判所ハ必要アリト認ムルトキハ訴訟ノ繫屬中職權ヲ以テ證據保全ノ決定ヲ爲スコトヲ得

**第三百四十八條**　證據保全ノ決定ニ對シテハ不服ヲ申立ツルコトヲ得ス

**第三百四十九條**　證據調ノ期日ニハ申立人及相手方ヲ呼出スコトヲ要ス但シ急速ヲ要スル場合ハ此ノ限ニ在ラス

**第三百五十條**　證據保全ニ關スル記錄ハ本訴訟ノ記錄ノ存スル裁判所ニ之ヲ送付スルコトヲ要ス

**第三百五十一條**　證據保全ニ關スル費用ハ訴訟費用ノ一部ト

**第三百七十一條** 證據調ハ第三百六十五條ノ條件ナキトキト雖モ相手ノ承諾ニ因リ之ヲ許スコトヲ得

### 第一章 區裁判所ノ訴訟手續

#### 第一節 通常ノ訴訟手續

**第三百七十三條** 區裁判所ノ通常ノ訴訟手續ニ付テハ區裁判所ノ構成又ハ第一編及ヒ本節ノ規定ニ依リ差異ノ生セサル限リハ地方裁判所ノ訴訟手續ニ付テノ規定ヲ適用ス

**第三百七十四條** 訴ハ書面又ハ口頭ヲ以テ裁判所ニ之ヲ爲スコトヲ得

**第三百七十八條** 當事者ハ通常ノ裁判日ニ於テハ豫メ期日ノ指定ナクシテ裁判所ニ出頭シ訴訟ニ付キ辯論ヲ爲スコトヲ得

此場合ニ於テ訴ノ提起ハ口頭ノ演述ヲ以テ之ヲ爲ス

---

ス

## 第二章 區裁判所ノ訴訟手續

**第三百五十二條** 區裁判所ノ訴訟手續ニハ別段ノ規定アル場合ヲ除クノ外前章ノ規定ヲ準用ス

**第三百五十三條** 訴ハ口頭ヲ以テ之ヲ提起スルコトヲ得

**第三百五十四條** 當事者雙方ハ任意ニ裁判所ニ出頭シ訴訟ニ付キ口頭辯論ヲ爲スコトヲ得此ノ場合ニ於テハ訴ノ提起ハ口頭ノ陳述ニ依リテ之ヲ爲ス

**第三百五十五條** 被告カ反訴ヲ以テ地方裁判所ノ管轄ニ屬スル請求ヲ爲シタル場合ニ於テ相手方ノ申立アルトキハ區裁

第三百八十一條　訴ヲ起サントスル者ハ和解ノ爲メ請求ノ目的物ヲ開示シテ相手方ヲ其普通裁判籍ヲ有スル區裁判所ニ呼出ス可キコトヲ申立ツルコトヲ得其申立ハ書面又ハ口頭ヲ以テ之ヲ爲スコトヲ得

當事者雙方出頭シ和解ノ調ヒタルトキハ調書ヲ以テ之ヲ明確ナラシム可シ

和解ノ調ハサルトキハ當事者雙方ノ申立ニ因リ其訴訟ニ付キ直チニ辯論ヲ爲ス此場合ニ於ケル訴ノ提起ハ口頭ノ演述ヲ以テ之ヲ爲ス

相手方カ出頭セス又ハ和解ノ調ハサルトキハ此カ爲ニ生シタル費用ハ訴訟費用ノ一分ト看做ス

---

判所ハ決定ヲ以テ本訴及反訴ヲ地方裁判所ニ移送スルコトヲ要ス此ノ場合ニ於テハ第三十二條及第三十四條ノ規定ヲ準用ス

移送ノ決定ニ對シテハ不服ヲ申立ツルコトヲ得ス

第三百五十六條　民事上ノ爭ニ付テハ當事者ハ請求ノ趣旨及原因竝爭ノ實情ヲ表示シテ相手方ノ普通裁判籍所在地ノ區裁判所ニ和解ノ申立ヲ爲スコトヲ得

和解調ヒタルトキハ之ヲ調書ニ記載スルコトヲ要ス和解調ハサル場合ニ於テ裁判所ハ和解ノ期日ニ出頭シタル當事者雙方ノ申立アルトキハ直ニ訴訟ノ辯論ヲ命ス此ノ場合ニ於テハ和解ノ申立ヲ爲シタル者ハ其ノ申立ヲ爲シタル時ニ於テ訴ヲ提起シタルモノト看做シ和解ノ費用ハ之ヲ訴訟費用ノ一部トス

申立人又ハ相手方カ和解ノ期日ニ出頭セサルトキハ裁判所

**第三百七十五條第二項**　準備書面ノ交換ハ之ヲ爲スコトヲ要セス

**第三百七十六條**　原告若クハ被告ハ其申立及ヒ事實上ノ主張ニシテ豫メ通知スルニ非サレハ相手方ニ於テ之ニ對シ陳述ヲ爲シ得ヘカラサルモノヲ口頭辯論ノ前直接ニ相手方ニ通知スルコトヲ得

**第三百七十七條**　口頭辯論ノ期日ト訴狀送達トノ間ニハ少ナクトモ三日ノ時間ヲ存スルコトヲ要ス急迫ナル場合ニ於テハ此時間ヲ二十四時間マテニ短縮スルコトヲ得

送達ヲ外國ヱ於テ爲ス可キトキハ事情ニ應シテ時間ヲ定ム可シ

**第三百七十八條**　妨訴ノ抗辯ヲ本案ノ辯論前同時ニ提出ス可キ規定ハ裁判所管轄違ノ抗辯ニ限リ之ヲ適用ス

被告ハ妨所ノ抗辯ニ基キ本案ノ辯論ヲ拒ム權利ナシ然レトモ裁判所ハ職權ヲ以テ右抗辯ニ付分離シタル辯論ヲ命スルコトヲ得

**第三百八十條**　第二百二十二條、第二百六十

---

ハ和解調ハサルモノト看做スコトヲ得

**第三百五十七條**　口頭辯論ハ書面ヲ以テ之ヲ準備スルコトヲ要セス

相手方カ準備ヲ爲スニ非サレハ陳述ヲ爲スコト能ハスト認ムヘキ事項ハ前項ノ規定ニ拘ラス書面ヲ以テ之ヲ準備スルコトヲ要ス此ノ場合ニ於テハ準備書面ノ提出ニ代ヘ口頭辯論前直接ニ相手方ニ其ノ事項ヲ通知スルコトヲ得

第二百四十七條ノ規定ハ前項ノ通知ヲ爲ササル場合ニ之ヲ準用ス

**第三百五十八條**　準備手續ニ關スル規定ハ區裁判所ノ訴訟手

六條乃至第二百七十二條ノ規定ハ區裁判所ノ訴訟手續ニ之ヲ適用セス

然レトモ原告若クハ被告ノ申立及ヒ陳述ハ裁判所ノ意見ニ從ヒ訴訟關係ヲ十分ニ明確ナラシムル爲メ必要ナルモノニ限リ調書ヲ以テ之ヲ明確ナラシム可シ



續ニ之ヲ適用セス

**第三百五十九條**　判決ニ事實及理由ヲ記載スルニハ請求ノ趣旨及原因ノ要旨其ノ原因ノ有無並請求ヲ排斥スル理由タル抗辯ノ要旨ヲ表示スルヲ以テ足ル

## 第三篇 上訴

### 第一章 控訴

**第三百九十六條** 控訴ハ區裁判所又ハ地方裁判所ノ第一審ニ於テ爲シタル終局判決ニ對シテ之ヲ爲ス

**第八十二條** 費用ノ點ニ限リタル裁判ニ對シテハ不服ヲ申立ツルコトヲ得ス然レトモ本案ノ裁判ニ對シ許ス可キ上訴ヲ提出シ且追行スルトキニ限リ費用ノ點ニ付キ不服ヲ申立ツルコトヲ得

費用ノ點ニ限リタルトキト雖モ相手方ヨリ提出シタル上訴ニ附帶スル場合ニ於テハ不服ヲ申立ツルコトヲ得

**第三百九十七條** 終局判決前ニ爲シタル裁判



---

# 第三編 上訴

## 第一章 控訴

**第三百六十條** 控訴ハ第一審ノ終局判決ニ對シテ之ヲ爲スコトヲ得但シ當事者雙方共ニ控訴ヲ爲ササル旨ノ合意ヲ爲シタルトキハ此ノ限ニ在ラス

前項ノ合意ハ上告ヲ爲ス權利ヲ留保シテ之ヲ爲スコトヲ得

第二十五條第二項ノ規定ハ第一項ノ合意ニ之ヲ準用ス

**第三百六十一條** 訴訟費用ノ裁判ニ對シテハ獨立シテ控訴ヲ爲スコトヲ得ス

**第三百六十二條** 終局判決前ノ裁判ハ控訴裁判所ノ判斷ヲ受

ハ亦控訴裁判所ノ判斷ヲ受ク但此法律ニ於テ不服ヲ申立ツルコトヲ得スト明記シタルトキ又ハ抗告ヲ以テ不服ヲ申立ツルコトヲ得ルトキハ此限ニ在ラス

**第三百九十九條**　控訴ハ口頭辯論ノ前ニ於テハ被控訴人ノ承諾ナクシテ之ヲ取下クルコトヲ得

控訴ノ取下ハ上訴權ヲ喪失スル結果ヲ生ス

**第百八十八條**　口頭辯論ノ期日ニ於テ當事者雙方カ出頭セサルトキハ訴訟手續ハ其一方ヨリ更ニ口頭辯論ノ期日ヲ定ム可キコトヲ申立ツルマテ之ヲ休止ス一个年内ニ前項ノ申立ヲ爲ササルトキハ本訴及ヒ反訴ヲ取下ケタルモノト看做ス



ク但シ不服ヲ申立ツルコトヲ得サル裁判及抗告ヲ以テ不服ヲ申立ツルコトヲ得ル裁判ハ此ノ限ニ在ラス

**第三百六十三條**　控訴ハ控訴審ノ終局判決アル迄之ヲ取下クルコトヲ得

第二百三十六條第二項第三項、第二百三十七條第一項及第二百三十八條ノ規定ハ控訴ノ取下ニ之ヲ準用ス

**第三百六十四條**　控訴ヲ爲ス權利ハ之ヲ拋棄スルコトヲ得

**第三百六十五條**　控訴權ノ拋棄ハ控訴提起前ニ在リテハ第一審裁判所、控訴提起後ニ在リテハ控訴裁判所ニ對スル申述ニ依リテ之ヲ爲スコトヲ要ス

控訴提起後ノ控訴權ノ拋棄ハ取下ト共ニ之ヲ爲スコトヲ要

第四百條　控訴期間ハ一个月トス此期間ハ不變期間ニシテ判決ノ送達ヲ以テ始マル
判決ノ送達前ニ提起シタル控訴ハ無效トス
第二百四十二條ノ規定ニ從ヒ控訴期間内ニ追加裁判ヲ以テ判決ヲ補充シタルトキハ控訴期間ノ進行ハ最初ノ判決ニ對スル控訴ニ付テモ追加裁判ノ送達ヲ以テ始マル

第四百一條　控訴ノ提起ハ控訴狀ヲ控訴裁判所ニ差出シテ之ヲ爲ス
此控訴狀ニハ左ノ諸件ヲ具備スルコトヲ要ス
第一　控訴セラルル判決ノ表示
第二　此判決ニ對シ控訴ヲ爲ス旨ノ陳述
此他控訴狀ハ準備書面ニ關スル一般ノ規定ニ從ヒテ之ヲ作リ且判決ニ對シ如何ナル程度ニ於テ不服ナルヤ及ヒ判決ニ付キ如何ナル變更ヲ爲ス可キヤノ申立ヲ掲ケ若シ新ニ主張セントスル事實及ヒ證據方法アルトキハ其新ナル事實及ヒ證據方法ヲモ掲ク可シ

---

ス控訴權拋棄ノ書面ハ之ヲ相手方ニ送達スルコトヲ要ス

**第三百六十六條**　控訴ハ判決ノ送達アリタル日ヨリ二週間内ニ之ヲ提起スルコトヲ要ス但シ其ノ期間前ニ提起シタル控訴ノ效力ヲ妨ケス
前項ノ期間ハ之ヲ不變期間トス

**第三百六十七條**　控訴ノ提起ハ控訴狀ヲ第一審裁判所又ハ控訴裁判所ニ提出シテ之ヲ爲スコトヲ要ス
控訴狀ニハ左ノ事項ヲ記載スルコトヲ要ス
一　當事者及法定代理人
二　第一審判決ノ表示及其ノ判決ニ對シ控訴ヲ爲ス旨

**第三百六十八條**　準備書面ニ關スル規定ハ控訴狀ニ之ヲ準用ス

**第三百六十九條**　第一審裁判所ニ控訴狀ノ提出アリタルトキ

**第四百一條第一項** 控訴裁判所ノ書記ハ控訴狀ノ提出ヨリ二十四時間ニ第一審裁判所ノ書記ニ訴訟記錄ノ送付ヲ求ム可シ

**第四百二條** 判然許ス可カラサル控訴又ハ判然法律上ノ方式ニ適セス若クハ其期間ノ經過後ニ起シタル控訴ハ裁判長ノ命令ヲ以テ之ヲ却下ス

此却下ノ命令ニ對シテハ即時抗告ヲ爲スコトヲ得

**第四百三條第十項** 控訴狀ノ送達ト口頭辯論ノ期日トノ間ニ存スルコトヲ要スル時間ニ付テハ第百九十四條ノ規定ヲ適用シ答辯書ヲ差出ス可キ期間ノ催告ニ付テハ第百九十九條ノ規定ヲ適用ス

**第四百五條** 被控訴人ハ自己ノ控訴ヲ拋棄シタルトキ又ハ控訴期間ノ經過シタルトキト

---

ハ裁判所書記ハ訴訟記錄ニ控訴狀ヲ添附シテ遲滯ナク之ヲ控訴裁判所ノ書記ニ送付スルコトヲ要ス

控訴裁判所ニ控訴狀ノ提出アリタルトキハ裁判所書記ハ遲滯ナク第一審裁判所ノ書記ニ訴訟記錄ノ送付ヲ求ムルコトヲ要ス

**第三百七十條** 第二百二十八條ノ規定ハ控訴狀カ第三百六十七條第二項ノ規定ニ違背スル場合、法律ノ規定ニ從ヒ控訴狀ニ印紙ヲ貼用セサル場合及控訴狀ノ送達ヲ爲スコト能ハサル場合ニ之ヲ準用ス

**第三百七十一條** 控訴狀ハ之ヲ被控訴人ニ送達スルコトヲ要ス

**第三百七十二條** 被控訴人ハ控訴權消滅ノ後ト雖口頭辯論ノ

雖モ附帶控訴ヲ爲スコトヲ得
闕席判決ニ對シ附帶控訴ヲ以テ不服ヲ申立ツルコトニ付テハ第三百九十八條ノ規定ニ從フ

**第四百六條** 左ノ場合ニ於テハ附帶控訴ハ其效力ヲ失フ

第一 控訴ヲ不適法トシテ判決ヲ以テ棄却シタルトキ

第二 控訴ヲ取下ケタルトキ

然レトモ被控訴人カ控訴期間内ニ附帶控訴ヲ爲シタルトキハ之ヲ獨立ノ控訴ト看做ス

**第五百九條** 第一審又ハ第二審ノ判決ニシテ假執行ノ宣言ナカリシモノ又ハ條件附ノ假執行ノ宣言アリタルモノハ上訴ヲ以テ不服ヲ申立テサル部分ニ限リ口頭辯論ノ進行中ニ爲シタル原告若クハ被告ノ申立ニ因リ上級審ニ於テ其判決ニ假執行ノ宣言ヲ付ス可シ

---

終結ニ至ル迄附帶控訴ヲ爲スコトヲ得

**第三百七十三條** 附帶控訴ハ控訴ノ取下アリタルトキ又ハ不適法トシテ控訴ノ棄却アリタルトキハ其ノ效力ヲ失フ但シ控訴要件ヲ具備スルモノハ之ヲ獨立ノ控訴ト看做ス

**第三百七十四條** 附帶控訴ニ付テハ控訴ニ關スル規定ニ依ル

**第三百七十五條** 控訴裁判所ハ第一審ノ判決ニ付不服ノ申立ナキ部分ニ限リ申立ニ因リ決定ヲ以テ假執行ノ宣言ヲ爲スコトヲ得

第五百十一條第三項　第二審ニ於テ假執行ニ付キ爲シタル裁判ニ對シテハ不服ヲ申立ツルコトヲ得ス

第四百十一條　控訴裁判所ニ於ケル訴訟ハ不服ノ申立ニ因リ定マリタル範圍内ニ於テ更ニ之ヲ辯論ス

第四百十二條　當事者ハ其控訴ノ申立及ヒ不服ヲ申立テラレタル裁判ノ當否ヲ明瞭ナラシムル爲メ必要ナル限リハ口頭辯論ノ際第一審ニ於ケル辯論ノ結果ヲ演述ス可シ

演述ノ不正確又ハ不完全ナル場合ニ於テハ裁判長ハ其更正若クハ補完ヲ爲サシメ又必要ナル場合ニ於テハ辯論ヲ再開シテ之ヲ爲サシム可シ

第四百八條　右ノ外控訴ノ訴訟手續ニハ地方裁判所ノ第一審ノ訴訟手續ノ規定ヲ準用ス

但本章ノ規定ニ依リ差異ノ生スルモノハ此限ニ在ラス

---

第三百七十六條　假執行ニ關スル控訴審ノ裁判ニ對シテハ不服ヲ申立ツルコトヲ得ス

前條ノ申立ヲ却下スル決定ニ對シテハ即時抗告ヲ爲スコトヲ得

第三百七十七條　口頭辯論ハ當事者カ第一審ノ判決ノ變更ヲ求ムル限度ニ於テノミ之ヲ爲ス

當事者ハ第一審ニ於ケル口頭辯論ノ結果ヲ陳述スルコトヲ要ス

第三百七十八條　前編第一章ノ規定ハ別段ノ規定アル場合ヲ除クノ外控訴審ノ訴訟手續ニ之ヲ準用ス

第四百十三條　訴ノ變更ハ相手方ノ承諾アルトキト雖モ之ヲ許サス

第四百十八條　第一審ニ於テ爲シタル裁判上ノ自白ハ第二審ニ於テモ亦其效力ヲ有ス

第四百十五條　當事者ハ第一審ニ於テ主張セサリシ攻擊防禦ノ方法殊ニ新ナル事實及證據方法ヲ提出スルコトヲ得

第四百十七條　事實又ハ證書ニ付キ第一審ニ於テ爲ササリシ陳述又ハ拒ミタル陳述ハ第二審ニ於テ之ヲ爲スコトヲ得

**第三百七十九條**　第一審ニ於テ爲シタル訴訟行爲ハ控訴審ニ於テモ其ノ效力ヲ有ス

**第三百八十條**　第一審ニ於テ爲シタル準備手續ハ控訴審ニ於テモ其ノ效力ヲ有ス

**第三百八十一條**　控訴審ニ於テハ當事者ハ第一審裁判所カ管轄權ヲ有セサルコトヲ主張スルコトヲ得ス但シ專屬管轄ニ付テハ此ノ限ニ在ラス

**第三百八十二條**　反訴ハ相手方ノ同意アル場合ニ限リ之ヲ提起スルコトヲ得

相手方カ異議ヲ述ヘスシテ反訴ノ本案ニ付辯論ヲ爲シタルトキハ反訴ノ提起ニ同意シタルモノト看做ス

**第四百十六條**　新ナル請求ハ第百九十六條第二號及ヒ第三號ノ場合又ハ相殺スルコトヲ得ヘキモノニシテ且原告若クハ被告カ其過失ニ非スシテ第一審ニ於テ提出シ能ハサリシコトヲ疏明スルトキニ限リ之ヲ起スコトヲ得

**第四百十九條**　控訴裁判所ハ控訴ヲ許ス可キヤ否ヤ又控訴ヲ法律上ノ方式ニ從ヒ若クハ其期間ニ於テ起シタルヤ否ヤヲ職權ヲ以テ調査ス可シ若シ此要件ノ一ヲ缺クトキハ判決ヲ以テ控訴ヲ不適法トシテ棄却ス可シ

**第四百二十四條**　控訴ヲ理由ナシトスルトキハ判決ヲ以テ控訴ノ棄却ヲ言渡ス可シ

**第四百二十四條**　第一審ノ裁判ハ變更ヲ申立テタル部分ニ限リ之ヲ變更スルコトヲ得

**第四百二十五條**　判決ヲ訴訟人ノ不利益ニ變

---

**第三百八十三條**　不適法ナル控訴ニシテ其ノ欠缺カ補正スルコト能ハサルモノナル場合ニ於テハ口頭辯論ヲ經スシテ判決ヲ以テ之ヲ却下スルコトヲ得

**第三百八十四條**　控訴裁判所ハ第一審判決ヲ相當トスルトキハ控訴ヲ棄却スルコトヲ要ス

判決カ其ノ理由ニ依レハ不當ナル場合ニ於テモ他ノ理由ニ依リテ正當ナルトキハ控訴ヲ棄却スルコトヲ要ス

**第三百八十五條**　第一審判決ノ變更ハ不服申立ノ限度ニ於テノミ之ヲ爲スコトヲ得

更スルコトハ相手方カ控訴又附帶控訴ノ方法ヲ以テ判決ニ付キ不服ヲ申立テタル部分ニ限リ之ヲ爲スコトヲ得

**第四百二十三條**　第一審ニ於テ訴訟手續ニ付テノ規定ニ違背シタルトキハ控訴裁判所ハ其判決及ヒ違背シタル訴訟手續ノ部分ヲ廢棄シ事件ヲ第一審裁判所ニ差戻スコトヲ得

**第四百二十二條**　控訴裁判所ハ左ノ場合ニ於テ事件ニ付キ尙ホ辯論ヲ必要トスルトキハ其事件ヲ第一審裁判所ニ差戻ス可シ

第一　不服ヲ申立テラレタル判決カ闕席判決ナルトキ

第二　不服ヲ申立テラレタル判決カ闕席判決ニ對スル故障ヲ不適法トシテ棄却シタルモノナルトキ

第三　不服ヲ申立テラレタル判決カ妨訴ノ抗辯ノミニ付キ裁判ヲ爲シタルモノナルトキ

第四　請求カ其原因及ヒ數額ニ付キ爭アル場合ニ於テ不服ヲ申立テラレタル判決カ先ツ其原因ニ付キ裁判ヲ爲シタルモノナ

---

**第三百八十六條**　控訴裁判所ハ第一審判決ヲ不當トスルトキハ之ヲ取消スコトヲ要ス

**第三百八十七條**　第一審ノ判決ノ手續カ法律ニ違背シタルトキハ控訴裁判所ハ判決ヲ取消スコトヲ要ス

**第三百八十八條**　訴ヲ不適法トシテ却下シタル第一審判決ヲ取消ス場合ニ於テハ控訴裁判所ハ事件ヲ第一審裁判所ニ差戻スコトヲ要ス

ルトキ

第五　不服ヲ申立テラレタル判決カ證書訴訟及ヒ爲替訴訟ニ於ケ敗訴ノ被告ニ別訴訟ヲ以テ追行ヲ爲ス權ヲ留保シタルモノナルトキ

**第四百二十六條**　第二百十條ノ規定ニ從ヒテ防禦ノ方法ヲ却下スルトキハ其防禦ノ方法ヲ主張スル權ハ之ヲ被告ニ留保ス可シ判決ニ此留保ヲ掲ケサルトキハ第二百四十二條ノ規定ニ從ヒテ判決ノ補充ヲ申立ツルコトヲ得

留保ヲ掲ケタル判決ハ上訴及ヒ强制執行ニ

---

**第三百八十九條**　前條ノ場合ノ外控訴裁判所カ第一審判決ヲ取消ス場合ニ於テ事件ニ付尙辯論ヲ爲ス必要アルトキハ之ヲ第一審裁判所ニ差戻スコトヲ得

第一審裁判所ニ於ケル訴訟手續カ法律ニ違背シタルコトヲ理由トシテ事件ヲ差戻ストキハ其ノ訴訟手續ハ之ニ因リテ取消サレタルモノト看做ス

**第三百九十條**　事件カ管轄違ナルコトヲ理由トシテ第一審判決ヲ取消ストキハ控訴裁判所ハ判決ヲ以テ事件ヲ管轄裁判所ニ移送スルコトヲ要ス

付テハ終局判決ト看做ス

**第四百二十七條** 防禦ノ方法ニシテ被告ニ其主張ヲ留保スルモノニ付テハ其訴訟ハ第二審ニ繋屬ス

爾後ノ手續ニ於テ訴ヲ以テ主張シタル請求ノ理由ナカリシコトノ顯ハルルトキハ前判決ヲ廢棄ノ上其訴ヲ棄却シ且申立ニ因リ判決ニ基キテ支拂ヒタルモノ又ハ給付シタルモノヲ返戻ス可キコトヲ言渡シ並ニ費用ニ付裁判ヲ爲ス可シ

**第四百二十八條** 控訴人カ口頭辯論ノ期日ニ出頭セサルトキハ出頭シル被控訴人ノ申立ニ因リ闕席判決ヲ以テ控訴ノ棄却ヲ言渡ス可シ

**第四百二十九條** 被控訴人カ口頭辯論ノ期日ニ出頭セサル場合ニ於テ出頭シタル控訴人ヨリ闕席判決ノ申立ヲ爲ストキハ第一審判決ノ憑據トナリタルモノニ牴觸セサル控訴人ノ事實上ノ供述ハ被控訴ノ之ヲ自白シタルモノト看做シ且第一審裁判所ノ事實上ノ確定ヲ補充シ若クハ辯駁スル爲メ控訴人ノ申立テタル適法ノ證據調ハ既ニ之ヲ爲シ及

ヒ其結果ヲ得タルモノト看做シ闕席判決ヲ爲ス

第四百三十條　判決中ノ事實ノ摘示ニ付テハ前審ノ判決ヲ引用スルコトヲ得

第四百三十一條第二項　控訴完結ノ後其記錄ハ第二審ニ於テ爲シタル判決ノ認證アル謄本ト共ニ第一審裁判所ノ書記ニ之ヲ返還ス可シ

## 第二章　上告

第四百三十二條　上告ハ地方裁判所及ヒ控訴院ノ第二審ニ於テ爲シタル終局判決ニ對シテ之ヲ爲ス

第四百三十三條　終局判決前ニ爲シタル裁判ハ亦上告裁判所ノ判決ヲ受ク但此法律ニ於テ不服ヲ申立ツルコトヲ得スト明記シタルトキ又ハ抗告ヲ以テ不服ヲ申立ツルコトヲ得ルトキハ此限ニ在ラス

---

第三百九十一條　判決ニ事實及理由ヲ記載スルニハ第一審判決ヲ引用スルコトヲ得

第三百九十二條　訴訟完結シタル後上訴ノ提起ナクシテ上訴期間滿了シタルトキハ裁判所書記ハ判決又ハ第三百七十條ノ規定ニ依ル命令ノ正本ヲ訴訟記錄ニ添附シ之ヲ第一審裁判所ノ書記ニ送付スルコトヲ要ス

## 第二章　上告

第三百九十三條　上告ハ控訴審ノ終局判決ニ對シテ之ヲ爲スコトヲ得

第三百六十條第二項ノ場合ニ於テハ第一審判決ニ對シ直ニ上告ヲ爲スコトヲ得

第四百三十四條 上告ハ法律ニ違背シタル裁判ナルコトヲ理由トスルトキニ限リ之ヲ爲スコトヲ得

第四百三十五條 法則ヲ適用セス又ハ不當ニ適用シタルトキハ法律ニ違背シタルモノトス

第四百三十六條 裁判ハ左ノ場合ニ於テハ常ニ法律ニ違背シタルモノトス

第一 規定ニ從ヒ判決裁判所ヲ構成セサリシトキ

第二 法律ニ依リ職務ノ執行ヨリ除斥セラレタル判事カ裁判ニ參與シタルトキ但忌避ノ申請又ハ上訴ヲ以テ除斥ノ理由ヲ主張シタルモ其效ナカリシトキハ此限ニ在ラス

第三 判事カ忌避セラレ且忌避ノ申請ヲ理由アリト認メタルニ拘ハラス裁判ニ參與シタルトキ

第四 裁判所カ其管轄又ハ管轄違ヲ不當ニ認メタルトキ

第五 訴訟手續ニ於テ原告若クハ被告カ法

---

第三百九十四條 上告ハ判決カ法令ニ違背シタルコトヲ理由トスルトキニ限リ之ヲ爲スコトヲ得

第三百九十五條 判決ハ左ノ場合ニ於テハ常ニ法令ニ違背シタルモノトス

一 法律ニ從ヒ判決裁判所ヲ構成セサリシトキ

二 法律ニ依リ判決ニ關與スルコトヲ得サル判事カ判決ニ關與シタルトキ

三 專屬管轄ニ關スル規定ニ違背シタルトキ

四 法定代理權、訴訟代理權又ハ代理人カ訴訟行爲ヲ爲スニ必要ナル授權ノ欠缺アリタルトキ

五 口頭辯論公開ノ規定ニ違背シタルトキ

六 判決ニ理由ヲ附セス又ハ理由ニ齟齬アルトキ

律ノ規定ニ従ヒ代理セラレサリシトキ

第六　訴訟手續ノ公行ニ付テノ規定ニ違背シタル口頭辯論ニ基キ裁判ヲ爲シタルトキ

第七　裁判ニ理由ヲ付セサルトキ

**第四百四十四條**　右ノ外上告ノ訴訟手續ニハ地方裁判所ノ第一審ノ訴訟手續ノ規定ヲ準用ス但本章ノ規定ニ依リ差異ノ生スルモノハ此限ニ在ラス

**第四百三十七條**　上告期間ハ一个月トス此期間ハ不變期間ニシテ判決ノ送達ヲ以テ始マル判決送達前ニ爲シタル上告ハ無效トス

**第四百三十九條**　上告裁判所ハ上告人ヲ呼出シ其ノ陳述ヲ聽キ上告ヲ許ス可カラサルモノナルトキ又ハ法律上ノ方式及ヒ期間ニ於テ起サルトキ又ハ第四百三十四條ノ規定ニ依ラサルトキハ判決ヲ以テ之ヲ棄却ス可シ

上告人カ呼出ノ期日ニ出頭セサルトキハ上告ヲ取下ケタルモノト看做ス但出頭セサリ

---

前項第四號ノ規定ハ第五十四條又ハ第八十七條ノ規定ニ依ル追認アリタル場合ニハ之ヲ適用セス

**第三百九十六條**　前章ノ規定ハ別段ノ規定アル場合ヲ除クノ外上告及上告審ノ訴訟手續ニ之ヲ準用ス

**第三百九十七條**　上告裁判所ノ書記ハ原裁判所ノ書記ヨリ訴訟記錄ノ送付ヲ受ケタルトキハ遲滯ナク其ノ旨ヲ當事者ニ通知スルコトヲ要ス

**第三百九十八條**　上告狀ニ上告ノ理由ヲ記載セサルトキハ前條ノ通知ヲ受ケタル日ヨリ三十日內ニ上告理由書ヲ提出スルコトヲ要ス

**第三百九十九條**　上告人カ前條ノ規定ニ違背シ上告理由書ヲ

シコトヲ期日ヨリ七日ノ期間内ニ十分ナル理由ヲ以テ辯解シタルトキハ更ニ期日ヲ定ム

**第四百四十一條**　答辯書ハ準備書面ニ關スル一般ノ規定ニ從ヒテ之ヲ作リ且一定ノ申立ヲ掲ク可シ

**第四百四十條**　上告狀ノ送達ト口頭辯論ノ期日トノ間ニ存スルコトヲ要スル時間ニ付テハ第百九十四條ノ規定ヲ適用シ答辯書ヲ差出ス可キ期間ノ催告ニ付テハ第百九十九條ノ規定ヲ適用ス

前項ノ場合ニ於テモ亦第二百三條ノ規定ヲ適用スルコトヲ得

**第四百五十二條**　上告ヲ理由ナシトスルトキハ之ヲ棄却ス可シ

**第四百五十三條**　裁判カ其理由ニ於テ法律ニ違背シタルトキト雖モ他ノ理由ニ因リ裁判ノ正當ナルトキハ上告ヲ棄却ス可シ

**第四百四十五條**　上告裁判所ハ當事者ノ爲シタル申立ノミニ付キ調査ヲ爲ス



---

提出セサルトキハ上告裁判所ハ口頭辯論ヲ經スシテ判決ヲ以テ上告ヲ却下スルコトヲ得

**第四百條**　裁判長ハ相當ノ期間ヲ定メ答辯書ヲ提出スヘキコトヲ被上告人ニ命スルコトヲ得

**第四百一條**　上告裁判所カ上告狀、上告理由書、答辯書其ノ他ノ書類ニ依リ上告ヲ理由ナシト認ムルトキハ口頭辯論ヲ經スシテ判決ヲ以テ上告ヲ棄却スルコトヲ得

**第四百二條**　上告裁判所ハ上告理由ニ基キ不服ノ申立アリタル限度ニ於テノミ調査ヲ爲ス

第四百四十六條　上告裁判所ハ裁判ヲ爲スニ付キ控訴裁判所カ其裁判ノ憑據トシタル事實ヲ標準トス此事實ノ外ハ第四百三十八條第三項ニ掲ケタル事實ニ限リ之ヲ斟酌スルコトヲ得

證據調ヲ必要トスルキハ上告裁判所ハ之ヲ命ス可シ

第五百九條　第一審又ハ第二審ノ判決ニシテ假執行ノ宣言ナカリシモノ又ハ條件附ノ假執行ノ宣言アリタルモノハ上訴ヲ以テ不服ヲ申立テサル部分ニ限リ口頭辯論ノ進行中ニ爲シタル原告若クハ被告ノ申立ニ因リ上級審ニ於テ其判決ニ假執行ノ宣言ヲ付ス可シ

第四百四十七條　上告ヲ理由アリトスルトキハ不服ヲ申立テラレタル判決ヲ破毀ス可シ

---

第四百三條　原判決ニ於テ適法ニ確定シタル事實ハ上告裁判所ヲ羈束ス

第四百四條　第三百九十三條第二項ノ規定ニ依ル上告アリタル場合ニ於テハ上告裁判所ハ原判決ニ於ケル事實ノ確定カ法律ニ違背シタルコトヲ理由トシテ其ノ判決ヲ破毀スルコトヲ得ス

第四百五條　第四百二條乃至前條ノ規定ハ裁判所ノ職權ヲ以テ調査スヘキ事項ニ之ヲ適用セス

第四百六條　上告裁判所ハ原判決ニ付不服ノ申立ナキ部分ニ限リ申立ニ因リ決定ヲ以テ假執行ノ宣言ヲ爲スコトヲ得

第四百七條　上告ヲ理由アリトスルトキハ上告裁判所ハ原判

訴訟手續ニ關スル規定ニ違背シタルニ因リ判決ヲ破毀スルトキハ其違背シタル部分ニ限リ訴訟手續ヲモ亦破毀ス可シ

**第四百四十八條**　判決ヲ破毀スル場合ニ於テハ第四百五十一條ノ規定ヲ除ク外更ニ辯論及ヒ裁判ヲ爲サシムル爲メ事件ヲ控訴裁判所ニ差戻シ又ハ之ヲ他ノ同等ナル裁判所ニ移送ス可シ

前項ノ事件ノ差戻ハ申立ニ因リ控訴裁判所ノ他ノ民事部ニ之ヲ爲スコトヲ得

事件ノ差戻又ハ移送ヲ受ケタル裁判所ハ新口頭辯論ニ基キ裁判ヲ爲スコトヲ要ス但前項ノ場合ニ於テハ破毀セラレタル判決ニ干與シタル判事ハ其裁判ニ參與スルコトヲ得ス

**第四百五十條**　事件ノ差戻又ハ移送ヲ受ケタル裁判所ハ上告裁判所ノ爲シタル法律ニ係ル判斷ニシテ判決ヲ破毀スル基本ト爲シタルモノヲ以テ新ナル辯論及ヒ裁判ノ基本ト爲ス義務アリ

**第四百五十一條**　上告裁判所ハ左ノ場合ニ於

---

決ヲ破毀シ事件ヲ原裁判所ニ差戻シ又ハ同等ナル他ノ裁判所ニ移送スルコトヲ要ス

差戻又ハ移送ヲ受ケタル裁判所ハ新口頭辯論ニ基キ裁判ヲ爲スコトヲ要ス但シ上告裁判所カ破毀ノ理由ト爲シタル事實上及法律上ノ判斷ニ羈束セラル

原判決ニ關與シタル判事ハ前項ノ裁判ニ關與スルコトヲ得ス

**第四百八條**　左ノ場合ニ於テハ上告裁判所ハ事件ニ付裁判ヲ

テ事件ニ付キ裁判ヲ爲ス可シ
第一　確定シタル事實ニ法律ヲ適用スルニ當リ法律ニ違背シタル爲ニ判決ヲ破毀シ且其事件カ裁判ヲ爲スニ熟スルトキ
第二　無訴權ノ爲メ又ハ裁判所ノ管轄違ナル爲ニ判決ヲ破毀スルトキ

**第四百五十二條**　上告ヲ理由ナシトスルトキハ之ヲ棄却ス可シ

**第四百五十三條**　裁判カ其理由ニ於テ法律ニ違背シタルトキト雖他ノ理由ニ因リ裁判ノ正當ナルトキハ上告ヲ棄却ス可シ

**第四百五十四條**　左ノ諸件ニ關スル控訴ノ規定ハ上告ニ之ヲ準用ス
第一乃至第七略之
第八　記錄ノ送附並ニ返還

## 第三章　抗告

**第四百五十五條**　抗告ハ訴訟手續ニ關スル申請ヲ口頭辯論ヲ經スシテ却下シタル裁判ニ對シ其他此法律ニ於テ特ニ掲ケタル場合ニ

---

爲スコトヲ要ス
一　確定シタル事實ニ付法令ノ適用ヲ誤リタルコトヲ理由トシテ判決ヲ破毀スル場合ニ於テ事件カ其ノ事實ニ基キ裁判ヲ爲スニ熟スルトキ
二　事件カ通常裁判所ノ權限ニ屬セサルコトヲ理由トシテ判決ヲ破毀スルトキ

**第四百九條**　差戻又ハ移送ノ判決アリタルトキハ裁判所書記ハ其ノ判決ノ正本ヲ訴訟記錄ニ添附シ差戻又ハ移送ヲ受ケタル裁判所ノ書記ニ之ヲ送付スルコトヲ要ス

## 第三章　抗告

**第四百十條**　口頭辯論ヲ經スシテ訴訟手續ニ關スル申立ヲ却下シタル決定又ハ命令ニ對シテハ抗告ヲ爲スコトヲ得

限リ之ヲ為スコトヲ得

第四百六十五條　受命判事若クハ受託判事ノ裁判又ハ裁判所書記ノ處分ノ變更ヲ求ムルニハ先ツ受訴裁判所ノ裁判ヲ求ム可シ

抗告ハ受訴裁判所ノ裁判ニ對シテ之ヲ為スコトヲ得

第一項ノ規定ハ大審院ニモ亦之ヲ適用ス

第四百五十六條第二項　抗告裁判所ノ裁判ニ對シテハ其裁判ニ因リ新ナル獨立ノ抗告理由ヲ生シタルトキニ非サレハ更ニ抗告ヲ為スコトヲ得ス

第四百六十三條　抗告裁判所ハ抗告ヲ許ス可

---

第四百十一條　決定又ハ命令ヲ以テ裁判ヲ為スコトヲ得サル事項ニ付決定又ハ命令ヲ為シタルトキハ當事者ハ之ニ對シテ抗告ヲ為スコトヲ得

第四百十二條　受命判事又ハ受託判事ノ裁判ニ對シ不服アル當事者ハ受訴裁判所ニ異議ノ申立ヲ為スコトヲ得但シ其ノ裁判カ受訴裁判所ノ裁判ナル場合ニ於テ之ニ對シ抗告ヲ為シ得ルモノナルトキニ限ル

抗告ハ異議ニ付テノ裁判ニ對シテ之ヲ為スコトヲ得

第一項ノ規定ハ大審院ニ繫屬スル事件ニ付受命判事又ハ受託判事ノ為シタル裁判ニ之ヲ準用ス

第四百十三條　抗告裁判所ノ決定ニ對シテハ其ノ決定カ法令ニ違背シタルコトヲ理由トスル場合ニ限リ更ニ抗告ヲ為スコトヲ得

第四百十四條　抗告及抗告裁判所ノ訴訟手續ニハ其ノ性質ニ

キヤ否ヤ又法律上ノ方式ニ從ヒ若クハ其期間ニ於テ提出シタルヤ否ヤヲ職權ヲ以テ調査ス可シ

若シ此要件ノ一ヲ缺クトキハ抗告ヲ不適法トシテ棄却ス可シ

**第四百六十六條**、即時抗告ノ場合ニ於テハ左ノ特別ノ規定ニ從フ

抗告ハ七日ノ不變期間內ニ之ヲ爲ス可シ其期間ハ裁判ノ送達ヨリ始マリ第二百五十三條第六百八十條及ヒ第七百六十九條第三項ノ場合ニ於テハ裁判ノ言渡ヨリ始マル抗告裁判所ニ抗告ヲ提出シタルトキハ急迫ナラスト認メタル場合ニ於テモ亦不變期間ヲ保存ス

再審ヲ求ムル訴ニ付テノ要件存スルトキハ不變期間ノ滿了後ト雖モ此訴ノ爲メ定メタル期間內ハ抗告ヲ爲スコトヲ得

前條第一項ノ場合ニ於テハ抗告提出ノ爲メ定メタル方法ニ依リ不變期間內ニ受訴裁判所ノ裁判ヲ求ムルコトヲ要ス受訴裁判所ハ其申請ヲ正當ト認メサルトキハ之ヲ抗告裁

---



反セサル限リ第一章ノ規定ヲ準用ス但シ前條ノ抗告及之ニ關スル訴訟手續ニハ前章ノ規定ヲ準用ス

**第四百十五條**　即時抗告ハ裁判ノ告知アリタル日ヨリ一週間內ニ之ヲ爲スコトヲ要ス

前項ノ期間ハ之ヲ不變期間トス

判所ニ送付ス可シ

**第四百五十七條** 抗告ハ不服ヲ申立テラレタル裁判ヲ爲シタル裁判所又ハ裁判長ノ屬スル裁判所ニ抗告狀ヲ差出シテ之ヲ爲ス

訴訟カ區裁判所ニ繫屬シ若クハ嘗テ繫屬シタルトキ又ハ證人、鑑定人ヨリ若クハ證書ヲ提出スル義務アリト宣言ヲ受ケタル第三者ヨリ抗告ヲ爲ストキハ口頭ヲ以テ之ヲ爲スコトヲ得

**第四百六十一條** 抗告ハ急迫ナル場合ニ限リ直チニ抗告裁判所ニ之ヲ爲スコトヲ得

**第四百六十四條** 抗告ヲ適法ニシテ且理由アリトスルトキハ抗告裁判所ハ不服ヲ申立テラレタル裁判ヲ廢棄シテ自ラ更ニ裁判ヲ爲シ又ハ不服ヲ申立テラレタル裁判ヲ爲シタル裁判所又ハ裁判長ニ委任シテ裁判ヲ爲サシムルコトヲ得

抗告裁判所ノ裁判ハ不服ヲ申立テラレタル裁判ヲ爲シタル裁判所又ハ裁判長ニ之ヲ通知ス可シ

---

**第四百十六條** 抗告ハ原裁判所又ハ抗告裁判所ニ書面又ハ口頭ヲ以テ之ヲ爲スコトヲ要ス

抗告裁判所カ抗告ヲ受ケタル場合ニ於テ適當ト認ムルトキハ事件ヲ原裁判所ニ送付スルコトヲ得

第四百五十九條　不服ヲ申立テラレタル裁判ヲ爲シタル裁判所又ハ裁判長カ再度ノ考案若クハ新ナル提供ニ基キ抗告ヲ理由アリトスルトキハ不服ノ點ヲ更正シ又理由ナシトスルトキハ裁判所又ハ裁判長ハ意見ヲ付シテ三日ノ期間内ニ抗告ヲ抗告裁判所ニ送付シ又適當トスル場合ニ於テハ訴訟記錄ヲモ送付ス可シ

第四百六十條　抗告ハ此法律ニ於テ別段ノ規定ヲ設ケタル場合ニ限リ執行停止ノ效力ヲ有ス

然レトモ不服ヲ申立テラレタル裁判ヲ爲シタル裁判所又ハ裁判長ハ抗告ニ付テノ裁判アルマテ其執行ノ中止ヲ命スルコトヲ得抗告裁判所ハ抗告ニ付テノ裁判ヲ爲ス前ニ不服ヲ申立テラレタル裁判ノ執行中止ヲ命スルコトヲ得

第四百五十八條　抗告ハ新ナル事實及ヒ證據方法ヲ以テ憑據ト爲スコトヲ得

第四百六十二條　抗告裁判所ハ口頭辯論ヲ經スシテ裁判ヲ爲スヲ以テ通例トス抗告裁判

---

第四百十七條　原裁判所カ抗告ヲ受ケ又ハ前條第二項ノ規定ニ依リ事件ノ送付ヲ受ケタル場合ニ於テ抗告ヲ理由アリト認ムルトキハ其ノ裁判ヲ更正スルコトヲ要ス

抗告ヲ理由ナシト認ムルトキハ意見ヲ附シ事件ヲ抗告裁判所ニ送付スルコトヲ要ス

第四百十八條　抗告ハ即時抗告ニ限リ執行停止ノ效力ヲ有ス

抗告裁判所又ハ原裁判ヲ爲シタル裁判所若ハ判事ハ抗告ニ付決定アル迄原裁判ノ執行ヲ停止シ其ノ他必要ナル處分ヲ命スルコトヲ得

第四百十九條　抗告裁判所ハ抗告ニ付口頭辯論ヲ命セサル場合ニ於テハ抗告人其ノ他ノ利害關係人ヲ審訊スルコトヲ得

所ハ抗告人ト反對ノ利害關係ヲ有スル者ニ抗告ヲ通知シテ書面上ノ陳述ヲ爲サシムルコトヲ得

陳述ハ口頭ヲ以テ抗告ヲ爲シ得ヘキ場合ニ於テハ亦口頭ヲ以テ之ヲ爲スコトヲ得

抗告裁判所ハ口頭辯論ノ爲ニ當事者ヲ呼出スコトヲ得

## 第四編　再審

**第四百六十七條**　確定ノ終局判決ヲ以テ終結シタル訴訟ハ取消ノ訴又ハ原狀回復ノ訴ニ因リ之ヲ再審スルコトヲ得

當事者ノ一方又ハ雙方ヨリ此兩訴ヲ起シタルトキハ原狀回復ノ訴ニ付テノ辯論及ヒ裁判ハ取消ノ訴ニ付テノ裁判カ確定スルマテ之ヲ中止ス可シ

**第四百六十八條**　左ノ場合ニ於テハ取消ノ訴ニ因リ再審ヲ求ムルコトヲ得

第一　規定ニ從ヒ判決裁判所ヲ構成セサリシトキ

第二　法律ニ依リ職務ノ執行ヨリ除斥セ



---

# 第四編　再審

**第四百二十條**　左ノ場合ニ於テハ確定ノ終局判決ニ對シ再審ノ訴ヲ以テ不服ヲ申立ツルコトヲ得但シ當事者カ上訴ニ依リ其ノ事由ヲ主張シタルトキ又ハ之ヲ知リテ主張セサリシトキハ此ノ限ニ在ラス

一　法律ニ從ヒテ判決裁判所ヲ構成セサリシトキ

二　法律ニ依リ裁判ニ關與スルコトヲ得サル判事カ裁判ニ關與シタルトキ

三　法定代理權、訴訟代理權又ハ代理人カ訴訟行爲ヲ爲ス

ラレタル判事カ裁判ニ參與シタルトキ
但忌避ノ申請又ハ上訴ヲ以テ除斥ノ理由ヲ主張シタルモ其效ナカリシトキハ此限ニ在ラス

第三　判事カ忌避セラレ且忌避ノ申請カ理由アリト認メラレタルニ拘ハラス裁判ニ參與シタリシトキ

第四　訴訟手續ニ於テ原告若クハ被告カ法律ノ規定ニ從ヒ代理セラレサリシトキ

第一號及ヒ第三號ノ場合ニ於テ上訴若クハ故障ヲ以テ取消ヲ主張シ得ヘカリシトキハ取消ノ訴ヲ許サス

**第四百六十九條**　左ノ場合ニ於テハ原狀回復ノ訴ニ因リ再審ヲ求ムルコトヲ得

第一　刑法ニ掲ケタル職務上ノ義務ニ違背シタル罪ヲ訴訟ニ關シ犯シタル判事カ裁判ニ參與シタリシトキ

第二　原告若クハ被告ノ法律上代理人若クハ訴訟代理人又ハ相手方若クハ其法律上代理人若クハ訴訟代理人カ罰セラル可

---

ニ必要ナル授權ノ欠缺アリタルトキ

四　裁判ニ關與シタル判事カ事件ニ付職務ニ關スル罪ヲ犯シタルトキ

五　刑事上罰スヘキ他人ノ行爲ニ因リ自白ヲ爲スニ至リタルトキ又ハ判決ニ影響ヲ及ホスヘキ攻擊若ハ防禦ノ方法ヲ提出スルコトヲ妨ケラレタルトキ

六　判決ノ證據ト爲リタル文書其ノ他ノ物件カ僞造又ハ變造セラレタルモノナリシトキ

七　證人鑑定人通事又ハ宣誓シタル當事者若ハ法定代理人ノ虛僞ノ陳述カ判決ノ證據ト爲リタルトキ

八　判決ノ基礎ト爲リタル民事若ハ刑事ノ判決其ノ他ノ裁判又ハ行政處分カ後ノ裁判又ハ行政處分ニ依リテ變更セラレタルトキ

九　判決ニ影響ヲ及ホスヘキ重要ナル事項ニ付判斷ヲ遺脫

キ行爲チ訴訟ニ關シテ爲シタリシトキ
第三 判決ノ憑據ト爲リタル證書カ僞造又ハ變造ナリシトキ
第四 證人若クハ鑑定人カ供述ニ因リ又ハ通事カ判決ノ憑據ト爲リタル通譯ニ因リ僞證ノ罪チ犯シタリシトキ
第五 判決ノ憑據ト爲リタル刑事上ノ判決カ他ノ確定ト爲リタル刑事上ノ判決ヲ以テ廢棄若ハ破毀セラレタリシトキ
第六 原告若クハ被告カ同一ノ事件ニ付テノ判決ニシテ前ニ確定ト爲リタルモノチ發見シ其判決カ不服チ申立ラレタル判決ト牴觸スルトキ
第七 相手方若クハ第三者ノ所爲ニ依リ以前ニ提出スルコトチ得サリシ證書ニシテ原告若クハ被告ノ利益ト爲ル可キ裁判チ爲スニ至ラシム可キモノチ發見シタルトキ
第一號乃至第四號ノ場合ニ於テハ罰セラル可キ行爲ニ付テ判決カ確定ト爲リタルトキ又ハ證據欠缺外ナル理由チ以テ刑事訴訟手續ノ開始若クハ實行ヲ爲シ得サルトキニ限

---

シタルトキ
十 不服ノ申立アル判決カ前ニ言渡サレタル確定判決ト牴觸スルトキ
前項第四號乃至第七號ノ場合ニ於テハ罰スヘキ行爲ニ付有罪ノ判決若ハ過料ノ裁判確定シタルトキ又ハ證據欠缺外ノ理由ニ因リ有罪ノ確定判決若ハ過料ノ確定裁判チ得ルコト能ハサルトキニ限リ再審ノ訴ヲ提起スルコトヲ得
控訴審ニ於テ事件ニ付本案判決ヲ爲シタルトキハ第一審ノ判決ニ對シ再審ノ訴ヲ提起スルコトヲ得ス

リ再審ヲ求ムルコトヲ得

**第四百七十條**　原狀回復ノ訴ハ原告若クハ被告カ自己ノ過失ニ非スシテ前訴訟手續ニ於テ殊ニ故障又ハ控訴若クハ附帶控訴ニ依リ原狀回復ノ理由ヲ主張スルコト能ハサリシトキニ限リ之ヲ爲スコトヲ得

**第四百七十一條**　不服ヲ申立テラレタル判決前ニ同一ノ裁判所又ハ下級ノ裁判所ニ於テ爲シタル裁判ニ關スル不服ノ理由ハ再審ヲ求ムル訴ト共ニ之ヲ主張スルコトヲ得但不服ヲ申立テラレタル判決カ其裁判ニ根據スルトキニ限ル

**第四百七十二條**　再審ヲ求ムル訴ハ不服ヲ申立テラレタル裁判ヲ爲シタル裁判所ノ管轄ニ專屬ス

同一ノ事件ニ付キ一分ハ下級ノ裁判所又一分ハ上級ノ裁判所ニ於テ爲シタル數箇ノ判決ニ對スル訴ハ上級ノ裁判所ノ管轄ニ專屬ス

督促手續ニ依リテ區裁判所ノ發シタル執行

---

**第四百二十一條**　判決ノ基本タル裁判ニ付前條ニ定メタル事由アルトキハ其ノ裁判ニ對シ獨立ノ不服ノ方法ヲ定メタル場合ニ於テモ其ノ事由ヲ以テ判決ニ對スル再審ノ理由ト爲スコトヲ得

**第四百二十二條**　再審ハ不服ノ申立アル判決ヲ爲シタル裁判所ノ專屬管轄トス

審級ヲ異ニスル裁判所カ同一事件ニ付爲シタル判決ニ對スル再審ノ訴ハ上級裁判所併セテ之ヲ管轄ス

命令ニ對シ再審ヲ求ムル訴ハ其命令ヲ發シタル區裁判所ノ管轄ニ專屬ス然レトモ其請求カ區裁判所ノ管轄ニ屬セサルトキハ請求ニ付テノ訴訟ヲ管轄スル裁判所ニ專屬ス

**第四百七十三條**　訴ノ提起及ヒ其後ノ訴訟手續ニハ以下數條ニ於テ別段ノ規定ヲ設ケサル限リハ其訴ニ付キ辯論及ヒ裁判ヲ爲ス可キ裁判所ノ訴訟手續ニ關スル規定ヲ準用ス

**第四百七十四條**　訴ハ一个月ノ不變期間内ニ之ヲ起ス可シ

此期間ハ原告若クハ被告カ不服ノ理由ヲ知リタル日ヲ以テ始マル若シ原告若クハ被告カ判決ノ確定前ニ不服ノ理由ヲ知リタルトキハ判決ノ確定ヲ以テ始マル

判決確定ノ日ヨリ起算シテ五个年ノ滿了後ハ訴ヲ爲スコトヲ得ス

前二項ノ規定ハ第四百六十八條第四號ノ場合ニ之ヲ適用セス此場合ニ於テ其訴ノ提起ノ期間ハ原告若クハ被告又ハ其法律上代理人カ送達ニ因リ判決アリタルコトヲ知リタル日ヲ以テ始マル

---

**第四百二十三條**　再審ノ訴訟手續ニハ其ノ性質ニ反セサル限リ各審級ニ於ケル訴訟手續ニ關スル規定ヲ準用ス

**第四百二十四條**　再審ノ訴ハ當事者カ判決確定後再審ノ事由ヲ知リタル日ヨリ三十日内ニ之ヲ提起スルコトヲ要ス

前項ノ期間ハ之ヲ不變期間トス

判決確定後五年ヲ經過シタルトキハ再審ノ訴ハ之ヲ提起スルコトヲ得ス

再審ノ事由カ判決確定後ニ生シタルトキハ前項ノ期間ハ其ノ事由發生ノ日ヨリ之ヲ起算ス

第四百七十五條　訴狀ニハ左ノ諸件ヲ具備スルコトヲ要ス

第一　取消又ハ原狀回復ノ訴ヲ受クル判決ノ表示

第二　取消又ハ原狀回復ノ訴ヲ起ス旨ノ陳述

此他訴狀ハ準備書面ニ關スル一般ノ規定ニ從ヒテ之ヲ作リ且不服ノ理由ノ表示、此理由及ヒ不變期間ノ遵守ヲ明白ナラシムル事實ニ付テノ證據方法又ハ如何ナル程度ニ於テ不服ヲ申立テラレタル判決ヲ廢棄若クハ破毀ス可キヤノ申立又本案ニ付キ更ニ如何ナル裁判ヲ爲ス可キヤノ申立ヲモ揭ク可シ

第四百七十九條　本案ニ付テノ辯論及ヒ裁判ハ不服申立ノ理由ノ存スル部分ニ限リ更ニ之ヲ爲ス可シ

---

第四百二十五條　前條ノ規定ハ代理人ノ欠缺及第四百二十條第一項第十號ニ揭クル事項ヲ理由トスル再審ノ訴ニハ之ヲ適用セス

第四百二十六條　訴狀ニハ左ノ事項ヲ記載スルコトヲ要ス

一　當事者及法定代理人

二　不服ノ申立アル判決ノ表示及其ノ判決ニ對シ再審ヲ求ムル旨

三　不服ノ理由

第四百二十七條　本案ノ辯論及裁判ハ不服ノ範圍內ニ於テノミ之ヲ爲スコトヲ得

裁判所ハ本案ニ付テノ辯論前ニ再審チ求ムル理由及ヒ許否ニ付キ辯論及ヒ裁判チ爲スコトチ得此場合ニ於テハ本案ニ付テノ辯論ハ再審チ求ムル理由及ヒ許否ニ付テノ辯論ノ續行ト看做ス

**第四百八十條**　原告ノ不利益ト爲ル判決ノ變更ハ相手方カ再審チ求ムル訴ヲ起シテ變更チ申立テタルトキニ非サレハ之チ爲スコトチ得ス

**第四百七十六條**　判然許ス可カラサル訴又ハ判然法律上ノ方式ニ適セス若クハ其期間ノ經過後ニ起シタル訴ハ裁判長ノ命令チ以テ之チ却下ス可シ

此却下ノ命令ニ對シテハ即時抗告チ爲スコトチ得

**第四百六十六條第三項**　再審チ求ムル訴ニ付テノ要件存スルトキハ不變期間ノ滿了後ト雖モ此訴ノ爲メ定メタル期間内ハ抗告チ爲スコトヲ得

**第四百八十三條**　第三者カ原告及ヒ被告ノ共

---

不服ノ理由ハ之チ變更スルコトヲ得

**第四百二十八條**　再審ノ理由アル場合ニ於テモ判決ヲ正當トスルトキハ裁判所ハ再審ノ訴チ却下スルコトヲ要ス

**第四百二十九條**　即時抗告ヲ以テ不服チ申立ツルコトヲ得ル決定又ハ命令カ確定シタル場合ニ於テ第四百二十條第一項ニ掲クル事由アルトキハ確定判決ニ對スル第四百二十條乃

謀ニ因リ第三者ノ債權ヲ詐害スル目的ヲ以テ判決ヲ爲サシメタリト主張シ其判決ニ對シ不服ヲ申立ツルトキハ原狀回復ノ訴ニ因レル再審ノ規定ヲ準用ス

此場合ニ於テ原告及被告ヲ共同被告ト爲ス

## 第二章　區裁判所ノ訴訟手續

### 第二節　督促手續

**第三百八十二條**　一定ノ金額ノ支拂其他ノ代替物若クハ有價證券ノ一定ノ數量ノ給付ヲ目的トスル請求ニ付キ債權者ハ通常ノ訴訟手續ニ依ラスシテ督促手續ニ依リ條件附ノ支拂命令ヲ債務者ニ對シ發センコトヲ申立ツルコトヲ得

申請ノ旨趣ニ依レハ申請者反對給付ヲ爲スニ非サレハ其請求ヲ主張スルコトヲ得サルトキ又ハ支拂命令ノ送達ヲ外國ニ於テ爲シ若クハ公示送達ヲ以テ爲ス可キトキハ督促手續ヲ許サス

**第三百八十三條**　支拂命令ハ區裁判所之ヲ發ス

此命令ハ區裁判所ノ第一審ノ事物ノ管轄ノ

---

至前條ノ規定ニ準シ再審ノ申立ヲ爲スコトヲ得

# 第五編　督促手續

**第四百三十條**　金錢其ノ他ノ代替物又ハ有價證券ノ一定ノ數量ノ給付ヲ目的トスル請求ニ付テハ裁判所ハ債權者ノ申立ニ因リ支拂命令ヲ發スルコトヲ得但シ日本ニ於テ公示送達ニ依ラスシテ其ノ命令ノ送達ヲ爲スコトヲ得ヘキ場合ニ限ル

**第四百三十一條**　督促手續ハ債務者ノ普通裁判籍所在地ノ區裁判所又ハ第九條ノ規定ニ依ル管轄裁判所ノ專屬管轄トス

制限ナキモノト看做シ通常ノ訴訟手續ニ於ケル訴ノ提起ニ付キ普通裁判籍又ハ不動産上裁判籍ノ屬ス可キ區裁判所ノ管轄ニ專屬ス

**第三百八十四條**　支拂命令ヲ發スルコトノ申請ハ書面又ハ口頭ヲ以テ之ヲ爲スコトヲ得

此申請ハ左ノ諸件ヲ具備スルコトヲ要ス

第一　當事者及ヒ裁判所ノ表示

第二　請求ノ一定ノ數額目的物及ヒ原因ノ表示若シ請求ノ數箇ナルトキハ其各箇ノ一定ノ數額目的物及ヒ原因ノ表示

第三　支拂命令ヲ發センコトノ申立

**第三百八十五條**　裁判所ハ申請ヲ調査シ其申請カ前三條ノ規定ニ適當セス又ハ申請ノ旨趣ニ於テ請求ノ理由ナク又ハ現時理由ナキコトノ顯ハルルトキハ其申請ヲ却下ス

請求ノ一分ノミニ付キ支拂命令ヲ發スルコトヲ得サルトキハ亦其申請ヲ却下ス然レトモ數箇ノ請求中或ルモノニ理由ナクシテ其他ノモノニ理由アリト見ユルトキハ其理由アリト見ユルモノニ限リ申請ヲ許容ス



**第四百三十二條**　支拂命令ノ申立ニハ其ノ性質ニ反セサル限リ訴ニ關スル規定ヲ準用ス

**第四百三十三條**　支拂命令ノ申立カ第四百三十一條若ハ管轄ニ關スル規定ニ違背スルトキ又ハ申立ノ趣旨ニ依リ請求ノ理由ナキコト明ナルトキハ其ノ申立ハ之ヲ却下スルコトヲ要ス請求ノ一部ニ付支拂命令ヲ發スルコトヲ得サルトキ其ノ一部ニ付亦同シ

申立却下ノ決定ニ對シテハ不服ヲ申立ツルコトヲ得ス

右却下ノ命令ニ對シテハ不服ヲ申立ツルコトヲ得ス然レトモ通常ノ訴訟手續ニ依リ訴追スルヲ妨クルコト無シ

**第三百八十六條第一項**　支拂命令ハ豫メ債務者ヲ審訊セスシテ之ヲ發ス

**第三百八十八條**　債務者ハ支拂命令ニ對シ書面又ハ口頭ヲ以テ異議ノ申立ヲ爲スコトヲ得

**第三百八十六條第二項**　支拂命令ニハ第三百八十四條第一號及ヒ第二號ニ掲ケタル申請ノ要件ヲ記載シ且即時ノ强制執行ヲ避ケント欲セハ此命令送達ノ日ヨリ十四日ノ期間内ニ請求ヲ滿足セシメ及ヒ其手續ノ費用ニ付キ定ムル數額ヲ債權者ニ辨濟ス可ク又ハ裁判所ニ異議ヲ申立ツ可キ旨ノ債務者ニ對スル命令ヲ記載ス可シ

前項ノ期間ハ爲替ヨリ生スル請求ニ付テハ二十四時間其他ノ請求ニ付テハ申立ニ因リ三日マテニ之ヲ短縮スルコトヲ得

**第三百八十七條**　權利拘束ノ效力ハ支拂命令

---

**第四百三十四條**　支拂命令ハ債務者ヲ審訊セスシテ之ヲ發ス債務者ハ支拂命令ニ對シ異議ノ申立ヲ爲スコトヲ得

**第四百三十五條**　支拂命令ニハ當事者、法定代理人並請求ノ趣旨及原因ヲ記載シ且債務者カ支拂命令送達ノ日ヨリ二週間内ニ異議ヲ申立テサルトキハ債權者ノ申立ニ依リ假執行ノ宣言ヲ爲スヘキ旨ヲ附記スルコトヲ要ス

**第四百三十六條**　支拂命令ハ之ヲ當事者ニ送達スルコトヲ要

ヲ債務者ニ送達スルヲ以テ始マル
支拂命令ノ送達ハ之ヲ債權者ニ通知ス可シ

**第三百八十九條**　債務者カ請求ノ全部又ハ一分ニ對シ適當ナル時間ニ異議ヲ申立ツルトキハ支拂命令ノ效力ヲ失フ然レトモ權利拘束ノ效力ヲ存續ス
數箇ノ請求中或ルモノニ對シ異議ヲ申立テタルトキハ支拂命令ハ其他ノ請求及ヒ之ニ相當スル費用ノ部分ニ付キ效力ヲ有ス

**第三百九十三條**　支拂命令ハ其命令中ニ掲ケタル期間ノ經過後債權者ノ申請ニ因リ之ヲ假ニ執行シ得ヘキコトヲ宣言ス但假執行ノ宣言前債務者異議ヲ申立テサルトキニ限ル
右假執行ノ宣言ハ支拂命令ニ付ス可キ執行命令ヲ以テ之ヲ爲ス其執行命令ニハ債權者ニ於テ計算スル手續ノ費用ヲ掲ク可シ
債權者ノ申請ヲ却下スル決定ニ對シテハ即時抗告ヲ爲スコトヲ得

---

ス

**第四百三十七條**　債務者カ假執行ノ宣言前異議ヲ申立テタルトキハ支拂命令ハ其ノ異議ノ範圍內ニ於テ效力ヲ失フ

**第四百三十八條**　債務者カ支拂命令送達ノ日ヨリ二週間內ニ異議ヲ申立テサルトキハ裁判所ハ債權者ノ申立ニ因リ支拂命令ニ手續ノ費用額ヲ附記シ假執行ノ宣言ヲ爲スコトヲ要ス但シ其ノ宣言前異議ノ申立アリタルトキハ此ノ限ニ在ラス
假執行ノ宣言ハ支拂命令ノ原本及正本ニ之ヲ記載シ其ノ正本ヲ當事者ニ送達スルコトヲ要ス
假執行ノ申立却下ノ決定ニ對シテハ即時抗告ヲ爲スコトヲ

**第三百九十四條**　執行命令ハ假執行ノ宣言ヲ付シタル闕席判決ト同一ナリトス其執行命令ニ對シテハ第二百五十五條乃至第二百六十四條ノ規定ニ從ヒテ故障ヲ申立ツルコトヲ得請求カ區裁判所ノ管轄ニ屬セサルトキハ區裁判所ハ其故障ヲ法律上ノ方式及ヒ期間ニ於テ申立テタルヤノ點ノミニ付辯論及ヒ裁判ヲ爲ス

此場合ニ於テハ第三百九十一條第二項ニ定メタル期間ハ故障ヲ許ス判決ノ確定ヲ以テ始マル

**第三百九十五條**　時期ニ後レテ申立テタル異議ハ命令ヲ以テ之ヲ却下ス

此却下ノ命令ニ對シテハ不服ヲ申立ツルコトヲ得ス

---

得

**第四百三十九條**　債權者カ假執行ノ申立ヲ爲スコトヲ得ル時ヨリ三十日内ニ其ノ申立ヲ爲ササルトキハ支拂命令ハ其ノ效力ヲ失フ

**第四百四十條**　假執行ノ宣言ヲ附シタル支拂命令送達ノ日ヨリ二週間ヲ經過シタルトキハ債務者ハ其ノ支拂命令ニ對シ異議ヲ申立ツルコトヲ得ス

前項ノ期間ハ之ヲ不變期間トス

**第四百四十一條**　區裁判所カ異議ヲ不適法ト認ムルトキハ請求カ地方裁判所ノ管轄ニ屬スル場合ニ於テモ決定ヲ以テ其ノ異議ヲ却下スルコトヲ要ス此ノ決定ニ對シテハ即時抗告

第三百九十條　適當ナル時間ニ異議ヲ申立テタル場合ニ於テ請求ニ付キ起ス可キ訴カ區裁判所ノ管轄ニ屬スルトキハ其訴ハ支拂命令ノ送達ト同時ニ區裁判所ニ之ヲ起シタルモノト看做ス其口頭辯論ノ期日ハ第三百七十七條ノ規定ニ從ヒテ之ヲ定ム

第三百九十一條　請求ニ付キ起ス可キ訴カ地方裁判所ノ管轄ニ屬スル場合ニ於テハ適當ナル時間ニ異議ノ申立アリタルコトヲ債權者ニ通知ス可シ

債權者カ其通知書ノ送達アリタル日ヨリ起算シ一个月ノ期間内ニ管轄裁判所ニ訴ヲ起ササルトキハ權利拘束ノ效力ヲ失フ

第三百九十二條　督促手續ノ費用ハ適當ナル時期ニ異議ノ申立アリタル場合ニ於テハ起ス可キ訴訟費用ノ一分ト看做ス前條ノ場合ニ於テ期間内ニ訴ヲ起ササルトキハ手續ノ費用ハ債權者ノ負擔ニ歸ス

---

ヲ爲スコトヲ得

第四百四十二條　支拂命令ニ對シ適法ナル異議ノ申立アリタルトキハ異議アル請求ニ付テハ其ノ目的ノ價額ニ從ヒ支拂命令ノ申立ノ時ニ於テ其ノ命令ヲ發シタル區裁判所又ハ其ノ區裁判所ノ所在地ヲ管轄スル地方裁判所ニ訴ノ提起アリタルモノト看做ス此ノ場合ニ於テハ督促手續ノ費用ハ之ヲ訴訟費用ノ一部トス

前項ノ規定ニ依リテ地方裁判所ニ訴ノ提起アリタルモノト看做サレタル場合ニ於テハ裁判所書記ハ遲滯ナク訴訟記錄ヲ地方裁判所ノ書記ニ送付スルコトヲ要ス

第四百四十三條　假執行ノ宣言ヲ附シタル支拂命令ニ對シ異議ノ申立ナキトキ又ハ異議却下ノ決定確定シタルトキハ支拂命令ハ確定判決ト同一ノ效力ヲ有ス

第五編　證書訴訟及ヒ爲替訴訟

第四百八十四條乃至第四百九十六條（法文畧之）

# 民事訴訟法中改正法律施行法

第一條　本法ニ於テ新法ト稱スルハ大正十五年民事訴訟法中改正法律ニ依ル改正規定ヲ謂ヒ舊法ト稱スルハ從前ノ規定ヲ謂フ

第二條　新法ハ新法施行前ニ生シタル事項ニモ之ヲ適用ス但シ舊法ニ依リテ生シタル效力ヲ妨ケス

第三條　新法施行前ヨリ繋屬スル事件ニ付新法ニ依リ管轄權アル裁判所ハ舊法ニ依レハ管轄權ナキ場合ニ於テモ管轄權ヲ有ス

前項ノ事件ニ付舊法ニ依リ管轄權アル裁判所ハ新法ニ依レハ管轄權ナキ場合ニ於テモ管轄權ヲ有ス

第四條　新法ニ依リ新ニ期間ヲ定メタル訴訟行爲ニシテ新法施行ノ際爲スヘキモノニ付テハ其ノ期間ハ新法施行ノ日ヨリ之ヲ起算ス

第五條　新法第八十五條ノ規定ハ新法施行前同條ニ揭クル事由ヲ生シタル訴訟代理ニシテ新法施行前委任消滅ノ通知ヲ爲ササリシモノニモ之ヲ適用ス

第六條　新法施行前ヨリ繫屬スル訴訟ニ付テハ舊法ニ依リ訴訟費用ノ保證ヲ立ツル義務ナキ者ハ新法ニ依リ擔保ヲ供スルコトヲ要セス

第七條　新法施行前ヨリ進行ヲ始メタル法定期間及其ノ計算ハ舊法ニ依ル

新法施行前言渡シタル判決ニ對スル上訴ノ期間カ新法施行後進行ヲ始メタル場合亦前項ニ同シ

第八條　新法施行前裁判所書記カ判決原本ノ交付ヲ受ケタルトキハ其ノ判決ノ送達ハ申立アルニ非サレハ之ヲ爲スコトヲ要セス

第九條　新法施行前ヨリ繫屬スル訴訟ニ付テハ特ニ裁判所ノ命シタル場合ニ限リ新法ニ依リ準備手續ヲ爲ス

第十條　新法施行前舊法ニ依リテ罰金又ハ過料ニ處スヘキ行爲ヲ爲シタル者ニシテ新法施行ノ際未タ其ノ裁判ヲ受ケサルモノハ新法ニ於テ過料ニ處スヘキ場合ニ限リ處罰ス但シ過料ノ額ハ舊法ノ罰金又ハ過料ノ額ヲ超ユルコトヲ得ス

第十一條　新法施行前第一審裁判所又ハ控訴裁判所カ管轄違トシテ訴ヲ却下シタル場合ニ於テ上訴裁判所カ第一審裁判所ニ其ノ管轄權ナシトスルトキハ判決ヲ以テ事件ヲ第一審ノ管轄裁

判所ニ移送スルコトヲ要ス

前項ノ場合ニ於テ上訴裁判所カ第一審裁判所ニ管轄權アリトスルトキハ事件ヲ其ノ裁判所ニ差戻スコトヲ要ス但シ第一審裁判所カ管轄權アリト爲シタル事件ニ付控訴裁判所カ管轄違トシテ訴ヲ却下シタル場合ニ於テハ上告裁判所ハ事件ヲ控訴裁判所ニ差戻スコトヲ得

第十二條　新法施行前抗告裁判所ノ爲シタル決定ニ對シテハ仍舊法ニ依リ更ニ抗告ヲ爲スコトヲ得

第十三條　闕席判決ニ對シテハ仍舊法ニ依リ故障ヲ申立ツルコトヲ得

執行命令ニ對シテハ舊法ニ依ル故障期間内ニ異議ヲ申立ツルコトヲ得

第十四條　新法施行前妨訴抗辯ヲ棄却シ又ハ請求ノ原因ヲ正當ナリトシタル中間判決ニ對シテハ仍舊法ニ依リ上訴ヲ爲スコトヲ得

第十五條　新法施行前ヨリ繫屬スル證書訴訟及爲替訴訟ハ仍舊法ニ依リ之ヲ完結ス但シ訴訟カ新法施行ノ際一審ニ繫屬スルトキハ新法施行ノ日ヨリ通常ノ手續ニ於テ繫屬スルモノト看做ス

第十六條　故障ヲ許ササル闕席判決ニ對シテハ仍舊法ニ依リ上訴ヲ爲スコトヲ得

第十七條　新法施行前請求ノ拋棄又ハ認諾ニ基キ判決ヲ求ムル申立アリタルトキハ仍舊法ニ依リ裁判ス新法施行前闕席判決ノ申立アリタルトキ亦同シ

第十八條　新法施行前言渡シタル判決ニシテ舊法第四百二十二條ニ揭クルモノニ對シ控訴ノ提起アリタル場合ニ於テハ仍同條ノ規定ニ依ル

附　則

本法施行ノ期日ハ勅令ヲ以テ之ヲ定ム

昭和貳年拾月壹日印刷
昭和貳年拾月五日發行

民事訴訟法改正要綱奥付

定價金參圓



著者　早川彌三郎
東京市神田區小川町三十八番地

發行者　三橋彦次郎
東京市外下澁谷七五四番地

印刷者　並河三郎
東京市外下澁谷七五四番地

印刷所　眞興舍印刷所

發行所　明治堂書店
東京市神田區小川町三十八番地
電話神田(25)二七一八番・振替東京三〇九九四番

大賣捌所
神田　東京堂
神田　有斐閣
大阪　柳原書店
神田　巖松堂
名古屋　川瀬書店
京都　東枝書店

**民事訴訟法改正要綱**　　**別巻 1443**

2025(令和７)年４月20日　　復刻版第１刷発行

著　者　早　川　彌　三　郎

発行者　今　井　　　貴

発行所　信　山　社　出　版

〒113-0033　東京都文京区本郷６-２-９-102

モンテベルデ第２東大正門前

電　話　03（3818）1019

ＦＡＸ　03（3818）0344

郵便振替　00140-2-367777(信山社販売)

Printed in Japan.

制作／㈱信山社，印刷・製本／松澤印刷・日進堂

ISBN 978-4-7972-4456-4 C3332

別巻　巻数順一覧【1349 ～ 1530 巻】※網掛け巻数は、2021 年 11 月以降刊行

| 巻数 | 書　名 | 編・著・訳者 等 | ISBN | 定　価 | 本体価格 |
|---|---|---|---|---|---|
| 1349 | 國際公法 | W・E・ホール、北條元篤、熊谷直太 | 978-4-7972-8953-4 | 41,800 円 | 38,000 円 |
| 1350 | 民法代理論 完 | 石尾一郎助 | 978-4-7972-8954-1 | 46,200 円 | 42,000 円 |
| 1351 | 民法總則編物權編債權編實用詳解 | 清浦奎吾、梅謙次郎、自治館編輯局 | 978-4-7972-8955-8 | 93,500 円 | 85,000 円 |
| 1352 | 民法親族編相續編實用詳解 | 細川潤次郎、梅謙次郎、自治館編輯局 | 978-4-7972-8956-5 | 60,500 円 | 55,000 円 |
| 1353 | 登記法實用全書 | 前田孝階、自治館編輯局(新井正三郎) | 978-4-7972-8958-9 | 60,500 円 | 55,000 円 |
| 1354 | 民事訴訟法精義 | 東久世通禧、自治館編輯局 | 978-4-7972-8959-6 | 59,400 円 | 54,000 円 |
| 1355 | 民事訴訟法釋義 | 梶原仲治 | 978-4-7972-8960-2 | 41,800 円 | 38,000 円 |
| 1356 | 人事訴訟手續法 | 大森洪太 | 978-4-7972-8961-9 | 40,700 円 | 37,000 円 |
| 1357 | 法學通論 | 牧兒馬太郎 | 978-4-7972-8962-6 | 33,000 円 | 30,000 円 |
| 1358 | 刑法原理 | 城數馬 | 978-4-7972-8963-3 | 63,800 円 | 58,000 円 |
| 1359 | 行政法講義・佛國裁判所構成大要・日本古代法 完 | パテルノストロ、曲木如長、坪谷善四郎 | 978-4-7972-8964-0 | 36,300 円 | 33,000 円 |
| 1360 | 民事訴訟法講義〔第一分冊〕 | 本多康直、今村信行、深野達 | 978-4-7972-8965-7 | 46,200 円 | 42,000 円 |
| 1361 | 民事訴訟法講義〔第二分冊〕 | 本多康直、今村信行、深野達 | 978-4-7972-8966-4 | 61,600 円 | 56,000 円 |
| 1362 | 民事訴訟法講義〔第三分冊〕 | 本多康直、今村信行、深野達 | 978-4-7972-8967-1 | 36,300 円 | 33,000 円 |
| 1505 | 地方財政及税制の改革〔昭和12年初版〕 | 三好重夫 | 978-4-7972-7705-0 | 62,700 円 | 57,000 円 |
| 1506 | 改正 市制町村制〔昭和13年第7版〕 | 法曹閣 | 978-4-7972-7706-7 | 30,800 円 | 28,000 円 |
| 1507 | 市制町村制 及 関係法令〔昭和13年第5版〕 | 市町村雑誌社 | 978-4-7972-7707-4 | 40,700 円 | 37,000 円 |
| 1508 | 東京府市区町村便覧〔昭和14年初版〕 | 東京地方改良協会 | 978-4-7972-7708-1 | 26,400 円 | 24,000 円 |
| 1509 | 改正 市制町村制 附 施行細則・執務條規〔明治44年第4版〕 | 矢島誠進堂 | 978-4-7972-7709-8 | 33,000 円 | 30,000 円 |
| 1510 | 地方財政改革問題〔昭和14年初版〕 | 高砂恒三郎、山根守道 | 978-4-7972-7710-4 | 46,200 円 | 42,000 円 |
| 1511 | 市町村事務必携〔昭和4年再版〕第1分冊 | 大塚辰治 | 978-4-7972-7711-1 | 66,000 円 | 60,000 円 |
| 1512 | 市町村事務必携〔昭和4年再版〕第2分冊 | 大塚辰治 | 978-4-7972-7712-8 | 81,400 円 | 74,000 円 |
| 1513 | 市制町村制逐条示解〔昭和11年第64版〕第1分冊 | 五十嵐鑛三郎、松本角太郎、中村淑人 | 978-4-7972-7713-5 | 74,800 円 | 68,000 円 |
| 1514 | 市制町村制逐条示解〔昭和11年第64版〕第2分冊 | 五十嵐鑛三郎、松本角太郎、中村淑人 | 978-4-7972-7714-2 | 74,800 円 | 68,000 円 |
| 1515 | 新旧対照 市制町村制 及 理由〔明治44年初版〕 | 平田東助、荒川五郎 | 978-4-7972-7715-9 | 30,800 円 | 28,000 円 |
| 1516 | 地方制度講話〔昭和5年再版〕 | 安井英二 | 978-4-7972-7716-6 | 33,000 円 | 30,000 円 |
| 1517 | 郡制注釈 完〔明治30年再版〕 | 岩田德義 | 978-4-7972-7717-3 | 23,100 円 | 21,000 円 |
| 1518 | 改正 府県制郡制講義〔明治32年初版〕 | 樋山廣業 | 978-4-7972-7718-0 | 30,800 円 | 28,000 円 |
| 1519 | 改正 府県制郡制〔大正4年 訂正21版〕 | 山野金蔵 | 978-4-7972-7719-7 | 24,200 円 | 22,000 円 |
| 1520 | 改正 地方制度法典〔大正12第13版〕 | 自治研究会 | 978-4-7972-7720-3 | 52,800 円 | 48,000 円 |
| 1521 | 改正 市制町村制 及 附属法令〔大正2年第6版〕 | 市町村雑誌社 | 978-4-7972-7721-0 | 33,000 円 | 30,000 円 |
| 1522 | 実例判例 市制町村制釈義〔昭和9年改訂13版〕 | 梶康郎 | 978-4-7972-7722-7 | 52,800 円 | 48,000 円 |
| 1523 | 訂正 市制町村制 附 理由書〔明治33年第3版〕 | 明昇堂 | 978-4-7972-7723-4 | 30,800 円 | 28,000 円 |
| 1524 | 逐条解釈 改正 市町村財務規程〔昭和8年第9版〕 | 大塚辰治 | 978-4-7972-7724-1 | 59,400 円 | 54,000 円 |
| 1525 | 市制町村制 附 理由書〔明治21年初版〕 | 狩谷茂太郎 | 978-4-7972-7725-8 | 22,000 円 | 20,000 円 |
| 1526 | 改正 市制町村制〔大正10年第10版〕 | 井上圓三 | 978-4-7972-7726-5 | 24,200 円 | 22,000 円 |
| 1527 | 正文 市制町村制 並 選挙法規 附 陪審法〔昭和2年初版〕 | 法曹閣 | 978-4-7972-7727-2 | 30,800 円 | 28,000 円 |
| 1528 | 再版増訂 市制町村制註釈 附 市制町村制理由[明治21年増補再版] | 坪谷善四郎 | 978-4-7972-7728-9 | 44,000 円 | 40,000 円 |
| 1529 | 五版 市町村制例規〔明治36年第5版〕 | 野元友三郎 | 978-4-7972-7729-6 | 30,800 円 | 28,000 円 |
| 1530 | 全国市町村便覧 附 全国学校名簿〔昭和10年初版〕第1分冊 | 藤谷崇文館 | 978-4-7972-7730-2 | 74,800 円 | 68,000 円 |

別巻　巻数順一覧【1309 ～ 1348 巻】※網掛け巻数は、2021 年 11 月以降刊行

| 巻数 | 書　名 | 編・著・訳者 等 | ISBN | 定　価 | 本体価格 |
|---|---|---|---|---|---|
| 1309 | 監獄學 | 谷野格 | 978-4-7972-7459-2 | 38,500 円 | 35,000 円 |
| 1310 | 警察學 | 宮國忠吉 | 978-4-7972-7460-8 | 38,500 円 | 35,000 円 |
| 1311 | 司法警察論 | 高井賢三 | 978-4-7972-7461-5 | 56,100 円 | 51,000 円 |
| 1312 | 増訂不動産登記法正解 | 三宅徳業 | 978-4-7972-7462-2 | 132,000 円 | 120,000 円 |
| 1313 | 現行不動産登記法要義 | 松本修平 | 978-4-7972-7463-9 | 44,000 円 | 40,000 円 |
| 1314 | 改正民事訴訟法要義 全〔第一分冊〕 | 早川彌三郎 | 978-4-7972-7464-6 | 56,100 円 | 51,000 円 |
| 1315 | 改正民事訴訟法要義 全〔第二分冊〕 | 早川彌三郎 | 978-4-7972-7465-3 | 77,000 円 | 70,000 円 |
| 1316 | 改正強制執行法要義 | 早川彌三郎 | 978-4-7972-7467-7 | 41,800 円 | 38,000 円 |
| 1317 | 非訟事件手續法 | 横田五郎、三宅徳業 | 978-4-7972-7468-4 | 49,500 円 | 45,000 円 |
| 1318 | 旧制對照改正官制全書 | 博文館編輯局 | 978-4-7972-7469-1 | 85,800 円 | 78,000 円 |
| 1319 | 日本政体史 完 | 秦政治郎 | 978-4-7972-7470-7 | 35,200 円 | 32,000 円 |
| 1320 | 萬國現行憲法比較 | 辰巳小二郎 | 978-4-7972-7471-4 | 33,000 円 | 30,000 円 |
| 1321 | 憲法要義 全 | 入江魁 | 978-4-7972-7472-1 | 37,400 円 | 34,000 円 |
| 1322 | 英國衆議院先例類集 巻之一・巻之二 | ハッセル | 978-4-7972-7473-8 | 71,500 円 | 65,000 円 |
| 1323 | 英國衆議院先例類集 巻之三 | ハッセル | 978-4-7972-7474-5 | 55,000 円 | 50,000 円 |
| 1324 | 會計法精義　全 | 三輪一夫、松岡萬次郎、木田川奎彦、石森憲治 | 978-4-7972-7476-9 | 77,000 円 | 70,000 円 |
| 1325 | 商法汎論 | 添田敬一郎 | 978-4-7972-7477-6 | 41,800 円 | 38,000 円 |
| 1326 | 商業登記法 全 | 新井正三郎 | 978-4-7972-7478-3 | 35,200 円 | 32,000 円 |
| 1327 | 商業登記法釋義 | 的場繁次郎 | 978-4-7972-7479-0 | 47,300 円 | 43,000 円 |
| 1328 | 株式及期米裁判例 | 繁田保吉 | 978-4-7972-7480-6 | 49,500 円 | 45,000 円 |
| 1329 | 刑事訴訟法論 | 溝淵孝雄 | 978-4-7972-7481-3 | 41,800 円 | 38,000 円 |
| 1330 | 修正刑事訴訟法義解 全 | 太田政弘、小濵松次郎、緒方惟一郎、前田兼寶、小田明次 | 978-4-7972-7482-0 | 44,000 円 | 40,000 円 |
| 1331 | 法律格言・法律格言義解 | H・ブルーム、林健、鶴田忞 | 978-4-7972-7483-7 | 58,300 円 | 53,000 円 |
| 1332 | 法律名家纂論 | 氏家寅治 | 978-4-7972-7484-4 | 35,200 円 | 32,000 円 |
| 1333 | 歐米警察見聞録 | 松井茂 | 978-4-7972-7485-1 | 38,500 円 | 35,000 円 |
| 1334 | 各國警察制度・各國警察制度沿革史 | 松井茂 | 978-4-7972-7486-8 | 39,600 円 | 36,000 円 |
| 1335 | 新舊對照刑法蒐論 | 岸本辰雄、岡田朝太郎、山口慶一 | 978-4-7972-7487-5 | 82,500 円 | 75,000 円 |
| 1336 | 新刑法論 | 松原一雄 | 978-4-7972-7488-2 | 51,700 円 | 47,000 円 |
| 1337 | 日本刑法實用 完 | 千阪彦四郎、尾崎忠治、簑作麟祥、西周、宮城浩藏、菅生初雄 | 978-4-7972-7489-9 | 57,200 円 | 52,000 円 |
| 1338 | 刑法實用詳解〔第一分冊〕 | 西園寺公望、松田正久、自治館編輯局 | 978-4-7972-7490-5 | 56,100 円 | 51,000 円 |
| 1339 | 刑法實用詳解〔第二分冊〕 | 西園寺公望、松田正久、自治館編輯局 | 978-4-7972-7491-2 | 62,700 円 | 57,000 円 |
| 1340 | 日本商事會社法要論 | 堤定次郎 | 978-4-7972-7493-6 | 61,600 円 | 56,000 円 |
| 1341 | 手形法要論 | 山縣有朋、堤定次郎 | 978-4-7972-7494-3 | 42,900 円 | 39,000 円 |
| 1342 | 約束手形法義解 全 | 梅謙次郎、加古貞太郎 | 978-4-7972-7495-0 | 34,100 円 | 31,000 円 |
| 1343 | 戸籍法 全 | 島田鐵吉 | 978-4-7972-7496-7 | 41,800 円 | 38,000 円 |
| 1344 | 戸籍辭典 | 石渡敏一、自治館編輯局 | 978-4-7972-7497-4 | 66,000 円 | 60,000 円 |
| 1345 | 戸籍法實用大全 | 勝海舟、梅謙次郎、自治館編輯局 | 978-4-7972-7498-1 | 45,100 円 | 41,000 円 |
| 1346 | 戸籍法詳解〔第一分冊〕 | 大隈重信、自治館編輯局 | 978-4-7972-7499-8 | 62,700 円 | 57,000 円 |
| 1347 | 戸籍法詳解〔第二分冊〕 | 大隈重信、自治館編輯局 | 978-4-7972-8950-3 | 96,800 円 | 88,000 円 |
| 1348 | 戸籍法釋義 完 | 板垣不二男、岡村司 | 978-4-7972-8952-7 | 80,300 円 | 73,000 円 |

| 巻数 | 書　名 | 編・著・訳者　等 | ISBN | 定　価 | 本体価格 |
|---|---|---|---|---|---|
| 1265 | 行政裁判法論 | 小林魁郎 | 978-4-7972-7386-1 | 41,800円 | 38,000円 |
| 1266 | 奎堂餘唾 | 清浦奎吾、和田鍊太、平野貞次郎 | 978-4-7972-7387-8 | 36,300円 | 33,000円 |
| 1267 | 公證人規則述義 全 | 箕作麟祥、小松濟治、岸本辰雄、大野太衛 | 978-4-7972-7388-5 | 39,600円 | 36,000円 |
| 1268 | 登記法公證人規則詳解 全・大日本登記法公證人規則註解 全 | 鶴田皓、今村長善、中野省吾、奥山政敬、河原田新 | 978-4-7972-7389-2 | 44,000円 | 40,000円 |
| 1269 | 現行警察法規 全 | 内務省警保局 | 978-4-7972-7390-8 | 55,000円 | 50,000円 |
| 1270 | 警察法規研究 | 有光金兵衛 | 978-4-7972-7391-5 | 33,000円 | 30,000円 |
| 1271 | 日本帝國憲法論 | 田中次郎 | 978-4-7972-7392-2 | 44,000円 | 40,000円 |
| 1272 | 國家哲論 | 松本重敏 | 978-4-7972-7393-9 | 49,500円 | 45,000円 |
| 1273 | 農業倉庫業法制定理由・小作調停法原義 | 法律新聞社 | 978-4-7972-7394-6 | 52,800円 | 48,000円 |
| 1274 | 改正刑事訴訟法精義〔第一分冊〕 | 法律新聞社 | 978-4-7972-7395-3 | 77,000円 | 70,000円 |
| 1275 | 改正刑事訴訟法精義〔第二分冊〕 | 法律新聞社 | 978-4-7972-7396-0 | 71,500円 | 65,000円 |
| 1276 | 刑法論 | 島田鐵吉、宮城長五郎 | 978-4-7972-7398-4 | 38,500円 | 35,000円 |
| 1277 | 特別民事訴訟論 | 松岡義正 | 978-4-7972-7399-1 | 55,000円 | 50,000円 |
| 1278 | 民事訴訟法釋義 上巻 | 樋山廣業 | 978-4-7972-7400-4 | 55,000円 | 50,000円 |
| 1279 | 民事訴訟法釋義 下巻 | 樋山廣業 | 978-4-7972-7401-1 | 50,600円 | 46,000円 |
| 1280 | 商法研究 完 | 猪股淇清 | 978-4-7972-7403-5 | 66,000円 | 60,000円 |
| 1281 | 新會社法講義 | 猪股淇清 | 978-4-7972-7404-2 | 60,500円 | 55,000円 |
| 1282 | 商法原理 完 | 神崎東藏 | 978-4-7972-7405-9 | 55,000円 | 50,000円 |
| 1283 | 實用行政法 | 佐々野章邦 | 978-4-7972-7406-6 | 50,600円 | 46,000円 |
| 1284 | 行政法汎論 全 | 小原新三 | 978-4-7972-7407-3 | 49,500円 | 45,000円 |
| 1285 | 行政法各論 全 | 小原新三 | 978-4-7972-7408-0 | 46,200円 | 42,000円 |
| 1286 | 帝國商法釋義〔第一分冊〕 | 栗本勇之助 | 978-4-7972-7409-7 | 77,000円 | 70,000円 |
| 1287 | 帝國商法釋義〔第二分冊〕 | 栗本勇之助 | 978-4-7972-7410-3 | 79,200円 | 72,000円 |
| 1288 | 改正日本商法講義 | 樋山廣業 | 978-4-7972-7412-7 | 94,600円 | 86,000円 |
| 1289 | 海損法 | 秋野沆 | 978-4-7972-7413-4 | 35,200円 | 32,000円 |
| 1290 | 舩舶論 全 | 赤松梅吉 | 978-4-7972-7414-1 | 38,500円 | 35,000円 |
| 1291 | 法理學 完 | 石原健三 | 978-4-7972-7415-8 | 49,500円 | 45,000円 |
| 1292 | 民約論 全 | J・J・ルソー、市村光恵、森口繁治 | 978-4-7972-7416-5 | 44,000円 | 40,000円 |
| 1293 | 日本警察法汎論 | 小原新三 | 978-4-7972-7417-2 | 35,200円 | 32,000円 |
| 1294 | 衞生行政法釈釋義 全 | 小原新三 | 978-4-7972-7418-9 | 82,500円 | 75,000円 |
| 1295 | 訴訟法原理 完 | 平島及平 | 978-4-7972-7443-1 | 50,600円 | 46,000円 |
| 1296 | 民事手続規準 | 山内確三郎、高橋一郎 | 978-4-7972-7444-8 | 101,200円 | 92,000円 |
| 1297 | 國際私法 完 | 伊藤悌治 | 978-4-7972-7445-5 | 38,500円 | 35,000円 |
| 1298 | 新舊比照 刑事訴訟法釋義 上巻 | 樋山廣業 | 978-4-7972-7446-2 | 33,000円 | 30,000円 |
| 1299 | 新舊比照 刑事訴訟法釋義 下巻 | 樋山廣業 | 978-4-7972-7447-9 | 33,000円 | 30,000円 |
| 1300 | 刑事訴訟法原理 完 | 上條慎藏 | 978-4-7972-7449-3 | 52,800円 | 48,000円 |
| 1301 | 國際公法 完 | 石川錦一郎 | 978-4-7972-7450-9 | 47,300円 | 43,000円 |
| 1302 | 國際私法 | 中村太郎 | 978-4-7972-7451-6 | 38,500円 | 35,000円 |
| 1303 | 登記法公證人規則註釋 完・登記法公證人規則交涉令達註釋 完 | 元田肇、澁谷慥爾、渡邊覺二郎 | 978-4-7972-7452-3 | 33,000円 | 30,000円 |
| 1304 | 登記提要 上編 | 木下哲三郎、伊東忍、緩鹿實彰 | 978-4-7972-7453-0 | 50,600円 | 46,000円 |
| 1305 | 登記提要 下編 | 木下哲三郎、伊東忍、緩鹿實彰 | 978-4-7972-7454-7 | 38,500円 | 35,000円 |
| 1306 | 日本會計法要論 完・選擧原理 完 | 阪谷芳郎、亀井英三郎 | 978-4-7972-7456-1 | 52,800円 | 48,000円 |
| 1307 | 國法學 完・憲法原理 完・主權論 完 | 橋爪金三郎、谷口留三郎、高槻純之助 | 978-4-7972-7457-8 | 60,500円 | 55,000円 |
| 1308 | 圀家學 | 南弘 | 978-4-7972-7458-5 | 38,500円 | 35,000円 |